U0856379

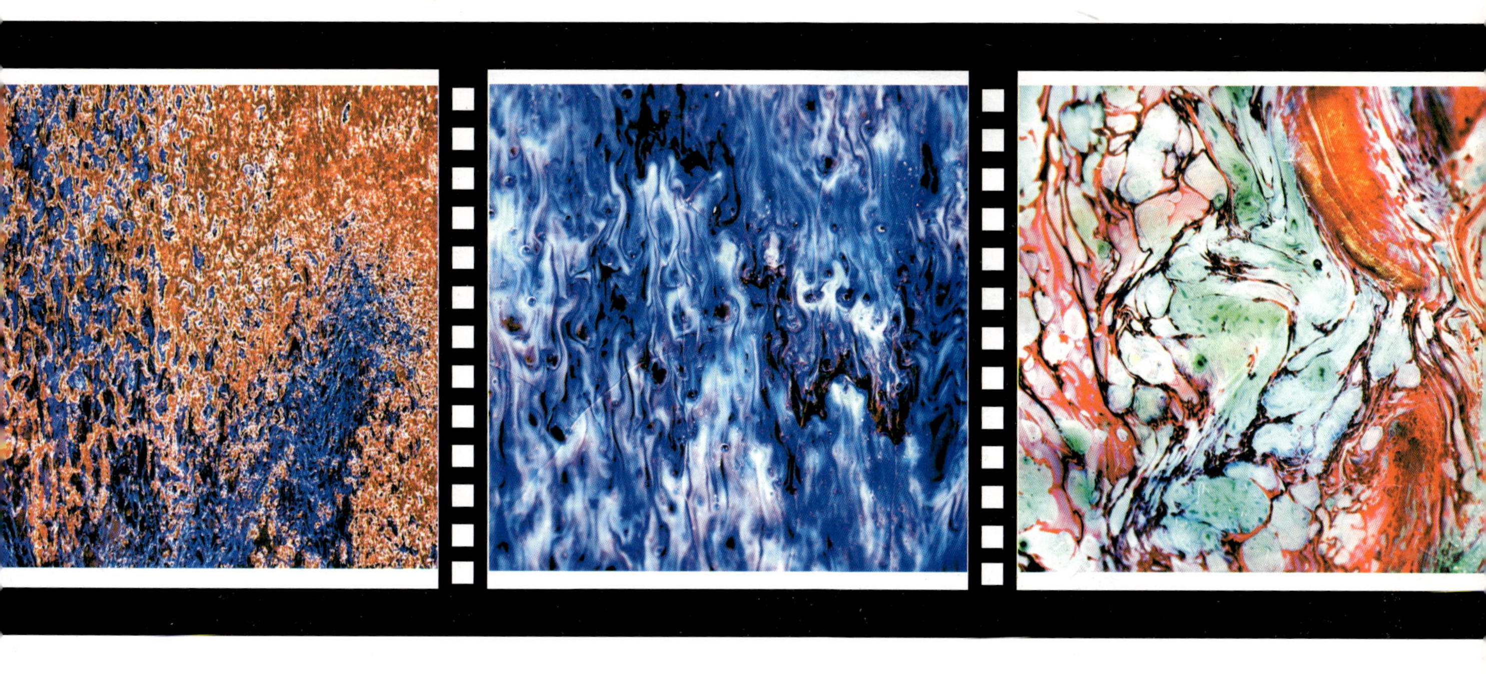

ZGJCNJ-3

中国钧瓷年鉴

ZHONG GUO JUN CI NIAN JIAN

（2011、2012）

中国收藏家协会陶瓷收藏委员会
河南省禹州市人民政府
主办

主编 孙彦春

中国钧瓷年鉴编纂委员会 编

中州古籍出版社

陶然书题

图书在版编目（C I P）数据

中国钧瓷年鉴（2011、2012）/ 孙彦春主编.
-- 郑州 : 中州古籍出版社
2013.9
ISBN 978-7-5348-3589-6

Ⅰ.中… Ⅱ.孙… Ⅲ.钧窑－陶瓷工业－中国－2011、2012
－年鉴Ⅳ.①K876.34

中国版本图书馆CIP数据核字(2013)第121445号

编　　者:《中国钧瓷年鉴》编纂委员会
责任编辑　王建新
责任校对　董亚　李瑞英
出 版 社　中州古籍出版社
(地址: 郑州市经五路66号　邮政编码: 450002)
发行单位　新华书店
承印单位　郑州创维彩印制作有限公司　0371-87091606
开　　本　889 mm×1194 mm　1/ 16　　印　　张　25
字　　数　600千字　　印　　数　1 -1500 册
版　　次　2013年 9月第1版　　印　　次　2013年 9月第1次印刷

定　　价　898.00 元

中国钧瓷年鉴

（2011）

中国钧瓷年鉴编纂委员会　编

要　览

《中国钧瓷年鉴》编纂委员会

《中国钧瓷年鉴》（2011、2012）编审人员

总 编 审	王宏伟　荆治中
主　　纂	王志宏
副 主 纂	张俊海　黄效东　李新才　牛艳伟 和国强
特邀编审	张玉骉　王爱纯　王安乐　黄天奇 卢新运　王运玺　李争鸣　李志军 苏　枫　程　伟　谢玉好　王方舟 梅国建　刘松林　刘俊杰　平建民 李家旺
主　　编	孙彦春
副 主 编	孙俊杰　许新禹　董　亚
特邀编辑	徐华烽　吕超峰　刘向阳　王忠全 殷振志　包献珍　杨中建　苏建民 段山林　孙国选　董　超　教之忠 蔡金甫　冀坤山　暴风云　李少颖 傅汉中　韩银芳　刘青年　王志勇 赵占宾　苗见旭
执行编辑	董　亚　李新伟　李瑞英
编　　辑	董　亚　李新伟　李瑞英　贾向阳 马雪涛　杨金泽　刘照宇　田世欣 押晓伟　张伟朋　付晓丽　孙丹丹
美术编辑	董　亚
摄　　影	牛书培　吕超峰　刘　艺　孙永合 耿亚伟　董　亚　张伟红　张同春

编辑说明

一、《中国钧瓷年鉴》是中国收藏家协会陶瓷收藏委员会、禹州市人民政府主办的大型资料性、工具性专业年刊，由《中国钧瓷年鉴》编纂委员会、禹州市地方史志编纂委员会组织，《中国钧瓷年鉴》编辑部承编。

二、本刊以邓小平理论、"三个代表"重要思想以及科学发展观为指导，遵循现代方志学及专业年鉴的基本理论，力争全面、客观、准确地记载中国钧瓷2011、2012年发展的基本情况，为社会各界了解钧瓷、研究钧瓷提供信息资料。

三、本刊采取分类编辑法，设类目、分目、条目三个层次，部分条目下设子目。类目、分目标题使用不同的字体、字号，类目标明于页眉；条目为主要信息载体和基本撰稿形式，其标题统一用黑体加【】表示。

四、本卷为第3卷，系2011年、2012年合刊，两年分别记述，记述时限分别为2011年1月1日至2011年12月31日和2012年1月1日至2012年12月31日。为了保持事件的连续性，部分资料进行了必要的追溯和延伸。全书总计设特载、大事记、总述、钧瓷生产、钧瓷造型、钧瓷贸易、鉴赏收藏、瓷业管理、河南省钧瓷文化旅游试验区建设、钧瓷文化、钧窑考古、博物馆·钧艺馆、人物、钧瓷名品、附录等15个类目。为便于读者查阅，卷首设有目录，卷末设有索引。

五、本刊采用资料由中国工艺美术协会、中国陶瓷工业协会、中国收藏家协会、河南省工艺美术行业协会、河南省陶瓷玻璃行业管理协会、河南省收藏家协会陶瓷收藏委员会、河南省陶玻协会钧瓷收藏委员会提供，禹州市陶瓷相关部门、单位以及钧瓷厂家报送与本刊编辑人员实地调查材料相结合而成；主要统计数据以各业务主管部门统计数据为主。

六、本刊文字表述采用规范的语体文，语言力求准确、简洁、朴实、流畅，引文以原著为主，尽量不转引，转引者则注明出处；文字以新闻出版署、国家文字工作委员会1992年7月颁布的《出版物汉字使用管理规定》为准，除引用古代文献、碑刻的文字外，其余采用1986年10月颁布的《简化字总表》；计量单位和数字以1996年6月实施的中华人民共和国国家标准《出版物上数字用法的规定》为准，计量标准古代及近代部分使用当时计量单位，其余以《中华人民共和国法定计量单位》为准。纪年、标点符号应用等均按国家相关规定执行。

七、本刊的编纂出版工作由中国收藏家协会陶瓷收藏委员会、禹州市人民政府直接领导，得到了北京大学考古文博学院、清华大学美术学院、中国建筑陶瓷工业协会、中国出版工作者协会年鉴工作委员会、中国民间艺术家协会陶瓷艺术委员会、河南省年鉴协会、河南省工艺美术行业协会、河南省陶瓷玻璃行业管理协会、许昌市钧瓷文化产业园管理办公室等单位的大力支持。同时，也得到了禹州市神垕镇、鸿畅镇、禹州市文化改革发展试验区管理办公室、陶瓷局、文广局、钧官窑址博物馆、禹州市钧瓷行业协会等单位及各钧瓷厂家的密切配合，在此谨向他们表示诚挚的谢意。因编辑部人员少，工作量大，加之编辑人员水平有限，错误与纰漏在所难免，恳请广大读者批评指正。

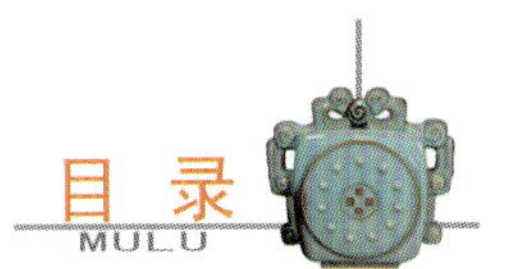

2011 年

广口尊

九九归一

千秋如意鼎

赏盘

大事记

总　述

钧瓷生产

钧瓷造型

荷花

画桶

胆瓶

荷口瓶

龙腾盛世

蜗牛钵

虎头瓶

钧瓷贸易

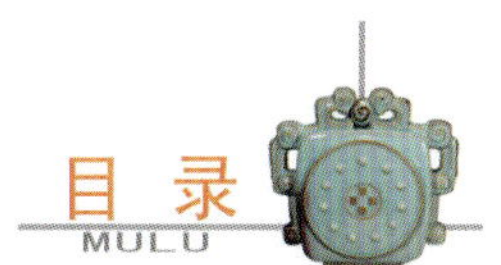

鉴赏·收藏

瓷业管理

玉壶春瓶

豆青釉托盏杯

福慧圆成

天青釉茶盏

福窝

清莲溢香

节节高升

河南省钧瓷文化旅游试验区建设

如意瓶

广口尊

梅瓶——刻字圆福

天青釉清酒器

竹节碗

博物馆 钧艺馆

人 物

附 录

2012 年

窑变釉·喜乐茶具

特 载

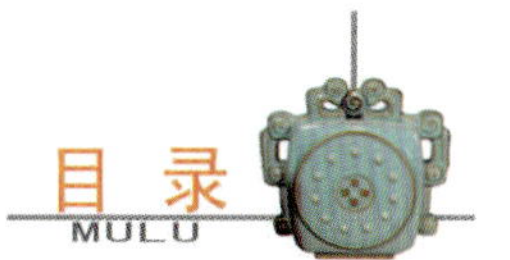

大事记

总 述

平安富贵

天青釉·知闲酒器

缘来如意

步步青云

凤鸣九天

钧瓷生产

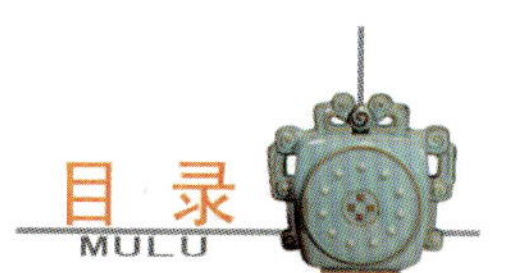

钧瓷造型

卢钧窑·梵香器

双连瓶

小口瓶——红霞

招财鱼

鸡心碗

五福同春

深腹钵

貔貅印

鉴赏·拍卖

收　藏

八钉瓶

淑女瓶

双系罐

太白壶

三皇壶

同心壶

圆满壶

河南省钧瓷文化旅游试验区建设

钧瓷文化

来福石

一生如意

六棱瓶

富贵尊

中华尊

人　物

附　录

编纂始末

注：本部分图片分别由金堂钧窑、神州钧窑、钧兴卢钧窑、华鼎钧窑提供。

2011年7月12日，中共中央政治局委员、国务院副总理、《中朝友好合作互助条约》签订50周年纪念活动中国友好代表团团长张德江在平壤木兰馆向朝鲜最高领导人金正日赠送钧瓷礼品—大成盛鼎。

2011年4月，中共中央政治局原常委、第九届全国政协主席李瑞环到禹州钧瓷文化试验区视察并体验钧瓷开窑。

2011年4月，中共中央政治局原常委、第九届全国政协主席李瑞环到禹州神垕孔家钧窑视察。

2011年2月14日，国务委员、公安部部长孟建柱向朝鲜领导人金正日赠送69岁贺礼—钧瓷福寿桃。

2011年11月，全国政协副主席李金华，河南省政协主席叶冬松，省十届人大常委会副主任王明义、贾连朝，中国陶瓷工业协会名誉会长杨志海等领导出席第七届禹州·中国钧瓷文化节开幕式。

2011年11月，全国政协副主席李金华在第七届禹州·中国钧瓷文化节上为禹州钧瓷题字——“国之瑰宝”。

2011年4月，河南省委书记卢展工（右前）在禹州市委书记蔡全法（左一）陪同下视察钧瓷文化产业发展情况。

2011年4月，河南省省长郭庚茂视察钧瓷文化产业发展情况并参加钧瓷残次品销毁活动。

2011年4月，许昌市委书记李亚（前左一）、政协主席董晋平（前右一）等到神垕镇视察并观看钧瓷开窑仪式。

2011年11月，中国陶瓷工业协会名誉会长杨志海向禹州市颁发“中国陶瓷历史文化名城”牌匾。

2011年8月，禹州市委书记蔡全法出席钧官窑址博物馆借展海外钧窑藏品交接仪式并讲话。

2011年11月，禹州市市长王友华出席中国历史名窑复兴成就展开幕式并致辞。

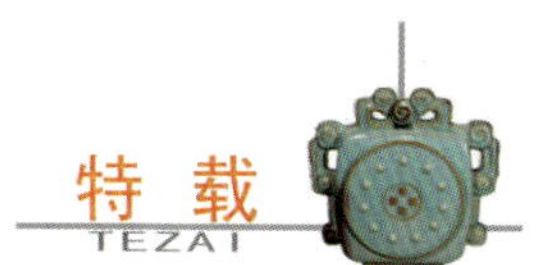

中国陶瓷工业协会理事长何天雄在中国历史名窑复兴成就展开幕式上的讲话

尊敬的杨志海部长、各位同仁、各位来宾，大家上午好！

很高兴来到中国陶瓷名城、中国陶瓷文化圣地禹州，首先对禹州市邀请我们中陶协作为陶瓷文化节的主办单位表示衷心感谢，对来自全国各地历史名窑窑口的领导、大师、同仁表示热烈欢迎！

中国的陶瓷丰富多姿，绚丽多彩，以其深厚的文化底蕴和独特艺术形式，在人类文明长河中独树一帜，更是华夏文化的重要组成部分。这种文明延续与发展，与国家的命运、民族的精神面貌紧密相连。

今天，我们在这里举办“中国历史名窑复兴成就展”，是中国陶瓷工业协会应禹州市人民政府之邀请，为了支持禹州钧瓷文化节、推动各瓷区的交流，在华夏文明重要发源地——河南举办的高层次文化交流活动，该活动由河南省陶玻协会、禹州市人民政府共同承办，经过多方努力，于今天隆重开幕，在此，我代表中陶协对为展出付出辛勤劳动的组委会工作人员表示感谢！

本次展出是建国以来首次中国历史名窑复兴成就专题展，作品来自全国历史名瓷恢复有成的产区，展出内容丰富，有来自浙江龙泉青瓷、南宋官瓷、越窑青瓷、建窑的天目瓷、湖南的醴陵釉下五彩、河南的汝瓷、官瓷、三彩、绞胎瓷、澄泥砚，耀州的青瓷、山东的刻瓷、景德镇各种名瓷、河北定窑、磁州窑、邢窑瓷、唐山瓷，德化的白瓷、宜兴的紫砂，马家窑彩陶等等，共征集国家大师作品29件、省级大师、教授的作品37余件，高丽（韩国）青瓷7件，共73件。同时东道主禹州也展出了钧窑复兴的成就，国礼48件，中国钧瓷传承与创新技艺大赛部分金银奖作品80余件。

本次展出反映了中国当代陶瓷文化的空前繁荣，意义深远，也体现了中国陶瓷行业的强大凝聚力。开幕在即，对湖南醴陵产区、山东产区、对河北产区、河南产区、龙泉产区、景德镇产区、陕西耀州、德化产区等历史名窑所在地政府、协会及相关组织的大力支持表示感谢！对应邀参加本次展出的国家大师、省级大师、教授、专家、同仁表示感谢！对向钧窑捐赠历史名窑陶瓷的名家表示感谢！对来自韩国木溥及康津官窑的陶艺友人表示感谢！

2011年11月6日

许昌市人民政府市长张国晖
在第七届禹州·中国钧瓷文化节开幕式上的
致　辞

尊敬的全国政协李金华副主席、省政协叶冬松主席，各位领导和嘉宾，朋友们：

今晚，古城流韵、星光璀璨。在美丽的钧瓷故乡，我们共同欢庆第七届禹州·中国钧瓷文化节隆重开幕。值此，我代表许昌市委、市人大、市政府、市政协及458万许昌人民，向光临盛会的各级领导、各位嘉宾、各界朋友表示热烈的欢迎和衷心的感谢！

许昌地处中原腹地，现辖6个县市（区），98个乡镇（办），2344个行政村，总面积4996平方公里，这里物产丰富、区位优越、历史悠久、经济活跃。近年来，我们牢固树立科学发展观，认真贯彻省委、省政府各项决策部署，全面推进新型城镇化、新型工业化、农业现代化进程，实现了经济社会协调发展。2010年，全市地区生产总值突破1300亿元，财政一般预算收入达到57．4亿元。获得了中国优秀旅游城市、国家级园林城市、森林城、卫生城，创建全国文明城市先进市、中国十佳宜游城市、宜居城市等一系列称号。

作为中华文明的核心发源地之一，我们着力打造钧瓷文化、生态文化、曹魏文化三张名片，其中钧瓷为禹州独有，不仅是中华民族的历史瑰宝，更是世界陶瓷艺术殿堂的一颗明珠。自上世纪五十年代至今，钧瓷文化从技艺恢复到产业壮大、再到走出国门，走过了一个艰辛的历程。特别是近几年，

在上级党委政府的关心支持下，禹州市委、政府抓住列入全省八大文化改革试验区的机遇，充分发挥钧瓷品牌优势，以神垕古镇保护开发为主线，大力实施以钧带陶发展战略，使钧瓷迎来了自宋代以后产业和文化发展的又一个黄金期，成为中国古代五大名瓷中在现代发展最好的一个瓷种。目前，全市拥有钧瓷生产企业160多家，各类陶瓷企业970多家，年产值突破60亿元。与此同时，钧瓷的对外影响力不断扩大，在亚洲博鳌论坛、东盟博览会等重大国际活动中，多次被作为国礼赠送外国政要，已经成为全省乃至全国对外交流的一张名片，钧瓷烧制技艺也被列入国家非物质文化遗产名录，正在申请世界非物质文化遗产。

举办钧瓷文化节是我们弘扬传统文化，促进文化旅游发展的一个重要载体。今天，这么多领导、专家、企业家和社会各界的朋友相约许昌、共聚禹州，必将为许昌文化旅游产业的发展增添新活力、新动力。我们将充分利用文化节这一平台，坚持传承和创新并重，实施钧瓷品牌塑造和产业提升工程，加速文化产业发展，提升许昌文化特色，努力实现在中原经济区建设中率先崛起、富民兴许的目标。我们坚信，有省委、省政府的正确领导，有各级各部门、各位专家、学者和各界朋友的大力支持，有全市干部群众的广泛参与，钧瓷这枝艺术奇葩一定能大放异彩，许昌一定能迎来文化的大繁荣、大发展。

最后，预祝本届钧瓷文化节圆满成功！祝各位领导和嘉宾身体健康、万事如意！

谢谢大家！

禹州市人民政府市长王友华
在第七届禹州·中国钧瓷文化节项目签约仪式上的
欢迎辞

尊敬的各位领导，各位来宾，女士们，先生们，朋友们：

今天下午，我们在这里隆重举行第七届钧瓷文化节项目签约仪式，这是本届钧瓷文化节的一个重要内容。值此，我谨代表禹州市委、市政府和全市120万人民，对各位领导、各位嘉宾、各位企业家的光临表示热烈欢迎，向各位新老朋友多年来对禹州经济社会发展给予的关心支持表示衷心的感谢和诚挚的敬意！

禹州总面积约1500平方公里，人口120万，是许昌市管辖的一个人口最多、面积最大的县级市，也是一座文化厚重、实力较强的城市。历史上，这里是中国第一个奴隶制王朝夏朝的建都地，是中国“五大名瓷”之一钧瓷的唯一产地，是明清时期中国四大中药材集散地之一，素有“夏都”、“钧都”、“药都”的美誉。禹州位于“中原之中”，距省会郑州80公里、距郑州国际机场40公里，S103、S237两条省道与郑尧、许登两条高速公路贯穿全境，交通十分便利。境内富藏煤炭等矿产资源30余种，煤炭储量超过100亿吨，火电装机容量达200万千瓦，是河南省重要的能源、原材料基地。近年来，我们依托能源、建材等传统工业优势，中药材、三粉等传统农业优势，文化旅游、商贸物流等服务业优势，强力实施招商引资，加快推进产业转型，促进了三次产业的持续健康发展。去年，全市地区生产总值332亿元，财政一般预算收入16．5亿元。在全省108个县市区中，综合实力一直处在前20强的梯队，并连续5年保持全国中小城市科学发展百强。目前，城市建成区面积40平方公里，城区人口40万人，相继被命名为中国优秀旅游城和河南省园林城、卫生城、文明城。

禹州悠久的历史、独特的优势、优越的环境、无限的商机，吸引着越来越多的中外客商来考察、来投资、来发展。去年以来，我们规划建设了10平方公里的产业集聚区东产业园和10平方公里的钧陶瓷产业园，加快了老城区、东区和北区的建设步伐，全面启动了以中心镇和新型农村社区为主要内容的新型城镇化建设，出台了一系列扶持政策，建立了一整套工作机制。今天的禹州，占据着天时、地利、人和，可以说是万事俱备，只欠东风。本届钧瓷文化节不仅是对外展示和弘扬钧瓷文化，更是为我们架起了一座友谊的桥梁，搭建了一个合作发展的平台，希望大家深入了解禹州，实地考察禹州，投资赢在禹州，我们期待着与大家开展更高层次、更宽领域的交流合作，携手共创更加美好的明天。

最后，再次对大家光临禹州表示欢迎，也期盼着大家今后多来禹州考察指导工作！

谢谢大家！

传承千年文化的一次有力促进

——回眸禹州市“中国陶瓷历史文化名城”创建之路

8月13日，由中国轻工业联合会、中国陶瓷工业协会主办的“中国陶瓷历史文化名城”颁证大会在北京钓鱼台国宾馆隆重举行，禹州市被授予“中国陶瓷历史文化名城”称号。此次荣获“中国陶瓷历史文化名城”称号的还有景德镇等其他8个陶瓷重要产区。

成功荣膺国家级陶瓷历史文化名城称号，不仅是对禹州陶瓷产业发展成果的一次肯定，也是对我市更好地保护文化遗产、传承千年文化的一次有力促进，成为许昌人民欢欣鼓舞的一件盛事。自去年禹州开始申报国家级陶瓷历史文化名城以来，我市各界人士和广大市民就将申报名城作为自觉行动，虽然申报的过程中有过曲折，但争创国家级陶瓷历史文化名城的决心从未动摇。如今瓜熟蒂落，回眸禹州的申报之路，更给人以浓浓的回味和深深的启迪。

中国陶瓷工业协会名誉会长杨志海为禹州授牌

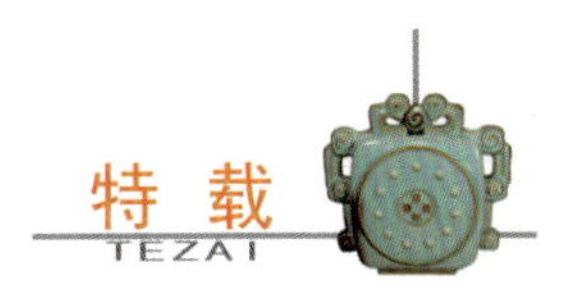

回顾历史千年窑火薪传不息

历史，是人类进程的坐标；而文化，则像一条多彩的长河，在千年的风雨中，为我们留住那些深刻的印记。

素有“钧都”美誉的禹州，在历史上就是中国陶瓷的重要产区，自隋唐以来，禹州的制瓷业就十分发达，窑火连绵不断，窑址星罗棋布，“烟火遮天，瓷店林立，商贾遍地，日进斗金”，便是古时禹州瓷器业的真实写照。

新中国成立后，在党和政府的关心下，禹州陶瓷业大跨度发展，逐渐成为著名瓷区，炻瓷、钧瓷、日用瓷、建筑卫生瓷、园林瓷、高低压电瓷等门类齐全，特别值得一提的是为了钧瓷的恢复与发展，禹州市在神垕建立了国营瓷厂、钧美一厂、钧美二厂、东风瓷厂等一批有规模的企业专烧钧瓷，并将钧瓷逐步日用化。

改革开放以来，禹州的陶瓷产业遇到了良好的发展时机，个体非公有制陶瓷企业如雨后春笋般发展壮大起来，达到了一个新的鼎盛时期。特别是钧瓷企业的发展更是惊人，从上世纪 90 年代初的几家发展到目前的 160 多家，在提高数量的基础上，更注重品质的提高，加大了科研和开发的力度，使钧瓷成为禹州的一张重要名片，影响深远，有 10 多个厂家的 100 多件作品成为国礼，送给各国政要。

中国陶瓷工业协会名誉会长杨志海到禹州瓷区考察

巧夺天工的陶瓷技艺、独具特色的窑变风采、蒸蒸日上的陶瓷产业，让禹州在中国陶瓷文化中占据着重要位置，持续地提升着这方中华热土在海内外的知名度。2010 年年底，由中国轻工业联合会、中国陶瓷工业协会主办的“中国陶瓷历史文化名城”评选活动，打破了古都的宁静。“获悉评选的消息后，我们认为这是把禹州建设成为具有国际影响力的陶瓷文化与产业名市的良好契机。”据禹州市陶瓷工业局局长刘果岭介绍，在创建过程中，禹州市确立了政府主导、全民参与的创建思路，成立了申报工作领导小组，全面梳理禹州陶瓷千年来的发展成果，着手编制申报材料。

秉承着千年的窑火辉煌，禹州市开始坚实地迈出了向国家级陶瓷历史文化名城进军的步伐。

把握现在申报之路水到渠成

“禹州市历史悠久，文化底蕴丰厚，历史遗存丰富，陶瓷文化特色突出。这份申报材料可以说是全国申报国家级陶瓷历史文化名城的典范。”今年 2 月份，当禹州市的申报材料递交到中国陶瓷工业协会时，专家组的领导如是评价。

为了获得这一句简短的肯定，禹州市申报小组的工作人员做了大量的工作。“春节期间，我们申报小组的所有工作人员都牺牲了假期来编制申报材料。当得到专家组的肯定后，我心里感到无比的自豪。”刘果岭向记者介绍说，“这次申报的成功，可以说是水到渠成。”

刘果岭说的“水到渠成”，除了全市人民付出的心血与汗水，其实更多的得益于陶瓷产业在禹州所呈现出的良好发展态势。出于对历史文化的自豪和崇敬，近几年来，禹州市委、市政府高度重视陶瓷产业的发展，特别是注重对钧瓷的宣传，不但组织产品参加国内各地的陶瓷文化活动，而且相继走出国门，到日本等地进行文化交流，扩大影响。同时，禹州还连续举办了六届全国性的钧瓷文化节，邀请全国各瓷区的领导和专家、学者、收藏爱好者参加，共聚一堂，共商钧瓷及整体陶瓷产业的发展大计。

“通过走出国门及举办钧瓷文化节，提高了禹州的知名度，提高了钧瓷的知名度，提高了禹州陶瓷行业在全国的地位，收到了良好的效果。”刘果岭告诉记者，截至2010年年底，该市陶瓷企业达到了860家，年总产值达60亿元，禹州市已经成为中部地区最具影响力的钧陶瓷生产基地和全国重要的炻瓷出口基地。

6月6日，中国陶瓷工业协会理事长何天雄一行莅临禹州，对禹州陶瓷产业的发展进行了为期两天的实地考察。两天的行程虽然太紧凑，但在走访钧官窑址博物馆、晋佩章钧瓷艺术馆及禹州的几个钧陶瓷生产厂家后，禹州陶瓷产业那浓厚的发展氛围让何天雄情不自禁地竖起了大拇指：“禹州的陶瓷文化博大精深，钧瓷产业更是大放异彩，让人印象深刻。”

8月13日，“中国陶瓷历史文化名城”颁证仪式在北京隆重举行，禹州市荣膺“中国陶瓷历史文化名城”称号。至此，创建国家级陶瓷历史文化名城之路圆满画上了句号。

走向未来以钧带陶再放异彩

一座城市，有历史才有底蕴，有文化才有内涵。

随着人类文明的不断进步，历史文化越来越成为城市发展进步的依托，成为一个城市的核心竞争力。“申报‘中国陶瓷历史文化名城’是历史赋予我们的使命，需要我们以更加积极主动的姿态保护好、发展好祖先留给我们的文明基业和文化基因，更好地延续历史、传承文明，为城市未来的发展增添不竭动力和精神源泉。”获悉成功荣膺“中国陶瓷历史文化名城”称号后，禹州市委书记蔡全法如是表示。

对禹州而言，成功创建国家级陶瓷历史文化名城，是对这个城市负责任的表现。一个具有丰富历史文化遗存和多彩文化传统、名人辈出、文脉悠长的城市，国家级陶瓷历史文化名城的业绩将为它提供更宽广的展示平台。刘果岭表示，在“传承、创新、提升”的发展理念指导下，通过深入挖掘古遗址、古窑群等历史遗存的文化内涵，充分展示了禹州悠久厚重的陶瓷文化魅力；禹州以历史文化资源为基础，大力发展文化旅游产品，激发了文化产业与旅游业的互动并进。同时，禹州借助“中国陶瓷历史文化名城”这张名片，不仅能够更好地弘扬钧瓷文化，而且能够提升禹州炻瓷、日用瓷、建筑卫生瓷等陶瓷行业的知名度，更好地推动禹州的陶瓷文化走出河南、走向世界。“所以我们接下来要做的就是把陶瓷这一传统艺术保护好、利用好、发展好。”

城市文化特色就是一座城市独有的“魂”，它是长期积淀形成的，是一座城市与另一座城市相区别的标志。蔡全法表示：“申报不是目的，而是一个不断加深认识的过程。禹州陶瓷经过千年的历史积淀，形成了自己鲜明的文化特质。我们就是要通过精心策划，借助‘中国陶瓷历史文化名城’这张国家级名片，加大历史文化遗产的保护和利用力度，把钧瓷做精，把陶瓷做强，充分放大禹州文化的亮点，并以此带动全市经济社会的又好又快发展。”

（许昌日报社：赵霁虹　许廷合）

1 月

12 日 河南省陶瓷玻璃行业协会在郑州物华大酒店召开 2011 年新年春茶话会（年会），省陶协名誉会长刘承祯，理事长王爱纯，陶瓷专家杨文献、徐国帧、傅中承，中国陶瓷艺术大师郭爱和、孟玉松、朱文立、苗长强、晋晓瞳等参加会议。

名誉会长刘承祯在会上致新年祝词，省陶协理事长王爱纯作 2010 年工作总结及 2011 年工作安排，省陶协副理事长、禹州市陶瓷局局长刘果岭向大会报告了禹州钧陶瓷发展状况及 2011 年全年的重点工作。

22 日 河南省工艺美术行业协会在郑州黄淮宾馆召开第四届常务理事会议，省工艺美术行业协会会长张玉骉，副会长王俊蓉，秘书长田任午及全省工艺美术行业常务理事单位的负责人参加了会议。

会上秘书长田任午做 2010 年工作总结，副会长王俊蓉宣读了《河南工艺美术行业“十二五”发展规划纲要》草案，会长张玉骉主持会议并对规划纲要进行了说明。

同月 国家主席胡锦涛对美国进行国事访问期间，向美国总统奥巴马及其家人赠送新年礼物。其中有三件为禹州市大宋官窑钧瓷作品：《妙德吉祥》《鸿运来》和《隆运承乾》。钧瓷带着浓重的民族文化气息再度被作为国礼，向奥巴马总统和美国人民表达新年的美好祝愿。

2 月

14 日 朝鲜劳动党总书记金正日在朝鲜平壤会见了中国国务委员兼公安部长孟建柱。孟建柱转达了中共中央总书记胡锦涛和其他中国领导人的问候，并向他赠送禹州市大宋官窑作品“福寿桃”作为金正日 69 岁生日的贺礼。

28 日晚 中央电视台《欢乐中国行·魅力禹州》节目在北京星火影视城央视节目制作中心录制，三十余名钧瓷大师应邀观看了演出。

录制现场，梦幻般的场景，强大的演出阵容，令在场的一千余名观众陶醉其中。董卿、张泽群、吕薇、韩磊、斯琴格日勒、沙宝亮、西单女孩群星璀璨。禹州“三宝”：钧瓷、中药材、三粉相继亮相，钧瓷鉴定分级节目使观众领略了钧瓷烧制之难，分级之严，体会了钧瓷品牌的价值和钧瓷的珍贵。厚重的历史文化积淀，飞速发展的社会经济，使在场的观众充分领略了禹州的无尽魅力。

欢乐中国行节目现场

3月

11日 禹州市四大班子领导蔡全法、王友华、申国民等到禹—神快速通道鸿畅段杜北村参加义务植树活动。

22日 国家工商总局副局长甘霖一行到禹州市钧官窑址博物馆调研。

28日 河南省陶玻协会会长王爱纯一行到禹州市神垕镇进行走访活动。他们先后到晋家钧窑、苗家钧窑、天合坊钧窑、周家钧窑、国政钧窑、金鼎钧窑、卢家钧窑、东昇钧瓷、博古堂钧瓷、锦丰苑钧瓷、大唐钧窑……。王爱纯会长和各位钧瓷大师进行了深入的沟通和探讨，就以后的发展都相互提到了自己的意见和想法。

同日 中国钧窑志编委会发布公告：《中国钧窑志》评审稿已经完成，面向社会征求意见。

同日 中国钧瓷年鉴编委会发布公告：《中国钧瓷年鉴》（第2卷）评审稿已经完成，面向社会征求意见。

4月

11日 海峡两岸记者联合采访团30余人，在中华税务日报社社长黄明生、台湾新闻报副总编辑黄义雄的带领下到河南省禹州市考察钧瓷文化。许昌市委常委、统战部长王桂梅及禹州市委书记蔡全法，市委常委、统战部长廖少忠等陪同。

采访团一行分别到钧官窑址博物馆，神垕古镇、老街、老民居、孔家钧窑等地参观采访。采访中，两岸记者采访团成员被钧瓷“入窑一色、出窑万彩”的神奇窑变所吸引，神奇妙绝的钧瓷文化，给采访团成员留下了深刻的印象。

14~16日 博鳌亚洲论坛2011年年会在中国海南博鳌举行期间，禹州市大宋官窑（荣昌钧瓷坊）的钧瓷作品《妙德吉祥》成为向与会的各国元首赠送的唯一指定礼品。

17日 “百名闽商看许昌”活动考察团到禹州市钧官窑址博物馆考察，考察团一行先后参观了钧瓷古窑址、展示沙盘、制作车间等场所。

18日 许昌市银监局支持钧瓷文化产业发展银企座谈会在党政综合办公大楼会议室召开，参会文化企业负责人就企业基本现状、行业发展前景和企业发展过程中遇到的融资困难等问题展开座谈。许昌市银监局相关负责人表示：他们将支持企业做大做强；积极推进小企业授信业务，优化银行信贷结构，激发企业成长活力，促进地方经济的发展，实现银企双赢。

24日 由河南禹州市钧瓷文化研究发展中心选送的钧瓷《清华百年华诞骄子瓶》被清华大学经济管理学院作为庆祝清华大学100年校庆纪念贺礼赠送给清华大学。清华大学领导及经管学院领导、校友会代表参加了交接仪式。

29日 “河南省《中国钧窑志》评审会议”在禹州市党政综合办公大楼6楼会议室召开，河南省工艺美术行业协会理事长张玉骉、河南省陶瓷玻璃行业管理协会会长王爱纯、许昌市钧瓷文化产业园党委书记王运玺、禹州市副市长刘静等出席。

会议听取了《中国钧窑志》主编孙彦春关于志书编纂情况的报告。会议认为：《中国钧窑志》评审稿严格按照方志学的编纂规范，横不缺要项，记述涉及钧瓷各个方面的情况；纵不断主线，完整展现出各个历史时期钧瓷的基本面貌，是一部基本符合二届志书编写要求的基础很好的专业志稿。会议要求：认真收集各位专家、大师的意见和建议，继续完善志稿，力争把《中国钧窑志》编纂成为叫响全国的禹州文化建设的典范性成果。

5 月

1 日　禹州市委书记蔡全法对市钧官窑址博物馆建设及陈列布展等工作进行调研。蔡全法要求钧官窑址博物馆针对布展在设计上存在的问题，多邀请专家、业内人士，把关指导、加强协调、集中整改、最大限度提升，争取早日开馆。

流光溢彩——民间钧瓷收藏精品展

同日　由河南省陶玻协会钧瓷收藏委员会、河南省收藏家协会陶瓷委员会主办，天下收藏文化街承办的“流光溢彩——民间钧瓷收藏精品展”在郑东新区天下收藏文化街开幕。400 余件钧瓷展品涵盖了新中国成立后钧瓷烧造的复苏、发展、成熟、创新四个时期，再现了钧瓷从复苏到当代的创新与发展历程。

5 日　禹州市神垕镇大刘山陶艺村举行奠基仪式，河南省工艺美术行业协会、河南省陶玻协会、禹州市、神垕镇等各级领导和社会各界 200 多人参加了仪式。

11 日　神垕镇大龙山钧瓷文化村艺术馆举行开馆仪式。河南省工艺美术行业协会、陶瓷协会、收藏家协会、禹州市、神垕镇等各级领导和社会各界 200 余人参加了仪式。河南省工艺美术行业协会理事长张玉蟲，禹州市钧瓷行业协会会长、国家级工艺美术大师孔相卿，关爷庙社区居委会党支部书记朱海玉分别致辞，祝贺大龙山钧瓷文化村艺术馆开馆，并为大龙山钧瓷文化村艺术馆剪彩。

大龙山钧瓷文化村艺术馆开馆仪式

19 日　河南省“第二届中国陶瓷艺术大师评审”总结暨“河南省杰出陶瓷艺术家”推广表彰大会在河南省人民大会堂召开。河南省陶瓷玻璃行业管理协会授予 25 位艺术家“河南省杰出陶瓷艺术家”称号，禹州市钧瓷大师丁建中、霍福生、晋晓瞳、冀德强、刘瓷辉、苗长强、任星航、王金合、许海君、杨国政、赵学仁、张金伟等获此殊荣。

同月　禹州市重点工程建设项目禹神快速通道完工通车。禹神快速通道西起神垕镇青岗涧村 104 电台，经过鸿畅、方岗、火龙，东至夏都办化庄村，全长 17.1 公里，设计时速 80 公里/小时，二级公路标准建设，路基控制线 40 米，路基宽 21 米，路面宽 16 米。为进一步增强钧瓷文化实验区和禹州市的对外吸引力，对改善禹州市的投资环境将起到深远的影响。

禹（州）——神（垕）快速通道通车

23 日　河南省文化厅和河南省文物局在郑

州河南省艺术中心举行“第六个文化遗产日——河南省主题活动新闻发布会”。河南省文物局副局长郑小玲主持新闻发布会，河南省文化厅副厅长黄东升出席并做重要讲话，省文化厅非物质文化遗处处长甘源做活动方案的发布，来自省文化和文物系统的有关单位和领导及近三十家中央驻河南新闻单位和省内新闻媒体的近百人出席了新闻发布会。禹州市人民政府及禹州星航钧窑有限公司此次作为第六个文化遗产日河南省主题活动之《星航钧窑柴烧日》活动的承办单位，也出席了新闻发布会。禹州市政协主席董立民代表承办单位就《星航钧窑柴烧日》活动的相关方案向出席会议的领导向新闻媒体作了详细的说明。

25 日　河南省职教攻坚调研组到许昌陶瓷职业学院考察。

6 月

1 日　由河南省陶瓷玻璃行业管理协会主办，为期两周的“河南省陶瓷艺术大师研讨班”在禹州开班，省陶瓷工艺与造型方面的专家王爱纯、杨德林、付中承、文国政等参与研讨及授课，禹州钧瓷、汝州汝瓷届多名学员参加研讨会。

6 日　中国工艺美术大师杨志获得由文化部颁发的“中华非物质文化遗产传承人薪传奖”。

同日　晋佩章钧瓷艺术馆在禹州市神垕镇正式开馆，国内知名陶瓷专家、收藏家、业界领导及社会各界人士 200 多人参加庆典。中华全国新闻工作者协会名誉主席、原人民日报社社长邵华泽先生，全国政协委员、中国国家博物馆馆长吕章申先生分别为“晋家钧窑”和“晋佩章钧瓷艺术馆”题名。河南省人大常委会副主任刘新民为艺术馆题词：“铸就百世经典，弘扬民族文化。”中国陶瓷工业协会会长何天雄、中国少数民族文化艺术基金会会长谷长江、中国收藏家协会会长闫振堂等出席开馆仪式并为艺术馆剪采。

7 日　由河南省文化厅、河南省文物局主办，河南省艺术研究院、禹州市政府、星航钧窑（禹州市钧瓷窑炉博物馆）承办的“星航钧窑柴烧日”活动在禹州星航钧窑举办。河南省文化厅副厅长黄东升，故宫博物院学术委员会委员、研究馆员，中国古陶瓷研究会副会长李辉炳，河南省文化厅非遗处处长甘源，民革河南省委副主委闵虹，河南省艺术研究院院长方可杰、研究员刘景亮，河南省美术馆馆长华建国，河南省工艺美术学会会长张玉蟲，禹州市委书记蔡全法、市长王友华、市人大主任申国民、市政协主席董立民及多家中央和地方新闻媒体参加了这一活动。

星航钧窑柴烧日活动现场

“柴烧日”当天，举行了祭拜窑神、点火、开窑等各项仪式。仪式结束后，专家学者围绕钧瓷烧制技艺传承发展的现实意义、“柴烧”窑炉工艺的保护、钧瓷的美学价值、家族传承的意义等议题，举办了“钧瓷烧制技艺保护传承理论研讨会”。

13 日　由河南省陶瓷玻璃协会选送、河南省工艺美术大师杨晓峰设计的钧瓷作品“旋”获得“2011 河南省工业设计大赛”企业组特等奖。

销毁假冒伪劣产品活动现场

16 日　禹州市钧瓷市场监察大队“查获假

冒伪劣产品销毁活动”在神垕镇举行，钧瓷市场监察大队当场将前一个时期从个别钧瓷生产厂家和个别门店查获的300多件假冒大师作品、国礼作品、专利作品进行了集中销毁。

23日至24日 在省广播电影电视局副局长王仁海、河南电视台台长王少春的陪同下，由高满堂、王宛平等近20名编剧组成的全国著名编剧中原经济区采风团到许昌市参观采风。许昌市领导李亚、张国晖、申武装、王登喜、秦春梅分别陪同。

采风团到禹州市神垕镇大宋官窑，全国著名编剧中原经济区采风团成员观看了开窑仪式，了解了钧瓷的选料、造型、制模、上釉等工艺流程，纷纷赞叹钧瓷艺术的神奇魅力并表示钧瓷艺术极富神秘感，将在新作中更多地涉及禹州钧瓷等素材，更多地关注许昌的历史、许昌的文化和许昌的发展。

27日 河南省陶玻协会会长王爱纯在韩国与韩国光州工艺协作联盟签订国际合作谅解备忘录。

同月 由北京市人大办公厅主任刘凤仪、北京市旅游局长张建军率团带领北京市十大旅行社负责人及知名导游20余人到禹州市考察钧瓷文化旅游路线，先后到神垕古街花戏楼、古玩市场、孔家钧窑、晋佩章钧瓷艺术馆、星航钧窑等参观考察，进一步了解历史悠久的钧窑文化，见证柴烧钧瓷艺术魅力与神韵。

7月

5日 河南省工艺美术行业协会顾问座谈会议第4次会议在临颍县南街村召开。河南省工艺美术行业协会名誉理事长贾连朝，河南省工艺美术行业协会理事长张玉蟲和驻会的副理事长以及顾问、专家参加了会议。会议决定聘请省人大常委会秘书长连子恒为顾问。

7日 禹州市委书记蔡全法接受人民日报社文化专题部主任徐文景及人民日报社驻辽宁工作站站长孙红涛的专访，就钧瓷的现状及发展方向谈了自己的看法。

蔡全法表示，禹州市有钧瓷生产企业100多家，年生产钧瓷200多万件，在市场处于供不应求的发展态势，钧瓷已进入了其生产发展的鼎盛时期，它不仅是商品、产品、更是一种文化，是禹州、许昌、河南乃至中国的一张名片。

9日 中国建设银行河南省分行行长石亭峰到禹州市考察钧瓷文化。许昌市委常委、副市长张宗保及禹州市市长王友华等陪同。

石亭峰一行先后参观考察了禹州钧官窑遗址博物馆、神垕古镇，走访了部分钧瓷企业。详细了解了钧瓷的历史、文化、窑变原理、艺术特点和产业发展状况。考察过程中石亭峰强调，文化产业是典型的朝阳产业，大力发展文化产业是时代的选择，也是银行业必须倾力关注和全力支持的。为了更好的服务和支持河南文化产业的大发展、大繁荣，建设银行推出了“文化悦民”金融服务新品牌，并将禹州钧瓷等一大批客户作为支持的新重点，一如既往地凭借丰富的金融产品、优质的金融服务、专业的金融人才，不遗余力为钧瓷等文化产业的发展添砖加瓦。

12日 郑州市政协考察团在主席、党组书记李秀奇带领下到禹州市神垕镇考察，他们先后参观了孔家、荣昌、神州钧窑，并参观了各类产品展区及手拉坯制作工艺、生产作坊。

17日 由商务部中国国际经济合作协会、中国民营商业联合会等单位主办的“2011诚信中国颁奖典礼暨中国民营企业常青论坛”在北京钓鱼台国宾馆八方苑会议厅举行，全国人大副委员长蒋正华、全国政协副主席厉无畏及国家有关部委领导出席活动。河南省任氏瓷业艺术有限公司的钧瓷作品“富余尊”被作为高端礼品赠送出席活动的国家领导人及获奖嘉宾。钧瓷作品“双凤尊”、“螭虎瓶”被大会组委会收藏。

18日 北京市农工党考察团在市委统战部等有关部门负责人陪同下到神垕镇考察。考察团一行先后参观了神垕老街、伯灵翁庙、孔家钧窑。在孔家钧窑，各类展品及钧瓷手拉坯制作工艺、钧瓷生产作坊给考察团成员留下深刻的印象。考察团成员对神垕镇坚持打造钧瓷文化旅游品牌的发展理念给予高度赞赏，并不时向随行人员提问有关钧瓷制作的流程，对钧瓷艺术的独特魅力发出由衷的赞叹。

26 日　省委宣传部副部长李宏伟一行莅禹，对钧瓷文化产业进行调研。许昌市委常委、宣传部长王登喜，禹州市委常委、宣传部长张俊海陪同调研。李宏伟一行参观了晋佩章钧瓷艺术馆钧瓷精品和晋佩章大师生前的钧瓷艺术研究成果展览。

同日　风土摄影网、中国旅游信息报网、禹州电视台等媒体一行 12 人，走进禹州神垕古镇，对神垕的历史文化、名家名窑进行采风创作。网络媒体一行先后到古玩市场、古街花戏楼、杨家古楼、华艺钧窑等地进行了拍摄采访。

同月　禹州市陶瓷局协同文化部领导穆怀莉等赴深圳第 26 届世界大学生夏季运动会组委会执行局，拜见执行局局长、深圳市副市长梁道行，副局长赵广华，大运会总导演姜浩杨等，并就晋家钧窑钧瓷作品“大运尊”（吉祥天使）作为第 26 届大运会高端国礼赠送与会国外政要达成意向，使钧瓷又一次登上世界体育盛大赛事舞台。

大运尊

8 月

月初　对中国陶瓷历史文化发展有重大贡献和影响的禹州市等 9 个城镇被授予“中国陶瓷历史文化名城”荣誉称号。这次荣获“中国陶瓷历史文化名城”称号的还有景德镇、醴陵、宜兴等其他 8 个陶瓷重要产区。

8 日　河南省宝丰县试验区建设考察团到禹州市神垕镇考察。

12 日至 14 日　由中国陶瓷工业协会主办的首届“大地奖”陶瓷创作大赛上，禹州市孔家钧窑、荣昌钧瓷坊等 17 家钧瓷企业参加了展出，经专家评委团严格评选，钧瓷共荣获金奖 5 件、银奖 6 件、铜奖 4 件、优秀奖 3 件。

首届“大地奖”陶瓷创作大赛评比现场

中旬　“钧瓷烧制技艺”通过文化部专家组评审，成功列入 2013 年国家向联合国教科文组织申报人类非物质文化遗产备选名单。

24 日　钧官窑址博物馆借展海外钧窑藏品交接仪式在禹州市钧官窑址博物馆举行，市委书记蔡全法，市委常委、办公室主任赵书欣，市委常委、宣传部长张俊海，市人大常委会副主任张中科，市政协副主席孙怀章及香港艺术品商会秘书长、国际著名收藏家翟建民等出席交接仪式。

交接仪式后，蔡全法一行参观了交接的部分钧瓷藏品，并听取了翟建民对藏品的情况介绍，进一步了解了这些藏品的器形、年代和历史等情况。此次共交接钧瓷藏品 52 件套，以鼓钉洗器型最多，这些藏品除了宋代官窑作品以外，还有部分流散国外多年的民窑作品，十分珍贵。

25 日　百名浙商考察团到禹州市钧官窑址博物馆考察，禹州市市长王友华，市委常委、常务副市长尹俊营等陪同。

31 日　禹州市神垕镇钧之美艺术馆开馆。

钧之美艺术馆开馆

同月 河南省工业和信息化厅公布首批工艺美术特色产业基地，神垕镇荣获河南省首批“工艺美术特色产业基地”称号。

9月

8日 《河南日报》新闻评论部副主任李兵带领“何平九论”创作组部分成员到禹州市观摩钧瓷产业发展，许昌市委宣传部副部长赵献东，禹州市委常委、宣传部长张俊海陪同观摩。

观摩组一行先后到孔家钧窑、荣昌钧窑、晋家钧窑，参观了钧瓷艺术展品、钧瓷手拉坯制作工艺、钧瓷生产作坊等，详细了解钧瓷文化产业发展现状。并听取了孔相卿、晋晓瞳等钧瓷艺术大师对钧瓷文化历史的介绍，并详细讨论了现代钧瓷生产的特点，如何融进创新理念等问题。

观摩组在详细了解了禹州市钧瓷文化产业发展情况后表示，钧瓷是河南的一朵奇葩，有着广阔的发展前景。禹州拥有丰厚的历史文化资源，以钧瓷为代表文化产业势必将会为禹州文化产业的发展提供更大的机遇，希望禹州市委、市政府抢抓机遇，进一步加强文化产业发展，推动钧瓷文化产业大发展。

23日 北京电视台录制的《天下收藏》二期钧瓷专辑，在北京电视台新址1000平米演播大厅开拍。禹州市市委副书记邓志超，市委常委、宣传部长张俊海，市人大常委会副主任刘松钦，市政协副主席孙怀章等参加录制。由禹州市陶瓷局和知名钧瓷企业负责人、钧瓷大师等42人组成的禹州方队参加了节目录制。

《天下收藏》节目中曾有钧瓷出现，但录制专辑还是第一次，这次录制分官窑和民窑二场进行。

26日 河南省旅游局局长范修芳在许昌市副市长秦春梅的陪同下前往禹州市调研钧瓷产业的发展情况。在神垕镇大宋官窑，范修芳等领导兴致勃勃地观看了钧瓷柴烧窑开窑仪式，感受古都神垕深厚的钧瓷文化底蕴。

28日上午 由许昌市文联、许昌日报社联合举办的“钧靓月圆迎中秋”中国钧瓷展在富明商行举行开展仪式。许昌市人大常委会副主任白虹光、市人大常委会原副主任白喜臣参加了开展仪式和随后举办的迎中秋钧瓷文化研讨会。

《天下收藏》节目现场

这次钧瓷展共展出13家钧瓷企业的150多件钧瓷盘，无论是作品还是创意都别具一格。参展作品均为钧瓷盘，以钧盘喻明月，钧靓月圆互现。百盘百变，近似的造型，不同的釉色，充分表现出钧瓷“入窑一色，出窑万彩”的艺术魅力。

在之后的迎中秋钧瓷文化艺术研讨会上，与会的领导、专家学者、钧瓷大师等对“钧靓月圆迎中秋”钧瓷展及当前钧瓷的发展状况提出了各自的看法。在研讨会上，大家各抒己见，就钧瓷器型创新要遵循的原则、钧瓷作为文化遗产的继承与发展、提高钧瓷艺术审美水平、当前钧瓷创作中的心态、钧瓷发展对科学技术的依靠，以及钧瓷生产厂家与商家怎样进一步结合的问题等都进行了畅所欲言的研讨。

10月

9日 华南理工大学陶艺专业冯教授师生一行人到神垕镇参观访问，先后参观了荣昌钧瓷坊、神州钧窑、孔家钧窑、惠祥瓷厂、金鼎钧窑、神垕古街、花戏楼、古民居、古玩城等，对神垕镇的钧瓷文化及浓郁的地方特色表现出了极大的兴趣。在钧瓷厂家，各类钧瓷作品及手拉坯制作工艺给冯教授一行留下了深刻的印象。

12日 第八届中国—东盟博览会指定国礼交接仪式暨新闻发布会在广西南宁举行。钧瓷珍品“坤元鼎”被选定为第八届中国—东盟博览会国礼，在博览会期间赠送给参加第八届中国—东盟博览会的东盟国家领导人。中国—东盟博览会秘书处常务副秘书长、广西国际博览局副局长李文杰出席国礼交接仪式，并向孔家钧窑总经理孔春生颁发证书。

“坤元鼎”交接仪式

“坤元鼎”由中国工艺美术大师孔相卿设计，以中国古老的青铜礼器“鼎”为基本造型设计制作，表达了中国与东盟国家互利合作、共享繁荣的美好愿望。

同日 电视剧《窑变》采风座谈会在禹州召开。

13 日 首届“中国陶瓷设计艺术大师”评选活动在人民大会堂揭晓，禹州市张金伟、杨晓锋、冀德强、刘志钧 4 人被授予中国陶瓷设计艺术大师称号。

中国陶瓷设计艺术大师颁证仪式

中国陶瓷设计艺术大师是文化部中国世界民族文化交流促进会和中国建筑卫生陶瓷协会共同对全国范围内具有突出业绩、杰出陶瓷艺术创作人员授予的国家级陶瓷艺术创作最高荣誉称号。2010 年 9 月，中国建筑卫生陶瓷协会开始中国陶瓷设计艺术大师评选活动，经过初评、复评、终评和公示，全国共有 64 人被评为中国陶瓷设计艺术大师。

16 日 许昌市市长张国晖带领许昌市观摩团到神垕镇视察新型城镇化工作。观摩团一行参观了凤阳山社区、建设路钧瓷文化街和禹神快速通道钧瓷文化墙。市长王友华、副市长李益民等陪同参观。

参观结束后，观摩团对神垕镇新型城镇化建设给予充分肯定，一致认为神垕镇新型城镇化建设成绩显著，是许昌市新型城镇化建设的排头兵。

21 日 九州通医药集团董事局主席刘宝林一行到禹州市钧官窑址博物馆考察。

22 日 “2011 首届中国高岭国际陶瓷艺术大赛颁奖仪式”隆重举行，经过专家评选，共评出金、银、铜奖共计 15 名，148 件作品入选优秀奖。河南钧瓷大师刘建军、刘志军的道玄系列获银奖，这也是中国陶手在此次大赛上获得的最高奖。

首届中国高岭国际陶瓷艺术大赛现场

同日 金鼎钧窑烧制的“乾坤鼎”成为中国书画艺术高峰论坛与河南电视台“翰墨缘”栏目指定礼品，礼品启运仪式在神垕举行，河南省陶瓷玻璃行业管理协会会长王爱纯参加了启运仪式。

26 日 为期 3 天的首届中国（北流）国际陶瓷博览会在北流国际陶瓷商贸城落下帷幕，河南省陶瓷玻璃行业管理协会受邀参加，向世人展示了河南陶瓷的魅力。

月底 由《中国钧窑志》编纂委员会编，中州古籍出版社出版的《中国钧窑志》出版发行，志书为大 16 开全彩印，图文并茂，全书约 90 万字，2000 余幅图片，768 页。《中国钧窑志》全面地记述了钧窑及钧窑类型瓷的创烧与发展过程，是钧窑创烧以来最为全面的综合性文献。

31 日 第十二届中国工艺美术大师作品暨国际艺术精品博览会在浙江杭州和平国际会展中心落下帷幕，同时“2011‘天工艺苑·百花杯’中国工艺美术精品奖”评比结果揭晓。禹州市晋家钧窑省工艺美术大师晋晓红创作的钧瓷《盘口瓶》、禹州市钧缘秋阁省工艺美术大师王秋红的钧瓷《红与黑》、汝州市玉松汝瓷有限公司的汝瓷作品《弦纹尊》、汝州市廷怀汝瓷科技有限公司的汝瓷《盘口长颈瓶》等获得金奖

11 月

1 日 “华韵韩风”中韩陶瓷艺术中原首展在河南省美术馆隆重开幕。此次展览由河南省美术馆、河南省陶瓷玻璃行业管理协会、韩国全罗南道粉青瓷器协会、大河报主办，孔家钧窑、杨志钧窑、苗家钧窑、晋家钧窑、刘富安工作室、朱氏汝瓷、玉松汝瓷、洛阳三彩艺博物馆协办，展览得到了河南省委宣传部、河南省国资委、汝州市人民政府、禹州市人民政府的大力支持。

此次展览主要展出的作品有韩国名匠的粉青瓷器和豫籍中国工艺美术大师、陶瓷艺术大师的钧瓷、汝瓷和三彩艺力作。其中包括韩国金玉洙、丁哲秀、金斗石、朴正奎、任英柱、张龙德、朴日正七位陶艺名家艺术作品 70 余件和中国工艺美术大师刘富安（已故），中国工艺美术大师孔相卿、杨志，中国陶瓷艺术大师晋佩章（已故）、晋晓瞳、孟玉松、苗长强、朱文立、郭爱和九位中国大师作品 80 余件。除了这些精美的展品之外，展览还设置了一个中韩陶瓷艺术制作演示区，用来展示中韩两国陶艺家陶瓷制作过程。观者还可以参加互动，进行亲身体验，参与创作，同时还伴有优雅的中韩茶艺表演。

“华韵韩风”中韩陶瓷艺术中原首展

2 日 许昌市委常委、宣传部部长王登喜带领市文化、广电、旅游、体育等有关部门负责同志前往禹州市调研文化产业发展工作。

在实地察看了禹州市大禹赛车场、禹州市体育中心、禹州钧官窑址博物馆等文化事业、文化产业项目，听取了禹州市文化产业发展情况介绍后，王登喜对禹州市的文化产业发展工作给予了肯定。就如何举办好第七届禹州·中国钧瓷文化节提出了要求。

3～6 日 应法国国家艺术行业联合会邀请，中国 21 位当代陶瓷艺术家的 50 件作品在法国卢浮宫第 17 届国际文化非遗展上展出，受到热烈追捧。河南有四位陶瓷艺术大师——“中国工艺美术大师”杨志；“中国陶瓷艺术大师”郭爱和；“中国陶瓷设计艺术大师”梅国建；“中国陶瓷设计艺术大师”张金伟的陶瓷作品入展。

5 日晚 第七届禹州·中国钧瓷文化节开幕式在新落成的禹州市体育馆举行。全国政协副主席李金华出席并宣布钧瓷文化节开幕，省政协主席叶冬松，全国人大农业与农村委员会委员王明义，省十届人大常委会副主任、省工艺美术协会名誉理事长贾连朝等出席开幕式。开幕式上，中国轻工业联合会名誉会长、中国陶瓷工业协会名誉会长杨志海为获得“中国陶瓷历史文化名城”的禹州授牌。

禹州钧官窑址博物馆开馆仪式

6 日上午 禹州钧官窑址博物馆开馆仪式隆重举行。全国政协副主席李金华、河南省政协主席叶冬松、许昌市委书记李亚、禹州市委书记蔡全法共同为禹州钧官窑址博物馆揭牌。

6 日下午 中国陶瓷文化产业高峰论坛暨中国钧瓷传承与创新专家论坛在禹州钧官窑址博物馆召开。中国陶瓷工业协会会长何天雄，河南省人民政府参事郑泰森，清华大学教授王建中、张守智，禹州市委常委、宣传部长张俊海出席。

20 日 由中央电视台财经频道主持人王凯、马洪涛共同发起、设立的“爱心衣橱基金”在京举办大型慈善晚宴，通过拍卖形式筹得善款 532 万元，为甘肃会宁、四川凉山、贵州黔西南、云南文山地区的贫困小学生募集善款，定制保暖冬衣。其中，禹州市金堂钧窑有限公司提供的国礼“和樽”一举拍得 18 万元。

22 日 金鼎钧窑、神州钧窑、华艺钧窑、卢钧窑、宗贤钧瓷坊等窑口作品入藏韩国木浦生活陶瓷博物馆。韩国茶文化协会会长李美子收藏了高丙建、李迎福、高根长、苗宗贤等人的钧瓷礼品及孙彦春主编的《中国钧窑志》。

钧瓷入藏韩国木浦生活陶瓷博物馆

12 月

月初 根据央视《乡土》栏目的特别推荐，经中国乡土文化风采展示推介活动组委会审定，禹州市钧瓷入选首届《乡土盛典》最具活力传统文化产业名单。

10 日 河南大学、郑州大学等河南省高校校长到神垕调研钧瓷文化。调研组一行先后到孔家钧窑、荣昌钧瓷坊进行实地查看钧瓷制作工艺流程和钧瓷开窑仪式。参观过后，校长们纷纷表示，钧瓷不愧是中国陶瓷百花园中的一朵奇葩，其神奇妙绝的独特魅力给他们留下了深刻印象。高校作为传播和弘扬优秀传统文化的重要基地，肩负着文化传承的责任和使命，在钧瓷文化传承过程中，各高校将切实加强传统文化教育，努力将钧瓷文化发扬光大。

河南省高校校长到神垕调研钧瓷文化

18 日 河南省科学技术厅组织专家，在北京故宫博物院对平顶山学院陶瓷研究所所长梅国建主持的河南省科技攻关项目“唐代花釉瓷复仿制作技术研究”（项目编号：112102310052）进行科技成果鉴定。故宫博物院研究员、国家文物鉴定委员会副主任委员耿宝昌，故宫博物院研究员、中国古陶瓷学会会长王莉英，中国科学院上海硅酸盐研究所研究员李伟东，中国文化遗产研究院特级教授刘兰华，郑州大学教授李国霞，北京艺术博物馆馆长张树伟等专家组成鉴定委员会。河南省科技厅副厅长张代民、平顶山市副市长郑茂杰、科技局局长张留成、平顶山学院党委副书记张清廉等出席鉴定会。

鉴定委员会听取了项目组技术报告，审查了技术资料，鉴赏了研发产品，经过质疑答辩，充分讨论后一致认为：该项研究成果恢复了失传千年的唐代花釉瓷制作技术，继承了优秀的中华文化，填补了目前我国陶瓷研究领域的一项空白。研究挖掘了唐代花釉瓷的传统工艺技术，根据唐代花釉瓷残片标本的胎、釉化学组成数据，通过反复研究和试验，揭示了唐代花釉瓷的液—液分相结构和分相液滴散射呈色机理，选用鲁山当地的全天然原料，采用柴窑、煤窑、液化气窑等烧成工艺，成功仿制出唐代花釉瓷品种。其研发的仿古类成品如细腰鼓、壶、罐、豆等，其形、色比例得当，收放自如，造型优美，品相优良，形象逼真，可与出土和存世的唐代作品媲美。

唐代花瓷执壶

唐代花瓷拍鼓

19日 上海、湖北、山东、内蒙古等地电视台领导在许昌市政府副秘书长孙明慧和许昌市委宣传部领导陪同下到神垕镇调研钧瓷文化，孙明慧一行参观了孔家钧窑钧瓷精品展厅和手工作坊，并与中国工艺美术大师孔相卿先生就钧瓷艺术的传承和发展进行了深入的探讨。禹州市委常委、宣传部长张俊海陪同调研。

各电视台表示，钧瓷作为中国五大名瓷之一，蕴含着丰富的历史文化资源。在钧瓷文化不断弘扬的过程中，各钧瓷企业应切实加大钧瓷品牌的推介力度，各大媒体也将不遗余力地参与到钧瓷文化的传承中来，努力使钧瓷文化进一步发扬光大，让更多的人见识到钧瓷神奇妙绝的独特魅力。

24日 “钧瓷烧制技艺”保护与发展专家座谈会在禹州市举行。文化部社文司巡视员、国家非物质文化遗产保护工作专家委员会副主任委员周小璞等国家、省专家参加座谈会，省文化厅副厅长崔为工陪同。

座谈会旨在对禹州“钧瓷烧制技艺”传承与发展及申报世界非物质文化遗产工作进行进一步科学论证和会诊把脉。“钧瓷烧制技艺”申报世界非物质文化遗产工作各项准备工作正在有序进行。

上午 周小璞等前往神垕镇老街、周家古窑，首批国家级非物质文化遗产生产性保护基地杨志钧窑有限公司、星航钧窑有限公司，禹州钧官窑遗址博物馆等地进行察看，详细了解钧瓷烧制的流程、技艺等，并对禹州市传承与保护“钧瓷烧制技艺”工作给予高度评价。

下午召开座谈会，专家们听取了禹州市关于“钧瓷烧制技艺”的详细介绍，并围绕“钧瓷烧制技艺”的传承、保护、发展及申报世界非物质文化遗产工作的流程、材料准备等进行了深入座谈，提出了各自的意见和建议。

同日 “金鼎钧窑”杯2011全省陶瓷艺术及创意设计成果大赛在神垕镇金鼎钧窑开幕，河南省陶玻协会、河南省财贸轻纺烟草工会、河南省旅游协会、禹州市总工会、神垕镇政府等各级领导及社会各界百余人参加了开幕式。

大赛由河南省陶瓷玻璃行业管理协会与河南省财贸轻纺烟草工会联合举办，面向全省陶瓷企事业单位、大专院校、工作室的设计、创作人员、陶瓷策划人员及大专院校师生，采取理论考试和设计作品考评相结合的方式进行比赛。大赛设置“河南陶瓷最佳传承奖”（一等）、优秀传承奖（二等奖）、传承奖（三等）和“河南省陶瓷行业技术能手”等奖项，由省内陶瓷界、美术界、大专院校及企业的专家、领导组成大赛评审委员会。大赛旨在发现陶瓷艺术设计人才，提高河南省陶瓷艺术创作与创意设计能力。

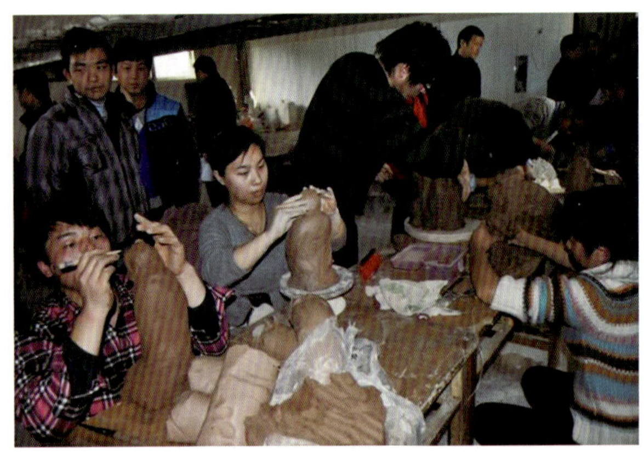

“金鼎钧窑”杯 2011 全省陶瓷艺术及创意设计成果大赛现场

24 日上午 由中华社会文化发展基金会、中华爱心基地公益基金管理委员会等单位主办的“北京新年祝福翰墨艺术展”在全国政协礼堂开幕。禹州市钧华苑钧窑的 36 件钧瓷珍品被选中参展。

25 日 由国务院发展研究中心学术指导、中国经济时报社和中国经济新闻网主办的“第三届中国经济前瞻论坛”在北京国际会议中心召开，论坛的主题是“2012 年中国发展机遇与政策选择”。金堂钧窑钧瓷作品“盛世龙鼓”作为论坛国家领导人专用礼品亮相。

28 日 为期 7 天的“礼遇中原—中国当代著名陶瓷艺术家经典作品展”在郑州市郑东新区 CBD 天下收藏文化街展出。此次活动由河南省陶瓷玻璃行业管理协会、河南省拍卖行业协会主办，河南正美企业营销策划有限公司承办，中国陶瓷画刊、天下收藏文化街、郑州市柴瓷文化研究会协办，来自河南、湖南、山东等地的 10 位陶艺家的 126 件当代陶瓷艺术精品参展。

钧瓷生产区概况

禹州市

【地理概况】 禹州市位于河南省中部，地处伏牛山脉与豫东平原过渡带，在东经113°03′—113°39′和北纬33°59′—34°24′之间。东接许昌、长葛，北靠新郑、新密，西北邻登封，西及南部连汝州、郏县、襄县。郑（州）—南（阳）公路和许（昌）—洛（阳）公路、彭（店）—花（石）公路贯穿全境，两条高速公路郑（州）—尧（山）和永（城）—登（封）在禹州交汇。通过公路与京深铁路、陇海铁路相接，沿郑尧高速公路北上64公里到省会郑州，距许昌35公里，距新郑国际机场60公里。

【建置】 禹州夏朝时称“夏邑”或“夏国”，亦称“虞国”。《水经注》载：“河南阳翟县有夏亭城，夏禹始封于此，为夏国。”《竹书纪年》载：“夏禹之子夏启，即位夏邑，大享诸侯于钧台，诸侯从之。”后，少康又建都于少康城（今禹州市西北顺店镇康城村）。商朝：仍为夏邑。商汤曾将夏禹的后裔封于此。西周：武王时，武王封其弟于康（今禹州市顺店镇康城村）。春秋时期：河南境内有40多个诸侯国，禹州时属郑国，称“栎邑”。

战国时期 韩景侯九年（公元前400年），韩被周室承认为诸侯国，建都于栎邑。遂改栎邑为阳翟。

古钧台

韩哀侯二年（公元前375年），韩灭郑，迁都于郑（今河南省新郑市）。韩懿侯五年（公元前370年），又从新郑迁回阳翟定都。

秦朝　秦始皇二十六年（公元前221年），秦统一中国，分天下为36郡，置阳翟一带为颍川郡，郡治阳翟。秦末，项羽、刘邦先后攻占阳翟，并分别封韩室后裔为王，都阳翟。

西汉　汉高祖五年（公元前202年），高祖封故韩王信为韩王，都阳翟。翌年韩王信迁都太原，阳翟复为颍川郡治，辖17县。汉武帝时，全国分为13个州，阳翟属豫州颍川郡，郡治阳翟，领18县。后宣帝和元帝时，增颍川郡属县分别为19和20个。

新朝　天凤元年（公元14年），王莽按其军事编制，改颍川郡为左队郡。辖区与郡治未变。

东汉　光武帝建武元年，改左队郡复为颍川郡，归豫州，郡治阳翟，领17县。

三国时期　魏、蜀、吴三国分治，阳翟属魏。魏黄初元年（220年），阳翟改属豫州部河南郡，为阳翟县，颍川郡治东迁许昌。

晋朝　境域仍为阳翟县，属司州部河南郡。东晋时在阳翟县置阳翟郡，曾先后属前赵、后赵、前秦、后秦和燕。

南北朝时期　初，阳翟属南朝宋，归豫州，颍川郡寄治睢阳，领阳翟。北魏孝明帝孝昌二年（526年），阳翟分为阳翟、阳城两郡，并从阳翟、阳城两郡内划出部分地域设康城县，属洛州阳城郡，县治少康城（今禹州市西北顺店康城村），阳翟辖内遂转属北朝。东魏孝静帝兴和元年（539年），仍置阳翟郡，原阳翟县划为阳翟、黄台（今禹州市东部郭连乡黄台村）两县，均属阳翟郡。

隋朝　隋文帝开皇三年（583年），废阳翟郡，以阳翟属襄城郡，隶汝州。隋炀帝大业元年（605年），黄台县并入颍川县，隶属豫州部襄城郡管辖。

唐朝　唐高祖武德三年（620年），析阳城、嵩阳、阳翟各一部，复置康城县。贞观三年（629年），废康城县，并入阳翟县。唐高宗龙朔二年（662年），阳翟县又改归河南府洛州管辖。唐武宗会昌三年（843年），阳翟复归许州颍川郡管辖。

五代时期　后梁时，阳翟县属许州匡国军管辖。后唐、后晋、后汉、后周四代（923～960年），阳翟县均属西京下属的许州忠武军管辖。

后汉刘知远睿陵

宋金时期　阳翟县属京西北路下属的颍昌府管辖。宋靖康元年（1126年），金兵入主中原，宋室南迁，阳翟县归金管辖。金太宗会昌八年，伪齐刘豫在阳翟县设颍顺军，金大定二十二年（1182年），颍顺军升为颍顺州，隶属南京路管辖（南京即今开封），并设阳翟县为“附郭县”。金大定二十四年（1184年），因境内有钧台旧址，颍顺州更名为“钧州”，仍属南京路。钧州辖3县。

元朝　仍沿钧州建置，治阳翟。元世祖至元二年（1265年），原隶郑州的新郑、密县亦改属钧州，共领3县。

明朝　明初仍为钧州，归开封府管辖。明太祖洪武元年（1369年），撤销阳翟县，钧州领新郑、密县两县。明穆宗隆庆四年（1570年），新郑从钧州划出，钧州仅领密县。明神宗万历三年（1575年），因避皇帝朱翊钧讳，钧州改为禹州。明崇祯十六年（1643年）正月，李自成第二次攻下禹州，遂在禹州设均平府，辖27县，改禹州为均平县。

清龙池花牌坊

清朝　清顺治二年（1645年），仍设禹州，归开封府管辖，领密县一县。清康熙元年（1662年），密县改隶开封府，禹州不再领县。清雍正二年（1724年），升禹

州为直隶州，领新郑、密县二县。清雍正十三年（1735 年），禹州由开封府管辖改为许州府管辖。清乾隆六年（1741 年），禹州复改归开封府管辖。

中华民国　1913 年 3 月 1 日，禹州改为禹县，隶豫东道。1914 年 6 月 2 日，改隶开封道。1932 年 9 月 27 日，改属河南第一行政督察区。1946 年，河南又划成 12 个区，禹县属第一区。

中华人民共和国　仍设禹县，先后隶属河南省许昌专员公署、许昌地区行政公署和省辖许昌市。1988 年 6 月 25 日，国务院批准禹县改为禹州市，为省直辖县级市，计划单列。

【区划】　禹州境内行政区划历代多变，唐朝以前的政区变迁无考。自唐以后史籍记载详略不一。

唐朝　三封乡；龙怀里，偃月里。

宋朝　宋沿唐制，设乡划里。从时有资料查到的有：旧学乡、晋台乡、大儒乡、大槐乡、三封乡、保宁里、麦秀里、西吴里、张涧里。

元朝　撤乡设 13 都，都下设 76 里（隅）。

13 都　城东的在城都、琅城都、谢村都；城西的鸿畅都、宜阳都、神林都、玲珑都。城南的阎寨都、张得都、黄村都；城北的苌庄都、七里都、张翁都。

明朝　初年境内设四都，60 里。后废都存里，城内的东北隅、东南隅、西北隅、西南隅、新安隅和城郭的东关厢、西关厢、南关厢、北关厢未变。

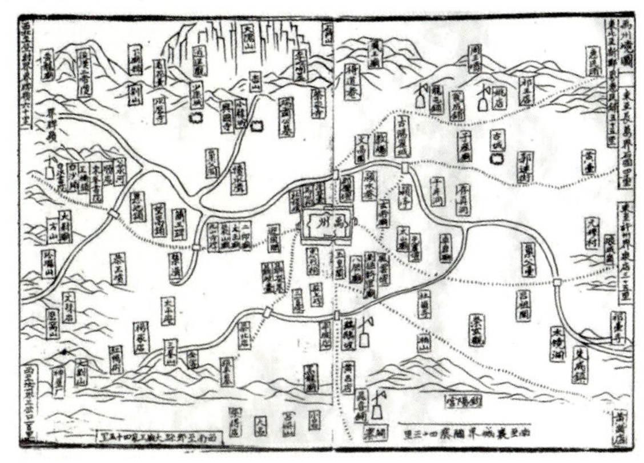

清禹州境四址示意图

清朝　初年区划沿袭明制。后合并 60 里为 40 里。康熙二年（1673 年），合并为 10 里。每里下设十甲。形成了“十里百甲”的行政区划。

中华民国　初年改里为区，改甲为保。禹县划分为 11 个区，增设城厢区为第一区，原文风里等 10 里分别为 10 个区。原有的甲划分为二个保或三个保不等。

1928～1936 年境域改为 8 个自治区：一区城关，二区姚召寺，三区褚河铺，四区古城寺，五区方岗，六区花石，七区文殊，八区扒村。后废自治区，设区公署，署下设联保处：全县设城关、姚召寺、古城、花石、文殊等 5 个区公署，下属 20 个联保处。

1941 年撤销区公署，废联保处改为 20 个镇：城厢镇、梁北镇、朱集镇、褚河镇、神垕镇、顺店镇、犊水镇（治朱阁村）、古城镇、官山镇、康城镇、无梁镇、文殊镇、鸿畅镇、张得镇、东张镇（治扒村）、郭连镇、方山镇、花石镇、方岗镇、朱城镇（治范坡）。镇下设保甲。

中华人民共和国　1950 年 5 月 25 日，禹县划为 8 区、两镇。1958 年 8 月，禹县的辖区改为 10 个人民公社（以下简称公社）。公社以下共辖 144 个管理区、937 个生产大队。

1984 年 4 月，原人民公社改称“乡（镇）”。禹县共分为 20 乡 2 镇：朱阁乡、苌庄乡、古城乡、郭连乡、火龙乡、方岗乡、范坡乡、褚河乡、顺店乡、浅井乡、无梁乡、方山乡、梁北乡、张得乡、小吕乡、鸿畅乡、鸠山乡、磨街乡、文殊乡、花石乡和城关镇、神垕镇。同时乡、镇以下的大队、生产队分别改为村委会和村民小组。

1984 年 11 月 26 日从郭连乡划出六个村，在回民聚居的山货村设山货回族乡。

1985 年 6 月，改方山乡为方山镇；1987 年 2 月改无梁乡为无梁镇；1987 年 3 月改顺店乡为顺店镇，其辖区不变。

1993 年 5 月，鸿畅撤乡建镇；1994 年 8 月，梁北撤乡建镇；1994 年 1 月，火龙撤乡建镇；1994 年 9 月，古城撤乡建镇。以上乡改镇后其辖区均不变。1996 年 2 月，撤销城关镇，设立颍川、夏都、韩城、钧台 4 个街道办事处。1999 年

12月，河南省民政厅正式下文批准。同时，将梁北镇的华庄、殷村、五里堡、东十里、金坡、朱坡、尹庄、宋庄、寨子等9个村委会，火龙镇的西十里、西新庄、邢寨等3个村委会，朱阁乡的八里营、燕井、连洛湾等3个村委会划归城区。2000年3月，文殊撤乡建镇。2009年鸠山撤乡建镇。2011年8月17日，浅井撤乡建镇，朱阁撤乡建镇。

截至2011年底，禹州市共设4个建置街道13镇9乡，647个村委会（办事处），4936个村民小组。

【地形地貌】 山地 主要分布在禹州北部、西部及西南，海拔在500米以上，属伏牛山余脉，境内共有大小山峰913座，自西南沿顺时针方向至东北绕颍川平原，以颍河为界，构成北（具茨）、南（箕山）两大山系。

具茨山

具茨山系自苌庄乡北部的荟萃山起首，蜿蜒东南，在浅井乡的北大鸿寨山分为两支：一支经无梁镇，延续出禹，在新郑、长葛两市交界消失；一支经无梁镇南部、朱阁乡、郭连乡入许昌县。具茨山系海拔500米以上，最高点海拔787.8米。山峰有：荟萃山、寨山、函岭山、观北岭、青龙山、耧铧山、石牛山、老山坪等。山体由下元古界的千枚岩、片岩、石英岩构成，局部地层为寒武系、奥陶系灰岩。山势陡峻，一般坡度大于35度，局部地段近于直立。山坡黄土覆盖由几米到十几米，造林条件好。

箕山山系自方山镇的五旗山起首，经方山镇、鸠山乡、磨街乡、文殊镇、神垕镇、鸿畅镇、张得乡，绵延起伏，在梁北镇的柏山消失。箕山山系高度在500米以上的山峰有：太平寨山、大石坡寨山、坷垃垛山、大洪寨山、海眼寺嘴、沙古堆、磨盘山、鸠山、金山岭、银铜山、凤阳山、牛头山、大刘山等。山体由寒武系、奥陶系灰岩构成，局部地方为震旦系石英岩、千枚岩、片岩。山势陡峻，坡度一般在25度左右，局部大于45度，石灰岩地区，岩溶发育，石芽、溶沟、溶洞到处可见。

丘陵 分布在山地的东部和南部。西南部丘陵包括白塔山、三峰山、角子山到鸿畅、文殊两镇一带的地区，由寒武系、奥陶系灰岩和石炭系、二迭系及三迭砂岩、砂页岩构成。东南坡较缓、西北坡较陡。除丘陵顶部有基岩出露外，均有黄土、红土和类黄土覆盖，土层较厚，大部分已垦为农田，有水土流失现象。北部丘陵位于北部山区的南侧，即玩花台、大木厂一线以南的地区，主要有寒武系、奥陶系灰岩的石炭系、二迭系砂岩、页岩组成。土层较薄，丘陵间谷地的“堰滩地”面积大，为北部丘陵的高产地块。

岗地 主要分布于丘陵和中部平原之间，北部岗地分布比较零散，在无梁与古城镇之间和浅井、苌庄乡的南部及朱阁乡大部地区。岗坡一般为3~5度，有的在2度以下。土地瘠薄，缺水干旱，南部岗地分布在方岗、文殊、张得、小吕、范坡等乡镇；东部岗地分布在褚河、郭连乡之间。

平原 分布于古城、郭连、褚河、小吕、顺店、火龙、梁北、禹州城市郊区一带，系清潩河、颍河、吕梁江冲积而成，坡降5%左右，地势平坦，微地貌有倾斜平地、古河道、冲蚀洼地和孤立岗地。地表为洪积物、冲积物覆盖，低洼区汛期易发生水灾。

【水资源】 **地表水** 禹州市境内河流均属淮河流域沙颍河水系，大小河流有100多条，主干河流为颍河。其中，流域面积在100平方公里以上的河流有颍河、清潩河、涌泉河、吕梁江和兰河，流域面积在10~100平方公里的河流有小泥河、龙潭河、潘家河、扒村河、吓水河、青龙河、书堂河、磨河、尚沟河、高底河、禁沟、红

河、梁北沟、肖河、九龙河、秦北沟。颍河自西北向东南贯穿全境。

颍河 境内最大河流，发源于登封市嵩山余脉少室阳乾诸山，有三源，按东、中、西依次名为左颍、中颍、右颍，三源汇流过登封市大金店、告成东入白沙水库，出水库后自西北向东南贯穿禹境中部，流经花石、顺店、火龙、朱阁、韩城、钧台、颍川、褚河、范坡等乡、镇（办），于范坡乡前柴村入许昌境2公里，复折回1公里，最后由范坡乡董庄村流入襄城县境（实许、襄县界）。河道全长263公里，禹境流程59.5公里；总流域面积7348平方公里，禹州辖区流域面积910平方公里（其中颍河干流流域面积308平方公里）。年均径流量1.27亿立方米，加之上游来水1.43亿立方米，年均径流总量2.7亿立方米。

颍河

涌泉河 亦称“谷水河”，颍河一级支流。源于鸠山镇西大洪寨山南麓界岭村。自西向东流经鸠山镇，汇吴河、石柱河、水磨河后入纸坊水库，出水库向东流经方山、文殊、顺店、火龙四镇，于火龙镇老官陈村注入颍河。河道全长32公里，流域面积188.7平方公里，年均径流量为3637万立方米。

吕梁江 又名“吕梁河”，因流经吕梁山西侧而得名。原为颍河故道。源于三峰山东峰之阳、张得乡酸枣树杨村，流经张得、小吕两乡，于小吕乡前营村西南入襄城县境，在襄城县西十里铺单庄村流入汝河。禹州境内流程15公里，流域面积153平方公里。河道比降1/550，年均径流量1836万立方米。

兰河

兰河 或称“蓝河”，汝河一级支流。源于磨街乡牛头山北麓，因河水呈蓝色，故名。又因发源于磨街乡大涧，亦名“涧头河”。流经磨街、文殊、神垕、方岗、鸿畅五个乡镇，于鸿畅镇韩庄村张保庄东入郏县，在郏县长桥镇汇入汝河。沿途流过东炉、涧头河、柏桥3座小Ⅰ型水库，主要支流小青河自鸿畅东北汇入。境内流程28公里，流域面积148平方公里。河道比降，文殊上游1/50，文殊至柏桥1/400。年均径流量2697万立方米。

龙潭河 又名“天井河”。源于苌庄乡九里山东北部，西南流至观岩下入龙佛寺水库，出水库流经于王沟村，至缸瓷窑村尹湾南折入牛头水库，又南流过孙河村入共青泉水库，后东南流入顺店，于顺店镇贾漫村姜家门入颍河。因共青泉水库尾端有一曲悬瀑，高十余米，水流至此扭成螺旋状，瀑下成潭，径未盈丈而潭深千尺，古称“天井”，又名“龙潭”，故称“龙潭河”。主要支流马沟河（亦即“逍遥河”）自大韩村汇入。河道全长19.5公里，流域面积77.6平方公里。河道比降，共青泉水库以上1/40，共青泉水库以下1/200。年均径流量1224万立方米。

潘家河 原名“管水”，因入颍河处有上、下潘家河村而易名“潘家河”。其源有二，一在方山镇彭沟村张门沟，一在方山镇上庄村，二源汇于方山村西，经方山、花石、顺店等乡镇，至顺店镇高门楼东王寨北入颍河。河道全长16.5公里，流域面积76平方公里。河道比降，方山以上为1/40，方山以下为1/120。年均径流量1386万立方米。

扒村河　因流经浅井乡扒村而得名。上源有二，一源于浅井乡大鸿寨东麓魏家门村余家门，在麻地川村东北入龙尾水库；一源于大鸿寨南坡，在李家门入张垌水库，南流至麻地川村北入龙头水库。二源汇于麻地川村南，故又名“麻地川河”。后曲折西南流过扒村后入郑湾水库，出库后南流经朱阁乡下宋村，至朱阁乡沙陀村西汇入颍河。河道全长21.5公里，流域面积69.7平方公里。河道比降，扒村以上1/30，扒村以下1/170。年均径流量997万立方米。

扒村河

青龙河　又名“小青河”，兰河支流。有二源，一源于神垕镇西北牛头山南麓黑龙池（又名“青龙潭”、“青龙河”），一源于神垕镇西部凤阳山东坡温堂村西。二源于苗家湾村东汇流约400米，再与北来之泉沟河汇流南折，过翟村东流入鸿畅镇，经李金寨、张湾、贾湾、朱屯、许家沟、东高村、楼子赵，至天水寨汇西来之石板河水后，于鸿畅东北汇入兰河。河道全长17公里，流域面积55.1平方公里。河道比降，翟村以上为1/35，翟村以下为1/200。年均径流量1003万立方米。

书堂河　源于浅井乡书堂山石门寺，于书堂村南入黄土岭水库，出水库向南流经北董庄、陈垌、浅井、张村庙、西胡楼、沟张、姚堂、下毋，于耿楼村东南汇入颍河。河道全长16.5公里，流域面积47.3平方公里。河道比降，浅井村以上1/30，浅井村以下1/140。年均径流量742万立方米。

磨河　源于苌庄乡西北部荟萃山南麓，上游称“荟萃河”。向南流经杜沟、毛栗沟、玩花台、柏村、苌庄、磨河、杨圪垯村，至花石乡张寨村汇入颍河。由上而下过红石岩、烈江坡、磨河3座小Ⅱ型水库。河道全长14公里，流域面积35.6平方公里。河道比降1/55，年均径流量680万立方米。

尚沟河　源于磨街乡凤阳山西侧杨家门村耿家门。自西北向东南流经刘家门、尚沟、常家门，在赵家门与来自神垕镇白峪的于沟河水汇流后入郏县境，在郏县称“青龙河”，于郏县先后入老虎洞水库、寺街水库，由大李庄南入北汝河。禹州境内流程5公里，流域面积28平方公里。河道比降1/40。年均径流量626万立方米。

肖河　又名“驺虞河”。源于神垕镇凤阳山、大刘山之阴（杨岭村）。上源有二，西为黑龙池，南为黄龙池。二源于神垕镇西汇流，穿神垕镇中部宛转而过，南折后于董家门东南入郏县境，过安良后东南流，在双槐赵北汇入兰河。禹州境内流程7公里，流域面积15.5平方公里。河道比降1/40，年均径流量346万立方米。

禁沟　颍河支流。有二源，一源于火龙镇李庄，向东流经西新庄；一源于火龙镇任庄村，向东流经焦寨。二源于市火电厂北交汇，北流200米于禁沟村汇入颍河河道全长6.8公里，流域面积25平方公里。河道比降1/280，年均径流量248万立方米。

九龙河　又名“犊水河”或“犊水沟”。源于浅井乡二郎庙村北花果岗与二道岗夹沟中。自北向南流经浅井乡二郎庙，朱阁乡马坟、大陈庄、小冀庄、田庄，于田庄刘亮村（自然村）汇入颍河。河道全长10公里，流域面积14.2平方公里。河道比降1/100，年均径流量145万立方米。

地下水　境内浅层地下水主要集于河谷平原地区，其次是山岗地。在丘陵山区由于受地质构造的影响，有承压水。境域多年调节可采资源0.98亿立方米/年，其中颍河平川0.6亿立方米/年（按4米变幅计算），占全区浅层地下水可采资源的61.2%，清潩河冲积扇地下水资源0.074亿立方米/年，占总可采资源的7.5%，南岗和东岗地下水，可采资源为0.166亿立方米/年，占总可采资源的16.9%，北岗和西岗地下水可采资源0.029亿立方米/年，占总可采资源的2.9%。

【陶瓷资源】 **坯胎资源** 禹州境内已经探明可用于制作钧瓷胚胎的重要矿物资源超过10种，总储量约为78230万吨，主要有：

禹州黏土 禹州黏土产于石炭纪石灰岩下部，矿层厚两米左右，是含有青色鱼子状颗粒的白色黏土，属二次黏土，二氧化硅含量约为40%，氧化铝含量约为44%。境内主要分布于阎庄、仝庄、老庄、大涧、华沟一带以及扒村、浅井、党沟、庄沟等地，已探明储量约为1200万吨。

禹州黏土

碱石（焦宝石类） 禹州境内碱石（焦宝石类）主要分布在梨园、华沟、侯沟、刘家山、方山、扒村、朱屯、李楼等地，矿体厚度平均2米以上，已探明储量约为3000万吨。

碱石

富山土 禹州境内富山土主要分布在富山、大涧、侯沟、大石头沟、菜坪山、尚沟一带，矿层厚度一般为1.5米，已探明储量约为550万吨。

岘口红土 岘口红土是一种含铁紫页岩，禹州境内主要分布在鸿畅、岘口、赵洞村、扒村、浅井及缸瓷窑一带，已探明储量约为1200万吨。

岘口红土

紫木节 紫木节禹州俗称“黑毛土”、“干子土”。据产出地不同，可分为北山毛土、西山毛土和南山毛土三种。北山毛土产于浅井村、扒村一带，属碱性黏土，可塑性强，但杂质多；南山毛土产于三峰山一带，属半酸性黏土，可塑性较北山毛土差，含杂质少；西山毛土产于磨街乡的黑沟、孙庄一带，属酸性黏土，可塑性最差，但杂质含量低。已探明储量约为1500万吨。

禹州砂石 产于二叠纪含煤地层中，矿体厚度一般为2～5米，呈白色，砂料结构，二氧化硅含量约为92%，氧化钾、氧化钠含量约为3%，氧化铁含量约为1.14%。禹州境内矿体主要分布于白塔山至大刘山以及云盖山、五旗山、官山、杏山坡等地，已探明储量约为4亿吨。

石英岩 石英岩产于元古界变质岩中，矿体厚度超过100米，长度约3000米，二氧化硅含量大于98%，氧化铝、微量碱金属氧化物、碱土金属氧化物、氧化铁含量较低。禹州境内主要产于浅井以北的书堂山和赵庵附近的灰灰菜沟，已探明储量约为2亿吨。

石英粉砂岩 石英粉砂岩外观呈青白色，含少量云母，二氧化硅含量约为67%，含铁量低。主要分布于禹州市神垕、官山、方山等地，矿体厚度为1～2米，已探明储量约为1500万吨。

釉资源 钧釉配制一般需用天然矿物和化工

原料相混合。天然矿物主要采用瓷石、高钾铝页岩、碗药石、方解石、白云石、孔雀石、红斑花、黄斑花等。化工原料主要采用草木灰、骨灰、磷灰石、氧化铜、氧化铁等。禹州境内已探明分布较广、储量大、品质较好的天然矿物主要有以下几种：

瓷石　瓷石产于元古界变质岩地层中，外观呈淡肉红色，石质，二氧化硅含量为76%左右，氧化钾氧化钠含量为6%~8%。禹州境内矿体主要分布于官山、李村等地，已探明储量约为2100万吨。

高钾铝页岩　高钾铝页岩产于石炭系地层中，和铝土矿共生，外观红白色，属非晶质结构，二氧化硅含量为55%左右，氧化钾含量为6%~12%。禹州境内矿体主要分布于方山一带，已探明储量约为2400吨。

碗药石

碗药石　碗药石是禹州产的一种釉石，也叫本药。粉碎后可直接做原始碗釉，故名碗药。主要产地在鸠山乡的碗药山，储量颇丰。

方解石

方解石　方解石产于寒武纪的方解石脉，呈黄白色，石质，脉状或薄层状，并有玻璃光泽，氧化钙含量在52%左右。禹州境内矿体主要分布在角子山、官寺、台沟、浪花山和浅井等地的灰岩中，已探明储量约为100万吨。

石灰石　石灰石是一种质地纯、氧化钙含量高的灰岩，禹州储量近40亿吨。

虎皮玉　虎皮玉属方解石的一种，因状如虎皮，禹州当地称之为虎皮玉。氧化钙含量在50%左右。矿体主要分布在角子山、浅井等地。

白云石　白云石又被称为镁质石灰石，产于寒武纪地层中，氧化钙含量为30%，氧化镁含量为20%。禹州境内矿体主要分布在无梁、浅井、鸠山等地，已探明储量约为1亿吨。

马牙石　为方解石的一种，呈浅黄色或白色，带光泽，状似马牙，禹州当地称之为马牙石，在禹州有矿藏分布。

另外还有黄长石、红长石等在禹州境内皆有储矿。

匣钵资源　钧瓷生产所用匣钵主要采用耐火黏土、铝矾土等矿物材料。其中铝矾土资源在禹州境内分布广、品位高且易开采，是重要的矿产资源之一。

耐火黏土　耐火黏土产于二叠纪含煤地层，禹州已探明储量约为26万吨。外观有黄、灰、白3种颜色，土状结构，三氧化二铝含量约为27%。

铝矾土

铝矾土　铝矾土产于石炭纪地层，禹州已探明储量约为3500万吨。铝矾土矿物质为青灰色，硬度较大，三氧化二铝含量超过76%。广泛分布

于禹州境内神垕、磨街、方山、浅井等地。

松体铝矾土　松体铝矾土产于石炭纪地层，禹州已探明储量超过500万吨。铝矾土为黄褐色土状物，是制作匣钵的最好原料。主要分布在磨街、尚沟、苌庄等地。

郏　县

【地理概况】　郏县位于河南省中部偏西、伏牛山北部余脉向豫东平原过渡地带。东邻襄城县，西毗汝州市，北接禹州市，南与平顶山市区和宝丰县相连。地理坐标为：北纬33°48′—34°10′50″，东经113°40″—113°24′50″。地势呈马鞍形，东南、西北部高，中部低，以平原和岗地为主。总面积737平方公里，辖6镇8乡，372个行政村，总人口56万人。气候属暖温带大陆性季风气候，光照充足，四季分明，气候温和，雨量充足。土壤肥沃，适合多种作物生长。

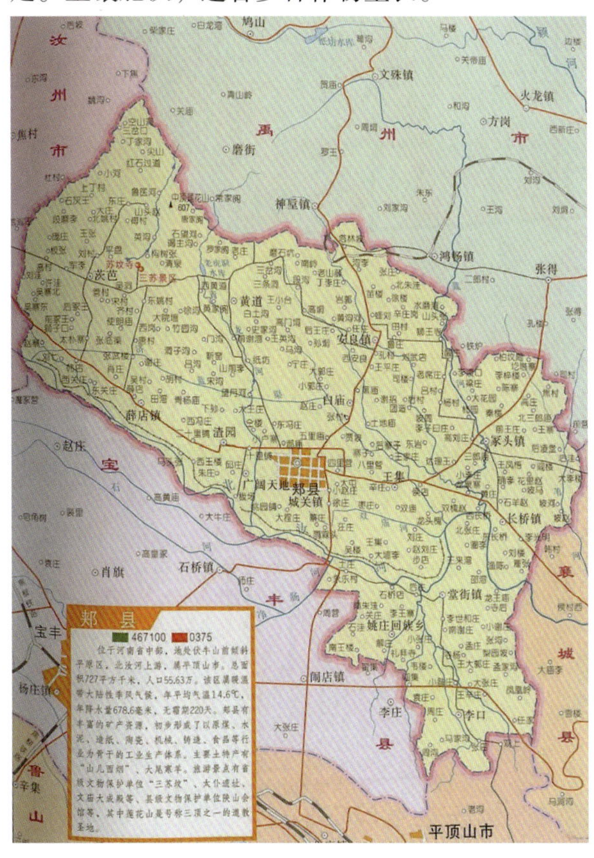

郏县行政区划图

【自然资源】　郏县自然条件优越，物产富饶，郏县矿产丰富。已初步探明有开采价值的矿产资源19种。煤炭资源保有量1.6亿吨，加上预测储量共18亿吨；白云岩详查储量197.9万吨，普查储量2605万吨，预测远景储量4亿多吨；水泥灰岩远景储量4.0亿吨；焦宝石储量850万吨；大理石储量200万立方米；陶土储量5800万吨；铝矾土储量2580万吨；石英石、红石、铁矿石、紫砂陶土、高岭土等储量也很丰富。境内多年平均水资源总量为2.3448亿立方米，过境水量为9.5187亿立方米，地下水资源总量为1.2227亿立方米。

【谒主沟瓷窑遗址】　位于郏县城西北黄道乡距钧瓷之乡禹州市5公里，谒主沟村北1公里许的田野里，面积约2.7万平方米，文化层厚5米。窑址区钧窑瓷片标本，质地精美，其釉色有兰、月白、黄、紫、红等，有的晶莹发亮。20世纪50年代，故宫博物院陈万里、叶喆民等多位陶瓷专家均对其做过详细的调查。

登 封 市

【地理概貌】　登封市地处豫西北伏牛山脉与豫东平原过渡带，海拔在250—1512米之间，地势起伏，北部为山地，中部为丘陵，南部为低山区；有大小河流15条，属淮河流域，其中，颍河由西向东流经境内30公里，注入白沙湖，引向淮河；气候宜人，属暖温带季风气候，四季分

嵩山

明，冬冷夏热，雨热季并行，年平均气温14.7℃，平均降水量579毫米，全年无霜期213天。

【行政区划】 登封市位于省会郑州西南，总面积1220平方公里，辖3个街道办事处，分别为嵩阳、少林、中岳；8个镇，分别为大冶、告成、颍阳、宣化、卢店、大金店、徐庄、东华；4个乡，分别为石道、君召、白坪、唐庄；2个区，分别为阳城、送表。总人口65.2万人，市区人口12.8万人。

【自然资源】 登封市矿产资源种类多、储量大，已探明矿产种类41种，主要有煤炭、铝矾土、石灰石、硅石、花岗岩、麦饭石等，其中尤以煤炭、铝矾土储量为大，煤炭保有储量31亿吨，铝矾土2.4亿吨，是全国15个商品煤生产基地之一，是河南省2个铝矾土基地之一。

程窑遗址区的小溪

【登封程窑】 位于登封市白坪乡程窑村，与汝州交界。20世纪90年代后期，许昌师专师生在登封市白坪乡境内的密蜡山下写生，偶然发现了钧瓷标本及古窑址。2000年以后，登封市一些热心古瓷研究的学者和嵩山钧瓷研究学会开始了长达六年的情况调查、走访和实地勘察。基本弄清了以白坪乡程窑遗址为中心的11处古瓷窑遗址。从出土标本看，白坪古瓷窑遗址群中大部分属于专门烧制钧瓷的遗址，其发展、延续的时间跨越宋、金、元乃至明代，器型既有碗、碟、罐、钵等日用器，又有炉、盒、瓶之类的工艺瓷和象生瓷。其中程窑遗址出土的标本兼具“钧汝之美”。

程窑以金元钧台民间日常所用盘碗为多，属民窑性质。釉色品种十分丰富，以钧釉为主，钧窑、汝窑和临汝窑等窑口的釉色在这里都能看到，有些极似钧台窑釉色。施釉较薄，未见类似钧台窑肥厚的釉水。醮釉为主，一般施一至两道釉，釉面烧成工艺成熟。胎质粗细均有，但未见十分粗糙的，细腻居多，粗者应是略显粗糙。胎色色分深灰、中灰、浅灰、灰白、土黄；中灰为多。底足施护胎釉和未施者均有，不一而足；但所施护胎釉与禹州钧窑相比稍显稀薄，不像禹州钧窑器上的护胎釉般肥厚柔润。而且施护胎釉之器比未施者略显精细。修足工艺娴熟，规整；足墙从微外撇到明显外撇，从平底心到略隆鼓、到明显乳突、到足面的斜削，反映了自北宋末期到元代的工艺过渡。从底足、拉坯成型到口沿，转折等处的工艺看，均较成熟，显出细腻、娴熟的制作工艺。明显特点是胎体拉坯较薄，有轻巧之感。以裸足垫烧为主，尚未见到其他工艺。未见刻、印、划等装饰工艺。

组织机构及领导成员

（资料截至2011年12月底）

【中国工艺美术行业协会】

名誉理事长　李铁映
理事长　周郑生
常务副理事长　张　红
副理事长兼秘书长　王　山

【中国陶瓷工业协会】

名誉理事长　杨自鹏
理事长　何天雄
副理事长　傅维杰
秘书长　浦永祥

【中国工艺美术协会美术陶瓷分会】

会长　蒋仲平

副　会　长　周庚寅　陈文增
秘　书　长　王　山

【河南省工艺美术行业协会】
名誉理事长　贾连朝
理　事　长　张玉蟲
秘　书　长　田任午

【河南省陶瓷玻璃行业管理协会】
名誉会长　王明义
会　　长　王爱纯
秘　书　长　耿矿发

【许昌市钧瓷文化产业园管理办公室】
党委书记　王运玺（2011 年 5 月任）
党委副书记　王运玺（2011 年 4 月离）
副主任　赵宪领　温荣堂　张金伟

【禹州市工信局】
局　　长　王跃进
党委书记　赵朝岭
副书记、副局长　楚公甫
党委委员　朱跃峰（2011 年 12 月任）
副　局　长　朱跃峰（2011 年 12 月离）
冯怀渠（2011 年 12 月离）
康　鸣　樊国灿
郭国栋（2011 年 12 月任）
化晓峰（2011 年 12 月任）
纪检书记　杨宏伟（2011 年 12 月离）
刘旭红（2011 年 12 月任）
工会主席　刘旭红（2011 年 12 月离）
刘延民（2011 年 12 月任）

【禹州市陶瓷局】
局　　长　刘果岭（2011 年 12 月离）
杨俊贤（2011 年 12 月任）
党组书记　王泽民
副　局　长　孙俊杰　李进伟　孟战军

【禹州市钧瓷文化旅游试验区管理办公室】
主　　任　刘东旭（2011 年 7 月离）
霍保宏（2011 年 10 月任）
副　主　任　霍保宏（2011 年 10 月离）
杨红军（2011 年 2 月离）

钧瓷文化产业发展概述

【钧陶瓷瓷产业不断发展壮大】　截至 2011 年底，禹州市钧瓷企业已达 185 家，新上钧瓷企业近 30 家。其中，华神钧窑总投资 3.2 亿元，万迪钧窑、神工钧窑等投资千万元以上。通过贯彻市委、市政府的以钧带陶战略，积极推动禹州钧陶瓷产业实现集聚发展。目前，计划投资 15 亿的钧陶瓷产业园已有 2 家陶瓷企业入驻，其中投资 1 亿元的富田瓷业已入驻投产，投资 1.9 亿元的日美瓷业主体工程已基本完工；总投资 3 亿元的钧瓷文化街拆迁工作已完成 70%；计划投资 6 亿元的神垕钧瓷文化创意产业园，已有 3 家投资过千万的钧瓷企业入驻并开工建设；神垕北部陶瓷产业集聚区已有博禹陶瓷等 4 家陶瓷企业入驻。

富田瓷业

【文化旅游持续健康发展】　按照文化旅游接待标准，2011 年，积极推动十大重点钧瓷企业提升工作，打造钧瓷文化产业知名品牌。大宋官窑荣昌钧瓷坊正积极运作企业上市，荣昌官窑瓷传承基地建设有序推进，荣昌钧瓷坊开窑仪式已成为一个新的钧瓷文化旅游品牌；投资额都在千万以上的孔家钧窑、神州钧窑、坪山钧窑、晋家钧窑升级改造已完成；星航钧窑修建的钧瓷窑炉博物馆已建成并对外开放；神垕镇大刘山陶艺村正在积极推进，晋佩章钧瓷艺术馆和大龙山钧瓷文化村艺术馆建成并正式对外开放。

马蹄形窑炉

【大师申报成果显著】 2011年，禹州市有两名钧瓷艺术家荣获“中国陶瓷艺术大师”称号，三名艺术家荣获“中国陶瓷设计艺术大师”称号，新增河南省工艺美术大师16名。截至年底，禹州市共拥有2位中国工艺美术大师，2位中国陶瓷艺术大师，3位中国陶瓷设计艺术大师，98位省级工艺美术、陶瓷艺术大师。

【钧瓷文化宣传力度不断加大】 2011年11月举办“第七届禹州·中国钧瓷文化节”，极大地扩大了钧瓷的影响和名片效应，充分展示了禹州的良好形象，促进了经贸合作与交流，推动了禹州经济社会稳步、快速发展；积极参与文化展评活动，推动组织钧瓷企业参加首届中国国际轻工展、首届“大地奖”陶瓷创作大赛，18件作品获奖，其中荣获金奖5件；2011年4月，在许昌三国文化周期间，成功举办了“当代钧瓷精品展”。通过大力弘扬钧瓷文化，钧瓷知名度大大提升；新增钧瓷国礼18件，被国家领导人赠送给各国政要。

在《河南日报》、《许昌晨报》上开辟专栏，宣传报道试验区、钧瓷文化产业和名家名窑名品；与禹州电视台联合制作了宣传钧瓷文化、神垕古镇的专题片《钧瓷的力量》，并在禹州电视台《钧瓷》频道连续播出；积极参与同央视合作，录制央视《欢乐中国行·魅力禹州》栏目，宣传弘扬钧瓷文化、夏禹文化和中医药文化，在央视新闻频道、综合频道、中文国际等频道，对禹州市鸠山闵庄瓷窑发掘进行现场直播；积极参与同北京电视台《天下收藏》栏目合作，筹拍并播出两场《天下收藏》钧瓷专场节目；积极参与长篇电视连续剧《窑变》筹拍工作，该剧本已由著名剧作家王宛平开始创作。精心设计制作了高规格的宣传钧瓷文化的灯箱广告，在河南广播电视塔以及禹州市各大宾馆显要位置安装。

钧瓷文化节期间各级媒体到神州钧窑参观

【积极推进钧瓷文化传承保护工作】 2011年，积极推动开展钧瓷烧制技艺申报世界非物质文化遗产工作，钧瓷烧制技艺已通过文化部专家组评审，成功列入2013年国家向联合国教科文组织申报人类非物质文化遗产备选名单；举办第六个遗产日河南省主题活动之一——星航钧窑柴烧日；禹州市成功申报“中国陶瓷历史文化名城”；编纂出版了《中国钧窑志》、《中国钧瓷年鉴》（第2卷）、《禹州钧瓷》等专业书籍刊物。

生产概况

【企业数量与产量】 截至2011年底，禹州市钧陶瓷生产企业达到940家，其中钧瓷企业183家。全年炻瓷产量达到2.6亿件，日用高白瓷2.8亿件，建筑卫生瓷1.8亿件，钧瓷年产量达到230万件，其它陶瓷7820万件。郏县有钧瓷生产企业2家，位于神前工业区内，为传奇钧窑和任氏瓷业。登封市有钧瓷生产企业1家，产品以珍珠地刻画花、白地刻画花瓷为主，钧瓷产量不大。

【产值与利税】 截至2011年底，禹州市钧陶瓷生产企业年产值达到56.7亿元，实现利税2.2亿元，出口总额达1亿美元左右。

日用瓷生产

【茶具】 茶具是钧瓷的传统日用产品之一，生产历史已近千年。20世纪50年代钧瓷恢复烧制后的很长时间里，受生产工艺相对落后制约和传统观念影响，钧瓷茶具逐渐成为只能看不能用的陈设产品。1994年以后，随着液化气烧制钧瓷技术在钧瓷产区的推广普及，带动钧瓷各项生产工艺水品不断提高，与国内先进陶瓷产区生产水平的差距逐步缩小。部分钧瓷企业开始研发新型钧艺茶具，由于处于摸索阶段，产量较小，未形成产业化生产。21世纪初，随着人民生活水品的日益提高，品茗成为品质生活的构成元素，也成为人们日常生活方式之一，从而造就了庞大而且持续需求旺盛的国内茶具市场。钧瓷产区地方政府和行业协会开始大力推进钧瓷产业做大做强，钧瓷

钧瓷茶具

日用化的口号提出，而钧瓷茶具成为最好的市场切入点。孔家、神州等企业设计制作出十几种造型极具现代审美特征、釉色富于窑变特色的钧瓷茶具并推向市场，由此带动了整个钧瓷行业的茶具生产走向规模化和产业化。2011 年，从事钧瓷茶具生产的企业已有 28 家，生产各类型各档次茶具 65 万余件（套），产值达 5000 多万元。

【酒具】 酒具也是钧瓷的传统产品种类之一。2008 年，禹州市大唐钧窑率先研制出绿色无重金属危害、符合作为白酒容器要求的钧瓷酒瓶。同年，山西杏花村汾酒厂开始采用大唐钧窑的钧瓷酒瓶作为其 50 年陈酿的承装器具，第一批 3500 个，容量 4 公斤。之后，大唐钧窑订单不断，带动数家企业从事钧瓷酒瓶生产。至 2011 年底，禹州市霍家钧窑、大唐钧窑、郏县宏大钧窑等企业全年为河南仰韶、山西汾酒、四川郎酒、贵州赖茅等国内知名白酒企业生产各种造型、不同容量的酒瓶 30 万件，产值达 1800 万元，为钧瓷的产业化发展开辟出一条新路。

钧瓷酒具

产业形势与措施

【钧瓷产业宏观形势】 2011 年，宏观经济形势非常适合钧瓷产业发展。首先，富余资本的出现为钧瓷产业发展提供了市场基础。近年来，随着中国经济的快速增长，国内部分行业出现了富余资本，在资本逐利的动机驱使下，虚拟资本日渐膨胀，“收藏热”雏形逐步显现，而通货膨胀的抬头更激发了以保值增值为目的的投资热情。从近期看，黄金、古董、字画甚至邮票等传统投资品均出现了较大涨幅，钧瓷作为五大名瓷之一，理应受到投资者的青睐，发挥其保值增值功能，这将在很大程度上提高市场需求量。其次，“十二五”时期，国家大力倡导加快文化产业发展，为钧瓷产业发展提供了良好的政策空间。再者，禹州市钧瓷文化旅游试验区日臻成熟，必将进一步整合优势资源，为钧瓷与旅游产业融合发展提供了极好的发展契机。

【钧瓷产业发展趋势】 钧瓷产业发展趋势是由钧瓷的本质属性决定的。首先，钧瓷是一种艺术品，要求每一件钧瓷产品必然要呈现出独特的艺术魅力，这就决定了钧瓷产品不能标准化生产，而只能作为单独的个体存在。其次，钧瓷是一种收藏品，收藏品的主要特征在于稀缺性，这就决定了钧瓷产品不能规模化生产。再者，钧瓷产品是一种投资品，投资品必然要具备一定的升值空间，这就决定了钧瓷产品必须定位于高端产品，才能给投资者带来投资价值。最后，钧瓷产品还是一种商品，商品的成功销售必然要求产品具有一定的市场力，在市场上具有一定的话语权，避免有价无市的困境，这就决定了钧瓷产品要有自己的品牌。综上所述，钧瓷产品集艺术品、收藏品、投资品和商品四重特性于一体的特质，决定了钧瓷产业必然要走个性化、限量化、高端化、品牌化发展道路。从国外的发展经验看，那些较为知名的手工艺产业基本上也是从这几个方面发展的。

【钧瓷产业发展措施】 2011 年，制约钧瓷产业发展的主要问题：一方面是产品自身问题，主要表现在产品质量不高，存在假冒伪劣现象，产品创新意识不强等；另一方面是产品市场问题，主要表现在宣传力度不够，品牌意识不强，交易方式传统，市场组织松散等。促进钧瓷产业健康发展，有必要破解这两个方面的难题。

一是组建包含主要钧瓷生产商和销售商的联合商会。充分发挥商会的行业自律作用，维护质量可靠而又竞争有序的发展环境。商会主要功能可定位于议事、协调、统计等方面，对钧瓷产业发展中的重要问题进行议事，制定可行的方案；对产品质量、销售价格分门别类提供指导，严格把握生产质量，杜绝假冒伪劣产品，对销售价格制定大体的指导线，杜绝恶性降价竞争；对一定时间段内的生产数量、销售数量和销售价格等方面的信息进行统计并发布。

二是加强品牌标识保护力度。钧瓷产品品牌标识保护主要是靠在产品基座打上厂家印章的方式来进行，在电子产品日益发达的今天，这种方式显得较为传统。生产厂家积极要引进电子芯片技术，在做模之初，在胚胎中嵌入耐高温的电子芯片，芯片里可录入生产厂家、造型技师、生产时间、原料组成、烧制工艺等产品信息，这既有利于更好地进行品牌保护，同时也便于搭建电子网络销售平台。

三是积极创新交易方式。交易本身就是一种宣传，2011 年，钧瓷产品主要靠组建店面的方式来销售，这种销售对产品的宣传力度较小。近段时间，随着各地文化艺术品交易所的兴起，可以在文化艺术品交易所适时推出一批大师级的顶级钧瓷艺术作品，开展艺术品证券化业务，让更多的投资者参与到钧瓷的投资中，这既可以在短时期内提高钧瓷产品的知名度，化解钧瓷艺术品“养在深闺无人识”的尴尬局面，同时还可以利用文化艺术品交易所的实时交易价格作为钧瓷产品价格的“晴雨表”，及时对行情进行预期，并调整其他钧瓷产品的价格。

四是进一步创新与艺术家的合作机制。通过建立更为灵活的利润分成机制与合作模式，鼓励更多艺术家把技艺与钧瓷相结合，从而推陈出新，创造出更为丰富多样的钧瓷产品。

钧瓷釉的发展

【钧釉创新】 1979 年，禹县钧瓷一厂、二厂、国营瓷厂就把钧瓷等艺术釉的创新研究放在很重要的位置上。钧瓷新工艺釉与传统钧釉相比，有两个不同之处，一是在釉中加入还原剂，不用还原气氛即可烧成窑变红色；二是不用传统的倒焰馒头窑而改用隔焰推板窑烧成。1985 年，丁建中与晋佩章共同研制出仿宋天青、天蓝釉系列作品，天蓝釉是铁呈色，与历史上宋钧天青、天蓝釉成分非常接近，是一种二液分相乳光釉。随后，又接连研制出油滴天目釉，它是在黑色的釉面上布满油滴状的银色或褐红色斑点，极富艺术韵味。该釉是钧窑地区的一个黑釉品种，早在宋代就有烧制，在禹州钧台窑和神垕窑都发现有这种釉的标本。油滴天目釉研制成功后，就称该釉为“滴珠天目釉”，并获得河南省重大科技成果二等奖。

油滴天目釉茶壶

到 2011 年末，钧釉研制工作取得重大突破，先后研制出紫翠霞红、姹紫嫣红、唐钧宋韵（唐钧花釉带蚯蚓走泥纹）、金黄奇纹、紫釉绿纹、红釉黑纹、绿釉黄纹、红雪花斑、绿雪花斑等近百种釉色。

【钧釉创新的途径】 各个时代的钧釉有各个时代的特点，这都是钧窑人不断创新的结果，所以钧釉不能停止创新的步伐，若干年后，当代的钧釉风格，亦会成为人们研究和探讨的对象。

钧釉创新的方法，一是改变烧成方法，二是不断调整釉的配方。前者同一个釉方可以得到不同的窑变效果，而后者将会使钧釉有新的面貌出现在人们面前，形成一种全新的艺术风格。

在钧釉原料的运用上、釉料组成的配方上，都可以进行大胆的尝试，这样就会出现奇妙的窑变效果，不能太拘泥于现成的原料，缩手缩脚、不敢越雷池一步是无法创出新釉的。

钧釉的创新要遵循自然窑变的原则，人为的做法不可取，如人为的用釉画个山水、人物、动物的做法，只会降低钧瓷的艺术水准。

钧釉窑变的创新上，主要指色彩变化、釉面肌理变化（包括各种纹路、斑点、结晶等）和意境变化，任何一种釉的变化，都能给人以耳目一新的感觉。

从狭义上讲，钧釉的创新主要指钧瓷本身，但从广义来讲，钧釉的创新可以包括历史上钧窑所出产的所有釉色品种，同时也可以把其他的艺术瓷釉吸收到钧釉上来，因为钧窑本身博大精深，具有海纳百川的宏大气概，后来被专家学者称之为“钧彩釉瓷”的彩瓷釉就是一个很好的例证。

钧彩釉瓷一组

钧釉创新的方式有三种，一是历史上出现过的釉，现在又把它恢复出来；二是别的地区有的釉，把它研制出来，填补本地区空白；三是过去没有，别的地方也没有，完全创新研制的新釉。

生产企业选介

【神州钧窑】 位于神垕镇开发区西段，占地面积15000平方米，建筑面积7800平方米；时有员工38名，专业技术人员18名，其中中级职称10人，高级职称5人，省级工艺美术大师3人。2008年被河南省工艺美术行业协会授予“中国钧瓷名窑”称号。

2009年5月，河南省委书记徐光春等领导到神州钧窑视察

2010年上海世博会河南馆官方礼品展示

神州钧窑展厅

神州钧窑烧制的钧瓷作品曾在2004年被全国政协主席贾庆林赠予西欧四国政要，多次在国内外艺术陶瓷评比中荣获大奖，数件钧瓷珍品被中国国家博物馆、中国国家军事博物馆、河南省政协永久收藏。

花浇

虎头瓶

象鼻尊

双龙尊

神州钧窑不遗余力地支持着神垕镇社会事业的发展。2008年至2010年间，先后为打造神垕古镇旅游专线道路捐助景观路灯杆180余根。2009年11月，第六届钧瓷文化旅游节河南省艺术陶瓷作品展上，其作品6件被评为珍品，4件被评为精品。2010年4月，钧瓷作品“出戟尊”被选为上海世博会河南馆官方礼品，2件作品入选上海世博会河南馆展出；6月，8件作品入选“钧瓷文化台湾行”中国·禹州现代钧瓷精品展；8月，1件作品入选中国钧瓷（香港）国际文化艺术展。

千秋如意鼎

【钧华苑】 2005年创办，位于禹州市神垕镇关爷庙西，占地6亩，总建筑面积2300平方米。钧华苑一直挖掘钧瓷古韵，把钧瓷的古朴与时代

空军某部少将方国俊收藏崔国营大师作品

钧华苑厂区

钧华苑艺术馆

青龙、白虎壁挂

的灵动有机地结合在一起，在造型、色彩上不断求新创异，先后开发近千种作品，逐渐形成以传统煤窑花釉钧瓷为主，钧瓷壁挂为特色的窑口。

莲花尊

弥勒迎福

至2010年已发展成为集钧瓷生产、科研、展示、销售，钧瓷旅游接待为一体的综合性企业。2009年11月，第六届钧瓷文化旅游节河南省艺术陶瓷作品展上，其作品3件被评为珍品，4件被评为精品。2010年11月，在中国禹州中医药文化节钧瓷展上1件作品获金奖，1件获银奖。2011年11月，在第七届禹州·中国钧瓷文化节上，3件作品获金奖，8件作品获银奖。同年12月，36件作品参展“北京新年祝福翰墨及钧瓷艺术展”，获得北京各届群众的好评。

【凤山钧窑】 位于禹州市鸿畅镇张湾村，西距

凤山钧窑大门

凤山钧窑展厅

基石

四方瓶　　八方进宝瓶

神垕镇3公里，紧临禹州—神垕快速通道南侧。1998年创办张建钊钧瓷艺术工作室，2003年改称凤山钧窑，占地面积3亩，建筑面积1800平方米，有5立方米煤烧窑炉一座，河南省工艺美术大师1名，陶瓷艺术大师1名，陶瓷艺术家2名，

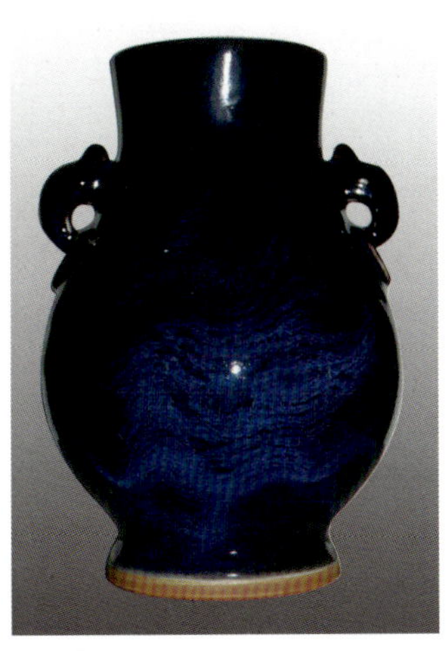

象鼻瓶

技术工人6名。产品以传统煤烧高温釉钧瓷为主，造型承接原二厂的老造型，主要面向郑州、许昌、上海、哈尔滨等收藏界人士。2011年3月在郑州天下收藏文化街举办的首届钧瓷藏家珍品展上，获2个金奖1个银奖。同年11月，在第七届钧瓷文化节上，作品龙耳炉、观音瓶获铜奖。

赏盘

【华鼎钧窑】 2010年开办，位于神垕镇解放路西段，占地2亩，建筑面积2000平方米，展厅面积400多平方米。企业拥有燃气窑2座、燃煤窑1座，时有职工20多人，年产钧瓷3万件（套）。华鼎钧窑钧瓷产品制作工艺严谨，做工精

华鼎钧窑展厅

玄纹钵

土魂钧窑展厅

良，其主推的钧瓷茶具系列有“长寿”、三皇“等十多种，精美实用、釉色丰富，广受大众市场欢迎。其他钧瓷产品以传统造型为主，种类有两百多种，特色产品有“许君以昌”、“华夏尊”、“如意尊”、“纳福盆”、“运转乾坤”等。

西施壶

孔雀开屏

花觚

六棱瓶

孔雀尊

【土魂钧窑】 2010年10月创办，位于禹州市张得乡阁王村，占地面积6亩，建筑面积1200平方米。拥有0.5立方米、2立方米、4立方米液化气窑各一座，6立方米柴窑一座。员工24人，其中包装工4人，注浆工4人，上釉工1人，烧窑工1人，省工艺美术大师1人，省陶瓷艺术大师1人。年产钧瓷茶具5000余套，销售区域有北京、山东、吉林、广州、许昌等省市，是钧瓷茶具的主要生产窑口之一。

【国粹钧窑】 位于禹州市神垕镇北大社区，神垕镇工商所对面。2008年6月，由河南省民间工艺美术大师张兆旭创办，2011年3月29日工商注册，企业拥有4立方米柴燃料窑1座，4立方

国粹钧窑展厅

国粹钧窑晾坯房

米煤燃料窑1座，4立方米液化气窑1座，1立方米气窑1座，0.5立方米气窑1座，炉钧鸡窝窑2个。拥有中国陶瓷艺术大师1人，河南省陶瓷艺术大师6人，技术工人58人，拥有开发各种钧瓷造型手拉坯器、异型器100多种，采用煤柴气不同燃料、不同的烧制方法，产品恢弘大气，釉色浑厚自然，产品主要销往禹州、许昌、郑州等地，是禹州钧瓷明星企业之一。

【源古钧艺坊】 1993年开办，位于神垕镇灵泉工业区，占地2亩，建筑面积1500平方米，职工3人，炉钧小窑三座。源古钧艺坊是以单一烧

源古钧艺坊炉钧精品展示

炉钧开窑

制炉钧作品为为主的特色窑口，追求作品的个性化、艺术化。2006年成为许昌学院陶艺班的社会实践基地。作品造型除传统观音瓶、玉壶春、葫芦瓶、三足香炉外，手工捏塑、捏雕作品极具特色，造型包括盘龙瓶、九龙尊、兽耳尊、福禄寿祥尊等。釉色以传统炉钧和宝石釉为主，极具收藏价值。

炉钧将军罐

贺岁作品造型

【大展鸿图】　孔家钧窑设计制作。作品主体造型为一舒展的花觚，形似一个白菜，下部六个浅浮雕青铜形纹饰，苍劲古朴，既是六个抽象的兔子，又是白菜的叶脉，有六六大顺之意；上部叶分八片，美观大气。白菜谐音“百财”，有百财聚来、财源滚滚之意。故民俗中有过年送白菜、送“百财”的礼俗。“六”为顺，“八”为发，《大展鸿图》整体造型俊秀端庄、古朴典雅，两个兔形耳饰又平添了灵动、飘逸的韵味，十分巧妙地将白菜“百财”的民俗与生肖文化糅合在一起，表现出“瑞兔迎财”的美好寓意。

大展鸿图

【瑞兔纳福】　孔家钧窑设计制作。作品由三只线条简洁的小兔组成，整体轮廓为葫芦状，葫芦有多子多福，纳天地福瑞之意。当观者将视线集中到葫芦腹部仔细玩赏，小兔的躯体又构成了一个微笑的面孔，笑纳百福于肚中。其造型汲取传统民间工艺品泥塑“兔儿爷”特点，朴拙、可爱、意趣盎然。

瑞兔纳福

【前途似锦】　孔家钧窑设计制作。作品造型为一只健步奔跑的兔子，身后草丛迅即后退，动感十足，与滚动的金钱“前途似锦”一起构成阿拉伯数字“2011”，寓意2011年事业飞速发展、充满生机活力，前途似

前途似锦

锦，寓意：生活幸福、前程锦绣，好运滚滚来。

【吉祥兔】 刘家钧窑设计制作。作品风格谐趣，寓意吉祥，想象奇特，造型夸张。设计者取材于月中仙兔的传说，借助于卡通式的童趣、谐谑风格，以祥云缭绕，仙兔飞升，超越尘俗，独享欢乐的传说，表达出了对新年的美好祝福。

【富贵吉祥】 金堂钧窑设计制作。作品鼎冠镂空的“福兔”，寓意福兔迎祥，金玉满堂；鼎耳饰以“蝙蝠（福）、兽首（寿）”，寓意福寿双全，幸福美满；鼎身二十四枚乳钉环绕镶嵌，寓意天地人和，事业昌盛。

富贵吉祥

整件作品“鼓、鼎”合一，乃富贵也；蝙蝠、兽首，吉也；福兔喜庆，祥也。造型饱满，想象奇特，风格简洁，完美体现出中国钧瓷的艺术魅力。

【五福临门】 金堂钧窑设计制作。作品以金兔衔福纳祥立意，以象征生命繁衍、壮大的五只葫芦，组成兔的身体、尾巴、腿和双耳为型。葫芦谐音福禄，寓意五星高照，鸿运盈门；金兔口衔龙首、凤头的春菜，寓意迎春纳财，龙凤呈祥。

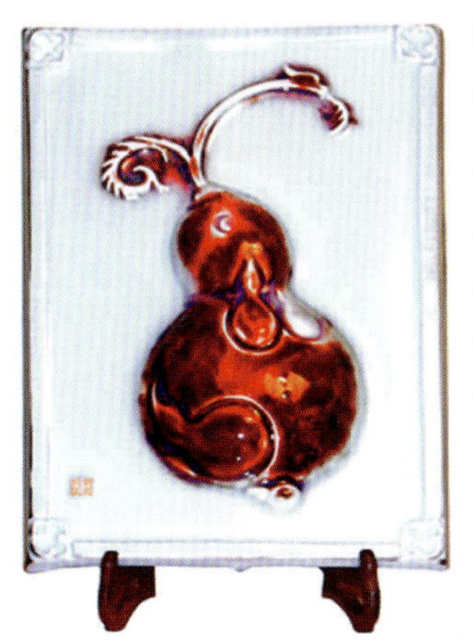
五福临门

整件作品造型独特，想象奇幻，寓意丰沛。

【前途鸿福】 金堂钧窑设计制作。以生肖兔为原型，通过夸张的想象，幻化出手奉鸿财元宝、身携“福”字而降的玉兔。以元宝，即钱，谐音“前”；兔，谐音“途”命名。

前途鸿福

整件作品造型奇趣横生，构思巧妙，活泼可爱，惟妙惟肖，与中国钧瓷的瑰丽釉色、天然窑变浑然一体。

【福禄祥和】 大宋官窑设计制作。作品以葫芦、玉兔为设计元素。葫芦即福禄，葫芦藤幻化成如意形状，代表福禄如意。三只玉兔又似三口之家幸福和谐。祝愿人们福禄盈盈、幸福美满。

福禄祥和

中秋作品造型

【齐悦中秋】 大宋官窑设计制作。造型为两只欢喜腾跃的玉兔，身影交织化为一轮圆月，寓义圆月团圆。圆月中，兔子的轮廓勾勒出太极图案，寓义和谐美满，底部祥云瑞现，寓义如意吉祥。作品表达出和谐盛世，齐悦中秋之意。

齐悦中秋

【蟾宫月茗】 孔家钧窑设计制作。旧言月中有桂有金蟾，故月宫又称为蟾宫；古时人们相信蟾能辟五兵，镇凶邪，助长生，是主富贵的吉祥之物。《蟾宫月茗》中金蟾，三足，造型浑厚端庄，釉色天青、月白之上红紫掩映，如流霞，如月光；金蟾形同如茶盘，盘中镂空形似铜钱，既可排水，又有金蟾戏钱、富贵连连 ，更有“蟾宫折桂”之意。壶型圆而饱满，壶钮为一玲珑小兔翘首眺望祈福未来；六个茶盏，内施月白釉，精致淡雅，可以观茶色；茶盏外不施釉，色调沉着，古朴而拙趣。

蟾宫月茗

【鸿运当头】 金堂钧窑设计制作。作品以“五福”立意，融钧窑瓷器的“窑变”为韵，取“圆、云、月、水”为型。圆为圆满，以祝和谐；云即祥云，以赐鸿运；月乃明月，昭示永恒；水则碧水，奔腾财源与大智。“福、禄、寿、喜、财”五福，与“圆、云、月、水”四象相符相融，诠释了华夏中秋文化的全新内涵。

异型器

【核心】 神州钧窑设计制作，中国共产党 90 华诞献礼作品。作品器形饱满大气、富有张力。作品以象征中华名族精神的“长城”围绕在一起而形成数字“90”，寓意建党 90 年来党的核心内涵是团结。作品又似迎风招展的党旗，代表着党的强大生命力、凝聚力、号召力，是带领人民实现中华民族伟大复兴的核心力量。

核心

【旗帜】 神州钧窑设计制作，中国共产党 90 华诞献礼作品。整件作品气势恢宏，以长城为基石，体现了全国各族人民的大团结。党旗矗立在长城上，迎风招展，彰显了中国共产党 90 年的伟大历程，指引着中国前进的方向，是社会主义前进道路上永远的旗帜。

旗帜

【妙德吉祥】 大宋官窑设计制作。妙吉祥系文殊菩萨之意译别称。文殊菩萨是佛教中的智慧之神，其行广大，其愿无边，是为七佛之师。因其出生时，家族中出现十种瑞相，因名妙吉祥。古佛再来，了了见佛性，因名妙德。

文殊菩萨为佛教佑兔之神，也是兔年生人之本命佛。作品寓意“文殊大士，妙应无方，佛手托玉兔，妙意降吉祥”。

【妙德佛音】 大宋官窑设计制作。冥想，聆听，来自佛的启示。作品以简单的莲花、佛手、香炉等元素，创意出“淡泊明志，宁静致远”的意境。焚一炉香，感悟内心深处的静谧，思绪缕缕，与佛语，飞舞以闻达，继而漫舞幻散，变化中，昭现出来自佛的启示。

【盛世六和如意炉】 一把泥钧瓷坊设计制作。“和”文化是中华民族思想文化中被普遍接受和认同的人文精神，世代传承，历经千年。“六和如意炉”为六方鼎式炉，由盖、颈、腹、足、翼儿部分组成，方中寓圆，雄伟硕大，气势滂沱，洋溢着祥和、安康、平安、如意的气氛。

作品在工艺上追求极致，体现了“华缛之极，无之上品”的制品精髓。在设计和构思上新颖独特，在传统造型的基础上进行了发扬和创新，充分表达出了中华民族传统文化的内涵。

【佛果】 钧缘阁陶瓷艺术工作室设计制作。作品高45厘米，直径31厘米，直口、扩腹、圆底，胎体厚重。其造型受唐代佛教文化的影响，追求恢弘大气、古朴端庄，理智中透出一种“天人合一”的思想。作品在高温下自然窑变，呈现出罕见的月白和高贵、秀丽的玫瑰紫色，并出现了罕见的乌金色枝丫纹等神奇窑变效果，且疏密有致，纹脉层次分明，变化自然。口下部一圆柄，增加了作品的灵动感。作品釉色的变化给人一种高贵典雅、耐人寻味之感。

佛果

【运转乾坤】 土魂钧窑设计制作。天行健，君子以自强不息。地势坤，君子以厚德载物。黄天后土，坤仪天下，器型上圆下方，暗合天地阴阳。有德者具之，则天地人和合，器型上圆为乾，则运之道也，下方为坤，则德之备也，贤人具之，则义之拥也。天地人三星交汇，万物生和谐，万象有太平。龙——中华民族之图腾，主祥瑞，藏祥纳瑞之所也。型有 六龙，取大顺之意，器型主题以鼎为载体，《易》有云：每逢大事以为记，必铸 鼎！方整体暗合万象太平，风调雨顺。大吉大顺之妙喻。尊宾以有享，礼器之尊崇，看之 有形，观之有味。器之重，天地得华章，章宾之华泽！天行大运，地怀坤德，人尊圣道义当先！举杯时，大运昌隆，人之康泰，万事有享！

【财富尊】 土魂钧窑设计制作。器型以尊为器，方圆结合，暗含天地阴阳平 衡协调。上部方口以升为型。扬斗以盛甘露，财源 广进，盛金纳银。两侧龙子吡咁护佑左右，金钱化 日月承前启后。下部古布币四方为基。昭示基业稳固。底部古钱一枚正方覆乾坤，以示乾坤满银。康 鼎之兆。以接地气。整体上通下达。天地通泰。阴 阳交融。正是左右逢源，财源亨通，百姓安居乐业，国家繁荣昌盛，家国大兴！

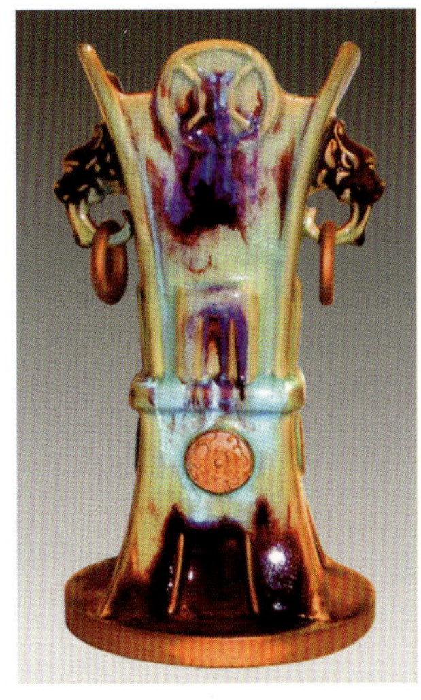

财富尊

【大瑞鼎】 土魂钧窑设计制作。整体器型为九龙环身。以使 人之尊崇，业之旺兴。主题浑圆。上部三通承天，以使天地人和腹部浑圆，运济乾坤大道。腹部饰 乳钉十二枚，代表一年之轮回有道。人之大德。鼎足三只龙子吡咁成鼎立之势，上部六龙生祥瑞，总体九龙唯我独尊。暗合中国吉祥之说——三六九往上走！

大瑞鼎

【龙腾四海】 土魂钧窑设计制作。器型取鼎以为器。易经有云：国之盛世，每逢大事以为记，必铸鼎！龙，华夏之祥瑞，精神之升腾也。鼎者，必铸非凡之业，四海之内，望其项背。聚龙魂，得龙势，行龙运，运济大德。龙腾四海，成鼎事，立万世功业！

龙腾四海

营　　销

【营销宣传】　2011年，钧瓷行业充分利用传统媒体和网络新媒体，积极对外宣传弘扬钧瓷文化，引起各界关注。与央视合作录制了央视《欢乐中国行 魅力禹州》栏目；在央视新闻频道、综合频道、中文国际等频道，对禹州市鸠山闵庄瓷窑发掘进行现场直播；与北京电视台《天下收藏》栏目合作，筹拍并播出两场《天下收藏》钧瓷专场节目；在《河南日报》、《许昌晨报》上开辟专栏，宣传报道试验区、钧瓷文化产业和名家名窑名品；制作神垕古镇的专题片《钧瓷的力量》；设计制作宣传钧瓷文化的系列灯箱广告，河南省广播电视塔显要位置悬挂等，全方位展示钧瓷文化的无穷魅力。

【会展营销】　为大力提升钧瓷文化品牌的知名度和影响力，2011年钧瓷行业积极参与国内外各种展评活动，如参加2011中国工艺美术“百花奖”评选、首届中国国际轻工精品展、第46届全国工艺品旅游纪念品暨家居用品交易会、第七届钧瓷文化节、2011首届中国高岭国际陶瓷艺术大赛、法国卢浮宫第17届国际文化非遗展、“君王之瓷绝世孤品——刘富安钧瓷艺术大展”等，均取得良好社会效果。

刘富安钧瓷艺术展

【高端礼品营销】　2011年，实力较强钧瓷厂家持续重视高端礼品营销，取得较多成果。如荣昌钧瓷坊钧瓷作品连续作为国家主席胡锦涛出访美国、俄罗斯、奥地利等国赠送相关国家元首和政要的礼品，并且再次成为博鳌亚洲论坛2011年年会官方礼品供应商；孔家钧窑继续为第八届中国—东盟博览会制作国礼；晋家钧窑钧瓷作品成为深圳大运会高端礼品；神州钧窑钧瓷作品“千秋如意鼎”被选为温家宝总理出访日本的国礼。

销售方式

【包窑】 2011 年，采用传统柴、煤烧制钧瓷的厂家、作坊或工作室以“包窑”的方式售出产品成为普遍现象。使用煤作为燃料烧制钧瓷由于烧成难度大，成品率低，制作成本高等原因，被众多钧瓷艺人放弃，至年底仅剩十家左右；而同样以烧成难度大，成品率低，制作成本高为特点的柴烧钧瓷的厂家却伴随着人们对非物质文化遗产认识的提高数量由两三家增加至十几家，从钧瓷行业整体上看，无论柴、煤烧制的钧瓷都属于紧缺资源。柴烧、煤烧钧瓷釉色古朴浑厚、窑变自然，为部分收藏者所追捧。他们在开窑前事先与厂家商定价格，开窑后产品无论质量好坏都归其所有，这就是所谓“包窑”。“包窑”价格以窑的大小，艺术家的名气、水准等为依据，大致从 3 万之 10 万不等。有些窑口如宗贤钧瓷坊、天地人钧瓷坊等整年的产品全被收藏者包下，成为 2011 年度非常引人注目的现象。

柴燃料窑钧瓷开窑

【拍卖】 2011 年，众多拍卖公司举办了现代钧瓷工艺品专场拍卖会，较有影响的场次有：2011 年 8 月 28 日，河南鸿远拍卖有限公司 2011“中原之夏”大型艺术品拍卖会晋家钧瓷专场；2011 年 11 月 6 日，河南阳光国际拍卖有限公司钧瓷珍品专场拍卖会，2011 年 12 月 6 日，北京鑫鼎拍卖有限公司当代传统工艺大师优秀作品拍卖会——钧瓷工艺大师作品专场。其中河南阳光国际拍卖有限公司钧瓷珍品专场拍卖会共拍出 16 件拍品，总成交金额高达 127.9 万元。其中“九龙宝鼎”，成交价 31.5 万元；“伟人尊”（孔相卿作品），成交价 12 万元；“坤元鼎”（孔相卿作品），成交价 13.2 万元；“如意尊”（孔相卿作品）4.5 万元；炉钧“玉兰钵”，成交价 1.5 万元；炉钧“瑞泽四海”，成交价 10.5 万元；炉钧“鱼篓罐”，成交价 9 万元；“三龙尊、吉象尊、吉象如意尊”一套，成交价 10 万元；关公像（高 1.98 米），成交价 20.5 万元；“凤耳琵琶瓶”（晋佩章 2004 年作品），成交价 1.3 万元。

阳光国际拍卖有限公司钧瓷珍品专场拍卖会

古代及现当代钧瓷工艺品在近年国内陶瓷工艺品拍卖市场表现活跃，2010 年 12 月 29 日北京纳高 2010 年秋季艺术品拍卖会古董珍玩专场：刘富安钧瓷大红袍盘口瓶（高 44.3cm）、刘富安钧瓷大红袍蘑菇瓶（高 39cm），成交价分别高达 112000 元和 156800 元人民币。2011 年钧瓷拍卖延续了 2010 年的成交旺盛势头，其中有成交纪录的重要场次和拍品如下：

钧窑天蓝釉鼓钉纹三足洗

2011年1月25日上海嘉泰2011迎春艺术品拍卖会古董文玩专场　钧窑天青瑞果斑小盅（高4cm），编号：1116，成交价：RMB 106，400。

2011年2月27日广州华艺国际拍卖有限公司（原广州嘉德）四季嘉德拍卖会（六）瓷器、玉器工艺品专场　石湾蓝钧窑变香炉（直径12cm），编号：＊0163，成交价：RMB 2，464。

2011年3月13日中都国际2011年春季艺术精品拍卖会瓷玉古董珍玩专场拍卖专场　钧瓷葵口窑变釉花盆及托 一对（直径14cm），编号：＊1023，成交价：RMB 450，000；钧瓷乳钉纹三足洗（直径25.8cm），编号：＊1016，成交价：RMB 700；钧瓷窑变釉出戟尊（高27cm），编号：＊1037，成交价：RMB 80，000。

钧窑玫瑰紫釉尊

2011年3月19日北京中汉犹珍Ⅵ－中国古代瓷珍暨雕塑残器专场　绿钧釉花形杯（直径9.8cm），编号：0236，成交价：RMB 172，500。

2011年3月19日嘉德四季第二十五期拍卖会瓷器专场　葛明祥制炉钧釉狮耳缸（直径43.5cm），编号：3886，成交价：RMB 25，300。

2011年4月1日上海嘉泰2011春季艺术品拍卖会（一）古董文玩专场　钧窑天青釉折沿盘径（17cm），编号：0385，成交价：RMB 22，400；钧窑玫瑰紫盘口碗（直径17cm），编号：0618，成交价：RMB 560。

2011年4月1日中国书画2011年春季拍卖会（329期）艺术品专场　钧窑杯口径（8cm），编号：0665，成交价：RMB 194。

2011年4月2日普艺中国书画及艺术品拍卖会中国艺术品专场　钧釉鼓钉三足炉（直径11cm），编号：0363，成交价：RMB 9，683。

钧窑红釉玉壶春瓶

2011年4月9日香港富得2011年第100期拍卖会中国陶瓷及艺术珍玩专场　钧窑变天蓝釉鸡心壶（高10cm），编号：1184，成交价：RMB 4，842：金钧窑鸟食罐及虎皮斑釉水盂（高6cm；4.5cm），编号：1054，成交价：RMB 2，421。

2011年4月9日北京翰海翰海四季（第72期）拍卖会古董珍玩专场　钧窑梅瓶（高27cm），编号：＊1610，成交价：RMB 53，760。

2011年4月18日北京保利第14期精品拍卖会 海象牙、钧瓷佛珠两串（长97cm、长55cm），编号：2453，成交价：RMB 1，150。

2011年4月29日中贸圣佳2011年春季艺术品拍卖会中国古董珍玩专场　钧窑窑变釉贯耳瓶编号：3342 成交价：RMB 504，000。

2011年5月2日广州华艺国际拍卖有限公司（原广州嘉德）四季嘉德拍卖会（七）瓷器、玉器工艺品专场　钧窑小碟直径（12cm），编号：＊0093，成交价：RMB 1，680。

2011年5月31日东方德雅2011首场艺术品拍卖会瓷器、杂项专场 钧窑窑变红龙胆瓶（高16.2cm），编号：305，成交价：RMB 880，000。

2011年6月1日雍和嘉诚2011春季艺术品拍卖会瓷器·玉器·杂项·家具专场　钧窑贴花炉（11.5cm），编号：2011，成交价：RMB 35，840。

2011年6月5日北京保利2011年春季拍卖会“在望山荘”徐氏珍藏专场　钧窑贴花玫瑰紫炉（高14cm），编号：7083，成交价：RMB 276，000；钧窑玫瑰紫葵花式花盆（宽21cm，“三”字款），编号：7084，成交价：RMB 9，

430，000。

2011年6月5日南京经典2011宜兴首届紫砂专场拍卖会 钧釉柳叶瓶高（27cm），编号：1061，成交价：RMB 100，800。

2011年6月12日中都国际2011夏季拍卖会瓷器工艺品专场　钧瓷窑变釉笔筒（高13.8cm），编号：1209，成交价：RMB 4，000。

2011年6月18日嘉德四季第二十六期拍卖会玉器、工艺品专场　红木嵌钧瓷屏风四扇（高91.6cm），编号：5093，成交价：RMB 20，700。

2011年6月18日太平洋国际2011年第二季艺术品拍卖会瓷器、杂项工艺品专场　清钧瓷佛珠18颗，编号：0517，成交价：RMB 1，680；元钧窑高足盘（直径26.5cm），编号：0968，成交价：RMB 3，360。

石湾窑钧釉山子

2011年7月6日上海崇源2011春季大型艺术品拍卖会中国古董专场　钧窑红釉玉壶春瓶（高39cm；腹径26cm），编号：0033，成交价：RMB 40，250。

2011年7月17日北京大得2011春季艺术品拍卖会瓷器专场　钧窑花口洗（高：11.5cm），编号：43，成交价：RMB 30，000；钧窑双耳三足炉（口径：12cm）编号：54，成交价：RMB 100；钧窑瓜棱碗（直径：14cm），编号：362，成交价：RMB 60，000；钧窑树叶纹洗（直径：10.7cm），编号：420，成交价：RMB 200，000；钧窑蛤蟆鼓钉洗（直径：24cm），编号：494，成交价：RMB 200，000；钧窑鼓钉三足洗（直径：13.5cm），编号：109，成交价：RMB 2，000，000；钧窑鼓钉洗（直径：23.5cm），编号：348，成交价：RMB 300，000；钧窑窑变碗（直径：3.7cm），编号：239，成交价：RMB 30，000；钧窑双辅首花口碗（直径：26.6cm），编号：514，成交价：RMB 20，000；钧窑梅瓶（高：30cm），编号：600，成交价：RMB 480，000；钧窑鼓钉洗（直径：13.7cm），编号：18，成交价：RMB 60，000。

2011年7月18日西泠印社2011年春季拍卖会文房清玩、古玩杂件专场　钧窑香炉（高7.3cm；直径6.8cm），编号：2961，成交价：RMB 55，200。

2011年7月26日北京保利第15期精品拍卖会寄物畅怀——私家藏瓷器杂项专场　钧窑水洗、笔舔两件（直径13.5cm；直径12cm），编号：0226，成交价：RMB 2，300。

2011年7月30日北京歌德综艺第四期拍卖携BTV财经频道拍宝瓷器工艺品专场　钧瓷大碗，编号：114，成交价：RMB 575。

2011年8月25日上海大众《新海上雅集》5周年大型艺术品拍卖会交相辉映——三家文房雅玩专场　楠木嵌钧窑瓷片挂屏四扇（104 × 34cm），编号：0078，成交价：RMB 253，000。

2011年8月28日上海嘉泰嘉泰四季2011夏季艺术品拍卖会古董文玩专场　钧窑内天青外焰撇口碗（径17.5cm），编号：1488，成交价：RMB 6，160。

2011年8月28日中都国际2011年秋季艺术精品拍卖会中国古董珍玩专场　清仿汝窑鹅形水滴钧窑印泥盒两件，编号：2040，成交价：RMB 300；钧瓷窑变釉长方花盆及托一对（高13cm），编号：2046，成交价：RMB 20，000。

2011年9月10日广东中翰清花2011“时空呢喃”艺术品拍卖会文玩瓷杂专场　钧窑月白釉桃纹盘（高6.5cm；宽21cm），编号：0154，成交价：RMB 69，000。

2011年10月17日上海嘉泰2011秋季艺术品拍卖会古董珍玩专场

宋钧窑紫斑折沿盘（径 27cm），编号：2153，成交价：RMB 34，500；宋钧窑盏托（高 7cm），编号：2064，成交价：RMB 32，200；宋钧窑盖罐（高 9cm），编号：2065，成交价：RMB 48，300；十三世纪钧窑红斑三足洗（径 18cm），编号：2066，成交价：RMB 40，250；宋钧窑盖盒（径 10cm），编号：2067，成交价：RMB 103，500。

大红袍盘口瓶（刘富安作品）

2011 年 10 月 23 日北京保利第 16 期精品拍卖会瓷器、玉器专场　钧窑绿釉盘编（直径 16cm），号：0948，成交价：RMB 9，200；钧窑印盒（直径 5cm），编号：0953，成交价：RMB 9，200；钧窑白釉贴花炉（高 14cm），编号：0949，成交价：RMB 4，600。

2011 年 11 月 17 日北京翰海 2011 秋季拍卖会翰海重要古董珍玩夜场　钧窑玫瑰紫釉尊（高 19cm），编号：＊2325，成交价：RMB 3，450，000。

2011 年 11 月 26 日普艺拍卖第 314 次拍卖会中国书画及艺术品文房古玩专场石湾窑钧釉山子、连榆木座儿（高 50cm），编号：0447，成交价：RMB 5，255。

2011 年 11 月 26 日中都国际瓷玉古董珍玩杂项拍卖专场　钧瓷刻花描金婴戏纹花瓣碗（直径 14.3cm），编号：0802，成交价：RMB 1，800；钧瓷印泥盒、霁蓝釉水注（两件），编号：0021，成交价：RMB 300；钧瓷花盆一对（高 10.5cm），编号：＊0020，成交价：RMB 5，800。

2011 年 12 月 2 日青岛天麒阁 2011 秋季艺术品拍卖会文房雅玩专场　钧瓷水盂连原配红木座（高 6cm），编号：0242，成交价：RMB 5，750。

2011 年 12 月 27 日上海嘉泰 2011 秋季艺术品拍卖会 Ⅱ 古董珍玩专场　钧窑紫斑梅瓶（高 17 × 12cm），编号：1550，成交价：RMB 34，500；钧窑香道炉（高 7cm），编号：1492，成交价：RMB 20，700。

2011 年 12 月 27 日澳门中信广州中联 2011 秋季艺术品拍卖会字画、玉器、杂项、瓷器专场　钧窑天蓝釉鼓钉纹三足洗（口径 20cm），编号：4036，成交价：RMB 3，574，660。

2011 年 12 月 27 日上海嘉泰 2011 秋季艺术品拍卖会 Ⅱ 古董珍玩专场　钧窑折沿红斑盘（高 5.5 × 35cm），编号：1551，成交价：RMB 32，200。钧窑紫气斑盖罐（高 12 × 10.5cm）编号：1549，成交价：RMB 40，250。

2011 年 12 月 30 日西泠印社 2011 秋季艺术品拍卖会山迁草堂藏文房古玩专场　清・紫砂胎炉钧窑茶壶（高：19.2cm，长：19cm，底款：阳羡跂），编号：711，成交价：RMB 63，250；明・钧窑荷叶形笔舔（高：1.3cm 直径：10.6cm），编号：649，成交价：RMB 34，500。

大红袍蘑菇瓶（刘富安作品）

销售企业选录

【郑州万彩堂】 创建于2008年初，公司旗下钧友会馆位于郑州市陇海东路永茂世纪大厦，是广大收藏爱好者交流分享和文化休闲的高雅会所。万彩堂旗舰店开设于郑东新区CBD天下收藏文化街。旗下神后钧窑位于钧瓷之都禹州市神后镇，建有大型的煤窑、柴窑、气窑生产基地，在继承传统钧瓷生产工艺的基础上，结合现代陶瓷工艺，不断进行科技创新和技术研发，形成了完整的钧瓷研发、生产、经营、交流的钧瓷全产业链条。主要产品有中原文化地标系列、中国祥瑞形象系列、历史人物系列、十二生肖系列和传统的尊、瓶、鼎、罐等500余类品种造型，其中拥有自主知识产权的产品造型已达30余种，并承接各界钧瓷礼品和纪念品委托定制业务。公司针对煤柴烧钧瓷，率先在河南市场推出钧瓷理财项目——“煤柴烧钧瓷增值回购”服务，以购买煤柴烧钧瓷作为钧瓷投资理财的新方式。为了体现煤柴烧钧瓷保值、升值的特点，购买万彩堂煤柴烧钧瓷可享受增值回购服务：购满一年，退货可享受购买价7%增值回购；购满二年，退货可享受购买价15%增值回购。通过服务让更多的钧瓷爱好者了解钧瓷，收藏钧瓷。

萬彩堂旗舰店

萬彩堂藏品区

精品茶具

茶具珍品——侧把壶

柴烧钧瓷珍品

三足龙首如意尊

【河南珍宝馆】 位于郑东新区CBD天下收藏文化街，是以研发、收藏、宣传、展示、销售河南艺术珍品的展馆。馆藏钧瓷以已故中国陶瓷艺术大师晋佩章代表作品为主，包括《葵花尊》、《辅耳尊》、《象鼻尊》、《三足炉》、《凤耳尊》、《凤耳琵琶瓶》等。并开设有钧友书柜，主要有《钧窑志》、《中国历代钧瓷釉色》、《追根求源话钧瓷》、《中国钧瓷年鉴》、《中国钧瓷研究与探索》、《河南陶瓷艺术》、《当代中国陶瓷名家孔相卿》、《中国当代钧瓷名家》、《中国钧瓷》、《钧窑艺术》等，为钧瓷爱好者查阅相关文献提供方便。

河南珍宝馆钧友书柜

【郑州市钧瓷大师艺术馆】 “中国钧瓷大师作品艺术馆”位于河南省郑州市，是钧瓷行业发展史上首次以钧瓷大师作品为基础设立的艺术馆，以立志弘扬传统钧瓷文化，挖掘民族文化精髓为宗旨。馆内珍藏近现代传统柴烧、煤烧、气烧等众多大师的钧瓷珍品，汇集河南省工艺美术大师、中国工艺美术大师、中国陶瓷艺术大师数十位钧窑大师的佳作，“集名家之精品；汇大师之佳作”是广大钧瓷爱好者赏玩、收藏、馈赠的理想场所；是全国广大钧友沟通禹州的前沿阵地；是钧友们眼中亲切的钧瓷驻郑文化站。

郑州市钧瓷大师艺术馆

艺术馆一角

馆长吴松木，为全国钧瓷收藏家联谊会常务会长、禹州市钧瓷行业协会执行会长。在郑州创办首家“中国钧瓷大师作品艺术馆”以后，发起和组织了“河南省首届全国钧瓷藏家珍品展”、“共和国钧瓷二十人作品展”等。

如意瓶（馆藏） 登高瓶（馆藏）

【聚宝阁】 聚宝阁创办于2009年，位于禹州市城东新区，占地面积约800平方米，展厅面积400平方米，展示各种珍品钧瓷300余件。阁内集百家精粹，以及不同时代钧瓷收藏作品，品茶赏瓷，以瓷会友！

【颍阳钧瓷坊】 位于禹州市药城路中段颍河南岸，创立以后，为传承民族瑰宝，弘扬钧瓷文化，集众家之长，藏名家之珍，为钧瓷文化发展和传播注入了一股新的活力。颍阳钧瓷坊所经营的众多名窑钧瓷作品，采用传统的柴窑烧制、煤窑烧制到气窑烧制釉色从五彩斑斓到浑厚凝重各不相同，造型端庄大方、古朴典雅包容万象。选送的众多钧瓷作品曾多次在全国及行业举办的活动中获得金奖，被省内大型企业、单位和众多人士选用，为钧瓷行业的发展贡献着绵薄之力。

【我我斋钧瓷文化社】 位于禹州市钧官窑路中段。营业面积100余平方米，1999年9月创办。我我斋钧瓷文化社旨在提高钧瓷的文化品位，拓宽钧瓷与人类的沟通之路，探求钧瓷天人合一的最高境界，试图建设中国钧瓷的百花苑，扬长补短，为钧瓷爱好者提供更广阔的欣赏和挑选空间。

我我斋钧瓷文化社

游客在挑选藏品

鉴赏钧瓷可分为三个层次。其一是就瓷论瓷。主要是评价钧瓷的造型、质地、火候、釉色、工艺等。就瓷论瓷是欣赏钧瓷的基础。其二是情景交融。自然窑变形成的各种景象，往往能与人们的主观感受结合起来，交织融会，让人浮想联翩，心旷神怡。最后，钧瓷欣赏的最高境界是天人合一。“欣赏钧瓷，品味人生”。就是要透过钧瓷窑变产生的万千景象，联想和发现其中昭示的自然规律，社会变迁，人生哲理。“钧为贤者变，诗向会人吟。”文化修养愈深厚，社会阅历愈丰富，感悟生活愈透彻，愈容易接受和欣赏钧瓷。

【神垕钧艺轩】 位于禹州市神垕镇解放路西段，营业面积100余平方米，从业人员5人，馆藏作品600余件，主要经营国大师、省大师艺术作品，有煤烧、柴烧、气烧等大师作品，亦营部分国礼作品，经营以陈设瓷为主，日用瓷并重，陈设瓷有中华钧窑、华鼎钧窑、正宝钧窑、苗家钧窑、孔家钧窑、九洲钧窑、华龙钧窑、宝光钧瓷坊等窑口的产品，日用瓷以钧瓷壶为主，有翟群、王云飞、王建伟、白胜利等制壶名家的各种造型壶艺。钧艺轩主郭冠军长期在神垕镇工作、生活，熟悉古镇的乡情及风俗，尤其在钧瓷鉴赏方面有独到的见解，馆藏有荣昌钧瓷坊“天、地、人”系列国礼10余件，杨志、杨国政等国家级大师的国礼作品10余件，中国陶瓷艺术大师苗长强的手拉钵、洗，晋晓瞳的手拉瓶等都是其镇馆之宝。2011年春，日本友人森英智到神垕考察钧瓷，在钧艺轩识钧赏钧、收藏钧瓷5万余元。回国后，通过翻译再次选购钧艺轩藏品，已成为钧瓷文化交流的平台之一。

神垕钧艺轩

鉴　　赏

【二十世纪七、八十年代钧瓷鉴赏】 2011年，钧瓷文化研究者、禹州市纪委原副书记殷振志对上世纪七八十年代的钧瓷特征进行了具体评鉴，见解独到：他认为，二十世纪七、八十年代钧瓷是红色年代和后红色年代的叠加期，“红色”的余绪还在。而时代的“红色”与钧瓷的“红色”相遇，使钧瓷的时代特征格外显著。那时候还是国营集体经济，实行一元化领导，人们的合作意识强，思想比较单纯，没有那么多机事和机心，崇尚奉献和本份。艺人们把制作钧瓷当成一门手艺，一种职业，虽不乏轰轰烈烈和工作激情，却缺乏多元文化、开放意识及自觉的创作理念，是一种在集体无意识下缺乏个人风格的群体艺术。干就怡劳奔腾，全心全意；成则全凭天意，顺其自然。自然契合了钧瓷窑变的天然属性。当时的钧瓷生产才迈过恢复期，步入发展期。因此，沿袭传统依然是产品的主导。这就使七、八十年代的钧瓷艺人多少带有点不能放开的拘谨，使当时的钧瓷作品多少还有向本相靠近时在边缘上的徘徊。

胆瓶（禹县钧瓷二厂）

那时的钧瓷笨笨的，焖焖的，很少华丽像，样子很质朴；多是钧红釉，色彩略沉滞，乳浊中不失温润，肥厚中不失幽雅。这似乎暗合了那个“红色”年代追求崇高而不事张扬的个性，暗合了那个社会倾向简单而排斥华丽的时代风尚。时常听到“入窑一色，出窑万彩”的夸赞，这种夸赞更适合于当代的钧瓷，那时的钧瓷，似乎更多倾向于单纯和质朴、浑厚和含蓄，没有当代钧瓷的华丽与明快、炫耀与热闹。这种“无我之境”的美学风度，让人感到有种老农般的淳朴，有种不加修饰的本色和黄土般的亲近。

【钧瓷有六德】 2011年，禹州市钧瓷文化试验区办公室霍保宏提出钧瓷有六德，并进行了具体阐释：六德即和、容、道、勇、智、信。和者，钧瓷无双，和而不同。钧瓷不像单色瓷那样追求千篇一律，也不像手绘瓷那样追求固定图案。“入窑一色，出窑万彩”的“窑变”造就出“和而不同，各美其美”的大美钧瓷。容者，万彩渗化，和谐包容。钧瓷是一件形而上的“容器”，器物蕴涵万千色彩，争奇斗艳又和谐交融、相映生辉，集厚朴与典雅、传统与现代、多元与主体诸多难以兼容的特性于一体。道者，道法自然，天人合一。钧瓷以火的高低强弱形成的微妙气氛为画笔，形成意境千变万化的奇妙釉画。五彩渗化，浑然天成；境由心生，悠然神会。勇者，欲成大器，碎石成泥。钧瓷“生在成型，死在烧成”，精品率极低，是火的艺术，土的传奇。1300℃炼狱般的烈火淬炼出厚重内敛、尊贵典雅的传世重器。智者，赏钧品钧，感悟政道。执钧持钧，皆谓执政。政犹瓷也，质脆易碎，执钧之人要谨慎，悉心呵护。赏钧品钧，感悟执政之道。信者，君子之瓷，器重千钧。钧犹君也，“钧”与“君”相通。凭钧传语，见钧思君。君子之风，一诺千金。

夏尊

【夏尊赏析】 2011年5月，钧瓷文化学者、禹州市医保中心原副主任苏建民对钧丁钧窑的夏尊作出评鉴：雄鸡那丝竹之音一遍，二遍，三遍呼唤着，啼鸣声划破了平静的夜空，给小山村带来了黎明的序曲。远黛群山还依稀浮在淡淡薄霭中摇曳，东边一抹彩云，被亮丽的晨曦染得彤红，娇艳欲滴，远处近处，偶闻几声嘹亮的雄鸡啼鸣声一起一伏。

晨光披着一层浅浅淡淡的色调尽情地舒展在东方地平线上，不断上升的云霞酣畅淋漓地挥洒着金色耀眼的光韵，渐渐退却的冷气还在执拗地散发出丝丝缕缕的气息。

树丛中小鸟，瞪着圆圆的小眼睛，欢快地唱着动听的歌曲，朦朦胧胧的雾气像一层薄纱笼罩着大地。这时，天空西面天际线边的月亮和东面的太阳形成了日月同辉的壮观景象，随着金色的太阳从地平线上冉冉升起，月亮和薄雾渐渐散去。

一缕缕青黛色的炊烟从屋顶上的烟囱里层层叠起，同残留在树梢之间薄雾交欢着，快感地从茂密的树枝间袅袅升起，像游走的轻纱抚摸着晨霞中宁静的梦。炊烟飘过树尖，一丝丝向空中飘散，亲吻着刚刚探出小半个头太阳，太阳羞红了脸。

你看那红公鸡：它昂起高傲的头——硕大的鸡冠，油光发亮的锦毛，高高翘起的尾翎，都是它高傲的资本。它东边看看西边瞧瞧，小心地巡视领地的一切动静。它目视前方的小竹林，那晒太阳的小花狗，门前一溜烟小跑的邻家黑猫，都是它观察的对象。

一头美林牛从湾子里牵出，硕大的牛身遮挡住了红红的太阳，眼前阴凉一沁，顿生寒意。美林牛边走边嚼着，似乎还在回味昨夜的精粮，一只顽皮的大白狗拖拽住牛的尾巴在那里嬉戏玩耍。

村边的小溪中游荡着小鸭，“哗哗”的流水声，像一曲美妙动听的音乐，群山也在静静地听着小河的“演奏”。看那群山的姿态，它们听得是那么认真入神。河岸的垂柳已经绽放出鹅黄的嫩芽和柳穗。

金灿灿的天空变得更加晴朗，在明媚阳光照耀下，粉色桃花更加迷人，它们竞相绽放，恰似少女的青春笑靥，好不令人心旷神怡。深吸口气，沁人心脾，神清气爽。徜徉在粉红色桃花的海洋里，有些迷失自我的感触，有些酣畅忘情的敦实，有些率性真醇的眷念。此时感受的不只是城镇的喧嚣、乡村的素雅、恬静的春晨，更多的是在迷恋原野上有着一种远离世俗、回归自然、笃实朴质的感受。

追寻几许异乡情趣，泛出梦幻般美的幽思。在这优美的景色中，找到心灵的皈依。大自然的陶醉，农民善良朴实的友情，使你忘却诸多人生的不快，几乎恢复了童年的真诚。

远山的背影，空旷的田野被清新的晨霭揉拼成一幅单调的风景画。此时的村庄就像一艘远洋的轮船，静静地停泊在天地之间。

太阳完全升起来了，万丈的光芒就像一根根金色的琴弦，在静谧的村庄中弹奏着一曲悠扬祥和的晨曲——田园牧歌。

钧瓷挂盘

【挂盘赏析】 2011 年 6 月，钧瓷文化学者苏建民对龙山钧窑苗见旭试烧的钧瓷挂盘作出评论：

你看，一座座山峰巨峰突起，她银装素裹，亭亭玉立于地球之巅。时而出现在湛蓝的天空，时而隐藏在白云里，她是那么圣洁、端庄、美丽和神秘。

白云把山间隔起来，只剩下青色的峰尖，真像一幅笔墨清爽、疏密有致的山水画。白云似乳白色的薄纱，如梦如幻、如诗如画，挥不走斩不断，有一种飘飘然乘云欲飞的感觉。

山披着云，云笼着山，青色透着白色，白色浸着青色，好不典雅清秀。这是一种大美，美到无需任何修饰，无需任何语言表达。那白雪皑皑下露出的岩石，仿佛是雪山的微笑，温暖着所有凝视她的目光。那纯净无暇的蓝天反射着山顶圣洁的光芒，显得那样博大，仿佛是雪山的臂膀，拥抱着所有陶醉在这釉画中的人们。此刻，身似在幻海，聆听幽婉的心声，如旷古中美妙的梵音。那婉约的情，清幽的心，在抬头低眉间婉转飞扬，情迷跌宕，宛如冰清玉洁的莲。

云，白得美，白得朴素。像瑞雪一样的白吗？不，她没有，她白中略灰，白里泛青，比白雪美多了。可不是，云在青山之间，汲取了苍穹之灵气，这样的白云只配钧瓷窑工才能拥有，任何丹青高手，也很难调得出来？

云，白得自然，白得真诚。这时，一束阳光斜射着从白云间射出，云朵就像一个个娇美的维吾尔族少女，揭开层层洁白的面纱，脸颊飞起淡淡的红云，忽然脱去白纱，换上了淡青色的衣裙。霞光围绕着她美丽的身躯，为她镀上了一圈金色的光晕……望着这阳光的恩赐，心里涌起一种庄严、圣洁的感觉。使人从内心深处焕发出一种轻松、一种愉悦、一种解脱、一种自由。

忽然，一阵风吹过来，出现了祥云和一只蝙蝠，襟飘带舞，向我们飞来……这时，釉画在视觉中缓缓舒展，“同一世界同一个梦想，喜马拉雅山顶圣火亮。奥林匹克精神感天地，祥云轻舞送福到人间。”

此情此景，此景此情，不能不教人回忆起奥运会开幕式的情景，“起来！不愿做奴隶的人们！把我们的血肉，筑成我们新的长城！中华民族到了最危险的时候，每个人被迫着发出最后的吼声……”

是什么会让人如此激动？是山的魅力？还是那静默中蕴含的无穷力量，还是那辽阔中蕴含的宽广胸襟？还是这圣洁的雪？还是这一尘不染的云，还是这神奇的窑变？还是这百年梦想的实现？让人想起心中曾经笃信的纯真？

朋友，每当震撼人心的《国歌》响起时，你的感觉如何？心潮澎湃、热血沸腾。是的，我们是“不愿做奴隶”的民族；我们是“万众一心”的民族；我们是敢于“冒着敌人的炮火前进”的民族。正因为是这样的民族，即使到了最危险的时候，我们也没有屈服，而且毅然接受了强敌的挑战。《国歌》不正是中华民族发出的吼声，前进的号角吗？

【古代钧瓷的审美】 2011年8月，钧瓷文化研究者殷振志在《今日禹州》发文，对古代钧瓷鉴赏提出观点：在古代钧瓷的审美判断中，人们把唐钧视为“厚重”，把宋钧视为“淡雅”，把元钧视为“粗犷”，把明清视为“俗丽”（如下图所示）。它们之间虽有文化上的相互传承和交融，但作为各时代所体现出来的审美特征，这个判断基本上是正确的。

在这个基本判断中，人们从哲学和美学的境界，最为推崇的是宋钧的淡雅含蓄，认为它打破了青瓷一统天下的局面，开创了铜红釉审美的先河，创造了钧瓷发展史上后人难以企及的美学高峰。

美学的最高境界是简约和质朴，排斥繁缛和华丽。虽然对粗犷与淡雅、质朴与华丽应作持平之见，做到“古不乖时，今不同弊”。但是，美酒饮教微醉后，好花看到半开时。对审美的判断总有一个最接近自然本相和终极要求的东西，而中国传统文化所崇尚的正是这种主流意识和价值取向。

月白出戟尊（台北“故宫博物院”藏）

官窑宋钧就最具备这种审美意象。从造型上看，宋钧的线条简洁劲柔，法度严谨，过渡自然有致，在开合转折中跳动着一种节奏和韵律。所构成的形体端庄典雅，古朴大方，显示出一种和谐与规整，庄重与肃穆。从釉色上看，无论天青月白，海棠玫瑰，葡萄丁香，或者你中有我，我中有你，五色渗化，协调统一；或者色彩纯净，没有边缘，单色晕化，“弥漫全体”，不张扬，不跳跃，不浮躁，显得那样精光内敛，那样静谧深邃，那样柔和淡雅，观之赏之，似乎有一种君子之风，弘毅之气，天地之象，不觉令人肃然起敬，感到一种高远的敬畏和人文的强大。一位著名的文化学者有个象征性的比喻：“唐代文化象一道壮丽的瀑布，而宋代文化则是承接这个瀑布的深潭，一切艺术门类到了宋代都臻于极致。”并以高标的美学风神流布后世。

天蓝玫瑰紫葵花式花盆（台北“故宫博物院”藏）

一个时代造就一个时代的文化。宋代偃武修文，文人治国，是个“郁郁乎文哉”的时代。“上自皇帝本人、官僚巨室，下到各级官吏和地主士绅，构成一个比唐代远为庞大也更有文化教养的阶级或阶层”。范仲淹、欧阳修、王安石、司马光、苏东坡、陆游、辛弃疾等一大批杰出人物接连出现。这些文化大师或国家重臣，在治世治学治艺中，加入了顶级的智慧和异秉的才华，以超常的修为和学养，引领着时代的倾向和文化的潮流。而文人一旦介入社会创造，就可能会使介入的门类发生超凡脱俗的变化，带来浓重的诗意和理想的色彩。加之，集儒学之大成的“程朱理学”的兴起，道家精神和佛学思想的共融，使中国文化的潜质中带有了极大的包容力和整和性。理性中庸的儒家规范、清静自然的道家学说、超然禅思的佛家思想，必然会共同修持社会的心性，影响人们的品行，培育文质彬彬的君子之风和担当道义的士人之气，促进对社会品位、高贵人格和共同文化心态的塑造。应该说，那是一个充满文化情调和理性色彩的社会。在这个社会中，均衡、和谐、自然、“和目的性”等“道”的意识充斥人心，“天人合一”的思想既是人们的哲学理念又是人们的审美极致，崇古尚雅、追求“象外之象”、“韵外之致”的意境之美成为社会的审美主流。用余秋雨的话说，那是一个“精雅大汇集”的时代，是美学上完全超越实利、超越反应的一种精雕细刻。观诸宋钧，它的精致典雅，它的自然窑变，它的天然趣味，正好契合了那个时代的美学理念和文化倾向。它是在浓重的文化熏陶下，艺人们不急不躁、不计功利、孜孜以求的理性创造，是天时地利人和精华之气的冥然契合。它有着简约的单纯，有种和谐的规整，有种诗意的朦胧。在一种意境中蕴含着一种人生、生命、情感、观念的体验。庄子说：“天地有大美而不言，四时有明法而不议，万物有常理而不说。”“天地之大美”是什么？就是儒家的“天人合一”、流通贯彻的哲学观，就是道家的法天法地法自然，与天地精神相往还，就是国学大师范曾先生对美的解释：“单纯、混沌和秩序。”

天蓝葡萄紫海棠式盆托（台北“故宫博物院”藏）

生活之树常青，经典的艺术可以永恒。传世宋钧的高蹈完美，跨越千年，至今仍散发着迷人的芳香。有报道说，英国维多利亚阿伯特博物馆中国部主任刘明倩曾经感慨：西方收藏界对中国陶瓷的认识经历了从明清青花、唐三彩到宋代瓷器的过程，钧瓷作为宋代五大名瓷最有特色的一种，深受他们的喜爱，许多英国人在看了博物馆收藏的天蓝釉带紫红斑的钧瓷作品时，根本不相信它诞生于近千年前，他们觉得这样简洁、优雅的作品充满现代感，至今仍不过时。“古则新，新亦古”，经典的艺术是不可超越的。这就是传世宋钧带给人们的震撼。

【八零后眼中的钧瓷】 2011年8月，钧瓷文化研究者朱晓路在《今日禹州》发文，对八零后青年看钧瓷的观点进行阐述：作为一名颍川儿女，从小耳濡目染，自然对钧瓷不陌生。但对这神火精华并没有深入的了解。以至于之前我怀有两个偏颇的成见：一个是天然气烧制的现代钧瓷，色泽鲜艳，造型新颖，如同一只鲜艳的孔雀。而柴烧的钧瓷相较之下却如丑小鸭一样，远看色泽暗淡，近看造型平平无奇。另外一个误解是认为景德镇的瓷器以彩绘为主，瓷质精巧，绘画美妙，一观即觉美轮美奂、爱不释手。我们钧瓷在市场上如何能与之拼得过？

天蓝三足炉（台北“故宫博物院”藏）

可随着时间的推移，对钧瓷有了进一步了解之后，才发现远不是这么回事。一些沉浸陶瓷研究多年的师长、朋友们异口同声地告诉我：天然气烧制的钧瓷成品率高，色泽亮，粗看之下确实比柴烧瓷美艳。但比之柴烧、煤烧的钧瓷少了在炉火中的神秘窑变，若真细致近看的话，其中意境天差地别。

至于钧瓷与景德镇青花瓷系的比较更是无稽，两者原本就是不同的烧制方式。而且即使真要比较，青花瓷固然秀美绝伦，但就如同武功一样，招式华丽繁复未必最强大，真正的高手往往是大巧若拙的。人类的审美最终必然要从缤纷回归于自然，钧瓷的窑变色彩乃是天成，大自然的巧夺天工在钧瓷的窑变过程中表现得淋漓尽致。所以，真正的鉴赏家往往倾力收藏柴烧钧瓷。

钧瓷的妙趣本属天成，神火淬其气韵。最明显的代表就是宋钧。我曾在翻看《中国钧瓷文化》时，被两件传世宋钧——“宋天青葡萄紫云方盆托”、“南宋鼓钉洗”的图片所震撼，那是何等雍容凝练、清新淡雅的美啊！只几眼，它就给人以强烈的信号，那就是宋代的器皿！它带着大宋盛世的气韵。

若欲知宋钧为何如斯之妙，必先了解宋代文化。宋代实行“以文制武”的国策，文化特别昌盛，接连诞生如欧阳修、范仲淹、王安石、苏轼、程颐、司马光、朱熹等不世出的大儒。士大夫成为了政权、文化的超精英阶层，他们的审美成为了时代的主流，他们追求高雅的艺术品味、清新雅致的艺术风格也成为整个时代的风尚。

所以，你看钧瓷，它身上就带有这种浓郁的时代烙印。它以人伦为中心，工整严谨，内敛含蓄。虽然有精湛的技艺却不稀罕用，而以其简朴的外貌、莹润的质地、自然窑变的釉色，寓会玄远淡泊、唯道集虚、净化心灵的深意。表达了追求精神内涵的充实和器物的艺术韵味。

天青葡萄紫六方盆托（台北“故宫博物院”藏）

北宋崇古尚礼，士大夫把对古器的研究与复兴古礼的实践相结合。宋徽宗时期专门编绘《宣和殿博古图》，大批新制礼器被用于祀典。以钧官窑御用瓷器为代表的“雅器”造型古朴端庄、庄重典雅，釉色单纯，尤尚青色，纹饰简洁，追求古铜、玉器神秘庄严的艺术效果。代表器形出戟尊、鼓钉洗、贯耳瓶、鼎、炉等皆为仿商周青铜式样，在祭祀方面取代了青铜、漆器的地位，发挥了礼器的作用，流露出幽玄苍古、趣味高雅的艺术风格。

钧窑深腹钵（台北“故宫博物院”藏）

有了这样的时代，方才会有这样的钧瓷。后世人们无论怎样摹仿探索，却始终很难达到宋钧的境界，恐怕不是因为技术追不上，而是那个大袖翩翩，大儒云集的时代一去不复返了。

【炉钧鉴赏】 2011年9月，殷振志在《今日禹州》发文，对炉钧鉴赏提出自己的见解：是钧艺失传后重新试烧时一种无奈的选择，是朦朦胧胧、孜孜矻矻、因陋就简的一种探求？或是下意识里试用最古老的方法来保存宋钧最原始的风韵？就在一个风箱小炉内，装上单件或数件，用焦炭捂火还原的方法，三至四个小时即可烧成。这种方法从清末光绪年间至今竟沿烧不断，而且竟然成就了有别于窑钧的一个独特的工艺，成就了钧瓷一个名贵的品种，真是不可思议的神奇。

想想这种方法就充满着一种艰辛和执着。神垕卢氏三代人为恢复失传的钧瓷技艺，借鉴清时期景德镇“炉钧”的烧制工艺，前赴后继，土方上马，无数个日日夜夜，耗尽了家中仅有的资财，如宗教徒般的虔诚和度越，靠风箱的抽拉排阅反复试验，在小小烘炉内呕心沥血，竟然打开了钧瓷烧成的通道，固定了最简单、最有效的一种烧成技艺，奠定了钧瓷走上复兴之路的基础。那是卢家超常付出的天酬，是钧瓷先人一种通灵的智慧。“炉钧”也称“卢钧”，它就是卢家的化身。

想想这种方法又别有一番情趣。现代人同样用这种最原始、最古老的方法，在自己的庭院内，远离了大窑生产的喧闹，构筑一个类似打铁的小烘炉，依然是风箱呼呼，火焰熊熊，大汗淋漓中透着一种惬意，孤寂执着中追求着一种快乐，一不小心就可能烧出一种愿景，一个绝品。真是一滴水里映日月，小格局里大气象。

炉钧玉壶春瓶

无缘见到炉钧实物的芳容，只听传说，就觉得有种诗意和独特。无意中，翻看了几件炉钧的图录，直为它的曼妙所惊诧。那真是斑驳陆离，古色古香，浑厚温润，仪态万方。它有宋钧的端庄古朴，却似乎多了些沧桑老道；它有宋钧的淡雅冲和，却分明多了些珠光宝气；它有宋钧的静谧深邃，却似乎多了些流光溢彩。如果把宋钧比作文质彬彬的谦谦君子，它就是历经风霜的苍苍老者。如果把宋钧比作温柔娴淑的成熟少妇，它就是风情万种的华丽夫人。

最早描述炉钧风貌的为清人的《南窑笔记》：“炉钧一种，乃炉中所烧，颜色流淌中有红点者为佳，青点次之。”觉得这种描述太客观，很不尽意。翻阅后世资料，对炉钧的记载仍缺乏有新意的内容。任何比拟都是相对的，不完美的，甚至是蹩脚的。炉钧的曼妙，同传世宋钧一样，往往是只可意会而不可言传的东西。

没见过清末陶瓷艺人卢天恩、卢天福、卢天增兄弟烧制的天青挂玫瑰红的鸡心盘、天青带朱砂红的乳钉瓶，据说大英博物馆曾误作“宋钧”收藏。没见过卢光东、卢光文兄弟烧制的青绿挂红、玉润晶莹的炉钧桃子，据说开封的古玩商曾作为宋钧以400银元的高价收购。炉钧仿宋达到以假乱真的程度，几至让解放前郑、汴的古玩商店都挂上“谨防卢钧”的招牌，其真伪难辨的曼妙可见一斑。

曾想过购藏一件炉钧欣赏把玩，也见过市场上气烧的炉钧，青绿中加带金斑红斑、紫块暗点，确也古意盎然。但总觉得气窑的东西太灵便、太轻巧，古朴中带有一丝粉嫩，斑驳里少了一分苍老。感情里炉钧的朴厚只适宜古拙的烧制，那才配得上它的份量。

【柴烧钧瓷的鉴赏】 2011年10月，殷振志在《今日禹州》，对柴烧钧瓷鉴赏提出自己的观点：传世宋钧的美学境界深不见底，高难逾越。这除了宋代特定的文化背景外，更得益于它独特的烧制工艺——柴烧。

宋代特定的文化背景不可再现，那是一个生活非常雅致的时代，具有一个审美倾向下共同的社会文化主导。而柴烧工艺自金元时代断烧以来能否再现，柴烧的钧瓷能否复活当年宋钧的神韵？这是一个悬而未决并亟需破解的谜团，因为它牵涉到钧瓷身世的一些大是大非。

天地人钧窑环保柴燃料窑

位于禹州城内八卦洞附近的“双乳状火膛窑”，是1974年考古发现的钧官窑遗址。经中国科学院物理研究所测试，断定为北宋所筑，并在

1988 年被国务院批准为全国重点文物保护单位。这是禹州市唯一的国家级文物遗址，也是全世界唯一一座双乳状火膛窑炉。

在依地下筑的土窑里，在没有极高的科技条件或耐火材料的保护下，靠木材燃料能达到1300℃的高温吗？没有足够的温度，能育化出五光十色的窑变吗？达到了1300℃的高温，土筑的窑壁能耐得住高温的熔化而不坍塌吗？这些非常逻辑的推论，使中外陶瓷界的一些专家学者曾经断言：中国在宋代不可能烧制出这样独特的瓷器，博物馆中的传世宋钧只是一个传说，它的最早烧造时间至多是金元时期。美国麻省理工大学著名陶瓷专家金格里在考察了这座古窑址后，虽然承认宋钧官窑能够烧制钧瓷的事实，但他仍将其界定在理论层面。汝州一位颇有影响的汝瓷专家，则认为这样的窑炉至多是烧瓦用的，因为黄土的耐火度在 1050℃以下，烧瓷几乎是不可能的。

看来，双乳状窑炉是按少女的躯体而建，只是一个美丽的传说。“金火圣母”举身投火以血孕化只是增添了窑变的神秘，地下的考古发掘和理论研究只是确定结论的一个佐证。要完全消除人们的质疑，必须现身说法，靠事实验证。这是一个绕不开的难题，也是一个充满冒险、极富刺激的挑战。像是心有灵犀，英雄相惜。2004－2005 年一段时间内，星航钧窑、钧瓷研究所、晋家钧窑的钧艺家们先后开始了柴烧工艺的复古之旅，这是注定要载入史册的创举。

星航钧窑仿建双火膛柴烧钧瓷窑炉

依然是依地下筑，依然是没有高温耐火材料的保护，依然是穰柴和硬木。为了真实还原古老的烧制，禹州市钧瓷研究所在离古窑址 150 米的方位，选择和原窑址相同的土质土层，完全按 1 :1 的比例复制建造了双乳状火膛炉。在烧试过程中，前两次实验真就出现了窑壁耐不了高温的融化。经过再次修改方案，第三次实验用了一天一夜的时间，燃尽了 4 吨坑木，窑内温度最终达到了理想的升温曲线。那是古老的陌生到渐亲渐近的适应，是超强的劳作和煎熬式的期待，是仿佛置身远古的恍惚和不计成本、烧成率极低的付出。

少女的躯体是美丽的，双乳状的窑炉演绎了这样的神奇。当两个窑炉装满了柴禾之后，主火膛的木柴先燃烧，另一个火膛的木柴被炭化；主炉的温度在升高，副炉的炭烧跟进了。这种分级燃烧、渐次推升、最后又同时加柴、共同助温的方法，真就验正了古老的技艺。而且，不同于后来的煤烧气烧，由于木柴的质的规定性，使柴的燃烧呈现出火焰极为柔和绵长的特性，使烧出的瓷品非常具有宋钧的特征：如绸绫般的细柔，如玉石般的温润，折射着极地神光的魂魄和雅致，流露着江南水韵的明丽和妩媚。

【当代钧瓷的鉴赏】 自 20 世纪 90 年代中期，气窑烧制普及之后，钧瓷如虎添翼，凭虚御风，百花齐放，云蒸霞蔚，迎来了宋元以后又一个辉煌期。

上世纪八十年代末，随着改革开放的深入，商品交换和市场经济已成主导，计划经济和国有企业相继退出历史舞台。具有浓厚商业底蕴和陶瓷基础的神垕人看准了这个巨大的商机，纷纷设立窑口，民营窑厂如雨后春笋。众多老窑工和艺人们各自身怀绝技，或自立山头，或招安加盟，很快形成了“八仙过海，各显神通”的局面。

时代在发展，科技在进步，需求在变化。钧瓷艺人们在玩转玩活传统技艺的同时，渐渐萌生了创新的欲望。液化气烧制技术的出现，使他们眼前一亮，似乎看到了一片新天地。于是，钧瓷的烧制转向了，钧瓷的烧制轻便了，钧瓷的窑变易控了，钧瓷的成色鲜亮了。这使人们在长期煤烧难控的沉重中突然感到了一种轻松，一种活络，也使人们在长期的审美疲劳中突然感到了一种新鲜。

在2005年前后，钧瓷烧制来了一个悄然转身。釉色品种极大地丰富了，釉色质量也明显地改善了，传统的釉色可以驾轻就熟，做到单色匀净，五色渗化，鲜润透活等等。新配的釉色也能得心应手，可以层峦叠嶂、烟雨朦胧；可以夕阳紫翠，暮霭潭影；也可礼花四射、长虹饮练；云海鼓荡，焰浆奔涌；长天一色，大漠孤烟。总之，天地气象、自然光影，似乎都可烧制出来。过去，只有煤烧才有的釉色，现在用气窑依然可以烧出类似的效果，有时你也分不清是煤烧或是气烧。一直坚持用煤烧的晋家钧窑、尹家钧窑、宗贤钧瓷坊，其釉色直追上世纪七、八十年代的传统工艺，其成就则有过之而无不及。甚至，宋元的仿古、炉钧的斑驳，都可借助新技术的力量加以呈现。失传千年的柴烧技术也一朝复活，再现了当年宋钧的神韵。

柴烧钧瓷画缸

自古以来，陶瓷造型无论千种万种，除了当代抽象变形的异型器和仿生类之外，其实都在“甲由申”的框架内演化，都没有逃出它的造型规律。但是，在保持窑变本质的前提下，一些以学院派著称的钧艺家们主打造型牌，注重发挥自身的文化优势。他们在自己的工作室或小作坊里，借助深厚的文化功底，结合现代的创作理念和开阔的文化视野，在钧瓷的造型上注入自己的思想情感，揉入更多的审美元素和文化符号，使作品具有了更高的品位和更多的美学意义，深受市场和收藏者的喜爱。其作品有的在国外举行个展，有的在国内参加大展并获奖。他们本人既是艺人又是学者，有的被邀在境外讲学，不断参加国内外的一些文化交流活动，他们是目前钧瓷界的中坚。更值得自豪的是，随着经济文化国际国内的广泛交流，钧瓷文化承载了更多的使者的任务，代表了一种尊贵和荣誉。这促使钧瓷必须创出品牌，有高屋建瓴式的气势和份量。纵观孔家钧窑的海晏鼎、象天鼎、国泰鼎、伟人尊；荣昌钧窑的祥瑞瓶、乾坤瓶、华夏瓶；苗家钧窑的长城鼎、钧研所的回归瓶、杨志钧窑的吉祥尊等等无不以奇异的造型取胜。它们是近年来钧瓷造型创新的代表，它们应时而生，风云际会，走高端路线，纷纷在国际国内的重大活动中登台亮相，并作为国礼赠送国外名流政要，作为重器被国家收藏。所有这些，难道不是钧瓷的荣耀和辉煌的标志吗？

有人说，现在的钧瓷在品位上没有文化主导，在审美上没有主流特征，是一个良莠不齐、泥沙俱下和比较媚俗的时代，充满浮躁和功利性。是的，没有大一统的文化背景，开放的年代就有竞争的意识，多元的文化就有多元的个性。而多元的个性，就不可能有相对统一的审美标准。在缺乏文化底蕴和自觉创作意识的情况下，个性张扬或“自我”膨胀往往不能产生真正的艺术，常常会向浮躁、浅薄和世俗靠拢，因为那里有巨大的大众需求和消费商机啊！也许，正因为如此，才形成了现在钧瓷百花齐放、多彩多姿的局面，才有辰星满天的“众星捧月”，才有雅俗共容、各得其所的市场选择。现在，钧瓷制作既有大批量工业生产的工艺品，又有作坊式单个创作的艺术品；既有众多从业的一般艺人，又有少量真正大师级的艺术家；既有中、低端的产品适应大众，又有高端的作品适应艺术收藏。而这，不也正是一个健全的市场成熟的标志吗？

收　　藏

【机构收藏】 2011年9月28日，中国陶瓷艺术大师苗长强设计烧制的钧瓷作品如意瓶《泰斗》，以及河南省工艺美术大师李建峰设计烧制的钧瓷作品久和尊《云蒸霞蔚》被北京鲁迅博物馆收藏。10月31日，在奥地利进行国事访问的中国国家主席胡锦涛在奥地利总统菲舍尔的陪同下参观访问了奥地利国家图书馆，并向奥地利国家图书馆赠送钧瓷《凤鸣尊》。馆长拉辛格表示要将来自中国的珍贵礼物作为奥地利国家图书馆珍贵的馆藏“展示在最醒目的位置”。

【名人收藏】 2011年2月，胡锦涛主席出访美国，钧瓷《妙德吉祥》作为随行礼品被赠予美国总统奥巴马。4月，钧瓷作品《妙德吉祥》成为博鳌亚洲论坛2011年年会官方礼品，被赠予与会的各国元首；5月，《妙德吉祥》又被赠予著名汉学家饶宗颐；2011年8月，柴烧钧瓷作品《大运尊》作为第26届世界大学生夏季运动会高端礼品赠予会的各国政要；8月21日，“‘为祖国歌唱，为中原喝彩’宋祖英·2011大型巡回演唱会”新闻发布会在郑州市中原福塔举行，宋祖英高兴地接受了坪山钧窑制作的钧瓷珍品《通天瓶》，并表示一定好好收藏。钧瓷珍品《通天瓶》系手工拉坯成型，煤窑烧制，造型简洁，厚重大气，窑变色彩丰富，通体的蚯蚓走泥纹使器物显得灵动而又高雅，极具收藏价值。10月，钧瓷作品《坤元鼎》作为第八届中国—东盟博览会国礼赠予与会各国政要。12月26日国务院总理温家宝在人民大会堂同日本首相野田佳彦举行会谈，并向其赠送钧瓷作品《千钧印》。

【河南省首届民间钧瓷收藏精品展】 2011年5月1日，由河南省陶玻协会钧瓷收藏委员会、河南省收藏家协会陶瓷委员会主办，天下收藏文化街承办的“流光溢彩——民间钧瓷收藏精品展”在郑东新区天下收藏文化街开幕。此次展览涵盖了建国后钧瓷烧造的复苏、发展、成熟、创新四个时期，有四百余件钧瓷收藏精品，琳琅满目，如大火蓝荷口瓶、钧红釉高足盘、草原新医牵马图、窑变釉葡萄紫胆瓶、国家钧瓷大师晋佩章先生的钧红釉古币瓶、钧绘婴戏图人物罐等钧瓷精品。

首届民间钧瓷收藏精品展

【河南首届钧瓷藏家珍品展】 11月3日～17日，在郑州郑东新区天下收藏文化街开展，本次展示活动由河南省工艺美术行业协会和河南省收藏家协会主办。经专家组认真评审，精选后的参展作品为320件，其中，金奖136件，银奖52件，铜奖32件，获奖作品总数为220件。

首届钧瓷藏家珍品展

中国工艺美术协会

【第46届全国工艺品旅游纪念品暨家居用品交易会】 2011年3月24日在天津国展中心开幕，由中国工艺美术协会、天津市经济和信息委员会、中国工艺美术（集团）公司主办，中国工艺美术协会秘书处承办，历时5天。中国工艺美术协会名誉理事长李铁映及各省市工艺美术行业协会的名誉理事长出席了大会开幕式。河南省工艺美术行业协会名誉理事长贾连朝，河南省工艺美术行业协会理事长张玉彛出席此次会议并到河南展区详细了解河南省参展情况并看望与会代表。

此次交易会中河南参展企业达到18家，共使用展位22个。参展品种有：玉雕、钧瓷、汝瓷、官瓷、三彩陶、泥塑、麦秆画、通草画等十多个传统工艺美术品种。参会企业有洛阳天旗工艺有限公司、洛阳唐宝斋文化艺术有限公司、郑州市恩民泥塑艺术研究院、新乡市春之声工艺美术有限公司、孟州市金明特种麦草工艺有限公司、濮阳通达工艺制品有限公司、禹州市钧缘阁陶瓷艺术工作室和禹州市晋家钧窑有限公司等单位。

在同期举行的2011年“金凤凰”创新产品

第46届全国工艺品旅游品暨家居用品交易会开幕式

设计大奖赛评比中，河南团申报参评作品32件，共获得金奖3个、银奖6个、铜奖2个、优秀奖7个，获奖作品总数达到18个。获得金奖的分别是河南省工艺美术大师郭爱和与郑超男创作的三彩陶《出行》、省工艺美术大师晋晓瞳创作的钧瓷作品《橄榄瓶》及马庆超和王彤博共同创作的玉雕翡翠作品《春的讯息》。获得银奖的分别是汤金明创作的麦秆画《夏风图》、张振福创作的泥塑《老来伴（洗脚）》、高顺旺创作的三彩陶《三彩披鬃大马》、李二民创作的钧瓷《莲花鱼缸》、赵玉谦和宋国政、宋博创作的玉雕作品翡

翠《春兰》和翡翠《春天的讯息》。获得铜奖的分别是常爱英和黄文安创作的麦秆画《万生和》及陈军和宋磊创作的通草画《幸福和谐》。

【中国工艺美术国家级培训禹州钧瓷高级培训班】 参见“职业教育”部分。

中国陶瓷工业协会

【首届“大地奖”陶瓷创作大赛】 作为“首届中国国际轻工精品展”的一部分，由中国陶瓷工业协会组织的““大地奖”陶瓷创作大赛”8月12日至14日在北京中国国际展览中心举行。河南陶瓷企业获得艺术类金奖5枚，银奖11枚。具体奖项见下表：

序号	单位	作者	作品	奖项
1	杨志钧窑	杨晓锋	日月同輝鈞瓷盘	金奖
2	孔家钧窑	孔春生	丁口瓶	金奖
3	御鈞斋鈞瓷有限公司	赵学仁	中华九龙宝鼎	金奖
4	东升鈞艺	李建峰	佛缘缽	金奖
5	坪山鈞窑	杨廷玺	通天瓶	金奖
☆	洛阳牡丹瓷有限公司	李学武	瓷牡丹	评委特别奖
6	宇航瓷业有限公司	霍福生/侯景豪	鼎定乾坤	银奖
7	锦丰园鈞窑	崔松伟/温红超	虎头瓶	银奖
8	荣昌鈞瓷坊	苗峰伟	大宋官窑海内知已	银奖
9	富玉鈞窑	朱海玉	菏叶碗	银奖
10	苗家鈞窑	苗育耀	风火瓶	银奖
11	汝州汝瓷研究所	张天庆	奥运中华	银奖
12	北宋官瓷研究所	于乐土/刘跃民	文房四件套	银奖
13	金堂鈞窑	李海峰	盛世旺鼓	银奖
14	朱家汝窑	朱法喜	玄纹尊	铜奖
15	平顶山学院鲁山花瓷研究所	梅国建	细腰鼓	铜奖
16	文博鈞窑	温剑博	光明金鸡	铜奖
17	宣和坊汝窑	杨云超	水鱼纹盘	铜奖
18	御鼎汝瓷厂	张迎军	荷叶洗	铜奖
19	金鼎鈞窑	高丙建	乾坤鼎	铜奖
20	晋家鈞窑	晋艳红	铺耳尊	铜奖
21	金冠汝窑	朱金奇	月白轴开片茶具	铜奖
22	庭怀汝瓷厂	李廷怀	玄纹直口瓶	铜奖
23	德丰陶艺	王新政/王子琪	波纹洗	铜奖

序号	单位	作者	作品	奖项
24	鈞兴卢鈞限公司	卢之钧	渣斗	铜奖
25	鈞兴卢鈞限公司	卢之钧	镁质强化瓷46头	优秀奖
26	白玉瓷业有限公司	陈建庭	和谐家园	优秀奖
27	刘家汝瓷坊	刘军立	双鱼瓶	优秀奖
28	玉凤汝瓷厂	张玉凤	大双环瓶	优秀奖
29	大井陶艺	邢根立	汝瓷爱莲说盘	优秀奖
30	玉松汝瓷	王向群	疏影钵	优秀奖
31	晋家鈞窑	晋文麟	象鼻瓶	优秀奖
32	赵家汝窑	赵志强	平底洗	优秀奖
33	朱氏汝窑	朱宇峰	竹节洗	优秀奖
☆	河南省陶瓷玻璃行业管理协会			最佳组织奖

【中国陶瓷文化历史名城和中国陶瓷艺术大师颁证大会】 由中国轻工联合会和中国陶瓷工业协会联合举办，2011年8月13日在北京钓鱼台宾馆举行。全国人大副委员长周铁农，十届全国人大副委员长、中国轻工业联合会名誉会长顾秀莲，中国轻工业联合会会长步正发，分别向获得中国陶瓷文化历史名城的陶瓷产区及获得第二届中国陶瓷艺术大师称号的陶瓷艺术家颁发了荣誉证书。

中国陶瓷文化历史名城和中国陶瓷艺术大师颁证大会

河南省禹州市、河南省汝州市、湖南省醴陵市和广东省佛山市石湾镇等9个城镇，同时获得“中国陶瓷历史文化名城”的殊荣。包括禹州市钧瓷艺人晋晓瞳、苗长强等在内的93名在国内外陶瓷艺术前沿领军人物获得中国陶瓷艺术大师称号。

中国陶艺大师颁证仪式

河南省工艺美术行业协会

【河南省工艺美术行业协会第四届常务理事会】 2011年1月22日在郑州召开。会议讨论了河南工艺美术行业十二五发展规划（草案），审议了2010年工作总结和2011年工作计划。

河南省工艺美术行业协会理事长张玉骉在发言中讲到，河南工艺美术行业要想得到繁荣与发展，就要建立与之相适应的理论体系。2010年协会主要推动了钧窑理论体系架构和洛阳三彩理论体系的建设，并对河南玉雕、朱仙镇木版年画、河南刺绣的理论建设进行了探索。2011年，协会还将对工艺品产权交易的市场形态、交易方法和市场建设进行深入地研究和实践。协会还将配合省工信厅的工作安排，召开大师联谊会，对产业基地的建设进行有效地探索。

【贾连朝到平顶山调研汝瓷发展情况】 2011年4月19日，河南省工艺美术行业协会名誉理事长贾连朝到平顶山市的汝州市和宝丰县调研汝瓷发展情况。河南省工艺美术行业协会理事长张玉骉参加了调研活动。上午，贾连朝名誉理事长、汝州市市长万英等领导，参加了“河南省委省政府指定礼品授牌暨香港文汇报年度礼品开窑仪式”的活动。并在河南省工艺美术大师王振芳的陪同下参观了弘宝汝瓷的作品展示和汝瓷的生产过程。调研期间，在汝州市郭杰副市长的陪同下考察了汝州金至元代“张公巷窑址”。

下午，贾连朝名誉理事长在宝丰县常务副县长平亚锦等县领导的陪同下考察了宝丰县宋代“清凉寺汝官窑遗址”和汝瓷生产企业。常务副县长平亚锦汇报了汝瓷文化园区建设情况和围绕“中华汝瓷圣地”拟开展的系列活动方案。

河南省陶瓷玻璃行业管理协会

【第二届“中国陶瓷艺术大师”申评工作总结暨“河南省杰出陶瓷艺术家”授牌会议】 5月19日在河南省人民大会堂举行。中国陶瓷工业协会理事长何天雄、河南省陶玻协会会长王爱纯、省工艺美术学校校长傅中承、大河报副总编刘书志、河南工业大学设计学院副院长王庆斌、全国著名陶瓷专家杨文宪、省工艺美术协会高级工程师徐国桢等出席会议。省陶玻协会秘书长耿矿发同志主持会议。

王爱纯介绍了出席会议的领导与参加会议的陶瓷艺术家并致欢迎词。何天雄宣读了中国轻工业联合会《关于授予陈烈汉等同志“中国陶瓷艺术大师”荣誉称号的通知》，其中在河南的“中国陶瓷艺术大师”有五位，分别是是：郭爱和、晋晓瞳、孟玉松、苗长强、朱文立。何理事长说，此次“中国陶瓷艺术大师”评选，是继

河南省杰出陶瓷艺术家表彰

2003年首次评选之后的第二届。第一届评选“中国陶瓷艺术大师”35人，河南只有晋佩章一人入选，约占2.9%；此次评选，全国93人河南5人，约占5.38%。与上届相比，国大师所占比率几乎翻了一番，河南陶瓷艺术近些年取得的巨大进步，是一个不争的事实。

随后王爱纯会长宣读了《关于授予陈建庭等同志“河南省杰出陶瓷艺术家”称号的通知》，除了获得国大师称号的5位陶瓷艺术家外，另外还有20位同志被授予“河南省杰出陶瓷艺术家”称号。

傅中承向大会通报了2011年河南省工业设计大赛的情况，王庆斌就河南名瓷及艺术创作、造型等方面的问题与大家进行了交流。

【2011河南省工业设计大赛】 6月13日上午，“2011河南省工业设计大赛”在河南工程学院开幕。河南省人大常委会副主任蒋笃运、河南省工业和信息化厅副厅长张震宇、河南省教育厅副巡视员刁玉华、河南省科学技术协会副主席梁留科、河南工程学院党委书记秦树理、河南工程学院院长胡卫民、河南省工业设计协会会长陈江风等领导出席开幕式，河南省陶瓷玻璃行业管理协会会长王爱纯应邀参加开幕式。本此大赛由河南省工业和信息化厅、省教育厅、省科学技术协会主办，河南省工业设计协会、省美术家协会设计艺术委员会、河南工程学院具体承办。

大赛共收到作品490套，其中企业组参展作品35套，高校组参展作品455套，其中，由河

南省陶瓷玻璃行业管理协会选送的杨晓峰设计作品“旋”获得企业组特等奖。

【中国钧瓷传承与创新技艺大赛】 2011 年 10 月 20 日，在禹州市党政综合办公大楼举行。本次大赛是由中国陶瓷工业协会等单位主办，河南省陶瓷玻璃行业管理协会、禹州市人民政府承办。参赛范围仅限钧瓷原产地，报送作品达 936 件之多。

中国钧瓷传承与创新技艺大赛

中国陶瓷工业协会协会副会长傅维杰任评委会主任，河南省陶瓷玻璃行业管理协会会长王爱纯任执行主任，傅中承、段勇、孙洪巍、刘果岭任评委，除此之外，还邀请了大河报首席记者于茂世作为特邀媒体监督员，全程监督评审。

整个大赛评审从早上八点开始，一直进行到晚上七点左右，共评出 18 个金奖，占总数的 1.9%，53 个银奖，占总数的 5.7%。

【河南省陶瓷艺术大师评审测试】 2011 年 9 月 18 日在河南省平顶山学院举行，平顶山市副市长郑茂杰、市政协副主席张国需到考场现场进行了察看。考试分理论考试和手工操作考试，主要考察申报者的陶瓷理论知识和手工制作能力。考试结束后，评审专家组将根据考试成绩，结合申报者的作品进行综合考评，最终评出新的河南省陶瓷艺术大师。此次河南省陶瓷艺术大师评审考试要求申报者有 20 年以上的陶瓷行业从业经历，在全省有一定的知名度，制作的作品有自身特点。经个人申报和评审专家审核，最终确定了 55 人参加此次评审考试。

河南省陶瓷艺术大师评审测试现场

禹州市陶瓷局

【钧瓷珍品展评】 在第七届禹州·中国钧瓷文化节开幕前，陶瓷局举行了钧瓷作品评选展，展会上有 106 家企业、1000 多件作品参展，经中陶协认定专家评审组认真评审（并特邀媒体监督员于茂世全程监督），共评出金奖 18 件，银奖 53 件，铜奖 93 件，优秀奖 65 件。检验了钧瓷企业在 2011 年烧制工艺的进步情况。

【钧瓷市场集中整治工作】 2011 年，陶瓷局对全市的钧瓷生产企业和销售门店开展了 3 次大规模的拉网式大检查，检查钧瓷的生产和经营情况，把好钧瓷生产和销售关口，及时发现制止仿冒侵权、粗制滥造、乱抹乱画、低价倾销等不良现象，对多家钧瓷生产企业和钧瓷销售门店下发了整改通知书，收缴了部分企业的相关生产模具，查扣涉嫌仿冒侵权钧瓷产品五百余件，半成品 70 余件，收缴仿制、滥制钧瓷鉴定证书 50 余份，监督销毁残次品五千余件。

【钧瓷产业人才库建立】 2011 年，陶瓷局将钧瓷行业大师、准大师、艺术总监、执行总监等钧瓷产业从业者 70% 纳入钧瓷产业人才库，有 7 位大师获市委、市政府的表彰奖励，纳入禹州市委组织部人才库 60 余人。

【钧瓷生产经营资格证审办】 为进一步控制钧瓷产品的质量，针对钧瓷生产环节和流通环节，陶瓷局严格按照钧瓷生产、经营条件，审办禹州钧瓷生产经营资格证和门店销售资格证。截至2011年底，共审批生产经营资格证20个，大师工作室资格证4个。

【陶瓷企业升级改造】 2011年，根据市委、市政府的要求，全市钧瓷企业升级改造有了较大的提升，一大批钧瓷企业完成改造升级任务，如：孔家、荣昌、星航、神州、金堂、苗家、天合坊、坪山、华泰、宇航、华艺、御钧斋、钧华苑等都投入较大精力和资金，使企业形象、产品质量等都有了较大的改善。新建了一批企业，如晋家、神后钧缘阁、金鼎、神工等进行新建和搬迁，许多中小钧瓷企业也都进行了较大的改造和提升，钧瓷企业整体形象明显提高。

行政管理

【工商管理】 2011年，禹州市工商部门设立钧瓷文化产业登记绿色通道，在钧瓷文化产业园区派驻工作人员，全程服务钧瓷文化企业登记及其他相关工作。实施商标战略，加速钧瓷文化产业跨越发展。抓大引小，以知名钧瓷企业、骨干钧瓷企业、名窑名家为重点对象，积极培育、引导，精心打造钧瓷品牌建设。至年底，全市钧瓷企业拥有河南省著名商标2件，许昌市知名商标4件。严厉打击假冒行为，为名优品牌营造良好发展环境。积极组织开展钧瓷专项打假行动，促进钧瓷行业健康发展。全年共查处制假售假案件6起，收缴伪劣钧瓷1200多件，查获假冒知名品牌产品168件。

【知识产权保护】 2011年，钧瓷行业共申请外观专利30项，发明专利1项。

外观专利

专利名称	申请号	公开号	申请人	发明人
钧瓷（1）	CN201030657456. 8	CN301552085S	霍福生	霍福生
钧瓷（2）	CN201030657418. 2	CN301552084S	霍福生	霍福生
钧瓷（3）	CN201030657617. 3	CN301552088S	霍福生	霍福生
钧瓷（4）	CN201030657462. 3	CN301552086S	霍福生	霍福生
钧瓷（5）	CN201030657641. 7	CN301552090S	霍福生	霍福生
钧瓷（6）	CN201030657651. 0	CN301552091S	霍福生	霍福生
钧瓷（7）	CN201030657655. 9	CN301552092S	霍福生	霍福生
钧瓷（8）	CN201030657621. X	CN301552089S	霍福生	霍福生
钧瓷（9）	CN201030657605. 0	CN301552087S	霍福生	霍福生
钧瓷（1）	CN201030690874. 7	CN301588327S	崔国营	崔国营
钧瓷（2）	CN201030690860. 5	CN301588326S	崔国营	崔国营
钧瓷（3）	CN201030690857. 3	CN301588325S	崔国营	崔国营
钧瓷（4）	CN201030690807. 5	CN301588324S	崔国营	崔国营

专利名称	申请号	公开号	申请人	发明人
钧瓷（5）	CN201030690797.5	CN301588323S	崔国营	崔国营
钧瓷（6）	CN201030690742.4	CN301588322S	崔国营	崔国营
钧瓷（7）	CN201030690723.1	CN301588321S	崔国营	崔国营
钧瓷（布老虎）	CN201030654355.5	CN301588298S	许昌学院	王雨
钧瓷（祥云瓶）	CN201030654411.5	CN301588299S	许昌学院	王雨
钧瓷（开天辟地）	CN201030654403.0	CN301580489S	许昌学院	王雨
钧瓷（虎福瓶）	CN201030661341.6	CN301604423S	丁建中	丁建中
钧瓷（福如东海）	CN201030661706.5	CN301604425S	丁建中	丁建中
钧瓷（王者之尊）	CN201030661666.4	CN301604424S	丁建中	丁建中
钧瓷瓷器（隆运承乾）	CN201130216079.9	CN301727623S	苗峰伟	苗峰伟
钧瓷瓷器（妙德吉祥）	CN201130216078.4	CN301727622S	苗峰伟	苗峰伟
钧瓷瓷器（大成盛鼎）	CN201030105491.9	CN301565234S	苗峰伟	苗峰伟
钧瓷瓷器（天禄貔貅）	CN201030255551.5	CN301521686S	苗峰伟	苗峰伟
钧瓷瓷器（牛定乾坤）	CN201030105501.9	CN301483097S	苗峰伟	苗峰伟
钧瓷瓷器（锦绣尊）	CN201030105493.8	CN301483096S	苗峰伟	苗峰伟
钧瓷瓷器（凤鸣樽）	CN201030255490.2	CN301451319S	苗峰伟	苗峰伟
钧瓷（纳财聚宝盆）	CN201130085576.X	CN301708568S	于慧平	于慧平

发明专利

专利名称	申请号	公开号	申请人	发明人
可燃多种燃料的窑炉	CN201020673571.9	CN201926300U	张子华	张子华
一种利用钧瓷窑变现象在瓷器上完成图案的技术解决方案	CN201010110943.1	CN102161596A	万科峰	万科峰

太白尊（大唐钧窑）

聚福瓶（大唐钧窑）

小口瓶（大唐钧窑）

【钧陶瓷企业环评】 2011年，禹州市辖区内钧陶瓷企业环评情况见下表：

编号	建设单位	项目名称	法人代表	联系电话	建设地点	环评形式	所属辖区	审批时间文号
1	禹州富田瓷业有限公司	年产26万件高档日用装饰卫生陶瓷项目	李富田	13653740535	方岗乡杨北村禹神快速通道南侧	报告表	西区	许环建审【2011】29号
2	禹州市金鼎钧窑	年产钧瓷1万件项目	高丙键	13837482331	神后镇红石桥居委会三组	报告表	神后	许环建审【2011】37号
3	禹州市金堂钧窑有限公司	钧瓷文化创意产业园项目	李海峰	13938976678	神垕镇南大村	报告表	神后	许环建审【2011】43号
4	禹州市春旭钧瓷坊有限公司	年产钧瓷3000件生产线项目	王春旭	13837432318	神垕镇北大居委会十组	登记表	神后	禹环评【2011】1025号
5	禹州市神工钧窑有限公司	年产钧瓷1.2万件生产线项目	张占领	13782375538	神后镇郗庄村十一组	报告表	神后	许环建审【2011】104号
6	禹州市钧兴卢钧瓷业有限公司	年产钧瓷1万件项目	卢鹏飞	15837457999	神后镇南大社区八组	报告表	神后	许环建审【2011】198号
7	禹州万迪瓷业有限公司	年产钧瓷30万件项目	张庆安	13693742751	神后镇郗庄村	报告表	神后	许环建审【2011】208号
8	禹州市神后镇神达耳瓷钵厂	年产2000件瓷钵生产线项目	杨西川	13937431117	神后镇驻架山村	登记表	神后	禹环评【2011】1109号
9	禹州市神后镇昊泽瓷厂	年产50万件陶瓷项目	曹广	13837420825	神后镇清岗涧	报告表	神后	许环建审【2011】205号
10	禹州市星航钧瓷有限公司	禹州市钧瓷窑炉陶艺传承基地项目	王春凤	13839045878	禹州市星航路	报告表	韩城	许环建审【2011】255号
11	禹州市神后镇建耀钧窑	年产5万件精品钧瓷项目	王得营	15237485511	神后镇关爷庙社区	登记表	神后	禹环评【2011】1151号
12	禹州市神后镇乾明钧窑	年产3000件钧瓷生产线项目	刘新乐	13937497723	神后镇清岗涧	登记表	神后	禹环评【2011】1157号

试验区管理

【钧瓷文化改革发展工作概况】 2011年，按照省委、省政府总体部署，试验区办公室按照市委、市政府“以文化繁荣为动力，打造腾飞之翼”、“强力建设文化试验区”的发展战略，以争创科学发展示范市为目标，以促进文化繁荣为抓手，积极服务项目建设，力促经济发展方式转变，推动试验区实现又好又快发展。试验区办公室强化组织领导，落实工作责任，圆满地完成了试验区的各项目标任务。

【项目建设】 2011年，积极推动试验区总投资11亿元的24个重点建设项目列入省试验区招商项目库，促进试验区各项工作顺利开展。其中，投资1.2亿元的试验区标志性项目“一馆两中心”（即钧官窑址博物馆、钧瓷工程技术中心和陶艺展示中心）工程建设已完工，并于2011年11月钧瓷文化节期间正始开馆；总投资3600万元的中医药文化博物馆建设已启动，正在实施怀帮、十三帮会馆本体修复工程；钧陶瓷产业园发展态势良好，投资1亿多元的富田瓷业已建成投产，投资1.9亿元的日美瓷业主体工程已基本完工；神垕古镇的保护开发建设已累计完成投资3亿元；总投资1亿余元的禹神快速通道工程已竣工通车，S236南袁庄至神垕段正积极推进；以神垕老街、钧瓷文化街、钧瓷文化创意产业园、神垕陶瓷产业集聚区和驺虞河滨水景观为主体的神垕镇“两街两园一河”项目建设已全面启动；总投资8000万元的华神钧窑主体工程已完工，正在进行内部装修，投资上千万的神工、万迪钧窑正在进行基础设施建设。

钧官窑址博物馆

神垕古镇建设

【神垕古镇开发概况】 2011年，神垕镇结合新型城镇化的要求、确立“两心两带”协调发展的思路，“两心”是指以老城为核心的商贸旅游中心和以新镇区为核心的行政文化中心，“两带”是指沿西环路和钧瓷文化创意产业园和沿省道S236的北部陶瓷工业园两条产业带。规划面积达到15平方公里，人口达到10万人以上，镇内12个行政村全部迁并到镇区范围，逐步实现产城融合，镇村一体。

先后邀请全国重点院校和规划设计单位高起点编制完成了《神垕镇总体规划》第三次修编、《神垕镇历史文化名镇保护规划》、《凤阳山新型社区规划》等各种策划规划15项。

【基础设施建设】 禹神快速通道已于2011年5月份建成通车。高标准整修关帝大道、大坡路、东环路。完成六条村村通道路建设，通车里程达5400米。镇区供水管网三期工程和污水管网一期工程全部完工，与之配套的水表入户工作也已基本完成。北线环境整治初见成效，禹神快速通道至镇区道路两侧及视野范围内的生活垃圾、建筑垃圾、瓷厂废弃物得到彻底清理，通道两侧各12米的景观绿化带形成，快速通道文化墙建设也已完工。持续开展环境综合整治，全面推行精细化管理，全力整治城镇环境，购置车辆，配备人员，建立环卫、城管等长效工作机制，实现主次干道全天候保洁和亮化。同时做好仿古改造、绿化、美化、净化、亮化等工程，城镇形象得到不断提升。

神垕古玩城

积极推进凤阳山新型社区和翟村新型社区建设，努力使全镇城镇化水平上升到一个新的高度。

凤阳山新型社区位于镇区西部，由河南省颍川置业有限公司投资开发建设，占地面积150亩，总投资3.5亿元，其中一期工程投资1.7亿元，建设期为三年。项目整合镇区西部5个行政村，可安置于沟、白峪、槐树湾等村的煤矿采空区搬迁户和温堂、杨岭占地群众5200余人。年底前，凤阳山新型社区已完成土地收储、规划、土地清障、场地平整等前期各项工作，一期工程已于12月2日举行开工典礼，进入了全面建设阶段。

翟村新型社区位于行政文化新区，合作单位初步确定为河南建业集团，合作模式正在进一步洽谈。已邀请中国建筑设计研究院高潮总工程师做规划设计方案，规划区域涉及的翟村、驻驾山两个行政村土地已申报调整为城乡建设新农村增减挂钩用地，年底前已开展入户征地工作。

【“两街两园一河”重点项目建设】 截至2011年末，老街基础设施铺设已完工，老街标志性古建筑－－伯灵翁庙和“义兴公”商号修缮工程已完工；投资3亿元的神垕镇政府与建业集团合作开发的重要项目－－钧瓷文化街拆迁工作已完成70%；总投资6亿元的钧瓷文化创意产业园已有3家企业入驻并开工建设；北部陶瓷产业园已有博禹陶瓷等4家陶瓷企业入驻；驺虞河景观水系项目河道清淤等工作已经完成。

【钧瓷文化旅游开发与建设】 截至2011年底，钧瓷文化创意产业园一期基础设施建设基本完成，晋家钧窑、华神钧窑、神工钧窑、万迪钧窑等20余家钧瓷文化企业已经入驻。北部陶瓷工业园一期水、电、路、通信等基础设施基本完工，位于园区内的110千伏变电站项目主体工程已完工，入驻企业8家，其中4家已开工建设。

神垕古玩城、大龙山钧瓷文化艺术馆、晋佩章大师艺术馆、钧之美艺术馆相继建成并投入使用，成为品味钧瓷文化、淘宝休闲旅游的好去处。与建业集团合作的钧瓷文化街项目拆迁工作已接近尾声，即将开工建设。大刘山陶艺村、华神钧窑度假村等文化项目也正在加快运作。

完成老街青石板道路铺设及配套的给排水管网、高低压线路入地、消防管网、路灯安装等基础设施工程并投入使用。继续伯灵翁庙院修缮工程，其中院内地面和台基铺设已完成。卢钧窑已正式入驻义兴公。加快沿街立面改造、老街院落租赁和窑神庙周边拆迁工作，实现“以旧修旧，整旧如故”的目标。

神垕古镇——望嵩寨

按照文化旅游标准加快钧瓷文化企业包装提升，“一窑一品”特色逐步形成，钧瓷企业的形象明显改善，接待能力明显增强，钧瓷的品位和档次进一步提升。积极运作钧瓷国礼，提高钧瓷的影响力和知名度。

以旅游公司为依托，加强与各大旅游机构的合作，主打“神垕古镇游”、“钧瓷文化游”、“神垕古镇——体验之旅”品牌，推出神垕镇景区一日游和二日游旅游线路，完善镇区旅游广告和标示标志牌，2011年接待游客达到60万人次。

【镇区绿化】 成立了园林管护队伍，对镇区树木加强绿化管护；实施南环路及镇区周边荒山绿化工程，平禹六矿渣山网格绿化植被处理已完成，绿化覆盖率已达95%，治理初见成效；对凤翅山、金鸡山、大刘山实施飞播造林4000亩；对镇区解放路、东环路、南环路、南大路、开发区等路段绿化苗木进行了高标准养护。

钧瓷艺术研究

【钧瓷烧成智能化控制系统及窑炉研究】 2011年已完成钧瓷烧成各项数据的收集，设计采集钧瓷烧成技术参数方案，采集研究钧瓷烧制各项技术参数，积极建立钧瓷烧成数据库。设计建造新型钧瓷窑炉一座并烧制成功，在节能、产品效果等方面取得理想的效果。下一步要进行钧瓷烧成控制系统软件的开发，进行前期工艺流程的全方位实验。

【宋钧官窑典型釉色研究】 2011年已开发出稳定的、适合于市场需求的钧瓷釉色品种7个，为钧瓷的产业化、实用化发展提供条件。利用取得的研究成果复制、修复宋钧官窑器物300多件，得到了北京大学考古文博学院教授秦大树的肯定。

陶瓷职业教育

【中国工艺美术国家级培训禹州钧瓷高级培训班】 5月27日至6月1日在神垕镇光大瓷厂举行。清华大学美术学院教授王连海、王耀玲、章星，中国艺术研究院研究员孙建君、汉光瓷创始人李游宇分别讲授了《传统图案与造型》、《装饰与

中国工艺美术国家级培训禹州钧瓷高级培训班

绘画基础》、《非物质文化遗产的传承》、《陶瓷经济与文化》、《钧瓷古典器型与现代造型艺术》等课程。各位专家渊博的知识，开阔的视野，深入浅出的讲解深得参加培训学员们得一致好评。

几位老师还在课余时间深入七家生产企业，针对钧瓷企业存在技术类问题进行了指导并取得了极好的效果。

【陶瓷高等职业教育】 2011年，继续办好总投资3亿元的许昌陶瓷职业学院，开设6个专业；与许昌学院联合成立了“许昌学院产学研合作基地”，与郑州轻工业学院、许昌职业技术学院、新乡学院等高校签署了合作框架协议，为试验区建设和钧瓷产业发展培育各类专业人才；鼓励钧瓷企业与高等院校合作，培育技能人才，其中，河南财经政法大学在禹州市晋佩章钧瓷艺术馆建立大学生实践基地，景德镇陶瓷学院设计艺术学院选择刘家钧窑作为教学实习基地。

教育机构

【许昌学院美术学院】 自1995年开始恢复招收美术教育专业，经过十多年来的发展，现已拥有艺术设计本科，美术学本科，绘画本科三个大专业，开设美术学（教师教育）、视觉传达、环境艺术设计、陶瓷艺术、国画、油画、书法等多个专业方向。美术学院下设国画教研室、油画教研室、环境艺术设计教研室、视觉传达教研室、陶瓷艺术教研室、基础理论教研室、基础技能教研室和成人教育研究室等教研机构，设立工笔画研究所、书法研究所等研究机构。2006年报经省教育厅备案后，许昌学院与禹州市钧瓷研究所正式签订协议，联合创办“陶瓷艺术设计”专业方向（本科）。

许昌学院美术学院毕业生作品展

现有专职教师50余名，其中教授8名，副教授15名，出国留学人员1名，研究生14名。

【平顶山学院设计学院】 成立于1992年，设有广告学和艺术设计两个本科专业，在校学生1200余人。该院有专职教师25人，其中副教授3人，客座教授2人，讲师12人，助教10人，其中拥有研究生学历者7人，并有多人赴全国美院学习深造，建系以来，为社会培养大批合格的专业人才。

【许昌陶瓷职业学院】 成立于2010年3月，是一所以陶瓷、艺术、机电、财经等为主要学科特色的职业学院。

学院座落禹州市颍北新区画圣路北段，南邻三千亩天然大氧吧禹州森林植物园，北临南水北调中线总干渠。

学院有现代化的教学大楼、实训大楼、科技楼、图书馆、礼堂建筑面积共达12万多平方米。学院建有多个实验室，有专用的校内实习工厂及多个校外实习基地；拥有先进的电教室、语音室、多媒体教学设备、计算机网络系统；有设施良好的公寓式学生宿舍、食堂、400米标准塑胶体育运动场；图书馆藏书18万册，各类中外期刊、电子期刊5174余种，建有专用电子阅览室，冬有暖气，夏有空调。阅览室可供500多人同时阅览。

学院现设6个专业，有各类在校生2000余人。2010年招生专业有：艺术设计（陶瓷器皿设计方向）、艺术设计（陶瓷雕塑艺术方向）、机电一体化、财务管理、房地产经营与估价、音乐表演（器乐）。学院着力培养陶瓷和相关产业的高技能人才。

第七届禹州·中国钧瓷文化节

【开幕式概况】 11月5日晚，由中国陶瓷工业协会、中国工艺美术协会、河南省工业和信息化厅、许昌市人民政府主办，河南省文化厅、河南省旅游局协办，禹州市人民政府、河南省陶瓷玻璃行业管理协会、河南省工艺美术行业协会承办的第七届禹州·中国钧瓷文化节在禹州市体育馆开幕。全国政协副主席李金华，省政协主席叶冬松，省十届人大常委会副主任王明义，省十届人大常委会副主任贾连朝，中国陶瓷工业协会名誉会长杨志海，省政协秘书长张秉义，国务院办公厅行政司司长孟德明，中国陶瓷工业协会理事长何天雄、副理事长傅维杰，许昌市领导李亚、张国晖、石克生、董晋平、申武装及禹州市领导蔡全法、王友华等出席开幕式。

许昌市市长张国晖在开幕式上致辞。全国政协副主席李金华宣布文化节开幕。中国陶瓷工业协会名誉会长杨志海为禹州市授“中国陶瓷文化历史名城”牌。

开幕式后，钧瓷节大型主题晚会《盛世钧魂》举行。中央电视台节目主持人撒贝宁、管彤主持，演艺明星孙楠、韩磊、郁钧剑、萧亚轩、周传雄、

钧瓷文化节开幕式

陶喆等相继登台献艺。晚会上，由禹州市优秀钧瓷企业和多位钧瓷工艺大师精心打造、融汇精湛工艺的19件钧瓷新国礼逐一展示。结合钧瓷发展专门创作的节目《钧瓷谣》《钧瓷赋》等则从文化角度讴歌了钧瓷产业对地方经济发展的带动作用。著名书法家张瑞龄为晚会亲手题写的“盛世钧魂”四个大字苍劲有力、端庄古朴。

【钧官窑址博物馆开馆】 11月6日上午，在禹州钧官窑址博物馆举行。全国政协副主席李金华、河南省政协主席叶冬松、许昌市委书记李亚、禹州市市委书记蔡全法共同为禹州钧官窑址博物馆揭牌。禹州市市长王友华主持开馆仪式。河南省十届人大常委会副主任、省工艺美术行业

协会名誉会长贾连朝，原轻工部副部长、中国轻工业联合会名誉会长、中国陶瓷工业协会名誉会长杨志海，省政协秘书长张秉义，许昌市政府市长张国晖，许昌市人大常委会主任石克生，许昌市政协主席董晋平，许昌市委常委、市委秘书长申武装及等出席。

开馆仪式上，北京大学考古与文博学院教授、博士生导师秦大树，河南省考古研究所所长、研究员孙新民，国际著名收藏家、香港艺术品商会秘书长翟建民，平顶山学院陶瓷研究所所长梅建国，上海市金城文物艺术专修学院副教授张铭克被聘为专家组成员；翟建民、张铭克被聘为荣誉馆员。同时中国陶瓷工业协会理事长何天雄为“中国陶瓷艺术大师中原创业基地”授牌。

禹州钧官窑址博物馆是以国家级重点文物保护单位——北宋钧官窑遗址为核心，集遗址保护、文物陈列、技术研发、学术交流、钧瓷制作、教育宣传为一体的遗址类钧瓷专题博物馆。博物馆占地面积47000平方米，建筑面积15000平方米，展厅面积4980平方米，博物馆由主体展馆、宋钧官窑遗址展示馆和钧瓷工程技术研发中心三部分组成。其中，主体展馆建筑面积11000平方米，由“大禹之州、浴火千年、御用官钧、成器之道、万彩永辉、文苑雅集”等六个展厅组成，集中展现禹州厚重的文化底蕴、钧窑千年来的风雨历程和辉煌成就。

中国历史名窑复兴成就展开幕式

【中国历史名窑复兴成就展】 11月6日，在钧官窑址博物馆开幕。中国轻工业联合会名誉会长、中国陶瓷工业协会名誉会长杨志海，中国陶瓷工业协会会长何天雄、许昌市副市长秦春梅，禹州市市长王友华、市人大常委会副主任张中科、市政协副主席和国强等参加开幕式。29位国大师作品及38位省级知名大师的70余件作品，和韩国青瓷等一批力作亮相博物馆。

【中国陶瓷文化产业高峰论坛暨中国钧瓷传承与创新专家论坛】 11月6日，在钧官窑址博物馆二楼学术报告厅召开。中国陶瓷工业协会会长何天雄、河南省人民政府参事郑泰森、清华大学教授王建中、张守智、禹州市委常委、宣传部部长张俊海出席论坛。河南省陶瓷玻璃行业管理协会会长王爱纯主持论坛。

张俊海首先对钧瓷文化产业发展现状及现状做了介绍。并希望各位领导、专家、学者能以本届钧瓷文化节为平台，相互补充，相互提升，推动钧瓷和各地瓷种共同发展，共同进步，为推动陶瓷艺术繁荣作出新的更大的贡献。

随后，何天雄对禹州市如何振兴发展陶瓷进行发言、中国陶瓷工业协会副理事长、宜兴陶瓷协会会长史俊棠结合当地情况谈中国陶瓷文化产业与当地名片对经济的影响。中国工艺美术大师孔相卿做了《大师在行业发展中的作用》的演讲，清华大学教授王建中做了《中国陶瓷艺术的传承与创新》的演讲。中国工艺美术大师孟树峰选取了不同的钧陶瓷作品进行分析，来讲解中国陶瓷艺术继承与创新。河南省人民政府参事郑泰森从文化产业方面谈了陶瓷产业创新与发展，并作了《用文化艺术概念提升陶瓷产业》的报告。清华大学教授张守智从中国陶瓷文化现状与前景展望方面作了报告。

专家们普遍认为继承传统应该要学古人但不应该学古而不化，应该成为创作的新动力，这才是学习传统的最大收获与目的。同时，在创作中要由韧劲，坚持创新、人性化、市场三个原则，在产品种类和艺术表现形式上，结合当前的需要和艺术元素，使历史上钧窑器多为实用日用器，向艺术观赏和陈设器上转移，设计出具有时代特征的现代钧瓷艺术品。钧陶瓷在继承传统的基础上一定要发展，在工艺上要有所创新，在技术上要有所突破，要形成自己的风格。从而使钧瓷艺术走向大众生活，走向更大的市场。

【钧瓷珍品专场拍卖会】 11月6日晚，由河南阳光国际拍卖有限公司与禹州市陶瓷局共同举办的钧瓷珍品专场拍卖会，在禹州市党政办公大楼第一会议室举行。现场拍卖持续了近三个小时，43件拍品除撤拍3件之外，共拍出16件拍品，总成交金额高达127.9万元。夺得“标王”的是高1.63米的九龙宝鼎，以31.5万元的高价拍出。中国工艺美术大师孔相卿作品和炉钧作品受到热捧。

【传承与创新技艺大赛获奖名单】（排名不分先后）

中国钧瓷传承与创新技艺大赛金奖

作品名称	作者姓名	奖项
日月同辉	杨晓峰	金奖
螭龙画缸	任星航	金奖
斗笠碗	杨晓永	金奖
虎头画缸	任星航	金奖
海内知音	李俊峰	金奖
达摩渡江尊	李　明	金奖
天球尊	苗家钧窑	金奖
大玉蟾纳福	杨廷玺	金奖
钧瓷壁挂2	苗家钧窑	金奖
道玄系列	刘建军　刘志军	金奖
大碗	孔相卿	金奖
荷口天球	晋文麟	金奖
大园鱼缸	吴亚非	金奖
笔筒	杨国政	金奖
旋纹洗	卢之钧	金奖
梅瓶	王秋红	金奖
御钧提梁壶	赵学仁	金奖
浩瀚星光	张　义	金奖

中国钧瓷传承与创新技艺大赛银奖

作品名称	作者姓名	奖项
安泰鼎	周松建	银奖
篱龙钵	杨晓峰	银奖
禅道	李建锋	银奖
龙尊	伍浩宇	银奖
金蟾送宝尊	苗家钧窑	银奖
鹿头罐	王金合	银奖
出戟尊	苗宗贤	银奖
罗汉钵	苗宗贤	银奖
春韵	张大强/王洪志	银奖
罗汉钵	李建奇	银奖
大佛	高丙建	银奖
罗汉钵	杨国政	银奖
大鼓钉洗	连银萍	银奖
马到成功	郑胜利	银奖
大号鱼缸	侯景颢	银奖
盘瓜壶	赵学仁	银奖
大来福石	杨俊峰	银奖
盘龙瓶	赵军宣	银奖
大梅瓶	李欣营	银奖
日暮远山	陈奎峰	银奖
低小口瓶	文俊奇	银奖
瑞泽四方	崔松伟	银奖
鼎	侯景颢	银奖
神采飞羊	燕俊峰	银奖

作品名称	作者姓名	奖项
鹅颈瓶	于慧平	银奖
狮虎篦	王占领　刘照宇	银奖
风云鉴	任星航	银奖
十二兽首	王建伟	银奖
佛缘钵	李建峰	银奖
双虎尊	卢之钧	银奖
挂盘	郝红雨	银奖
四龙聚宝缸	连永鹏　郑晓东	银奖
和谐之鉴	任星航	银奖
提梁茶具	张自军　张　帅	银奖
虎头罐	刘照宇	银奖
天池笔洗	杨晓峰	银奖
虎头瓶	赵国增	银奖
天地之间	王丽锋	银奖
鸡心碗	任明丽	银奖
通天瓶	杨廷玺	银奖
吉祥尊	伍浩宇	银奖
洗	霍福生	银奖
将军罐	苗宗贤	银奖
玄纹钵	王建伟	银奖
劲瓶	孔相卿	银奖
玄尊	霍福生	银奖
鸠耳尊	晋晓童	银奖
益寿瓶	晋艳红	银奖
钧壶神钧	李建峰	银奖
鱼扑尊	杨国政	银奖
坤德洗	刘建军　刘志军	银奖
钟馗斥鬼	李　明	银奖
玉壶春	苗宗贤	银奖

中国钧瓷传承与创新技艺大赛铜奖

作品名称	作者姓名	奖项
10 号八方象头瓶	薛新庆	铜奖
菊口尊	赵军宣	铜奖
双龙大鱼缸	吴亚非	铜奖
百图瓶	霍福生　李书范	铜奖
卷角羊	薛新庆	铜奖
双龙瓶	李建奇	铜奖
笔洗	王军杰	铜奖
钧瓷壁挂 1	苗家钧瓷	铜奖
四海升平	孔建奇	铜奖
钵	辛国正	铜奖
钧瓷大花瓶	于慧平	铜奖
太平盛鼎	刘建军　刘志军	铜奖
财富龙	郝红雨	铜奖
老头乐	高根长	铜奖
太平尊	钧宝钧窑	铜奖
茶具	李向阳	铜奖
螭龙尊	任星航	铜奖
天球瓶	张兆旭	铜奖
柴烧小知音	李俊峰	铜奖
连年有余	薛星辰	铜奖
天球瓶	张占领	铜奖
昌盛鼎	郑胜利	铜奖
连珠瓶	任浩宇	铜奖
蜗牛钵	杨　发	铜奖
大花瓶	薛星辰	铜奖
龙耳钵	翟群	铜奖
蜗牛钵	李和振	铜奖
大梅瓶	李向阳	铜奖

作品名称	作者姓名	奖项
龙耳炉	张建钊	铜奖
卧狐	张大强	铜奖
大盛世尊	孙新要	铜奖
龙腾四海	卢之钧	铜奖
祥龙瓶	赵军宣	铜奖
豆豆瓶	翟　群	铜奖
龙吟	杨廷玺	铜奖
象鼻尊	张文建	铜奖
仿宋官斗	邢建立	铜奖
卢钧凤耳瓶	卢俊岭	铜奖
小口瓶	白伟峰	铜奖
风火瓶	高丙建	铜奖
卢钧知音尊	崔松伟	铜奖
小盛世尊	钧宝钧窑	铜奖
风火瓶	高丙建	铜奖
高足荷口盘	李向阳	铜奖
挂盘	高丙建	铜奖
挂盘	张　义	铜奖
挂盘	张　义	铜奖
挂盘	李亚州	铜奖
挂盘	李占领	铜奖
挂盘	李占领	铜奖
挂盘	李占领	铜奖
挂盘：爱在深处	温剑博	铜奖
观音瓶	张建钊	铜奖
广口瓶	李建奇	铜奖
荷花胆瓶	高丙建	铜奖
荷口瓶	钧艺苑	铜奖
荷口尊	张兆旭	铜奖

作品名称	作者姓名	奖项
花觚	钧艺苑	铜奖
画筒	高丙建	铜奖
鸡心罐	孔相卿	铜奖
卢钧知音尊	崔松伟	铜奖
炉钧梅瓶	张文建	铜奖
梅瓶	尹建中	铜奖
梅瓶	刘照宇	铜奖
牡丹仙子	柴彩君	铜奖
纳福炉	许艺博	铜奖
盘龙瓶	朱海玉	铜奖
苹果	何世照	铜奖
千秋聚宝盆	于慧平	铜奖
秋艳碧天	陈奎峰	铜奖
如意中秋	孔相卿	铜奖
瑞兽洗	王占领　刘照宇	铜奖
石榴瓶	赵军宣	铜奖
手拉敞口尊	丁建中	铜奖
手拉平口弦纹洗	丁建中	铜奖
手拉人面洗	丁建中	铜奖
寿耳钵	白伟峰	铜奖
寿尊	李欣营	铜奖
小盛世尊	钧宝钧窑	铜奖
玄纹瓶	张文建	铜奖
炫韵	刘建军　刘志军	铜奖
艺术盘	丁建中	铜奖
异兽瓶	刘瓷辉	铜奖
鱼口钵	霍子敬	铜奖
玉壶春瓶	刘瓷辉	铜奖
玉坠（10 件套）	霍福生	铜奖

作品名称	作者姓名	奖项
韵	杨晓峰	铜奖
招财鱼	翟　群	铜奖
赏月（玉兔金色）	苗宗贤	铜奖
荷口天球	晋晓童	铜奖
吉利瓶	孔相卿	铜奖
金斑茶壶	张晓兵	铜奖
九龙宝鼎	连永鹏　郑晓东	铜奖
兽耳尊	邢亚龙	铜奖
双耳瓶	赵军宣	铜奖
双虎尊	卢之钧	铜奖

中国钧瓷传承与创新技艺大赛优秀奖

作品名称	作者姓名	奖项
12 号花浇壶	薛新庆	优秀
傲天尊	高丙建	优秀
八卦熏香炉	张晓兵	优秀
变味壶	苗建长	优秀
茶道碗	韩晓东	优秀
禅宗钧韵	许艺博	优秀
敞口瓶	晋晓瞳	优秀
出戟尊	李欣营	优秀
大斗笠碗	卢俊岭	优秀
大鸡心碗	陈青杰	优秀
大象无形	杨晓峰	优秀
单柄洗	王建伟	优秀
发百财	朱海玉	优秀
发财金龙	高丙建	优秀
丰裕瓶	高丙建	优秀
凤耳尊	王金合	优秀

作品名称	作者姓名	奖项
凤耳尊	高丙建	优秀
福寿石	翟　群	优秀
高足盘	王现锋	优秀
挂盘	高根长	优秀
挂盘	张锋雷	优秀
蓝钧小钵	王清伟	优秀
礼尊	刘照宇	优秀
莲花式花盘	丁建中	优秀
六方瓶	王现锋	优秀
龙降祥瑞	郑胜利	优秀
罗汉钵	霍子敬	优秀
罗汉炉	张兆旭	优秀
罗口天球瓶	张兆旭	优秀
麻姑献寿	柴彩君	优秀
马妞	高根长	优秀
梅瓶	薛星辰	优秀
梅瓶	张长安	优秀
梅瓶	张长安	优秀
梅瓶	赵军宣	优秀
美羊羊音箱	张　义	优秀
牛	杨俊峰	优秀
麒麟	杨　发	优秀
人生如意	任明丽	优秀
瑞雪年丰	王丽锋	优秀
神兽	燕俊峰	优秀
生命	张大强　张翰博	优秀
和谐	邢亚龙	优秀
天球瓶	翟　群	优秀
荷口瓶	刘朝远	优秀

作品名称	作者姓名	奖项
天球瓶	崔国营	优秀
花瓶	苗建长	优秀
天书钵	任浩宇	优秀
鸡心罐	宋学兰	优秀
象鼻尊	尹建中	优秀
健易	刘建军　刘志军	优秀
蟹篓	邢亚龙	优秀
菊口瓶	赵军宣	优秀
雄狮尊	翰火钧窑	优秀
君儒之风·锦上添花	许艺博	优秀
益寿瓶	钧艺苑	优秀
玉壶春	白伟峰	优秀
益寿瓶	张长安	优秀
观音瓶	张文建	优秀
寿桃	赵军宣	优秀
观音瓶	张红伟	优秀
双龙瓶	郝红雨	优秀
汉龙	高丙建	优秀
四季如意	何世照	优秀

2011“北京新年祝福翰墨及钧瓷艺术展”

【展会概况】 12月24日，在北京全国政协礼堂开幕，展会由中华社会文化发展基金会、中华爱心基地公益基金管理委员会主办，共展出了翁同龢、郑板桥、傅抱石、张大千、徐悲鸿、吴冠中、范曾等大师不同时期、不同风格的优秀绘画藏品，还有郭沫若、李可染、刘海粟、张海等大家的书法作品。禹州市钧华苑钧窑崔国营大师的36件钧瓷作品同时参展，全国政协常委、民革中央副主席傅惠民，中国美术家协会主席刘大为参加活动并鉴赏钧瓷，首都书法绘画及陶瓷爱好者到场参观。

北京新年祝福翰墨及钧瓷艺术展开幕式

【参展钧瓷作品】 36件钧瓷作品为：梅瓶、四羊尊、莲花尊、吉祥瓶、吉祥尊、富贵瓶、贯耳瓶、双龙瓶、鹿寿瓶、天球瓶、聚宝盆、六管瓶、鱼瓶、乳钉瓶、夹板炉、渣斗、梅口瓶、寿桃、八卦炉、鹿头尊、中华宝鼎、一言九鼎、胆瓶、冬瓜瓶、富贵瓶二、富贵瓶三、虎头瓶、花浇瓶、节节高、罗汉钵、琵琶瓶、乳丁尊、玉壶春瓶、玄纹樽、益寿瓶、四羊方尊。

钧窑著述

【《中国钧瓷篆刻艺术》】 傅振华、李少颖著，中州古籍出版社2011年1月版。是书从中国陶瓷印史入笔，系统地概述了中国陶瓷篆刻艺术的发展，进而详细地记述了钧瓷篆刻的起源和创作，工艺和技法，文化价值和赏析。既表现了钧瓷工艺之美，又展示了书法篆刻艺术之美，是中国书法篆刻艺术和钧瓷文化艺术相结合的新作。

【《中国钧窑志》】 《中国钧窑志》编纂委员会编，孙彦春主编，中州古籍出版社2011年10月出版。志书为大16开全彩印，图文并茂，全书约90万字，2000余幅图片，768页。《中国钧窑志》全面地记述了钧窑及钧窑类型瓷的创烧与发

展过程，全志共设窑区地理、陶瓷资源、钧瓷生产、钧瓷装饰、研究开发、钧瓷贸易、钧瓷鉴赏、钧瓷收藏、钧窑系钧瓷、考古发现、钧窑文化、人物等14章。是钧窑创烧以来最为全面的综合性文献，为社会各界人士了解、认识、鉴赏、研究钧窑提供了翔实、科学的专业资料。

中国钧窑志

【《追根求源话钧瓷》】 第三版 李争鸣编著，河南人民出版社出版。与前二版相比，该版书的内容更精练，装帧也更漂亮。全书以一问一答的形式，就钧瓷最基本的100个问题进行了介绍和解释，是了解钧瓷、认识钧瓷入门读物。

【《钧窑艺术》】 丁建中著，知识产权出版社出版。是书共分《钧瓷》、《古陶瓷》和《彩釉瓷》三章，主要记述钧瓷艺术的历史渊源、钧瓷发展史上的重大事件、钧瓷创烧的相关过程、钧瓷鉴赏的具体方法以及钧瓷釉料的配制和钧瓷创作的体会等。文字浅显易懂，是作者数十年从艺的总结。

钧窑艺术

【《中国钧瓷年鉴（第2卷）》】 中国钧瓷年鉴编纂委员会编，孙彦春主编，河南美术出版社2011年12月出版发行。是书系统总结了2009年和2010年中国钧瓷业及河南省钧瓷文化旅游实验区建设的新面貌、新成就，记述了禹州钧瓷的新变化、新发展，是弘扬和传承钧瓷文化的一部专业文献。

中国钧瓷年鉴（第2卷）

全书约45万字、600张图片，共设钧瓷生产、钧瓷造型、钧瓷贸易等15个门类，对2009年、2010年两年间中国钧瓷发展历程进行了客观翔实的记载，资料全面、脉络清晰，为全国钧瓷行业研究、生产、营销、文化传播等方面的交流搭建了一个平台，是社会各界了解和研究钧瓷文化的重要参考书。

【《河南陶瓷艺术》】 徐国桢著，河南美术出版社2011年12月版。是书系统介绍了河南的仰韶彩陶、汝陶、黑陶、白陶、陶塑、画像砖、泥塑、白瓷、黑瓷、黑白装饰瓷、黑釉的釉变瓷、花瓷、唐三彩和高仿三彩、交趾陶、现代三彩、绞胎瓷、

河南陶瓷艺术

官瓷、汝瓷、钧瓷、紫金瓷、紫砂陶、澄泥砚22个艺术陶瓷品种。还收录了各大博物馆珍藏的作品和现代大师制作和珍藏的代表作品。

【中文核心期刊】 河南省社会科学院张玉霞在《中原文物》2011年第4期发表《钧瓷系与禹州钧窑》，提出瓷器研究中“瓷系”的概念比“窑系”在某些时候显得更为合理。并认为钧瓷系产生于北宋末年，并一直延续至清代。而禹州钧台、刘家门等钧瓷系窑址很可能就是北宋的汴京官窑所在。

河南大学艺术学院张自然在《许昌学院学报》2011年第1期发表《钧瓷窑变传说的文化阐释》，认为“钧瓷窑变传说是钧瓷传说中最感人的部分，具有深刻的文化内涵。这些传说揭示了钧瓷艺人对窑变原因的探索是一个由被动到主动、由偶然到必然、由神秘到科学的过程；反映了古代钧瓷艺人的悲惨生活，并揭示出造成悲惨生活的原因；体现了当地人民赞扬真善美、鞭笞假恶丑的道德价值观；受到一定文化传统的影响：一方面体现在具有专制主义特点的圣人观念和权威崇拜意识，另一方面也体现在深受道教影响的神仙崇拜与人祭思想。”

他在《许昌学院学报》2011年第6期发表《钧瓷的兴衰及其原因探析》，认为“钧瓷在唐代花瓷的基础上产生，北宋时期其工艺逐步成熟，金元时期钧窑系形成。经历了明代的衰落后，钧瓷在清代由仿制而逐渐复苏，新中国成立后获得新生并再铸辉煌。钧瓷的兴衰除了其自身特殊的工艺因素外，也受时代思想和审美意识的影响、政治因素的干预及经济因素的制约。”

河南工业大学王庆斌在《民族艺术》2011年第3期发表《河南传统钧瓷文化产业的现代设计思考》，认为“在对传统钧瓷文化传承的同时，要结合先进的现代系统设计理论和方法。既可对传统钧瓷文化产业产品从不同方面进行系统有效的设计与开发，又可促进人才的培养和创新团队的构建，也势必提升和增强传统手工艺钧瓷文化产业的发展。

周口师范学院美术系周晓峰在2011年第2期发表《民族艺术传统吉祥观念在现代钧瓷艺术中的应用》，认为吉祥观念是人们趋吉纳祥、祈瑞添福观念的反映，是一种物质与精神的凝练与积淀，寄托着人类非理性的依赖心理。其复合结构的视觉形象表现形式与创作者所要传达的寓意与文化之间的表述，以及广大民众祈求心理层面的“意味参与”的复杂性和不对称性，形成较为丰富的视觉表现方式和较为广泛的受众群体。在现代钧瓷艺术中，吉祥观念不仅延续着传统文化的文脉，而且充分展现出在现代社会生活中持久的生命力。

【禹州大事月报】 2011年，由禹州市委、市政府主办，禹州市地方史志编委会承编的《禹州大事月报》刊载钧瓷艺术研究文章见下表：

期号	文章题目	作者
3月	科学建立钧窑理论体系推动禹州钧瓷健康发展	张玉骉
	拜访耿老	刘果岭
4月	研究钧窑历史　探索钧瓷玄奥	王爱纯
5月	河南省陶瓷玻璃协会会长王爱纯在《中国钧窑志》评审会议上的讲话	
	河南省工艺美术协会理事长张玉骉在《中国钧窑志》评审会议上的讲话	
6月	钧瓷的透明釉和乳浊釉	杨国政
8月	发现钧瓷内在之美	霍保宏
9月	中国钧瓷史概要	孙彦春
10月	愿钧窑的明天更美好——清华大学教授张守智谈钧窑	孙彦春
11月	挖掘古钧资源　再传宋钧神韵—故宫博物院研究员耿宝昌谈钧窑	孙彦春
	传承创新弘扬钧瓷文化	张玉骉
12月	中国陶瓷之巅的守望者——清华大学教授叶喆民的钧瓷情结	孙彦春
	探访闵庄窑	孙彦春

【今日禹州】 2011年，由禹州市委、市政府主办，市委办公室、市政府办公室承办的《今日禹州》刊载钧瓷艺术研究文章见下表：

期号	文章题目	作者
1～2期	钧瓷“釉上釉”	包献珍 苗宗贤 亢　亢
3期	建国后禹州钧瓷的恢复和发展	张天慧
5期	钧瓷造型略谈	丁建中
6期	关于我市钧瓷文化产业发展的思考	市试验区办公室
7期	钧瓷发展重在创新与传承	赵学仁
	天人合一铸钧魂	苗峰伟
8期	传承千年文化的一次有力促进——回眸禹州市“中国陶瓷历史文化名城”创建之路	赵霁虹 许廷合
	唐钧的意义	包献珍
	《读钧随笔》之一风标千古	殷振志
	八零后眼中的钧瓷——妙趣本天成神火淬显之	朱晓路
9期	钧瓷产业未来发展刍议	王善华
	举办钧瓷文化节建议做好三个转变	市试验区办公室
	窑变之美	李建峰
	说说钧瓷	苗宗贤
	论钧釉的创新	丁建中
	谈钧瓷的当代性	郑胜利
	《读钧随笔》之二炉钧曼妙	殷振志
10期	《读钧随笔》之三（连载）柴烧神韵	殷振志
	未觉池塘春草梦阶前梧叶已秋声	李欣营
	闲话炉钧与卢钧	王金合
	我的钧瓷创作理念	任星航
	浅谈黄金分割比律在钧瓷造型设计中的应用	晋晓瞳

期号	文章题目	作者
	以新取胜的《中国钧瓷篆刻艺术》（上）	包献珍
11期	四大特色　三大转变　第七届禹州·钧瓷文化节取得圆满成功	市委办公室 市试验区办公室
	《读钧随笔》之四（连载）红色记忆	殷振志
	“玩火”就要玩到炉火纯青	苗见旭
	钧釉中的蚯蚓走泥纹	苗长强
12期	以新取胜的《中国钧瓷篆刻艺术》（下）	包献珍
	釉变	刘青年
	《读钧随笔》之五（连载）绚烂多姿	殷振志
	谈钧瓷的鉴赏	杨俊峰
	柴烧钧瓷的魅力	孙新要
	曼妙钧瓷会唱歌	霍子敬

闵庄窑遗址考古发掘

【闵庄窑遗址地理概况】　闵庄窑址位于禹州市鸠山镇东北部，地处禹州、汝州、登封交界地区，属伏牛山余脉箕山山间岗地，平均海拔300米左右。附近区域蕴藏着丰富的煤、高岭土、耐火粘土、铝矾土等矿藏资源，拥有制瓷业发展的良好条件。窑址的主体部分东西长约400米，南北宽约200米，面积约8万平方米。

2011钧窑联合考古队领队、北京大学考古文博学院教授秦大树（左二）和河南省文物考古研究所所长孙新民（右一）在研究刚出土瓷片

【闵庄钧窑发现与发掘】　窑址于1964年经调查发现，但由于与国保单位神垕钧窑的诸遗址分属不同的乡镇，并未列入任何一级文物保护单位。由于历年来的农田改造和村庄的房屋建造，窑址已受到较大的破坏。2007年在修建村际公路时窑址遭到破坏，出土了许多器物，引发附近古瓷商贩和部分村民疯狂盗挖，市县级文物、公安等部门得到报告后很快采取措施加以制止和监管。其中有一些制作精良，胎体较厚，与钧官窑的花器风格相似，与2004年在禹州发掘的制药厂遗址晚期地层的出土物相似；甚至还出土了少量花

闵庄窑遗址发掘现场

器的残件，因此引起了有关方面的关注。

闵庄窑遗址发掘某区探方

2010年10月，北京大学考古文博学院教授秦大树与河南省文物考古研究所所长孙新民沟通，双方达成合作考古发掘意向。2010年12月，北京大学向正式国家文物局递交《河南省禹州市鸠山镇闵庄瓷窑遗址考古发掘申请书》。同时，《河南省禹州市鸠山镇闵庄瓷窑遗址考古发掘计划方案》征求有关方面意见后递交河南省文物局，计划方案强调闵庄钧窑遗址考古发掘的学术目的在于希望建立钧窑完整的发展序列，特别是了解钧窑初创时期的生产面貌和元明时期钧窑生产状况，完善河南禹州地区钧窑瓷器发生、发展、繁荣到衰落的发展序列和制瓷工艺的发展情况。方案还指出在闵庄窑址采集到的一些明初器物残片与禹州市内钧台窑址发现的陈设瓷地层中共出，因此对于研究日用钧瓷与陈设钧瓷的关系很有价值，可以为探寻陈设类钧瓷生产的基础寻找线索。

2011年4月7日，经国家文物局专家会议评审，国家文物局下发中华人民共和国考古发掘执照（考执字（2011）第74号），发掘单位为北京大学、河南省文物考古研究所，发掘内容为河南省禹州市鸠山镇闵庄钧窑遗址，发掘面积500平方米，发掘时间2011年9月至12月，发掘领队秦大树。9月初，北京大学、河南省文物考古研究所钧窑联合考古队开始组建。作为北京大学考古文博学院历史时期考古学博士生和硕士生的一次教学实习，北京大学派出了了一支由1名教授、博士生导师，1名工程师和2名博士生、5名硕士生组成的考古队伍，与河南省文物研究所派出的1名副研究员、3名技工组成钧窑联合考古队，筹备赴禹州市鸠山镇闵庄钧窑遗址进行发掘的相关工作。

2011年9月19日，北京大学、河南省文物考古研究所钧窑联合考古队进驻闵庄村。9月22日，钧窑联合考古队开始在鸠山镇闵庄村东部开展大面积钻探，钧窑考古活动正式拉开帷幕。

发掘方在闵庄村内的四个地点布方发掘，以期获得不同时期窑业生产的资料，特别是探讨元明时期钧瓷的基本面貌，以及钧瓷民窑生产的特点。发掘共开探沟、探方17个，发掘面积565平方米，文化层一般厚2-3米，最深的地层深达7米余；清理了各类遗迹26处，其中窑炉6座、作坊2座、灰坑12个、灶3座、井2个、墙2道，出土了大量瓷器和窑具，其中完整或可复原标本数千件。

2011年12月29日，钧窑联合考古队在禹州市文化广播影视局文物工作队和禹州钧官窑址博物馆相关同志的帮助下，将全部出土标本转移到了位于禹州钧官窑址博物馆内的北京大学考古文博学院标本整理室。2011钧窑考古闵庄窑址田野发掘工作的顺利结束。

闵庄窑遗址发掘某区探方地层剖面（局部）

【闵庄窑发掘初步成果】 通过发掘和对一个小区的初步整理，主要有以下主要收获：

一，发现并清理了从北宋后期到明代初年的地层。从4个发掘地点的地层堆积及出土物看，闵庄窑址的生产大体可以分

为四个大的时期。第一阶段为北宋晚期，是窑场

北宋末地层出土青釉小香炉

生产的滥觞期，在C、D两个地点发现了时代在北宋晚期的地层，主要以生产白瓷为主，产品种类比较单一，以碗盘类器物为主。特点是器物的釉色比较莹润，一般施两层化妆土，通体施一层薄的化妆土，少量器物还带有白釉绿彩装饰。

北宋末地层出土钧釉葵口洗

第二阶段为北宋末到金代早中期，是窑场生产的第一个高峰时期，地层中出土了较多精美的钧釉和青釉器物。钧窑器物制作规整，造型优美，釉层较薄，釉色淡雅，匀净润泽；青釉器物一般釉质明丽，玻璃质感较强，两类器物多采用裹住支烧或裹足刮釉的装烧方法；与以往在禹州神垕刘家门窑址发掘的第一期地层出土的器物十分相似。可以说这时期是禹州境内窑业的一个发展时期，一些重要的窑场开始生产钧釉瓷器。初步观察，这一阶段器物本事还有一些变化，细致整理还可以分为前后两段。

不久，这里又开始了以白瓷为主的生产阶段，第三阶段的时代为金代后期到元代，器形单调，制作比较粗糙。特点是器物的釉层较薄，显得干涩，施釉不到底，这个时期正是神垕地区钧釉瓷器生产的发展时期，但在不远的鸠山却又开始以生产白瓷的碗盘为主。结合在其他地区的窑址同时还生产制作较为粗率的印花青瓷，说明这些不同釉色的品种在人们的日常生活中具有不同的使用功能，因此在同一时期，不同的窑场分别生产不同种类的瓷器，在大的方面是有所分工的。

元代地层出土钧釉四系瓶残件

闵庄窑址真正的繁荣时期是元末到明初阶段，即本次发掘的第四阶段。产品以钧釉瓷器为主，还有少量白地黑花瓷器，部分制品质量很高。这一以考古地层为基础的发展序列的建立，完善了已有的钧瓷年代发展序列。在第四阶段可以看到制品的特征有所变化，钧釉瓷器的生产从十分粗糙，釉的流动性很强，釉色不匀；再次变得精致而规整，釉色匀净光润。将来通过细致整理，还可以将此阶段分为元代后期和明初两段。有文献明确记载钧窑在明初是用于贡御的，而禹

州诸窑址明初钧瓷生产质量的重新提高，应该是大规模生产贡御瓷器的重要基础。此外，闵庄窑址的生产，在钧釉瓷的早期生产和晚期生产之间，夹有一个大规模生产化妆白瓷的时期，这对于研究钧窑影响的地域扩张与收缩过程，也具有启发意义。

二，大体可以判定在钧窑闵庄遗址，钧瓷的生产延续到了明初。在闵庄C区发现了叠压关系清晰的地层，在最晚也是最丰富的地层中，以钧瓷为主，伴随出土有白地黑花瓷片，特别是地层中还出土了少量景德镇生产的青花瓷片，使地层的年代可以确定为明代初期。这一组地层构成的生产阶段从元代晚期直到明代初年。闵庄窑这个时期的钧釉瓷器从制作粗率变为精细规整，部分产品质量较高，器物厚重而规整，釉层较厚，匀净而光艳，还出土了一些内壁施天青釉，外壁满施紫红色釉的瓷片，与钧官窑花器的特点十分相似。

三，清理了一批重要的遗迹，包括6座窑炉，2个作坊。其中三号窑炉为半地穴式馒头窑，与北方地区其他窑址发现的砖砌馒头窑有较大不同，整体上为土洞式，仅火塘部分的挡火墙为砖建。这种土洞式或半地穴式的窑炉在以往对钧窑的调查、发掘中已有发现，但各具特点，Y3的结构也十分特别，火塘相对来说较大，由于窑门被匣钵堵死，在右侧开进风口，烟囱则比较细小，为此前北方地区未见的结构，较为特殊，从地层关系分析，这组窑炉应该是烧制早期钧釉类器物的，这种不同其他地区窑炉的结构应该是适合烧造钧釉器物的较特殊的窑炉型式。

在C区的一个不大的区域内，在相同的地层中发现了两大两小四座窑炉，表明这很可能是属于一个窑主的一组窑炉；4座窑炉的结构各不相同，显然是不同功用的窑炉，承担了不同生产阶段或烧制不同器物的功能。在附近未发现成形用的作坊，说明这个窑主是在生产中专司烧制的工序，体现出一种达到相对较高程度的分工的商品生产特点。

在A区发现了两座相连的作坊，F1和F2是一墙之隔的窑洞式作坊，禹州一带现在仍然使用窑洞式的房屋，出现窑洞式的作坊在情理之中，只是以往对钧窑的发掘中尚未发现而已，这也是填补了一项空白。在F1中还发现了不明死因的人骨架，与作坊正中的一堆石块堆积在一起，可能代表了一种由突发事件造成的非正常死亡现象，成为一个十分稀有的研究资料。

四，通过发掘，表明闵庄窑是一个典型的民窑，以往在窑址曾出土过素胎的花器瓷片，使人们认为当时钧州为官府所供的花器可能由于数量较大，是许多窑场提供素胎坯件，在钧台进行釉烧；抑或是钧台集中生产，其他窑场进行补充的生产方式。而本次发掘中发现的花器凤毛麟角，完全可以否定上述推测。闵庄窑址出土的器物，基本全部是日用类器物，陈设类钧瓷极少，但器型多样，釉色润泽，推测这里在元末明初时是重要的钧窑民窑生产地。其在一些重要的工艺技术上与钧官窑不相上下，表明当时钧州窑业生产的总体水平都是比较高的，这是钧窑进入贡御行列的基础，官窑和民窑在技术上并无差别，看到的差别是产品使用目的的不同所造成的。

北宋吴孝立墓出土瓷器

【出土墓志与瓷器】 2011年6月，禹州文物管理处通报孟津吴孝立墓及出土瓷器：2006年，洛阳市孟津县发现一座北宋墓葬，墓葬形制已遭破坏，唯出土的一合墓志及四件瓷器被一收藏爱好者收藏。出土墓志为青石质，有盖。盖盝顶，周边光素，顶略呈方形，纵51、横52.5厘米，上刻楷书“宋赠朝散郎吴公墓铭”3行9字。志石正方形，边长70厘米，厚13.5厘米。志文楷书，共28行，满行32字，共计777字。首题为“宋故将仕郎孟州济源县主薄累赠朝散郎吴公墓志铭并序”，次行为“朝议大夫提点西京嵩山崇福宫彭城县开国伯食邑七百户刘唐工撰并书丹”，第三行为“朝请郎新差提

吴孝立墓出土瓷钵（正面）

举陕西路香茶盐等事王干题盖”，末行署“袁异刊”。

与墓志同出土的有4件瓷器，均制作规正，施釉匀称，釉色纯正，釉面玻璃质感较强，手触有光滑感。但水土侵色严重，使得器表颜色不一。它们在墓葬中的位置不详。

吴孝立墓出土瓷钵（底部）

瓷钵　完整。口径12.2，足径6.9，高11，腹深10厘米。圆唇，直口微敛，直腹，小圈足，足内斜削。从露胎处可见足削得十分规整，胎体赭黄色，细而坚致。天蓝色釉微泛褐色，釉层均匀，不见因釉流淌而形成的明显厚薄不均现象，仅在足腹交接的转折处有积釉。总体看釉层较厚，釉面上有浅隐的大片纹，釉施至足际，足心施满釉，釉薄处露有赭黄色斑块。器口部也因釉较薄而呈赭黄色。

吴孝立墓出土瓷碟

瓷碟　完整。口径13.5，足径5.4，高2厘米。圆唇，侈口，沿边有凸缘下垂，浅腹弧曲，大平底，环形大圈足极矮。胎体赭黄色，稍粗而坚致。天蓝色釉泛褐，釉层较厚，釉厚处色深褐。施釉到足际，足心满釉，釉薄处露有赭黄色斑块。釉面布满浅隐大片纹。

吴孝立墓出土瓷碗

瓷碗　老残，可复原。口径22.2，高11，足径6.9厘米。口部微敛，方圆唇，深弧腹，小圈足平直，足内斜削。即所谓的“鸡心碗”。香灰色胎体，坚实致密，外施化妆土。天青釉匀净厚实，玻璃感很强，施釉至足际，足心满釉，开片细密。土浸严重，器表颜色不一。

瓷盘　老残，可复原。口径21.5，高5.5，足径6.9厘米。敞口，尖圆唇，大盘，器型较厚重，弧腹，大平底，平直圈足较矮，足内斜削。香灰色胎体，坚实致密，外施化妆土。天青釉匀净，施釉过底，足满釉，开片细密。土浸严重，器表颜色不一。

4件瓷器的共同特征是做工精细，器物造型规整，釉色淡雅匀净，不带任何装饰。全施满釉，釉层较厚，玻璃质感较强。但土浸严重，器表颜色不一。然依据器物釉色、胎质及器物大小可明显区分为二组：A组包括瓷钵和瓷碟，胎质赭黄，天蓝色釉稍淡，圈足内有赭红色斑块，开片大而稀疏，器型较小；B组包括瓷碗和瓷盘。香灰色胎体，外施化妆土，天青色釉，开片细密，器形较大。

【出土瓷器的窑口及时代】　A组两件器物的釉色和胎质均与钧窑瓷器相似，其中的瓷碟与1976年河南方城县瓷器窖藏出土的钧瓷碟釉色、胎质和大小十分接近；而瓷钵与北京金山金墓出土的钧瓷小碗相似。所以A组器物当是一组钧瓷。B组两件器物釉色和胎质均与汝窑瓷器相似，但其中的瓷碗和方城县瓷器窖藏出土的天青釉Ⅰ式碗、汝州市博物馆藏Ⅰ式碗、河南省长葛县石固窖藏出土的同类碗几近相同。因此，它们虽然具有汝瓷的某些特征，可能是早期“汝钧不分”的缘故，但仍为钧窑产品。总之，这4件瓷器都为钧瓷。根据墓志记载，这组瓷器的年代下限为北宋徽宗重和二年，即公元1119年，而这组器物自身的特点也呈现出北宋末期的时代特征。瓷钵除釉色略有差异外，其造型、胎质以及开片都与河南汝州张公巷窑出土的青釉深腹碗、宝丰清凉寺汝窑址出土的C型碗几乎完全相同。张公巷窑及宝丰清凉寺汝窑的烧造时间被初步确定为北宋时期，该钧瓷碗的年代也应与此相当。瓷碗和瓷碟则分别与方城县出土的Ⅰ式碗与瓷碟形制、大小非常接近，它们的时间也应相当。该墓出土的瓷盘与汝州张家巷窑出土的青釉椭圆形圈足盘，除圈足不同外，其余特征均相似。汝州张家巷窑烧制时间被初步确定在北宋末期，再结合北京金山金墓出土的一组早期钧瓷被判定为北宋末期的产品，吴孝立墓出土得到这4件瓷器应为北宋末期的钧窑产品。

【关于钧窑瓷器始烧年代问题的探讨】 吴孝立墓志与瓷器同出，确切表明北宋徽宗重和二年即公元1119年以前，钧瓷已经开始生产，甚或在神宗元丰八年即公元1085年以前就开始烧造。虽然该墓材料残缺不全，又非科学发掘，但与禹县神垕镇钧窑遗址的发掘资料、北京金山金墓出土钧瓷年代的推断相互印证，有助于解决争论不休的钧瓷开始烧造的年代问题，为研究提供了一组北宋末期钧窑产品的标准器，基本可证“钧窑始于唐，盛于宋。北宋徽宗时期成为御用珍品，并在禹州市东北隅古钧台附近设置官窑……靖康之变，宋窑南迁，官钧窑停烧……到金元时代，钧瓷又有了新的发展……”这一传统观点是基本正确的。

河南叶县文集出土钧窑瓷器

【叶县文集遗址概况】 2011年8月，禹州文物管理处通报文集出土钧瓷器：2006年5月至2008年10月，河南省文物考古研究所会同平顶山市文物局和叶县文化局组建考古队，对叶县文集遗址被南水北调主干渠占压部分进行考古发掘。叶县文集遗址位于河南省叶县常村乡文集村及其西南地，大体可分为东部和西部，南水北调中线工程的主干渠自南而北纵贯遗址的中东部。由于该遗址的遗存十分丰富，实际发掘面积达11300平方米。

文集遗址文化层堆积较厚，平均深度近2米，几乎是不间断地前后纵跨唐、宋、金、元、明，尤以金代遗迹和遗物最为丰富。就各地层之间相互叠压的关系来看，该遗址从下至上也就是从早到晚可分为以下不同的时期：第一个时期为

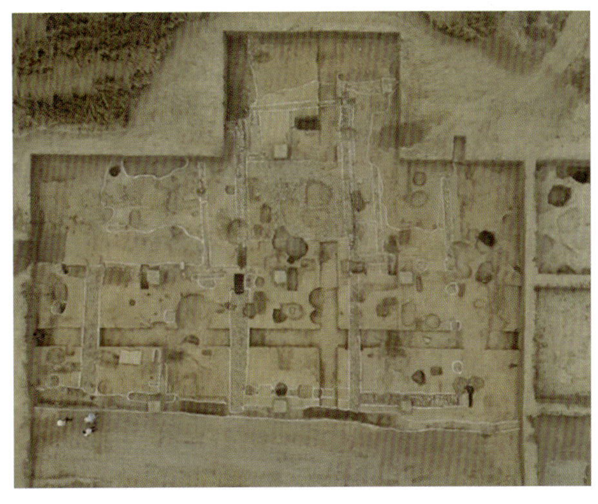

叶县文集遗址航拍图

唐代早期，只有少数几个灰坑与灰沟，推测当时可能只是作为农业耕地使用，个别灰沟可能是排水设施。第二个时期大约在唐代后期至北宋时期，遗址上出现大面积的硬土踩踏面，估计是一处广场类性质的大型活动场所，但遗迹与遗物发现不多，第三个时期大约在北宋末年至金代早期，遗址上首先出现了大范围的堆积很厚的夯得很坚实的青褐色垫土层，显然是某一个经过统一规划的大型基本建设工程项目的地基。紧接着遗址上出现了一些排列不很规则的柱洞，属于较为简易的草棚式房屋，也有一些用青砖砌成的房屋。与此同时，还出现了很多的火膛、火池、地灶、水井与窖藏坑。第四个时期为金代中晚期，遗址中出现有4个范围不等、土色不一的、几乎连成一片的大面积垫土层（即建筑基址，下同）。在这块较大范围的建筑基址西半部有大片的排房式建筑物。第五个时期是金代末期至元代早中期，是遗址中最后一次大规模建筑时期。房屋基址同样也是在一个较大范围的垫土层之上建筑起来的。不过其建筑方式与此前不同，皆采用大块河卵石作为墙基的基础与柱础，建筑规模更大、更宏伟。此后随着这些房屋被废弃，遗址也就衰落了。第六个时期大约为元末明初，遗址范围缩小，退缩到金元时期遗址东北部的一个角落，主要是一些用河卵石堆砌成墙体的房屋基址与庭院式的围墙。它的废弃即标志着该遗址的终结。

文集遗址共发现各类遗迹1470多个，计有大型建筑基址7处、房基50多座、灰坑1100多

个、窖藏坑10多个、灰沟20多条、道路3条、地灶80多个、火池100多个、砖池60多个、水井14眼、地道1处、墓葬4座。其中最为重要的遗迹是5座保存较好的较大型房基、4个存留瓷器数量较多的窖藏坑和1个埋藏有一大缸铜钱币的窖藏坑。绝大多数遗迹都位于金代至元代初年的文化层之间。

就文集遗址的整体布局来看，它是以一条从唐代后期开始使用的，自西向东横贯遗址中部的东西向道路为中轴，所有其他遗迹分别沿街道的南北两侧依次排列，然后再向南北方向纵深展开的。这条道路在发掘区的中部呈慢弧形折转向东北方向，并且在转弯处向南分出一个叉道。由于此遗址位于汝河北岸的二级台地上，所以这个叉道很有可能是通向河边码头的通道。此叉道向南约30米是河边的断崖。

所有房屋基址大都是沿着街道两旁而建。由于年代的差异其建筑形式也大不相同，从早到晚大致可分为单间式、简易草棚式、连间排房式和庭院式。最早的单间式建筑物属于唐代至五代时期，仅发现2座。稍早的草棚式建筑物属于金代初期，位于道路的两侧，甚至是在道路上. 残留的遗迹大多是一些柱洞。稍晚的房屋属于金代早中期，是一种砖砌的连间排房式建筑，或三四间或七八间相连在一起。大都用青砖埋在墙基槽沟作基础，墙体或用青砖与土坯砌成，或在墙基槽内竖立多根木柱，后用夯土填实基槽，即所谓木骨墙。最晚的一组房屋基址属于金代末期至元代初期，是一种庭院式建筑，用大型河卵石作为墙基与柱础，柱础坑为圆形或方形，口部直径或边长均约1米。其北面为主房，东西各有厢房，院落后面另有一些附属性小型房屋。其东西总长22. 15米，南北宽约20米。这一院落气势宏大，地基范围宽广，用石很多，平整细致，深厚结实，决非以一般平民之力所能建造。从周边灰坑出土大量的砖瓦残片可以看出，这些房屋除大量的茅草房外，至少有一部分为瓦顶房。

窖藏坑位于房屋基址之内或其附近，大多是口小底大的竖穴圆形坑，并有少数为方形坑，还有一种带有地道式洞室。在众多的窖藏坑中，有4个坑出土瓷器达90余件，连同铁器、陶器在内计有100多件。有一个铜钱窖藏坑内出土满满一大缸铜钱，估计有800多公斤，绝大多数是北宋铜钱，也有南宋与金代铜钱。其他的一些窖藏坑或多或少地出土一些瓷器、铜钱币或铁锄、铁錾、铁桶箍等器物。在这批窖藏坑所出瓷器中，尤其以3件套保存完好的配有盏托、盏碗与盏盖的钧窑茶盏引入注目。这批窖藏坑的年代大都属于金代，最晚可能迟至元代初期。

水井有土壁井和砖壁井，井内大都有较多的瓷器残片，不少尚可复原。地灶或用土坯砌成，或就地挖坑修整而成，灶门朝向各不相同，房屋内外的陶水缸或陶盆，为固定其位置大都深陷于居住面以下的那个为其量身定制的凹坑里边。遗址内发现不少储钱陶罐，有的被埋在居住面下的一个小坑里。居住区内有很多呈六边形或正方形的砖砌小池与圆窝形小池，有的里面还盛有褐色或灰白色草木灰迹，它们可能是用来放置锅或其他器物的案子或座坑，有时或用来作为保持锅内饭食温度的火膛。

钧瓷盖、盏、托

【出土遗物】 单就现阶段复原情况看，已发现完整或较完整的器物2300余件。以其质地的不同，可分为陶、瓷、三彩、铁、铜、银、玉和石。其中瓷器数量最多，大都是生活用器皿。以釉色的不同，可分为白、黑、青、钧、酱色五种，其中白瓷占绝大多数，黑瓷、酱釉色瓷次之，青瓷与钧瓷数量较少。据不完全统计，瓷器的器型计有碗、盘、钵、盏、盂、瓶、灯、执壶、尊、盆、缸等器皿类物。此外还有瓷俑、绞胎球、玩具等。就其装饰技法来看，计有模印、刻划和绘花，装饰花纹的种类计有三彩、白地黑花、红绿彩和青花。比较典型的瓷器品种有白釉瓜棱盂、葵口碗、菊瓣纹碗、斗笠碗、黑釉凸黄线执壶、三彩枕与灯、白地黑花碗与盆等。在几个金代的大灰坑里，有不少白瓷碗的圈足内墨书有姓氏或人名，推测可能是使用者的姓或名，此外，在一件碗内底部还发现有“都务”、“都”等字样的墨书题款。这些记载可能与本遗址在某一时期的用途密切相关。

花口菊线纹碗

从遗址出土的瓦当与大型吻兽类房屋构件、大量的民用瓷器与少量较为高档的瓷器，较为集中的大型地灶与火池，相对集中的铜钱币与瓷器窖藏坑，以及较多的围棋子、骰子等与娱乐活动相关的玩具来看，这里显然不是一般意义上的村落遗址。

综合多方面因素，考古人员认为文集遗址应是自唐代延续至元代的、在金代发展为较大规模的民间商品流通、交易场所——集镇一类的遗存。遗址中较为清晰而明确的地层关系和丰富的遗迹、遗物，为研究这一地区唐代至明代的历史文化面貌，尤其是金、元时期民间的经济贸易往来、文化交流、社会生活诸方面的发展状况提供了一批珍贵的资料。

以下是2009年在保利博物馆展览的部分瓷器，按考古报告，全部定为金代器物。

青釉碗　口径22.4cm，底径6.9cm，高10.9cm。敞口，斜弧腹，小圈足。青釉，釉面有冰裂纹开片。垫烧。

青灰釉碗　口径22.8cm，底径6.7cm，高10.8cm。口微敛，斜弧腹，小圈足徽外撇。青釉泛灰，有较强的玻璃质感，釉面有网状开片。

花口菊线纹碗　口径24.4cm，底径7.8cm，高11.6cm。花口、弧腹、小圈足。器腹呈菊线状，与花口相对应。青釉，釉面莹亮，釉面布满网格状开片。垫烧。

钧瓷扣银边碗　口径13.7cm，底径4.5cm，高8cm。口微敛，斜弧腹，小圈足。口原施银扣，已剥落。天蓝色釉，釉面光亮，匀净细腻，通体冰裂纹开片。垫烧。

青釉碗　口径19cm，底径5.5cm，高8.8cm。敞口，斜弧腹，小圈足。青釉泛灰，有较强的玻璃质感，通体冰裂纹开片，口沿釉薄处呈酱褐色。垫烧。

钧瓷葡萄紫斑碗　口径8.6cm，底径2.9cm，高6cm。器型较小。敛口，弧腹，小圈足。葡萄紫色釉，部分泛蓝，釉面光亮，匀净细润，口沿釉薄处呈浅褐色。垫烧。

青釉侈口碗　口径13.6cm，底径3.8cm，高6.1cm。尖唇，侈口，斜弧腹，小圈足。青釉泛灰，有较强的玻璃质感，通体冰裂纹开片，垫烧。

钧瓷碗　口径11.2cm，底径4.1cm，高4.6cm。敞口，斜弧腹，小圈足。天蓝色釉，釉面光亮，匀净细腻，通体细小冰裂纹开片，口沿和器身釉薄处呈浅褐色。垫烧。

钧瓷盖罐

青瓷小碗　口径8.5cm，底径3.1cm，高4.7cm。器型较小。尖唇，口微敛，弧腹，小圈足。青釉绿中泛灰，有较强的玻璃质感，口沿釉薄处呈浅褐色。垫烧。

满釉支烧板沿盘　口径17.8cm，底径9.5cm，板沿宽3.1cm，高3.1cm。宽平板沿，外沿凸棱一周，浅弧腹，大平底，圈足。天青色釉，釉面莹亮，光洁细润，口沿釉薄处呈浅褐色。满釉支烧。

钧瓷执壶

板沿盘　口径18.2cm，底径10.7cm，板沿宽3.1cm，高3.3cm。宽板沿，略内斜，外沿浅凸棱一周，矮弧腹，大平底，圈足。天青釉泛蓝，釉面光亮，匀净细腻，有冰裂纹开片，口沿釉薄处呈浅褐色。满釉支烧。同时出土的盘、碗器类，除板沿盘为满釉支烧外，其余足端无釉，皆为垫烧。

钧瓷盘　口径16.6cm，底径5.3cm，高3.8cm。尖唇，敞口，斜弧腹，平底，小圈足。天青色釉，釉面莹润，通体冰裂纹开片，口沿釉薄处呈浅褐色。垫烧。

青瓷盘　口径15cm，底径4.8cm，高2.9cm。尖唇，敞口，折壁浅腹，平底，小圈足。青釉泛绿，釉面莹润。垫烧。

钧瓷执壶　口径2.2cm，底径4.9cm，高10cm。圆唇，溜肩，鼓腹，下腹向底缓收，平底，圈足。腹部一侧有流，流口微残，肩部有一对应执柄。天青色釉，釉面光亮，匀净细腻。

钧瓷盖、盏、托　通高7.8cm。盖为平沿，顶部下凹，内唇翘起，形成子口与盏扣合。盏为敞口，弧腹，平底，小圈足。托为宽平板沿，斜弧腹，平底，圈足。盖、盏、托皆为天青色釉，釉面光亮，匀净细腻，通体冰裂纹开片，口沿釉薄处呈浅褐色。垫烧。

钧瓷盖罐　底径5.2cm，高9.3cm。盖为平沿，顶部下凹，中有一握纽，内唇翘起，形成子口，与罐身扣合。罐为敛口，深腹外鼓，下腹向底缓收，平底，圈足。天青釉泛蓝，釉面有较强玻璃质感，通体冰裂纹大开片。垫烧。

钧瓷盏　口径7cm，底径3.6cm，高5.4cm。敞口，弧腹，平底，圈足。青釉泛紫，釉面莹润，满布细密冰裂纹开片，口沿呈浅褐色，部分露胎。垫烧。

青瓷三足炉　外口径10.3cm，内口径8cm，残高7.6cm。宽折沿，略内斜，外沿突棱一周，短颈，圆鼓腹，外附三个锥状足，圜底，底心挖一圆凹坑。青釉泛绿，釉面有玻璃质感，通体冰裂纹开片。

青釉支烧盘　口径24.2cm，底径13.8cm，高5.6cm。敞口，弧腹，圈足。底部有5个小米粒状支钉痕。青釉泛绿，釉面布满冰裂纹开片。汝窑敞口圈足盘的圈足多以外撇为主。

钧瓷匜　口径16.7cm，高7cm。尖唇，敞口，斜弧腹，平底，内凹足。口沿外附槽形流，流下附环。天青色釉，釉面光亮，匀净细腻，釉面布满组密网格状开片，口沿釉薄处呈浅褐色。造型精致。

青釉盘　口径17.8cm，底径10.8cm，高4.1cm。尖唇，敞口，斜弧腹，平底，圈足。釉色青绿泛灰白，釉面侵蚀较严重。垫烧。

钧瓷匜

钧官窑址博物馆

【概况】 禹州钧官窑址博物馆是禹州市委、市政府于2008年投资兴建，由两院院士、著名建筑设计大师齐康教授主持设计，以国家级重点文物保护单位——北宋钧官窑遗址为核心，集遗址保护、文物陈列、技术研发、学术交流、钧瓷制作、宣传教育为一体的遗址类钧瓷专题博物馆。博物馆占地47000平方米，建筑面积15000平方米，由主体展馆、宋钧官窑遗址展示馆和钧瓷工程技术研发中心三部分组成，其中，主体展馆建筑面积11000平方米，展厅面积4980平方米，由“大禹之州、浴火千年、御用官钧、成器之道、万彩永辉、文苑雅集”等六个展厅组成。是传统与现代建筑风格有机结合的典范，国家4A级旅游景区。2011年11月正式开馆。

钧官窑址博物馆大禹之州展厅

【文物征集工作】 文物征集是博物馆的一项常态工作、重点工作。博物馆文物征集已全面启动，并取得良好效果。2011年，积极与省、市文物部门沟通联系，调拨市文物管理处310件馆藏文物，充实博物馆藏品；积极与中国工艺美术大师、陶瓷大师、书画家、摄影家等联系合作，以联合办展的方法来收藏作品；从民间藏家的收藏中征集藏品，拾遗补阙，从而确保博物馆展线的系统性和完整性。

钧官窑址博物馆“神垕古镇”场景模型

【安全防范】 2011年，博物馆不断加强安全防范和消防设施基础设施建设，完善安防人员安防装备的合理配备，做到技防、人防、物防三者有机结合。馆区及周界防范，做到博物馆内部外围无缝、无死角、无盲区；做到多种探测及监视措施相结合，实现较为完善的监控管理。建立完备的职、责、权管理体系，使相关人员明确各自承担的责任和权利。禹州市公安局在博物馆成立了警务室，由4名正式干警、24名防暴大队队员24小时全天候值班巡逻，为博物馆建设提供良好的环境。

古代钧瓷制作工艺模型

【钧瓷文化弘扬】 2011年，博物馆按照钧瓷文化节筹备委员会的要求，先后于9月份、11月份分别与北京卫视联合打造了“天下收藏”活动；与中央电视台新闻频道沟通联系，进行了第七届钧瓷文化节开幕、禹州钧官窑址博物馆开馆、闵庄钧窑遗址发掘的现场报道活动。特别是闵庄钧窑遗址发掘，经中央电视台新闻频道直播后，引起了社会各界的高度关注，取得了轰动的社会效应，极大提升了钧瓷文化的影响力。积极参加高层次学术会议，宣传钧瓷文化。11月19日应邀参加了由教育部人文社科重点研究基地黄河文明与可持续发展研究中心、省发改委经济研究所主办，在河南大学举行的第三届“黄河学”高层论坛暨黄河流域文化产业发展研讨会，就全市钧瓷文化产业发展情况作主题报告并提交了会议论文。

钧瓷艺术馆

【晋佩章钧瓷艺术馆】 2011年6月6日在禹州市神垕镇钧瓷文化试验区的晋家钧窑新址内开馆。

晋佩章钧瓷艺术馆展厅

晋佩章钧瓷艺术馆占地1800平方米。2009年5月开始修建，历时2年，投入近千万元。整个艺术馆共分为制作生产区、窑炉烧制区和艺术展示区三个区域。此次对外开放的是窑炉烧制区和艺术展示区。艺术展示区分钧瓷历史、刘山书屋、科研成就、作品展示、奇珍共鉴五个展厅，以翔实的文物资料，还原了晋佩章先生的人生经历，展示了晋佩章先生的艺术成就。晋佩章先生生前用过的工具和调查材料、研究文稿、所用的试验器具等300多件展品品都首次向观众展陈。

晋佩章藏书展柜

晋佩章钧瓷艺术馆开馆后，将作为晋佩章钧瓷研究会常住单位，进一步强化晋佩章钧瓷艺术馆的文化内涵，充分挖掘这位钧瓷文化名人的历史文化价值。并组织国内艺术陶瓷业界交流活动，打造全国性的艺术陶瓷交流、研究平台。

【大刘山陶艺村】 2011 年 5 月 5 日举行奠基仪式。

大刘山陶艺村位于神垕镇大刘山半腰，占地 20 余亩，建筑面积 10000 多平方米，总投资达到 3000 多万元。陶艺村依托神垕文化优势，计划将关爷庙社区原邵家门自然村整体改造包装，融入神垕独特的钧瓷文化，建成集钧瓷创作、陶艺体验、餐饮住宿、休闲娱乐为一体的综合型陶瓷文化艺术村。建成后将成为神垕镇文化旅游产业的一个亮点。

【大龙山钧瓷文化村】 2011 年 5 月 11 日开馆。

大龙山钧瓷文化村全景

钧瓷标本展示厅

艺术馆位于神垕镇大刘山脚下，馆长王建伟先生经过近两年的努力，利用钧瓷窑炉遗址和自己珍藏的数十万件钧瓷古标本等资源，建立起大龙山钧瓷文化村艺术馆，为钧瓷文化爱好者搭建了一个体验钧瓷文化和欣赏钧瓷珍品、精品的有利平台。

【钧之美艺术馆】 钧之美艺术馆位于神后镇解放路西段，由锦丰源钧窑投资 80 多万元兴建，2010 年 8 月开馆。艺术馆展示面积 300 多平方米，作品主要为锦丰源钧窑各个时期生产的煤烧、柴烧、气烧钧瓷作品三百多件。展厅在设计上着力体现古朴自然的风格，展品陈列上力求充分体现钧瓷的传统工艺和技艺的精湛。至 2012 年钧之美艺术馆已成为一个展示传统煤烧、柴烧钧瓷的窗口、钧瓷同行聚会交流的场所和外界专家学者和来宾到神垕调查研究、赏钧品茗的重要基地。

钧之美艺术馆

游客参观钧之美艺术馆

行业管理人物

周郑生（参见《中国钧瓷年鉴第 2 卷》）
蔡全法（参见《中国钧瓷年鉴第 2 卷》）
王友华（参见《中国钧瓷年鉴第 2 卷》）
张　红（参见《中国钧瓷年鉴第 2 卷》）
王　山（参见《中国钧瓷年鉴第 2 卷》）
张玉骉（参见《中国钧瓷年鉴第 1 卷》）
王爱纯（参见《中国钧瓷年鉴第 1 卷》）

唐群喜　男，汉族，1962 年 12 月出生，河南省鄢陵县人。大学文化，中共党员。1981 年 9 月参加工作。历任共青团鄢陵县委副书记；中共许昌市委政研室党建科科长，综合科科长，政研室副主任；许昌市人民政府副秘书长；2002 年 12 月任中共禹州市委副书记；2006 年 5 月任禹州市委常委、纪检委书记；2007 年 4 月任禹州市委常委、常务副市长；2008 年 6 月，任禹州市钧瓷文化产业发展及神垕古镇开发建设指挥部副指挥长，兼镇区基础设施建设及环境整治领导小组组长。2009 年 8 月任中共禹州市委副书记、市政府常务副市长，许昌市钧瓷文化产业园党委书记、管理办公室主任。2011 年元月离职，任许昌市东城区管理委员会主任。

王运玺　男，汉族，1958 年 9 月出生，河南省鄢陵县人。大学文化，中共党员。1976 年 8 月参加工作。历任许昌市物价局检查所副所长；中共许昌市委办公室督办科副科长，许昌市委办公室信息科科长；许昌县人民政府副县长；中共禹州市委常委、市委统战部部长。2006 年 5 月任中共禹州市委常委、市委宣传部部长。2009 年 8 月兼任许昌市钧瓷文化产业园管理办公室党委副书记。2011 年 5 月任许昌市钧瓷文化产业园管理办公室党委书记。

尹俊营　男，汉族，1965 年 11 月生，河南省禹州市人，研究生学历。1983 年 8 月参加工作，1994

年12月任许昌市市委组织部副科级组织员，历任办公室副主任、知识分子工作科科长、办公室主任；2004年4月任魏都区区委常委、组织部长，2009年8月任许昌县委常委、组织部长，2011年6月任禹州市委常委、市政府常务副市长。《中国钧瓷年鉴》编委会副主任。

张俊海 男，汉族，1964年3月生，河南省长葛市人，中共党员，本科学历。1986年8月参加工作，历任长葛市增福庙乡政府组织委员、副乡长、副书记、乡长、乡党委书记，长葛市董村镇镇党委书记；2004年5月任许昌县人民政府副县长。2007年5月任禹州市人民政府副市长，市钧瓷发展委员会副主任；2008年3月任禹州市钧瓷鉴定委员会副主任；2008年6月任禹州市钧瓷文化产业发展及神垕古镇开发建设指挥部副指挥长兼钧瓷文化产业发展及景观道路建设领导小组副组长。2011年6月任中共禹州市委常委、宣传部长。

赵宪领（参见《中国钧瓷年鉴第2卷》）

温荣堂 男，汉族，1963年3月出生，禹州市古城镇人，中共党员，大学学历。历任禹州市委组织部副科级干事，古城镇党委副书记、经委主任，鸿畅镇党委副书记、镇长，磨街乡党委副书记、乡长，统计局党组书记、局长，市发改委党组书记、主任。2009年8月任许昌市钧瓷文化产业园管理办公室副主任，兼任禹州市发改委党组书记、主任。2011年6月离职。

张金伟 （参见中国陶瓷设计艺术大师）

程耀伟 （参见《中国钧瓷年鉴第2卷》）

王跃进 男，汉族，禹州市人，1958年8月出生，中共党员，研究生学历，经济师。1976年7月参加工作，1976年7月至1978年3月上山下乡当知青，1978年3月至1981年10月在部队服役；1981年10月至1987年3月在市公安局工作，任市公安局政治办公室副主任；1987年3月至1992年11月，在中共禹州市委政法委工作，任市委政法委办公室主任（副科级）；1992年11月至1994年4月任市无梁镇党委副书记、经委主任；1994年4月至1996年2月任市古城镇党委副书记、经委主任；1996年2月至2002年2月任市韩城街道办事处党委书记、办事处主任；2002年2月至2005年9月任市农业局（农经委）党委书记、局长（主任）；2005年9月至2008年5月任市企业发展服务局党委副书记、局长、市“非公办”主任；2008年5月至2010年4月任市科技局党组书记、局长；2010年4月任市工业和信息化局（市科技局）党委副书记、局长。

赵朝岭 男，汉族，1963年2月出生，禹州市人，本科学历，1980年10月参加工作，1985年9月入党。历任禹州市电厂党委委员、副厂长，方山镇党委副书记、镇长，苌庄乡党委书记、人大主席，花石乡党委书记、人大主席，禹州市物价管理办公室党组书记、主任，2010年4月，任禹州市工业和信息化局党委书记。

杨俊贤 男，汉族，禹州市张得乡人，1988年7月毕业于河南省许昌商业学校会计专业。1994任鸿畅镇计生办主任，1995年6月任鸿畅镇党委宣传委员，1996年2月任鸿畅镇党委秘书，1998年3月任鸿畅镇副镇长，2003年任鸿畅镇党委副书记兼纪委书记，2006年3月任禹州市产业聚集区管委会副主任（正科级），2011年12月任禹州市陶瓷工业局党组副书记、局长。

霍保宏 男，汉族，1973年8月10日出生，大学本科学历，1992年8月参加工作，1998年10月入党。1996年4月至2001年2月在禹州市政协办公室工作，2000年8月至2002年6月在中央党校许昌分院学习本科，2001年2月至2009年7月在禹州市药管委工作，2009年7月至2011年9月，任禹州市文化改革发展试验区管理办公室任副主任，2011年10月任禹州市文化改革发展试验区管理办公室主任。

海书杰 男，1979年8月出生，回族，禹州市颍川办人，中共党员，研究生，博士学位。2010年10月任禹州市钧瓷研究所主任科员，2011年3月任禹州钧官窑址博物馆党组书记。

马朝阳 男，1965年8月出生，河南省禹州人，中共党员，专科学历。2000年任禹州宾馆副总经理，2003年任禹州市钧瓷研究所副所长，2011年3月任钧瓷研究所党支部书记、禹州钧官窑址博物馆副馆长。

生产经营人物

中国陶瓷设计艺术大师

梅国建 男，汉族，1953年4月出生，河南登封人。河南省工艺美术大师，中国陶瓷设计艺术大师。平顶山学院陶瓷研究所所长，中国陶瓷工业协会常务理事，中国工艺美术学会会员，河南省工艺美术协会常任理事，河南省收藏协会陶瓷专业委员会顾问，河南省禹州钧官窑遗址博物馆高级顾问，河南省禹州市钧瓷研究所高级顾问。河南省禹州市钧官窑遗址博物馆专家组专家。

主编《二十世纪中国传统钧瓷》、《中国工艺美术大师刘富安钧瓷作品集》、《中国历代钧瓷釉色》、《二十世纪宜兴青瓷和纹片釉陶》以及部颁本专科教材《艺术鉴赏》等6部专著。其著作被国内外多所大学图书馆和国家图书馆收藏。发表《20世纪传统钧瓷的发展概述》、《唐鲁山花瓷与宋清凉寺汝瓷》等多篇论文。主要鲁山花瓷及钧瓷作品有：《石系列》、《钵》、《凤尊》、《淑女瓶》、《生命》、《豹》、《腰鼓》、《豆》、《四系罐》等七十多种。2011年10月，鲁山花瓷作品“豆”及汝瓷作品“钵”，参加法国卢浮宫“中国21位当代顶级陶瓷大师作品展”。

2006年开始，主持河南省科研项目“鲁山花瓷复仿制技术”。经过上百次烧制试验，结合现代工艺和技术，仿制、恢复了唐代鲁山花瓷的烧制。至今已研制恢复传统器型30余种。2011年12月18日，该项目在北京故宫博物院通过专家评审。参加的专家有耿宝昌（组长）、王莉英、李卫东等。该项研究成果恢复失传千年的唐代花釉瓷制作技术，继承优秀的中华文化，填补目前我国陶瓷研究领域的一项空白。代表作品花瓷细腰鼓，造型优美，品相优良，可与唐代作品相媲美。根据花瓷黑釉乳白蓝斑的特点，创造的新花瓷作品“笔筒”、“水盂”、“豹”、“瀑布”等现已批量生产并走向市场。2010年第三届世界华人华侨中原合作论坛选用其花瓷作品“豆”300件作为外宾礼品，产生了良好的社会和经济效益。2011年6月，中华能源（香港）环球投资有限公司签下2.6亿美元的合作项目，建立鲁山县仿唐鲁山花瓷（唐代钧瓷）复原生产基地。这是河南陶瓷业历年来赢得的最大的一笔省外投资。2011年11月鲁山花瓷作品“细腰鼓”等参加法国十七届非遗展（卢浮宫展出）。

2012年4月补选为：中国建筑卫生陶瓷协会装饰艺术陶瓷专业委员会副主任委员。

2012年6月被选为：中国陶瓷大师联盟副主席。同月，“鲁山花瓷复仿制技术”项目被平项山市科技局评为科技进步特等奖。光明日报、科技日报、香港大公报都进行专题报导。

他重视中国陶瓷文化和技艺的传承，受平顶山学院聘请主持创建平顶山学院陶瓷研究所并担任所长。同时在平顶山学院创建设立河南省首个本科陶瓷艺术设计专业，并亲自传授陶瓷艺术设

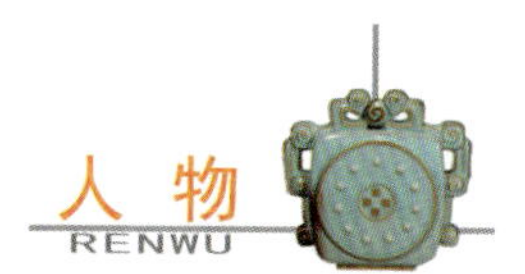

计与制作技艺。作品《中国钧瓷历代釉色》被美国哈佛大学、华盛顿大学、国会图书馆、日本东京大学、澳大利亚国家图书馆、巴法利亚州图书馆收藏。

张金伟 男，汉族，1966年10月出生，河南省长葛市人。中共党员，本科学历，工学学士学位，江南大学艺术设计专业研究生，高级工艺美术师职称。先后获河南省陶瓷艺术大师、河南省工艺美术大师、中国陶瓷艺术设计大师等称号，为第六届中国陶瓷工业协会理事会常务理事、河南省陶玻协会副理事长、第十届全国青联委员；1989年毕业于焦作矿业学院，在禹州参加工作；2002年1月任禹州市钧瓷研究所所长；2009年始，主持禹州钧官窑址博物馆的规划、建设、布展等工作；2010年元月任许昌市钧瓷文化产业园管理办公室副主任；2011年兼任禹州钧官窑址博物馆馆长。

在钧瓷传统工艺的挖掘、整理，现代钧瓷艺术品的创作和钧瓷文化研究等方面做出诸多贡献。先后主持河南省重大科研攻关项目“钧瓷无匣钵明焰煤烧技术”；完成钧官窑双火膛窑炉的复制，受到国内外专家高度赞誉；与天津大学联合开发“钧瓷艺术造型自动化”项目，被确定为省文化产业发展重点扶持项目。2003年3月1日在《许昌日报》上发表《浅谈钧瓷艺术发展方向》；2005年5月在郑州大学学报《美与时代》上发表《试析钧瓷艺术发展的经济社会因素》；2005年7月在《2005中国禹州钧窑学术研讨会论文集》上发表《钧窑相关问题之我见》、《关于钧瓷产业健康发展的思考》；2006年1月合著的《钧台窑发现与探索》由中州古籍出版社出版；2007年组织编写《钧瓷研究》杂志并任主编；2009年出版《张金伟作品集》；2010年合著《中国历代钧瓷釉色》由文物出版社出版。

在钧瓷设计方面，获得钧瓷外观设计专利15项，创作的钧瓷作品具有鲜明的艺术特点，造型端庄典雅、线条流畅、饱满大气；釉色宁静、幽远、自然、质朴，得到众多专家的肯定并屡屡获得大奖。2003年“益寿瓶”在首届中国陶瓷艺术展获“中陶杯”优秀奖；2006年“双凤广口瓶”在第二届中国（深圳）国际文化博览交易会上荣获中国工艺美术精品奖“铜奖”、在新加坡世界华人艺术精品系列展中被世界艺术家联合总会授予“金奖”、被河南省工艺美术学会授予“河南省杰出手工艺奖章”；2006年“单弦瓶”在中国钧瓷创新评定会上被河南省工艺美术学会授予“银奖”；2006年“无语系列之二”在中国钧瓷创新评定会上被河南省工艺美术学会授予“银奖”；“双鱼罐”在2006年第二届中国收藏家喜爱的工艺美术大师和精英作品评选中获“金奖”。2007年“无语系列之一”获第十二届“中南星奖”设计艺术大赛“金奖”；作品“无语·太极”在2008年第四十三届国际陶艺大会作品展中获得优秀奖；2010年“盘”荣获首届中国历史名瓷烧制技艺大赛“铜奖”；2010年“洗”荣获首届中国历史名瓷烧制技艺大赛荣获“优秀奖”；2010年12月“佛缘”荣获第九届全国陶瓷艺术设计创新评比中荣获“银奖”。

张金伟作品——太极

2011年10月，被中国建筑卫生陶瓷协会授予“中国陶瓷艺术设计大师”称号。2013年7月被中国陶瓷工业协会授予“全国有突出贡献的陶瓷科技工作者”称号。

刘志钧 男，河南省禹州市人，中国陶瓷设计艺术大师、工艺美术高级职称评审委员会评委、国家职业技能鉴定考评员、高级工艺美术师、高级设计师、河南省陶瓷艺术大师、河南省美术家协会设计艺术委员会委员、河南省美术家协会会员、中国工艺美术学会会员、中国陶瓷工业协会会员、中国工业设计协会会员。河南工业大学艺术设计学院客座教授、河南工艺美术学校兼职教授、郑州轻工业学院轻工职业学院兼职教授。

生于艺术世家，自幼随父学习绘画。先后师从原湖北美院院长尚扬教授研习绘画，师从新中国第一代陶瓷人清华美院张守智教授研习陶瓷艺术设计，师从设计专家付中承、陶瓷总工杨文宪研习陶瓷设计及陶瓷工艺。

大学毕业后，就职于黄河科技大学工艺美术系，1993年9月，供职于郑州大学新闻系，1996年与中国工艺美术大师刘富安一起创建刘富安钧瓷工作室，并任副主任，大师助理。2007年5月就职于河南省陶瓷玻璃行业管理协会，任副秘书长，河南省陶瓷专家委员会秘书长，《河南陶瓷》杂志执行主编、《陶瓷中国》杂志编委、2012年任中国工艺美术学会陶艺委副秘书长。

在陶瓷艺术创作中，坚持以人为本的设计理念，在研习、领悟传统陶瓷文化艺术的基础上，融入现代陶瓷设计理念与手法，创作出许多优秀陶瓷作品，并在学术和技术上开拓进取，锐意创新。

个人作品连续三年斩获“河南之星”艺术设计大赛金奖，被河南省发改委授予“河南省陶瓷艺术突出贡献奖”、“河南省最佳设计师”，被河南省工商联授予“中原陶瓷文化杰出青年”

获国际和国内大奖70余项，在省级以上刊物发表论文计20余篇。作品20余件被英国珍宝博物馆、国内多家博物院等收藏机构永久收藏。

冀德强 男，禹州市人，1968年2月生，中共党员，许昌市民协副主席，许昌（中国）钧瓷研究院副院长，中国古陶瓷学会会员。1989年毕业于周口师院美术系，同年任教于禹州市神垕陶瓷职业高中，从事陶瓷造型设计的教学和研究。1993年调入禹州市钧瓷研究所，专业从事钧瓷造型设计、釉料配制、窑炉创新、制作工艺的研究，之后任禹州市钧瓷研究所副所长．1999年被河南省民间文艺家协会授予“河南省民间艺术家”称号，2003年被河南省陶瓷玻璃行业管理协会授予“河南省陶瓷艺术大师”称号，2011年被文化部中国世界民族文化交流促进会和中国建陶协会联合授予“中国陶瓷设计艺术大师”。

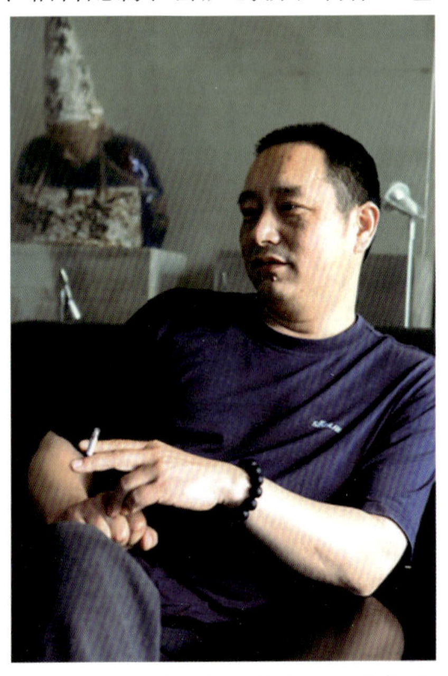

在钧瓷界，冀德强是一个颇具潜质的后起之秀。与一般的钧瓷艺人不同，他具有美术专业大学学历，对钧瓷的造型之美、艺术之美有着独特的见解；他成立了独立的钧瓷工作室，十分谙熟钧瓷的整个工艺流程。2001年，全国著名美术

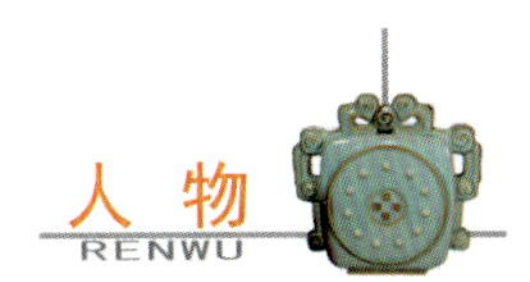

大师韩美林来禹州市钧瓷研究所搞钧瓷创作，在与当地的钧瓷名家座谈时，冀德强对钧瓷的感悟引起了他的重视。韩美林将其带到北京，在自己的工作室里言传身教长达两年。冀德强成为钧瓷界不多的韩美林弟子。

冀德强任禹州市钧瓷研究所副所长期间，主要负责所里的技术工作。他对钧瓷的造型艺术情有独钟、创作出了许多既能体现时代特点、又能体现钧釉艺术张力的独特造型。他认为，当令钧瓷的造型大致分为三类：一是仿古类，依照宋时的造型，进行仿制。二是工艺类，在瓶瓶罐罐的基础上稍加改动，讲究工艺，造型精美。三是艺术类，注重文化内涵，把钧瓷上升到文化艺术的范畴，受其老师韩美林大师的影响而创作的“凤歌九天”之所以受到人们的热捧，就是因为它们对《易经》中一些厚重的文化，用立体的方式进行了巧妙佺释。所以，造型在遵从自身规律的同时，应该吸收更多的造型语言符号，增加钧瓷的文化内涵，表达其历史性、地域性的共同审美和个性化的时代情趣，着重钧瓷艺术的价值创造。

冀德强重视钧瓷造型的创新，得益于韩美林大师的言传身教。韩美林设计的“美林鱼”、“美林钵”等系列，使冀德强真正认识到，钧瓷不只是摆在博古架上的工艺品，还可以走向更神圣的艺术殿堂，成为更昂贵的国际礼品。这里面必然包含着文化内涵。因此，在造型创新上，应该认真研究传统的中国文化。不但可以从商周青铜器和汉陶、明清陶瓷中汲取营养，同时也应关注远古的象形符号。文字、岩画，汉唐的石雕、壁画、石窟艺术·这些文化遗产给艺术家们留下了丰富多彩的形象符号，把这些元素进行筛选分析，消化吸收，转化为钧瓷造型语言，不但能够充分体现钧瓷造型古朴大方、端庄稳重的风格，而且完全可以通过这些文化积淀形成的象征物，进一步弘扬中国的传统文化。

冀德强把大量的时间用在了钧瓷的创作上。他的作品一改传统造型的模式，注重将写实和写意的手法相互结合，更大胆地来表现钧瓷的现代之美。他创作的“汉风’，用手拉坯一气呵成。然后在传统罐子的基础上，用四系和乳钉进行装饰，以打破传统的严整和宁静。与此同时，施袖以天蓝点斑为主，使整体袖色像碧蓝的天空上双动着的晚霞，让人们不由得探索起远古人类生生不息的奥妙。该作品在2004年中国石湾陶艺文化节上以过万的价格花落名家。2005年，他与两位名家在钧瓷研究所举办了三人作品联展，其“青铜系列”以大胆的创意凸现出生命的张力，获得不少新闻谋体的关注和好评。

2011年，冀德强获得了由中国建筑陶瓷协会颁发的“中国陶瓷设计艺术大师”证书，该荣誉是目前从事陶瓷艺术创作的三大权威认证。这标志着冀德强多年的努力得到了业内人士的广泛认可，也必将对他日后的艺术创作产生更大的激励作用。

杨晓峰 男，汉族，1970年出生，河南省禹州市神垕镇人。高级工艺美术师技术职称。中国陶瓷设计艺术大师，河南省工艺美术大师，河南省陶瓷艺术大师，中国陶瓷工业协会理事，河南省非物质文化遗产钧瓷烧制技艺代表性传承人，河南省五一劳动奖章获得者，河南省杰出陶瓷艺术家。

1985年进入禹州市钧瓷一厂工作，次年进入厂钧瓷实验室，1987年师承中国工艺美术大师刘富安，学习钧瓷制作技艺，1988年到景德镇陶瓷学院进修，跟周国桢教授深造，1989年跟随父亲，中国工艺美术大师杨志共同创建杨志钧窑艺术研究室，后改为杨志钧窑有限公司。

经过将近30年的不懈努力，他的技艺得到了提升，创作理念得到升华，他的作品逐步由纯传统的观念转入实用与审美相结合，传统性与当代性相结合，特别注重造型的形似，神似，神势之美，并与钧瓷的釉色相和谐达到“型为本，釉为魂”的艺术效果，在他的代表作品中，手拉胚作品“佛心碗”“甘露尊”收录于《第八届百花杯获奖作品集》，有北京工艺美术出版社发行。作品“如意炉”“玄音”“花蕾”“东方明珠”有《今日世界》发表。作品“玄音”于2007年被龙泉博物馆收藏，又于2009年12月被中国工艺美术馆永久收藏。2012年12月作品“天池”被中国工艺美术馆永久收藏。作品“一帆风顺”被四川省博物馆收藏，作品“唐装”被宜兴博物馆收藏，作品“日月同辉”被景德镇博物馆收藏，2013年在北京第三届大地奖竞赛中作品“七星”获金奖。几年来他的作品在全国大赛，省级大赛中多次获得金奖，银奖。铜奖，这些奖项就是对杨晓锋钧瓷艺术追求的最好肯定和奖励。

钧瓷的艺术生命在发展，在创新。杨晓锋在作好精品，珍品的同时，坚持自己技艺的不断创新。几年来他在国内省级以上举办的手拉胚比赛中荣获“金奖一项”“银奖二项”还创出“杨氏拉胚法——真空拉压法”，一次拉成盘子，洗子一类的器型，双层无对接，该技法在2010年中国汝瓷文化节上现场比赛表演，轰动大会，同行们目瞪口袋，不知所措。钧瓷旋胚工艺中常出现“刀痕”缺陷，而经过长期的观察，摸索，试旋。杨晓锋成功的将“刀痕”缺陷，变成了工艺美创造出钧瓷成形上“跳刀纹饰技法”，已被钧瓷界广泛效仿学用。奥运会金镶玉奖牌对杨晓锋启发很大，他将贵重的黄金，玉文化与钧瓷文化相结合，创作出了由黄金，玉，钧瓷三者的镶嵌工艺，在北京全国工艺美术大师精品展上被高价收购。钧瓷镶嵌工艺开创了钧瓷与贵重材料相结合的新境地，是钧瓷至今的新创。

在经过实践的创新，对钧瓷技艺不断增加。他的论文“钧瓷手拉胚技艺”，“钧瓷烧成技艺”二篇文章分别在“城乡法制财经”第11期发表，“钧瓷产业化发展中的造型与釉色”论文在《魅力中国》发表。还获得“河南之星”设计论文大赛中优秀论文一等奖，他的“钧瓷艺术作品集”早在2009年由江苏人民出版社出版发行。他坚持在，干中学，学中干，学中创，2012年在中国陶协举办的清华大学工艺美术高级研修班结业，2013年又在北京工信部举办的全国工艺美术高级培训班学习结业。

杨晓锋还不断参加对外的陶瓷文化交流活动，2009年应韩国釜山市陶瓷协会邀请，在釜山市与韩国，日本等同行举办手拉胚技艺表演。2012年9月又参加日本东京，韩国首尔与陶艺家门的现场手拉胚交流表演和陶艺论坛。这些年在国外的技艺交流受到国内同行的高度称赞。

鉴于在钧瓷艺术上的追求，精湛的技艺，担负起来培养新一代技艺人员的重任。

正如陶瓷大家张守智教授对杨晓锋的希望那样“祝晓锋的钧瓷艺术为我们时代的生活增加光彩“。

河南省工艺美术大师

赵学仁 男，汉族，禹州市鸠山乡人，中国古陶瓷研究会会员。

1991年6月～2000年1月担任禹州市钧瓷研究所研究所所长。2004年1月创办御钧窑钧瓷厂并任董事长。2004年1月～2005年1月到江西景德镇陶瓷学院雕塑系学习。2011年4月由河南省人民政府授予“河南省工艺美术大师”称号。其作品曾在2010年第九届全国陶瓷艺术设计创新评比活动河南“名展”中获金奖。

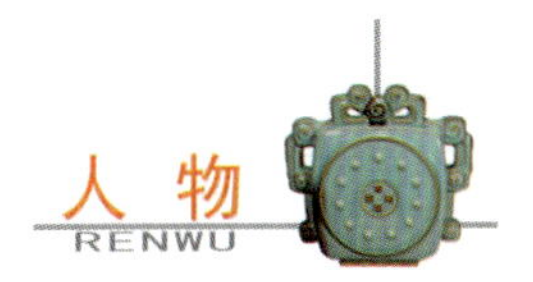

孔春生 男，汉族，1972年生，禹州市神垕镇人，大学文化，孔家钧窑有限公司经理。

1994年9月，开始在孔家钧窑从事陶瓷艺术工作。1999年获得“中国民间工艺美术大师”称号，2005年任孔家钧窑有限公司总经理，2006年荣获中原崛起生力军先进人物奖。其参加创作的《鼎盛华夏》被中国工艺美术馆收藏。2011年4月由河南省人民政府授予河南省工艺美术大师称号。

崔松伟 男，汉族，1967年7月生，中共党员，神垕镇人，中国陶瓷工业协会理事。

1982年开始在红旗村办瓷厂，从事管理、造型等相关工作。2004年开始自办瓷厂，从事管理、工艺、技术监督等工作。2011年4月由河南省人民政府授予河南省工艺美术大师称号。其作品《虎头瓶》被香港英国珍宝博物馆收藏，《活环瓶》被宜兴博物馆收藏。其个人曾发表《中国钧瓷艺术的承传与发展方向》《当代中国钧瓷艺术未来趋向分析》等论文。

崔国营 男，汉族，1959年生，禹州市神垕镇人，中共党员。中国陶瓷工业协会理事，中国工艺美术学会会员，禹州市陶瓷行业协会常务理事，高级工艺师。

1977年开始从事陶瓷造型设计等相关工作。1982年～1984年期间在景德镇陶瓷职工大学学习。2005年创办钧华苑钧窑，担任经理、技术总监一职。2011年4月由河南省人民政府授予“河南省工艺美术大师”称号。2011年12月24日，36件钧瓷珍品在全国政协礼堂参加由中华社会文化发展基金会、中华爱心基地工艺基金管理委员会举办的“北京新年祝福翰墨及钧瓷艺术展”，受到民革中央副主席傅惠民的高度评价“很漂亮、很高雅”。参展作品曾获得国家级奖项8项，省级奖项11项。

霍福生 男，汉族，1959年生，禹州市神垕镇人，中共党员，高级工艺美术师、中国工艺美术学会会员，中国陶瓷工业协会理事，禹州市宇航瓷业有限公司（霍家钧窑）董事长、河南古钧研究所所长、北京科技职业学院中国名瓷文化艺术中心主任。

1982年～2004年期间，分别在霍家钧窑、星航钧窑从事技术管理的工作。2005年担任禹州市宇航瓷业有限公司艺术总监，2011年4月由河南省人民政府授予“河南省工艺美术大师”称号。

张建钊 男，汉族，1958年生，禹州市鸿畅镇人，中共党员。第十一届禹州市人大代表。

1988年从部队转业到禹州市钧瓷二厂从事车间管理的工作。2004年开始在禹州市凤山钧窑工作室担任工作室主任一职，2011年4月由河南省人民政府授予“河南省工艺美术大师”称号。作品曾经获得国家级奖项2项，省级奖项28项。特别金奖1个，金奖4个，银奖4个，铜奖2个。

李向阳 男，汉族。1995年入禹州市钧瓷研究所，师从任星航学习钧瓷工艺。2001年始从事钧瓷个体销售，2007年创办向阳钧窑，2011年4月被授予“河南省工艺美术大师”称号。代表作品有《孺牛钧砚》、《斗星笔洗》、《浴牛镇纸》、《犀牛笔架》等。

王冠杰 男，汉族，中共党员，大专学历。1991年9月～1994年6月在江西景德镇陶瓷学院学习。1995～2000年到禹州市钧瓷研究所工作。2001年～2002年期间，师从晋佩章大师进行学习。2004年开始在禹州市御钧窑钧瓷厂从事雕塑的工作。作品曾在2010年“中原之星”设计艺术大赛上获得铜奖。2011年4月由河南省人民政府授予“河南省工艺美术大师”称号。

王冠杰陪同中国石油大学教授余世诚（左）参观御钧斋钧瓷艺术馆

张晓兵 男，汉族，河南禹州神垕镇人。1993年8月～2000年6月，在国营瓷厂从事陶瓷工艺配釉、造型的工作。2000年12月创建共赢钧窑，从事陶瓷工艺成型烧制的工作。2011年4月由河南省人民政府授予“河南省工艺美术大师”称号。其作品曾获得中国工艺美术百花奖金、银、铜三项；省级奖项20余项。《八卦薰香炉》被中国工艺美术馆收藏。

杨 发 男，汉族，河南禹州神垕镇人。2002～2004年间，在泰山瓷厂从事配釉、施釉的工作。2007年负责华龙钧窑全面工作。2011年4月由河南省人民政府授予“河南省工艺美术大师”称号。作品《宝月瓶》《鸡心碗》在“天宏钢构杯”陶艺大赛上分别获得金、银奖；作品《将军盔》被河南省工艺美术馆收藏。

辛国正 男，汉族，河南禹州神垕镇人。1990年开始在禹州市神垕镇星神钧瓷艺术研究所从事钧瓷烧制工作。1985年到神垕陶瓷培训班学习，师从王家斌、李少翰等。1997年9月到西北工业学院进修，师从罗宏杰、郑家范、孙宏巍等。2011年4月被授予“河南省工艺美术大师”称号。作品《高足碗》在河南省第二届陶瓷艺术展评会上获一等奖。

赵晓东 男，汉族。1999年7月～2004年1月在禹州市钧瓷研究所工作。2004年到禹州市御钧窑钧瓷厂工作。2003年～2005年期间，师从晋佩章大师学习。2011年4月由河南省人民政府授予“河南省工艺美术大师”称号。其作品曾在2010年“河南之星”设计艺术大赛上获得铜奖。

王振营 男，汉族。1955年入神垕镇东风工艺美术瓷厂工作。1997年创建神垕镇古钧作坊。2011年4月由河南省人民政府授予“河南省工艺美术大师”称号。其作品曾获得国家级奖项10项，省级奖项8项。

孙水娟 女，汉族。1999年11月～2004年12月，在禹州市星航钧窑、禹州市王府钧窑从事造型设计的工作。1999年9月，师从王春风学习陶瓷造型技艺，2003年，师从徐国桢学习陶瓷工艺。2005年开始到禹州市御钧窑工作。2011年4月由河南省人民政府授予“河南省工艺美术大师”称号。

张占领 男，汉族。1993年入国营瓷厂实验室学习。1997年3月创建张家钧窑（2008年正式更名为神工钧窑），从事组织生产、化验、配釉、上釉、烧制等工作。2011年4月由河南省人民政府授予"河南省工艺美术大师"称号。其作品曾在2009年9月获得全国陶瓷艺术设计一等奖。数件作品被收藏于新疆博物馆、中国鲁迅博物馆。发表论文《论钧瓷挂盘窑变艺术》《浅谈钧瓷花釉》等。

白伟锋 男，汉族。1992年入孔家钧窑从事钧瓷造型的工作。1998年6月创办中华钧窑，担任董事长、技术顾问。2011年4月由河南省人民政府授予"河南省工艺美术大师"称号。作品曾获得省级奖项13项。

刘瑞海 男，汉族，河南郑州人。1988～1992年在景德镇陶瓷学院美术系雕塑专业学习。1997入景德镇陶瓷学院文连陶艺工作室，担任设计师。2007年到禹州市杨志钧窑有限公司担任设计师。2011年4月由河南省人民政府授予"河南省工艺美术大师"称号。作品曾获省级奖项8项。其个人在2004年获得河南省先进设计工作者称号，在全国中文核心刊物发表论文2篇，省级刊物1篇，省级优秀论文1篇。

郑胜利 男，汉族，1969年11月出生，禹州市神垕镇人，高中学历。1989年起开始跟随父亲学习手拉坯技术。1993年入钧瓷一厂跟随张志祥、杨国政学习钧瓷烧窑技术，1996年跟随父亲一起创立了郑家钧窑有限公司。2007年荣获年度中国收藏家喜爱的陶瓷艺术精英称号，作品《玉净瓶》在中国收藏家喜爱的艺术大师和精英评选活动中获得银奖，《观音瓶》在禹州中国钧瓷文化节钧瓷作品展上被评为精品奖。2009年，作品《益寿瓶》、《凤凰瓶》在禹州中国钧瓷文化节钧瓷作品展上获得珍品奖，《将军盔》、《益寿瓶》、《双龙宝鼎》、《观音瓶》获得精品奖。2011年4月获得河南省工艺美术大师称号。

河南省工艺美术大师名表

河南省工艺美术行业协会　　2011年12月30日

序号	类别	姓名	一	二	三	四	五	六
1	钧瓷	刘富安	○					
2	钧瓷	刘建军	○					
3	钧瓷	许海君		○				
4	钧瓷	刘志军		○				
5	钧瓷	苗长强			○			
6	钧瓷	刘瓷辉			○			
7	钧瓷	靳琳林			○			
8	钧瓷	杨国政			○			
9	钧瓷	丁建中			○			
10	钧瓷	王春凤			○			
11	钧瓷	任星航			○			
12	钧瓷	孔相卿			○			
13	钧瓷	孔红生			○			
14	钧瓷	张自军			○			
15	钧瓷	文国政			○			
16	钧瓷	杨峻峰			○			
17	钧瓷	李和振			○			
18	钧瓷	杨 志			○			
19	钧瓷	秦怀立			○			
20	钧瓷	苗峰伟			○			
21	钧瓷	张怀强			○			
22	钧瓷	杨文杰			○			
23	钧瓷	李新营			○			
24	钧瓷	温国立			○			
25	钧瓷	任朝斌			○			
26	钧瓷	曹石岭			○			
27	钧瓷	杨国奇			○			

序号	类别	姓名	一	二	三	四	五	六
28	钧瓷	周松建			○			
29	钧瓷	尹建中			○			
30	钧瓷	晋晓瞳				○		
31	钧瓷	张金伟				○		
32	钧瓷	王晓伟				○		
33	钧瓷	王建伟				○		
34	钧瓷	温建坡				○		
35	钧瓷	徐国桢			○			
36	钧瓷	杨晓峰				○		
37	钧瓷	张大强				○		
38	钧瓷	焦宏业				○		
39	钧瓷	晋艳红				○		
40	钧瓷	霍民生				○		
41	钧瓷	马朝阳				○		
42	钧瓷	李付斌				○		
43	钧瓷	任英歌				○		
44	钧瓷	刘红生				○		
45	钧瓷	栗耀峰				○		
46	钧瓷	侯景灏				○		
47	钧瓷	张文东				○		
48	钧瓷	杨文甲				○		
49	钧瓷	温国杰				○		
50	钧瓷	贺文奇				○		
51	钧瓷	王广进					○	
52	钧瓷	赵晓峰					○	
53	钧瓷	田利伟					○	
54	钧瓷	温建伟					○	
55	钧瓷	李胜强					○	
56	钧瓷	孔明生					○	
57	钧瓷	李海峰					○	
58	钧瓷	燕俊峰					○	
59	钧瓷	刘珂珂					○	
60	钧瓷	梅国建					○	
61	钧瓷	蔡胜利					○	
62	钧瓷	王秋红					○	
63	钧瓷	赵学仁						○
64	钧瓷	王振营						○
65	钧瓷	张建钊						○
66	钧瓷	崔国营						○
67	钧瓷	霍福生						○
68	钧瓷	辛国正						○
69	钧瓷	崔松伟						○
70	钧瓷	刘瑞海						○
71	钧瓷	郑胜利						○
72	钧瓷	白伟峰						○
73	钧瓷	张占领						○
74	钧瓷	杨　发						○
75	钧瓷	孔春生						○
76	钧瓷	张晓兵						○
77	钧瓷	王冠杰						○
78	钧瓷	李向阳						○
79	钧瓷	赵晓东						○
80	钧瓷	孙水娟						○
81	钧瓷	李　明						○
	小计	81	2	2	26	20	12	19

注：表内一至六分别表示协会届别。

中国钧瓷传承与创新技艺大赛金奖作品

虎头画缸（任星航）

螭龙画缸（任星航）

日月同辉（杨晓锋）

大画缸（吴亚非）

笔筒（杨国政钧窑）

御钧提梁壶（赵学仁）

达摩渡江（李明）

大玉蟾纳福（杨廷玺）

荷口天球瓶（晋文麟）

技艺大赛金奖作品

道玄系列（刘建军 刘志军）

梅瓶（王秋红）

天球尊（苗长强）

大碗（孔相卿）

钧瓷壁挂（苗家钧窑）

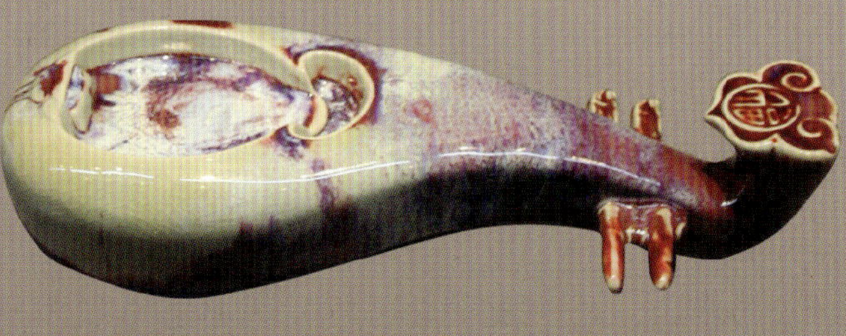

海内知音（李俊峰）

斗笠碗（杨晓永）

旋纹洗（卢之钧）

浩瀚星光（张义）

道玄系列 3（刘建军 刘志军）

道玄系列 2（刘建军 刘志军）

中国钧瓷传承与创新技艺大赛银奖作品

鱼扑尊（杨国政）

洗（霍福生）

天地之间（王丽锋）

狮虎篦（王占领）

益寿瓶（晋艳红）

十二兽首（王建伟）

鸠耳尊（晋晓童）

禅道（李建峰）

龙尊（杨晓峰）

和谐之鉴（任星航）

金蟾送宝（苗家钧窑）

玉壶春（苗宗贤）

佛缘钵（李建峰）

技艺大赛银奖作品

风云鉴（任星航）

天池笔洗（杨晓峰）

坤德洗（刘家钧窑）

通天瓶（杨廷玺）

玄纹钵（王建伟）

小口瓶（文俊奇）

瑞泽四方（崔松伟）

挂盘（郝红雨）

梅瓶（李欣营）

安泰鼎（周松建）

鹿头罐（王金合）

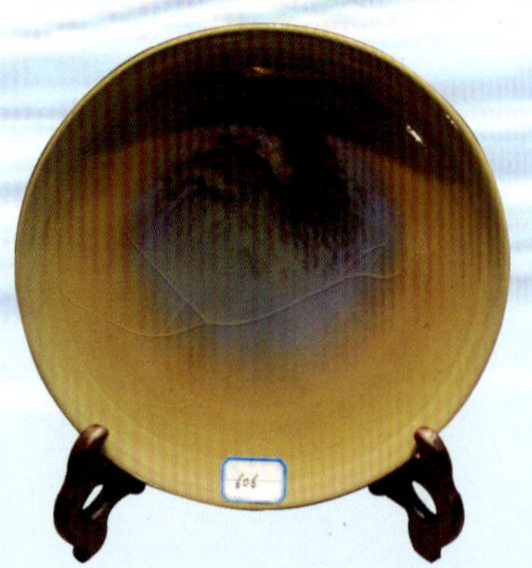
日暮远山（陈奎峰）

鹅颈瓶（于慧平）

技艺大赛银奖作品

双虎尊（卢之钧）

盘瓜壶（赵学仁）

螭龙钵（伍浩宇）

鸡心碗（任明丽）

罗汉钵（李建奇）

登高瓶（苗宗贤）

春韵（张大强）

罗汉炉（杨国政）

大佛（高丙建）

中国钧瓷传承与创新技艺大赛银奖作品

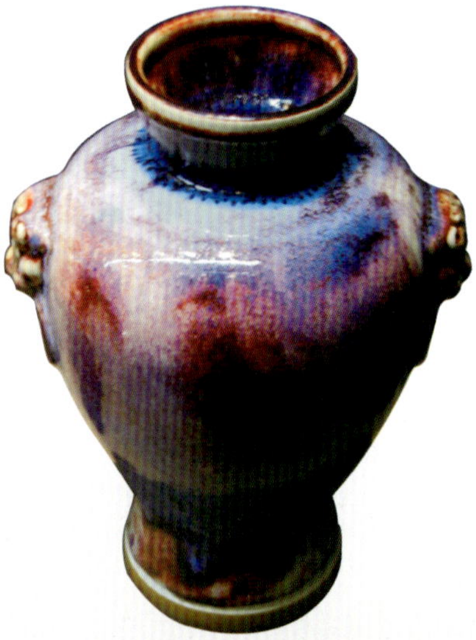
虎头瓶（赵国增）

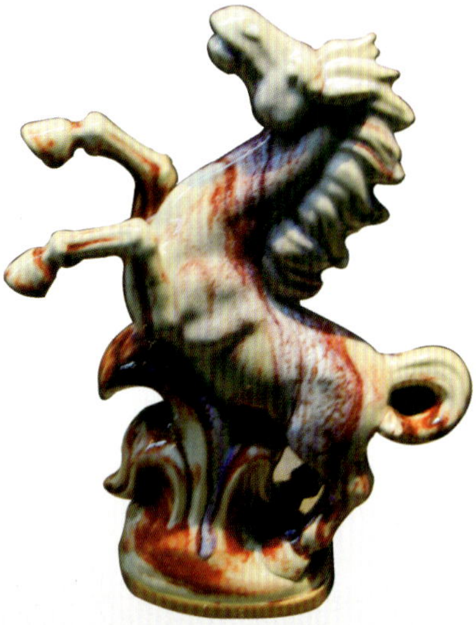
马到成功（郑胜利）

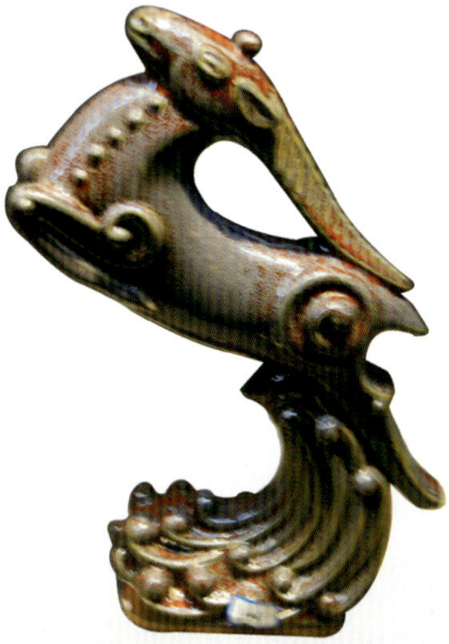
神彩飞扬（燕俊峰）

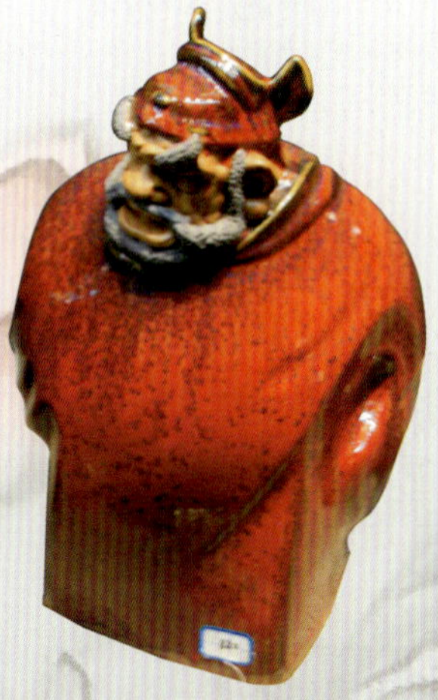
钟馗（李明）

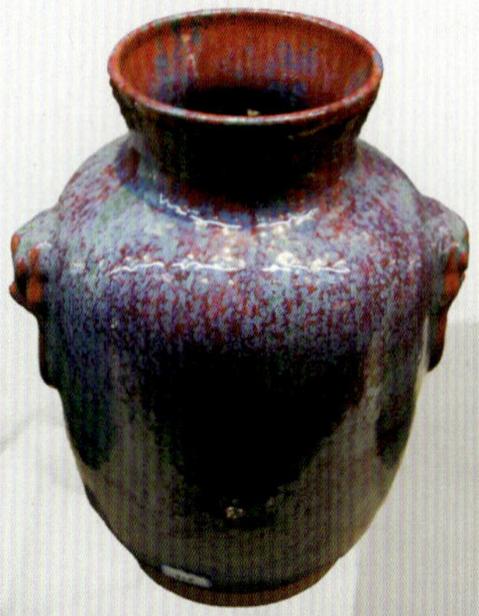
虎头罐（刘照宇）

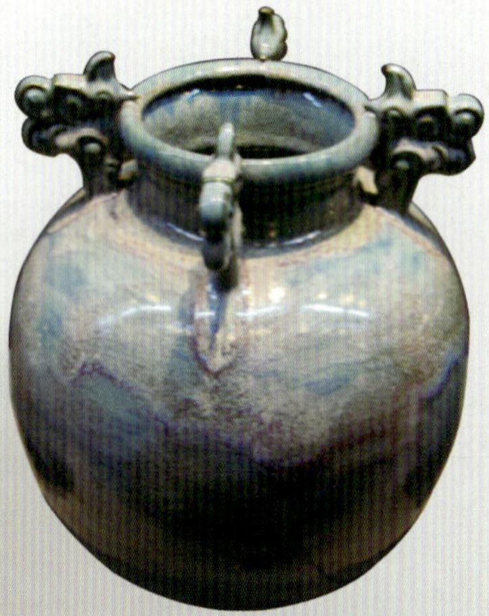
四喜罐（伍浩宇）

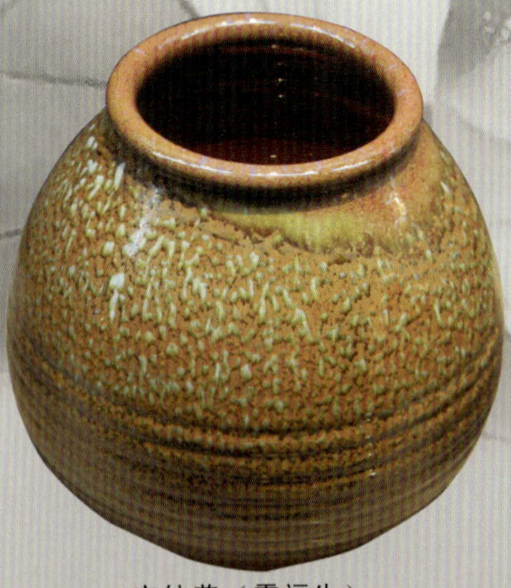
玄纹尊（霍福生）

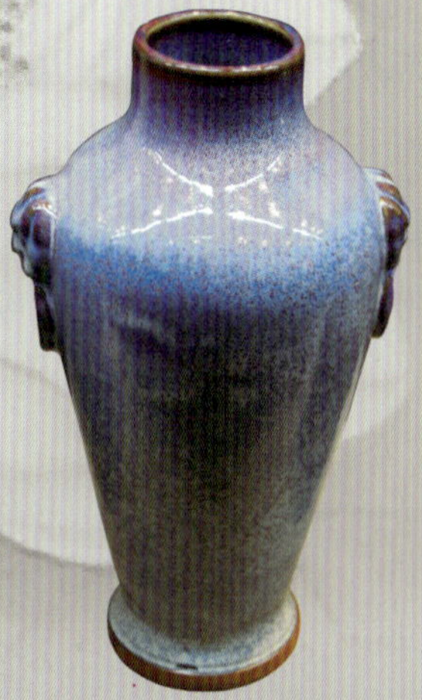
虎头瓶（苗宗贤）

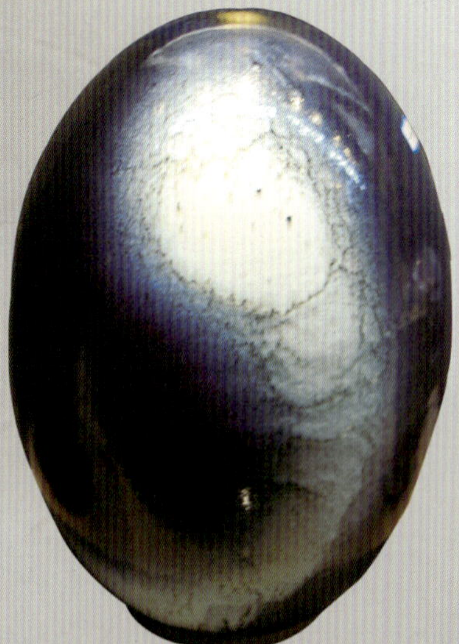
来福石（杨俊峰）

长颈瓶

荷口双龙瓶

观音瓶

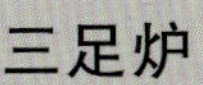
三足炉

双龙活环瓶

益寿瓶

双龙活环瓶

观音瓶

龙首瓶

藏家珍品展

凤鸣尊

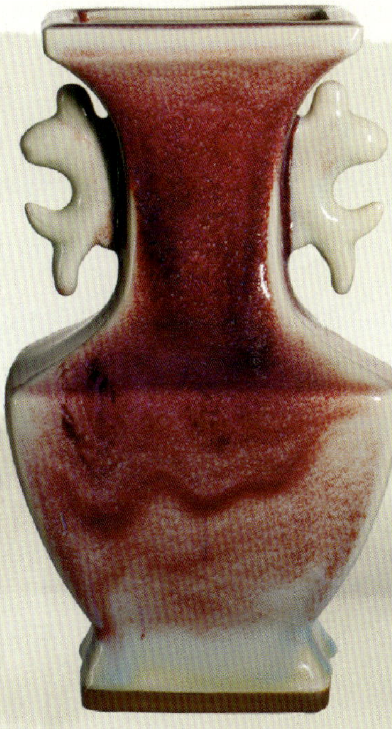

双鱼瓶

小口瓶

灯笼瓶

双龙活环瓶

荷口双龙瓶

长颈瓶

观音瓶

荷口双龙瓶

长颈瓶

双龙瓶

太平有象

观音瓶

长颈瓶

双龙活环瓶

观音瓶

双龙活环瓶

虎头瓶

双龙活环瓶

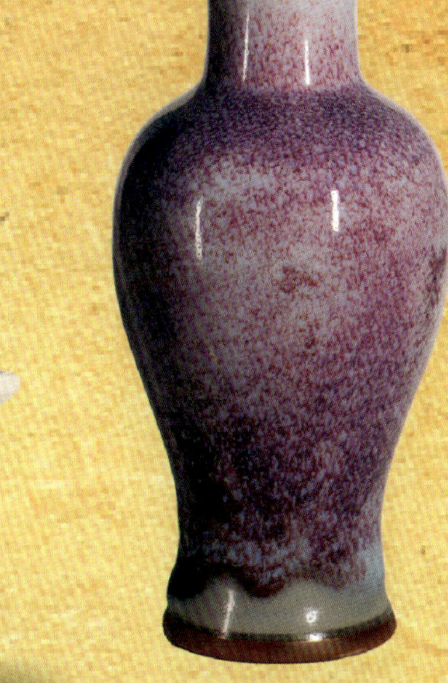

观音瓶

双连瓶

龙耳瓶

虎头瓶

蜗牛洗

长颈瓶

双龙活环瓶

富贵瓶

虎头瓶

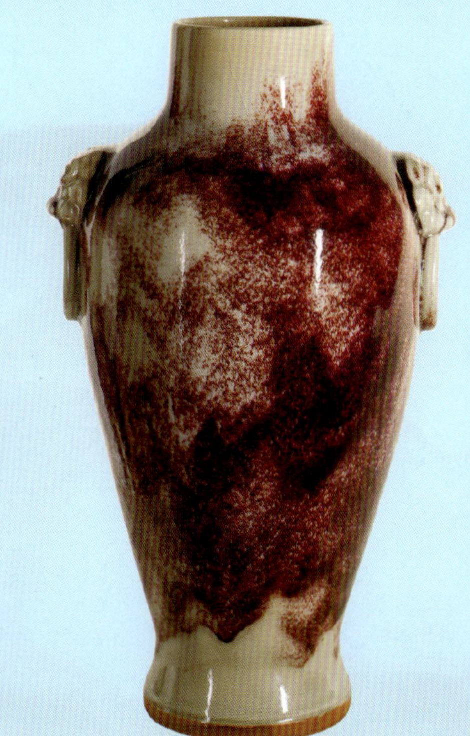

虎头瓶

双龙活环瓶

双龙瓶

象鼻瓶

葵花尊

双龙荷口瓶

双凤瓶

虎头瓶

富贵瓶

双龙活环瓶

双龙荷口瓶

三足炉

太平有象

富贵瓶

双龙直口瓶

太平有象

龙耳瓶

双凤活环瓶

象鼻瓶

龙首如意盖罐

如意葵花尊

将军罐

流光溢彩–民间藏家珍品展

双凤活环瓶

长颈瓶

象鼻活环瓶

富贵瓶

观音瓶

北京新年祝福翰墨及钧瓷艺术展

四羊尊

梅瓶

吉祥尊

莲花尊

益寿富贵瓶

象鼻活环瓶

聚宝盆

鹿首尊

天球瓶

双龙瓶

贯耳瓶

六管瓶

花口瓶

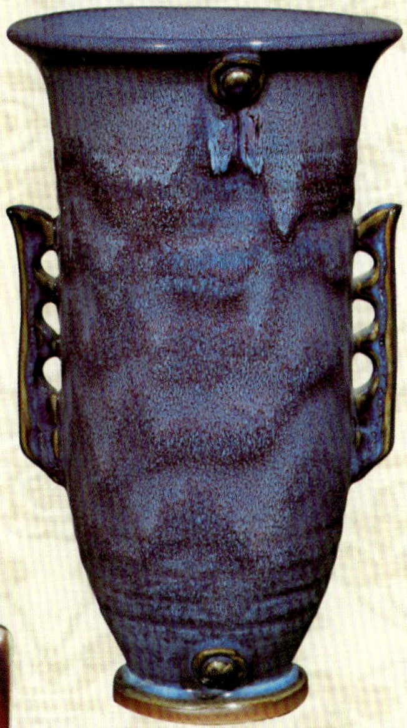

鱼瓶

乳钉瓶

夹板炉

渣斗

福寿桃

冬瓜瓶

节节高

圆鼎

长颈瓶

鹿首尊

八卦炉

罗汉钵

花浇瓶

中华宝鼎

益寿富贵瓶

益寿富贵瓶

益寿瓶

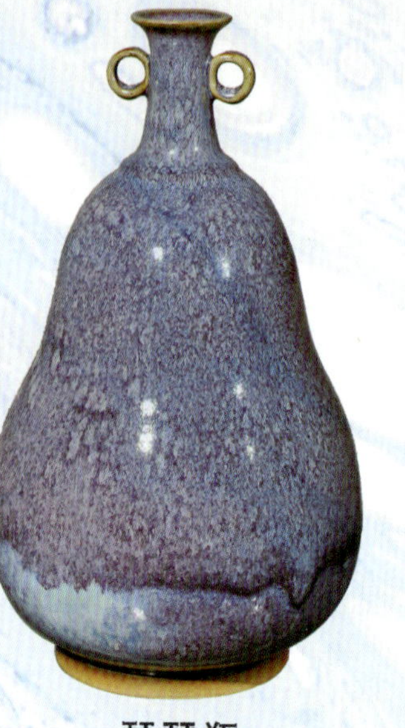

琵琶瓶

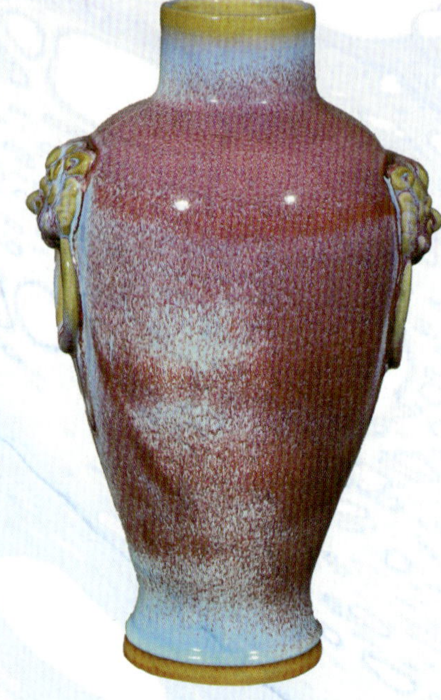

益寿瓶

玉壶春

玄纹尊

乳钉尊

四羊尊

行业文件选登

河南省人民政府
关于授予李明等102位同志第六届
河南省工艺美术大师荣誉称号的决定
豫政〔2011〕43号

各省辖市人民政府，省人民政府各部门：

根据《河南省传统工艺美术保护办法》（省政府令第118号），为保护我省传统工艺美术，促进传统工艺美术事业繁荣与发展，省政府决定授予李明等102位同志第六届河南省工艺美术大师荣誉称号。希望获得荣誉称号的同志再接再厉，勇于开拓，不断创新，为我省传统工艺美术事业的繁荣与发展做出新的贡献。

河南省人民政府

二〇一一年四月二十九日

荣获第六届河南省工艺美术大师
荣誉称号人员名单

一、艺术陶瓷类

李　明　孔春生　李向阳　崔松伟　辛国正
崔国营　霍福生　张晓兵　李晓涓（女）
王振营　李彬子　范随州　赵学仁　张二孬
马得原　李　冰　杨　发　郑胜利
孙水娟（女）　刘军正　刘瑞海　白伟峰
王国奇　杨拴朝　张占领　张建钊　高龙山
张新凡　谭　慧（女）　王冠杰　赵晓东
张同山　高华志　王秋珍（女）　何世忠

二、工艺雕塑类

蔡士泽　朱仁尊　江广森　刘建新　潘永奇
杨秀文　王心愿　高庆民　闵旭振　赵玉谦
薛子林　范同生　王　兵　王学清　张凌云
刘丰磊　王志戈　薛兴才　薛天空　候晓峰
陈富华　庞　然　王福喜　陈来华　仵平安
刘章雷　王东光　符瑞奇　张武贤　张　伟
郭全辉　李全福　张开泰　院小果（女）
杨占军　张明哲

三、其他工艺美术类

张廷旭　王建伟　陈　军　刘　静（女）

魏冬梅（女） 朱芳魁 王华平 王襄民
张鸿梅（女） 何丽霞（女） 秦彦良
薛小飞 杨尚良 韩娇阳（女）
李红梅（女） 王襄庆 王佩雨 郑镇怀
靳丽萍（女） 杨金婷（女） 刘新宽
王广武 王 哲 朱永敬 王晓丽（女）
周长海 王学峰 陈占弟 徐巧玲（女）
任京宝 王濮方

关于第六届中国工艺美术大师河南省评审推荐工作的通知

豫工信消费〔2011〕303 号

各省辖市工业和信息化局（委）、文化局、人力资源和社会保障局：

根据工业和信息化部、文化部、人力资源和社会保障部《关于开展第六届中国工艺美术大师评审工作的通知》（工信部联消费〔2011〕259 号）和《河南省传统工艺美术保护办法》（省人民政府令 118 号）的精神，结合我省实际，第六届中国工艺美术大师河南省评审推荐工作由省工业和信息化部门会同省文化厅、省人力资源和社会保障厅组织实施，为使此次评审工作公平、公正、公开，并做到依法行政、依法评审，现将有关事宜通知如下：

泰尊

一、指导思想和原则

（一）指导思想

以科学发展观为指导，贯彻实施省政府《河南省传统工艺美术保护办法》，坚持以人为本，尊重知识，尊重人才，通过评选、表彰德艺双馨、业绩卓越的工艺美术专业人员，激励、引导广大传统工艺美术专业人员进一步繁荣创作，促进传统工艺美术的传承和创新，推动工艺美术行业健康发展。

（二）工作原则

1. 坚持依法行政，规范评审的原则。
2. 坚持政府主导、专家评审的原则。
3. 坚持公正、公平、公开，接受社会监督的原则。
4. 坚持民主集中制原则。

二、组织机构

（一）为加强对第六届中国工艺美术大师河南省评审推荐工作的组织领导，依据工信部联消费（2011）259 号文，由省工业和信息化厅会同省文化厅、省人力资源和社会保障厅组建第六届中国工艺美术大师河南省评审推荐工作领导小组（领导小组组成人员名单见附件 1）。

（二）为做好第六届中国工艺大师评审推荐的具体组织及日常工作，依据省人民政府《河南省工艺美术保护办法》，在省工业和信息化厅设立评审推荐工作办公室，由省工业和信息化厅巡视员张新芳同志兼任办公室主任。各省辖市工信局（委）具体负责本地申报推荐工作。

（三）为做好评审推荐的监督检查工作，监督检查机构设在省工业和信息化厅监察室。

三、申报范围及品种分类

（一）传统工艺美术品种分类：工艺雕刻、工艺陶瓷、工艺印染、工艺织绣、工艺编结、工艺织毯、漆器工艺、工艺家具、金属和首饰工艺、花画工艺、其他工艺，共十一大类（见附件 3）。

（二）列入本届传统工艺大师评审的品种和技艺应符合以下条件：

1. 具有百年以上的传承历史；
2. 技艺精湛，世代相传，自成风格；

3. 以天然原材料为主，采用传统工艺和技术，作品主要以手工制作；

4. 具有鲜明的民族风格和地方特色；

5. 在国内外享有声誉。

四、申报条件

（一）申报者应是上述传统工艺美术品类范围内直接从事设计并制作的人员，并同时具备以下条件：

1. 爱国敬业，遵纪守法，德艺双馨，无不良信誉记录；

2. 连续20年（含20年）以上从事传统工艺美术设计并制作的专业人员；

3. 有丰富的创作经验和深厚的传统文艺艺术修养，技艺全面而精湛，创作出色且自成风格，艺术成就业内所公认，在国内外享有声誉；

4. 在传统工艺美术的传承、发掘、保护、发展、人才培养等方面有突出贡献；

钧瓷十二兽首之龙首

5. 1至5届河南省工艺美术大师。

（二）不符合上述第2项条件，但掌握独特技艺或绝技，或掌握濒临失传技艺的申报者，允许破格申报，但应从严掌握。

五、申报要求

（一）申报者须按户籍所在地申报，户籍迁入时间满6年（提供户口本第一页与本人页复印件并出示户口本原件）。

（二）从事研究、教学、行政和企业管理等方面工作的人员不在申报者范围内。

（三）在初审过程中，如发现申报者有下列情况之一的，应立即取消其申报资格：

1. 伪造、夸大业绩，或窃取他人成果占为己有；

2. 有违法行为或因触犯法律等被追究刑事责任。

六、申报材料

申报者须填写《第六届中国工艺美术大师申报评审表》（简称《申报表》），准备有关业绩、成果、学历、职称、荣誉称号证明的复印件等书面材料，按A4纸规格装订成册（一式三套），如有已经发表的具代表性的著作和论文可另附一套，并选择主要由本人设计并制作的实物作品（简称申报作品）3件（套），按要求上报省辖市工业和信息化局（委）。

七、评审推荐

（一）各省辖市对《申报表》和有关书面材料、申报作品等进行审核、筛选，确保优中选优，重点确认以下内容：

1. 申报者及其申报作品、申报材料符合申报要求；

2. 申报作品确为本人创作且无模仿（移植名画和摄影作品以及文物制品除外）；

3. 艺术业绩无伪造、浮夸；

4. 学历、高级职称、作品获奖、荣誉称号、社会职务等法定证明原件；

5. 论文等无抄袭；

6. 其他需复核的重要材料。

（二）上述内容审核无误后，省辖市工业和信息化部门对申报者进行初审，并进行现场制作考核，要求申报者现场制作申报作品的局部，并留存录像资料，按名额要求择优提出推荐人选和推荐意见、加盖公章。

（三）如发现有弄虚作假或违法、违规、违

纪等行为的，应立即取消个人参评资格。

八、上报材料

各省辖市工信局（委）要在8月5日前以正式行文方式报送省评审办公室，并附《申报表》和其他书面材料。上报数量每个工艺美术品种和类别每市原则推荐1人，申报作品的报送时间、地点另行通知。

九、工作要求

各省辖市工信局（委）要高度重视此项工作，切实加强领导和协调，深入调查研究，充分调动和发挥各方面的积极性，认真按照本通知要求，科学规范、客观公正完成好初步评审推荐组织工作。

十、省级评审推荐

省评审推荐工作办公室对申报者的《申报表》书面申报材料和申报作品，组成专家评审委员会进行评审推荐，按名额要求提出择优推荐建议名单，报请第六届中国工艺美术大师河南省评审推荐领导小组批准同意后，上报国家评审办。

第六届中国工艺美术大师
河南省评审推荐工作领导小组

组　长：杨盛道　河南省工业和信息化厅厅长
副组长：张新芳　河南省工业和信息化厅巡视员
黄东升　河南省文化厅副厅长
李西斌　河南省人力资源和社会保障厅副厅长
成　员：陈振杰　河南省工业和信息化厅总工程师
屈　华　河南省工业和信息化厅消费品工业处处长
甘　源　河南省文化厅非物质文化遗产处处长
栾　雷　河南省人力资源和社会保障厅职业能力建设处处长
徐宗勤　河南省人力资源和社会保障厅职称处处长
崔效清　河南省工业和信息化厅监察室主任

河南省禹州市文化改革发展试验区规划文本（节选）

清华大学国家文化产业研究中心
二〇〇九年六月

第一章　总　则

为了贯彻落实党的十七大精神，深入实践科学发展观，完成河南省关于设立文化改革发展试验区的各项任务，进一步明确禹州市文化改革发展试验区的战略目标和工作重心，实现禹州经济社会的全面可持续发展，特制订本《规划》。

第一条　规划性质

本规划是禹州市文化改革发展试验区发展的总体规划，是禹州市文化改革发展旅游试验区建设的指导性文件。

钧瓷饰品

第二条　规划依据

1.《胡锦涛在中国共产党第十七次全国代表大会上的报告》

2.《中华人民共和国城市规划法》

3.《国家十一五文化发展规划纲要》

4.《河南省建设文化强省规划纲要》

5.《河南省关于大力发展文化产业的意见》

6.《中共河南省委、河南省人民政府关于设立河南省文化改革发展试验区的通知》

7.《河南省城市规划编制暂行规定》

8.《禹州市国民经济和社会发展第十一个五年规划纲要》

9.《禹州市城市总体规划（2006～2020）》

10.《禹州市历史文化名城保护规划》

11. 禹州市历史文化典籍与相关资料

12. 河南省、许昌市、禹州市、各部门关于禹州市文化旅游试给区工作的一系列重要指示，等。

第三条　规划时限

近期：2009～2014 年

远期：2015～2020 年

第二章　规划背景与建设路径

第四条　规划背景

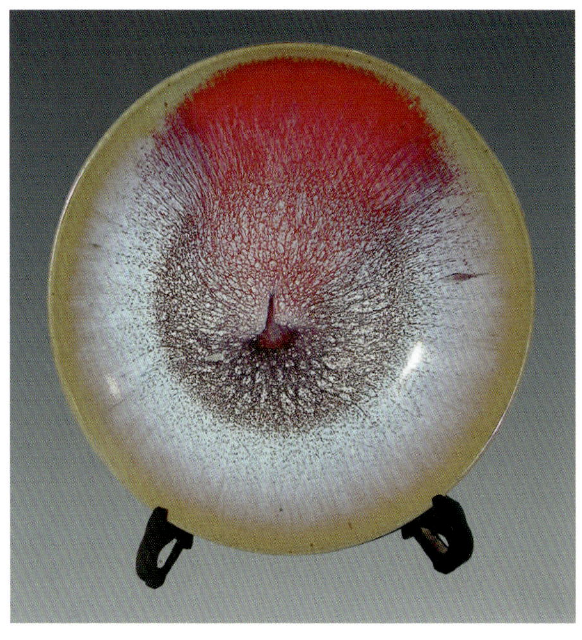

凤凰涅槃

在党的十七大精神指引下，作为深入贯彻落实“科学发展观”的战略部署，河南省提出“由经济大省向经济强省跨越，由文化资源大省向文化强省跨越”的“两大跨越”目标，并决定设立文化改革发展试验区，以文化产业发展为切入点，以体制改革为手段，带动各项事业的全面发展，为河南的经济社会建设寻求新的突破。

作为河南省首批八个文化改革发展试验区之一，禹州市拥有以钧瓷文化为代表的丰富历史文化资源与得天独厚的发展环境。在当前禹州经济社会发展面临转型的关键拐点时期，禹州市文化改革发展试验区建设要以钧瓷文化为载体，以传承和创新并重，将神垕古镇的保护开发和钧瓷产业的发展结合起来，建设禹州市文化改革发展试验区。

禹州市文化改革发展试验区的建设将以钧瓷文化为主线，贯穿禹州夏文化、药文化等多元文化资源；以钧瓷产业的发展形成“北方瓷都”的产业品牌，带动禹州陶瓷、建材等工业的发展；以打造的“钧瓷之都”旅游品牌，形成禹州立体的对外形象和城市营销平台。禹州市文化改革发展试验区的建设将带动禹州第三产业发展和产业结构升级，全面提升禹州的地区竞争力，摸索一条符合禹州自身社会发展规律的可持续发展道路。

第五条　禹州市情（略）

第六条　钧瓷文化（略）

第七条　建设路径

禹州文化改革发展试验区建设路径可概括为：一个中心，两个层面，三向维度，四大工程一个中心，以发掘和弘扬钧瓷文化为中心。钧瓷是禹州市具有独特性、差异性和不可替代性的城市符号，禹州文化改革发展实验区要以建设“钧瓷之都”为战略目标，打造“禹州钧瓷、中华瓷魂”的品牌形象，深入挖掘钧瓷的独特魅力，并利用先进理念将文化资源转化为钧瓷文化旅游的产业资源。

两个层面，生产方式和生活方式的科学发展。生产方面，以钧瓷产业和旅游产业为发展重点，带动试验区基础设施建设和第三产业迅速发展，逐步转变禹州市的产业结构和经济增长方式，取得良好的经济效益；生活方面，文化和旅游产业的发展可以吸纳城乡人口就业，改变社会分工结构，加快禹州对外开放的步伐，密切禹州与国际国内的联系，推动居民文明素质提高，形成良好的社会风貌。

三向维度，指实验区建设过程中所涉及的时间维度、空间维度和组织维度。在时间维度上要充分挖掘禹州丰富的历史文化资源，梳理不同时期的历史遗存，合理进行保护、开发和复原；空间维度上要综合考虑禹州境内文化旅游资源分布，禹州与周边地区以及全国主要瓷区的关系，实现区域联动；组织维度则要将试验区建设与禹州政治、经济、文化的全面协调发展呼应起来，通过体制机制创新与主题活动设计，全面提升禹州的软实力。

四大工程，即钧瓷品牌塑造工程，神垕古镇开发工程，钧瓷产业提升工程和旅游资源整合工程。每个工程落实若干项目，以项目为抓手，全面有效地推动试验区的整体建设，促进禹州社会经济形态的迅速发展。

第三章　指导思想与规划目标

第八条　指导思想

禹州市文化改革发展试验区建设要紧紧围绕河南省两大跨越目标，以科学发展观为统领，以深化文化体制改革，发挥文化资源优势，彰显钧瓷文化特色，做大做强钧陶瓷产业，完善公共文化服务为主线，坚持社会效益和经济效益相统一，政府引导和市场机制相结合，地域文化特色和对外开放相促进，内容创新和形式创新相融合，实现文化事业、文化产业又好又快发展，推动禹州市社会经济全面协调发展。

第九条　规划原则

1. 传承与发展并重。在继承禹州、钧瓷悠久历史文化资源的基础上，创新钧瓷产业发展模式；同时将神垕古镇的保护开发与现代旅游体验项目设计相结合，塑造禹州“钧瓷之都”的品牌形象。

2. 生产与生活兼顾。试验区以生产方式与生活方式两个层面开拓社会形态的科学发展，将文化资源转化为产业资源，带动产业结构转型，同时推动精神生活发展，提高在地人群的生活水平。

3. 文化与经济协调。文化资源的开发需要一定的经济实力为后盾，也会为社会经济的可持续发展提供源源不断的动力，既不能片面追求经济指标，也不能过渡强调文化发展。

4. 事业与产业共进。以社会事业建设保证公民各类基本权益，以产业发展推动禹州经济实力提高，在试验区建设中合理配置社会事业项目与产业建设的步骤与比例，实现事业、产业的共同繁荣。

5. 核心与边缘统筹。统筹作为核心的禹州市区、神垕古镇与试验区覆盖的禹州全市范围经济社会协调发展，合理安排建设步骤与资金配置，打造禹州市文化旅游试验区的整体形象与产业结构。

6. 规划与建设有序。在充分论证与详细规划的基础上进行实验区的开发建设，确保实施项目的科学性、权威性，避免破坏千年遗存的历史文化风貌，推动试验区的有序建设和可持续发展。

第十条　战略布局

禹州市文化改革发展试验区的战略布局是：以钧瓷文化的挖掘和弘扬为龙头，以神垕古镇的保护性开发和钧瓷产业的快速发展为两翼，以旅游开发为推动，以体制、政策、人才、资金等措施为保障，贯彻落实河南省关于设立文化改革发展试验区的精神和各项政策措施，解放和发展文化生产力，完善公共文化服务体系，大力发展文化产业，促进文化体制改革，推动经济社会的全面可持续发展，提升禹州发展的软实力。

步步青云

第十一条　建设目标

以钧瓷文化为主线，将神垕古镇保护开发和钧瓷产业发展相结合，建设钧瓷文化旅游试验区。

1. 近期目标

完成禹州市钧瓷文化旅游核心区基础设施建设；完成神垕古镇钧瓷生产生活的原生态复现；钧陶瓷产业规模迅速壮大，实现年增长率不低于10%，形成不同档次、不同题材的系列产品，打造一批行业龙头企业；充分发挥旅游行业的带动作用，促进交通运输、商贸和餐饮服务业的快速发展，进而推动服务业的全面繁荣；争取到2014年，禹州市年接待游客总数超过400万人次，年旅游综合收入占GDP的8%以上，旅游从业人员达到5万人；将禹州建设成为河南重要的旅游目的地，树立“钧瓷之都”的品牌形象。

2. 远期目标

以钧陶瓷产业、旅游产业发展带动禹州产业经济的提升，经济结构转型和增长方式转换；以钧瓷文化为核心构造禹州的文化内涵和对外形象，深入挖掘夏文化、禹文化、药文化，开发相关建设项目，联合周边城市，形成“夏都文化圈”；争取十年以后，禹州三次产业的比例调整为8∶46∶46；地区生产总值达到1000亿元，人均可支配收入达到3000美元；使禹州在政治、经济、文化、社会生活等方面形成和谐发展局面，推动城市精神与经济指标的全面提升；初步实现将禹州市建成具有良好投资和生态环境、人民生活富裕、城乡关系协调、社会文明进步、具有可持续发展能力的宜居城市；力争将禹州试验区打造成为国家级文化产业示范区。

三教九流图

第四章　钧瓷文化品牌传播

钧瓷文化代表了禹州人的创新精神、气质风度，沉淀了禹州人的行为方式和社会形态，有形的钧瓷文化以古窑遗址、民居院墙、生产流程、器型釉色等可视元素为外在呈现；无形的钧瓷文化以勇于创新、精益求精、吃苦耐劳、严守法度等观念精神为内在呈现。要大力弘扬和宣传钧瓷文化，投入力量进行品牌传播与营销，整合多样的传播手段，扩大钧瓷知名度和影响力，争取用5年左右的时间，将禹州塑造成国际国内知名的“钧瓷之都”。

第十二条　在地氛围营造

通过钧瓷符号的使用，以物化的形式在禹州文化改革发展试验区范围内将钧瓷之都的形象立体展现出来。

1. 高速公路出入口钧瓷形象展示。在永登高速、郑尧高速的禹州出入口营造进入钧瓷之都的环境氛围，以艺术化的形式，突出钧瓷符号的使用和钧都特色，展示禹州丰富的历史文化资源；对进入市区的主要道路进行景观整治，体现禹州整洁的市容面貌。

2. 钧官窑路仿宋风格改造。将钧官窑路改造为以宋代风格为主的商业街道，契合北宋时期钧官窑瓷器皇家“御用珍品”的高贵品质和钧瓷我国艺术陶瓷发展中的历史地位；在市区显要位置建设钧瓷雕塑，主要街道两旁的建筑物、装饰物上适度加入钧瓷符号元素，以细节体现出钧瓷之都的深厚文化底蕴和良好社会氛围。

3. 颍河景观带内容建设。将禹州市区颍河景观带的城市风光建设与禹州的历史传承和自然风貌的展示结合起来，借助颍河的自然延伸，使颍河景观带和钧官窑遗址博物馆连成一体，以时空走廊的形式，利用雕塑、壁画、景观小品等方式体现钧瓷得以孕育、诞生和发展的时空发展脉络，再现禹州丰富的历史文化资源和作为“钧都”的传统生产方式和百姓生活形态。

4. 钧官窑遗址博物馆的装修和布展。将钧官窑遗址博物馆建成国际首屈一指的钧瓷专业博物馆，采用高科技展示手段，结合古法生产方式再现与互动体验，以钧瓷历史文化为脉络，突出钧瓷在我国陶瓷发展过程的地位，以及不同时期钧瓷精品的形制特色，尽可能使更多的人认识钧瓷、了解钧瓷。

5. 钧窑遗址的保护与发掘。切实做好已探明的古瓷窑遗址、钧瓷遗存以及钧瓷文物、钧瓷珍品的保护工作，落实国家、省级文物保护单位的保护措施与资金支持；全面探察不同历史时期禹州瓷区的钧陶瓷生产情况和工艺传承，设立专门的保护机构，对宋钧官窑遗址、神垕下白峪民窑遗址、浅井扒村窑遗址等三处国家级文物保护单位以及鸠山闵庄窑遗址予以重点保护。

第十三条　节庆活动拓展

继续办好一年一度的钧瓷文化节，努力将其办成国内领先国际知名的钧、陶瓷交易展示大会。

1. 大力宣传、推广钧瓷文化节。使之成为弘扬钧瓷文化、促进经济发展、展示禹州形象的全方位平台，集研讨、展示、拍卖、招商、交易为一体的陶瓷行业盛会；精心组织每年文化节的主题活动，进行全国陶瓷艺术家评选、钧瓷精品展评、钧瓷传统器型复原展览、钧瓷发展论坛等活动，扩大钧瓷文化节的知名度和品牌价值。

2. 在文化节期间举办钧陶瓷博览会。兴建固定的大型钧陶瓷展示交易场所，吸引国内外陶瓷生产企业进驻，将禹州打造为中国北方陶瓷产品的集散地；以市场引导钧陶瓷产业发展方向，推动本地钧陶瓷企业的国际化发展。

3. 组织钧陶瓷技艺大赛和钧瓷产品的评奖活动。与中国工艺美术协会等国家级专业艺术机构结合，组织专家团队，对钧陶瓷制作技艺进行现场评判，认定相关人员的专业技术资格；评出一定数量的金奖作品，认定其艺术价值和收藏价值。

4. 组织多种形式的钧瓷收藏、鉴定、拍卖、研讨活动。结合活动营销和城市运营策略，以专题交流、名人参与等形式，通过各类媒体进行广泛传播，彰显禹州钧瓷千年文化底蕴，塑造禹州独有的文化品牌。

第十四条　整合媒体传播

充分利用现代传播媒介和现代传播手段，举办各种形式的钧瓷推广宣传活动，扩大钧瓷文化的认知度。

1. 加强钧瓷文化精品的创作生产。加大原创精品的扶持和激励力度，深入挖掘禹州丰富的历史文化资源，投资拍摄（制作）以钧瓷文化为主题的一部电影、一部电视剧和一台地方戏剧，将钧瓷文化融入剧情之中，以一流的剧本体现禹州钧瓷独有的文化韵味，高品质的制作展现禹州的精神风貌，市场化的手段进行全方位的推广，激发群众对钧瓷文化的热情，积极拓展禹州的整体形象。

一统尊

2. 举办各种形式的钧瓷推广宣传活动。如“钧瓷文化神州行”、“钧瓷文化海外行”等，主动走出去宣传钧瓷艺术的独特魅力，集中在北京、上海、广州、香港等中心城市，以及海外华人聚集区、欧美主要城市举办钧瓷珍品展览暨学术研讨会，多方位推介钧瓷文化，展示钧瓷精品神韵，体现钧瓷大师风采。

3. 广泛利用现代传播手段弘扬钧瓷文化。多方位参与各类有影响力的影视节目制作，以专

题片、纪录片或其它影视节目形式，集中介绍禹州钧瓷的历史渊源和品鉴常识，推广钧瓷的知名度和美誉度；通过网站建设、门户网站专题引导、网络游戏植入、动漫作品、虚拟现实等多种形式，以立体、全方位的推广模式，宣传弘扬钧瓷文化。

第十五条　立体品牌营销

严格制订各类钧瓷质量标准，确立品牌战略，以统一形象推动禹州钧瓷的对外品牌营销。

九五至尊

1. 积极推动钧瓷品牌保护策略。依据《著作权法》、《专利法》和《地理标志产品管理规定》，加强对钧瓷精品、名牌产品和作品著作权的保护，积极推行“禹州·钧瓷”地方认证商标和钧瓷地理认证标志的使用和普及工作。

2. 严格钧瓷企业资质认证。由钧瓷行业协会与国家相关机构联合，建立严格的审核机制，每年对钧瓷生产企业和销售门店资质进行认证，认证合格方可使用“禹州钧瓷”地理证明商标，引导、约束、规范钧瓷行业的健康发展。

3. 推进钧瓷国家标准的制定与推广。推动钧瓷“河南省地方质量标准”上升为国家质量标准；成立钧瓷产品鉴定机构，按照珍品、精品、合格品等层次，对钧瓷产品进行科学合理的评定，严格产品质量等级检验；推进钧瓷企业的现代管理体系认证。

4. 统一销售门店形象。由政府投资、企业参与，联合认证合格的钧瓷生产企业，以禹州钧瓷统一形象在全国主要中心城市（远期推广到国际城市）设立销售门店，形成合力；积极参与世博会、文博会等国际、国内大型会展交流活动，共同打造钧瓷品牌，推介钧瓷文化和龙头企业的钧瓷产品。

第五章　神垕古镇保护开发

神垕镇的保护性开发要体现“恢复原生态的千年古镇，展示活生生的钧瓷文化”这一主题，对神垕古镇围绕钧瓷生产和百姓生活出现的古代居住区、生产区、交易区、社会活动区、议事区等功能区的原貌进行恢复，描绘出神垕古镇作为“北方的千年古镇”的原生态。在保护和开发的关系问题上，先保护后开发，在充分论证的基础上尽可能地恢复原生态的千年古镇，明确规划论证与工程施工之间的关系，有序进行古镇开发。

第十六条　古镇开发布局

根据神垕古镇现状资源的空间分布特色，在神垕镇区划分核心保护区和景观控制区；以广义上的老街为主线，延线布置古镇生活体验区、民俗活动参与区、古法生产展示区、特色物产商业区四个主题功能区域。

1. 核心保护区。以神垕老街及其两侧的传统院落所在范围为古镇核心保护区，在核心区内必须保持原有建筑风貌，建筑层高最高为二层，材料、色彩、屋顶、地面、室内均按照传统建筑以及神垕镇本地的历史风格进行恢复与整饬，必要时进行重建。

2. 景观控制区。以肖河为一边，以老街为中心线的对称位置为另一边，构成古街的景观控制区外沿。在控制区内保持老街的整体风貌不被周边突兀的建筑所破坏，不允许建设高层建筑或者兴建其他可能破坏老街原始环境风貌的工程。

3. 古镇生活体验区。其范围位于老街东端，东起东大街东端，西至瓷厂街路口，长度约300米，此段集中了温家大院、霍家大院、白家大院等众多保护院落，以及寨门、栅栏门、古炮楼等遗迹，修复后可集中展示神垕古镇“前店中居后坊”的民俗生活，开辟院落家庭旅馆，钧瓷体验制作项目等。

4. 民俗活动参与区。为市场路以东，瓷厂街以西的神垕老街核心地段。恢复伯灵翁庙、关帝庙、花戏楼的基本面貌和周边空间，开放民间戏曲表演，恢复祭窑神、开窑等仪式，以及本地民俗赛“花神棚”、赛“擂铜器”等特色旅游节目，构造其作为参观游览核心区和休闲娱乐中心的功能。

5. 古法生产展示区。位于市场街的西南方向，原国营一厂所在地及周边区域。充分利用原工业厂房空间，恢复宋代钧瓷生产过程，展示传统工艺全貌，吸引游客参与制作；并可由专业人员指导游客参与其中，通过自制产品烧造等内容体验钧瓷“窑变”艺术的魅力，推广传播钧瓷文化。

6. 特色物产商业区。位于市场路以西，白衣堂街以东的西大街区域。本区域已形成一定规模的古玩艺术品交易市场，进一步引入禹州、河南的特色物产，改造利用与现有老街垂直的各条街巷，开辟特色店铺，形成一定开放式公共空间，吸引游人餐饮购物。

第十七条　生产生活再现

根据论证结果，对古镇中保存较好的民居院落进行修复，恢复七里老街的原始风貌，使其成为古镇的有机构成部分；在对千年老街进行保护性开发和恢复古法钧窑生产过程项目基础上，力求复现“中国北方的千年古镇”的生产生活历史原貌。

1. 恢复七里老街原始风貌。对伯灵翁庙、关帝庙进行保护性修葺，重现其历史原貌；恢复神垕古镇五寨相连的特色，对寨墙寨体进行维修；进一步以古街为中心，以相连街巷为辐射，恢复原有寨门、栅子门、大炮楼等遗迹；对临街建筑进行整修，对损害整体风貌的新近建筑予以拆除，开辟若干小型公共区域，供居民和游客休憩活动。

2. 民居院落改造。对散落在神垕古镇七里老街周边的明清院落进行保护性修复，要修旧如旧，全面展现老院落的原始风貌；重点推出几座星级院落，采用“前店中居后坊”的形式进行旅游接待，与接待团队为主的旅游饭店形成互补，共同提供差异化的旅游接待服务；对已经改建的院落和新建现代房屋要尽可能重建为明清形制。

3. 古法钧窑生产过程重现。作为旅游项目开发的一部分，选址再现宋代古法钧窑生产的全过程，展现禹州钧瓷窑火延烧千年的历史脉络。通过马帮运料、流沟泥、牛拉坝、手拉坯、制模、素烧、施釉、烧成等生产方式和工艺再现，按古法生产钧瓷产品；并尽量恢复古镇的原始生产形态，如代烧窑、推车挑担运送原坯等等，吸引游客参与其中。

4. 古镇生活的原生态复原。在对神垕古镇原始功能分区进行考证的基础上，恢复千年古镇的原生态面貌。其围绕钧瓷生产形成的百姓居住、生产、交易、日常活动的基本形态，以及实现各类功能的场所，如学堂、当铺、茶馆、酒肆、客栈、作坊、市场等铺户的分布等等；恢复祭窑神仪式、开窑仪式、赛“花神棚”、赛“擂铜器”等民俗表演项目。

出戟尊（现代仿品）

第十八条　基础设施改造

按“修旧如故”的原则，对神垕古镇的基础设施进行全面改造，特别是道路系统改造和水、

电、气管线的重新铺设，重现神垕质朴有序的古风古貌。

1. 镇区道路和基础管网改造。对镇内道路进行功能划分，机动车辆只能在镇外围通行，以老街为代表的古镇中心道路全部按步行标准，重新以青石铺设；全面改造水、电、气管网入地，建成顺畅的城市排污系统，让古镇居民的居住环境得到大幅改善。

中原壶

2. 旅游基础设施建设。规划神垕古镇停车场、绿地、厕所、旅游服务点位置，融入钧瓷文化元素，建立景区视觉引导标志，规划景区夜间照明系统；修建进入神垕老街的景区入口大门和游客接待中心，以仿古建筑风格与老街院落相匹配。

3. 钧瓷文化符号点缀。改造的过程中要充分利用神垕独有的钧瓷文化元素，以匣钵墙体、钧瓷碎片拼图、钧瓷小品雕塑、钧瓷公用设施等符号点缀其间，体现钧都古镇特色。

第十九条　配套工程建设

通过恢复山上水库和拦截橡胶坝的方法使肖河恢复有水状态，建设南环路分流驶经镇区的重型货车，改善古镇的基础环境状况。

1. 肖河景观带水系建设。恢复肖河的有水状态，通过水的引入，给古镇增添无穷生机；在此基础上，做好肖河景观带的建设，通过河岸环境的整治，形成小型公共区域，利用钧瓷符号进行景观小品设计，形成古镇独有特色；老街背后面向肖河的院落，亦可开发滨河水景，增添古镇无穷魅力。

2. 南环路建设。通过南环路疏导过镇大型运输车辆；在南环路两侧设计游客集散中心，建设公共交通枢纽、星级宾馆、娱乐设施、现代钧陶瓷交易市场等；迁移部分老街改造居民居住，形成古镇新区；选址设立观景平台，可俯瞰神垕古镇“窑炉错落、烟囱林立”的全貌。

第六章　钧瓷产业快速发展

用5－10年的时间，以钧瓷带动禹州陶瓷产业的迅猛发展，将禹州打造为国际国内有影响的北方陶瓷产业集聚区；培养一批高素质的从业人员，从材料、工艺、造型、科技等方面大力推进钧瓷的精品战略；扶持一批明星企业，利用市场化手段，促进产业结构的调整和产业规模的升级。

目前，禹州的钧陶瓷产业迫切需要在继承的基础上从提升工艺水平、调整产业结构、壮大产业规模、强化市场导向四个方面进行全方位推进。

第二十条　提升工艺水平

充分发挥人才在钧瓷精品战略中的作用，发挥科技手段在工艺创新中的地位。在挖掘、保护、传承千年精髓的同时，引进新技术、新方法、新设备，推动钧瓷工艺的创新发展。

1. 加大人才培养力度。以禹州市第一高中和职业中专为基础，通过与工艺美术、陶瓷相关专业的教育、科研机构合作，办好职业专科学校；在许昌职业学院设置陶瓷艺术专业，大量培养本地专业人才；开展多种形式的短期专业培训，大力提高钧瓷从业人员的整体素质；通过选送优秀人员外出进修，本地大师传承等方式，着力培养既有传统文化底蕴，又精通现代科技的高端人才。

2. 成立钧陶瓷工程技术中心。依托禹州市钧瓷研究所和龙头企业，全方位开展钧瓷工艺技术研究，逐步在钧陶瓷生产的各个环节推广应用计算机、数控等当代先进技术，结合高新科技，在材料、工艺、表现等方面，推动钧陶瓷工艺的创新发展，积极为钧陶瓷行业发展提供技术支撑和质量监测等各种有效服务。

3. 增强科研及自主创新能力。鼓励钧陶瓷生产企业建立研发机构，逐步建立以钧陶瓷企业为主体，以大专院校、科研院所和技术服务机构为配套的技术创新体系，形成自主研发或联合研发的技术创新机制，不断开发新技术、新工艺和新品种。

4. 定期召开钧瓷学术研讨会。每年1－2次，对各个历史时期的钧瓷技术工艺、艺术风格进行深入研究，对现代钧瓷产品进行品鉴，对现代生产工艺进行检讨，继承和发扬前人的优秀传统，为钧瓷生产实践提供借鉴，为钧瓷鉴赏树立尺度，推动钧瓷工艺的创新发展。

5. 开展古典精品复原实验。通过对传统窑型、烧造方式、器型设计、釉料配比、生产组织形式的深入分析，挖掘整理由唐至清千余年来钧瓷有记载的神瓷、官瓷、宝瓷、民瓷四大类造型，有组织地进行古典钧瓷精品的复原实验，并在此基础上开发出富含传世意境的钧瓷新品。

第二十一条 调整产品结构

以艺术化方式促进钧瓷产品的差异化发展，以市场化手段推动钧陶瓷企业有序竞争，以产业化分工扩大整个行业的规模效益，促进钧瓷产品结构的合理调整，形成钧瓷行业健康有序发展的良好氛围。

1. 鼓励大师原创精品。积极鼓励本地人才申报国家、省市各级工艺美术大师、陶瓷艺术大师称号；鼓励大师创作钧瓷艺术精品，参与国内国际各类展览评奖活动；鼓励大师与国内外艺术家联合开发各种形式的钧瓷艺术产品；确保大师作品的署名权和知识产权不受侵害。

观音

2. 促进钧陶瓷产品的差异化发展。由行业协会主导，以市场化方式引导钧陶瓷企业了解和把握产品需求的方向，除鼓励艺术大师多出精品满足收藏家和高端消费群体需求外，做好钧瓷一般产品的开发，如钧瓷工艺品、旅游纪念品、装饰陶瓷等，形成不同档次、不同用途、不同题材的钧瓷产品，以满足普通大众对钧瓷工艺品的需求；以钧瓷带动陶瓷系列产品的开发，逐步形成禹州实用陶瓷的品牌产品。

3. 创新钧陶瓷产品的知识产权保护和服务体系。积极探索钧瓷行业包括器型、釉料、烧造、署名在内的全方位知识产权保护策略，推动品牌建设，保护新产品开发者的有效权益，支持企业维权行为，严厉打击假冒伪劣，形成良好市场发展环境和有序的市场竞争。

4. 推动钧陶瓷产业的分工协作。引导企业以专业分工、协作生产的方式形成产业链条，鼓励瓷土开采加工、造型设计、成型、烧制、包装、物流、营销等分属工作的专业化，以工业化分工生产方式共同做大产业规模，形成以龙头企业带动、配套企业跟进，分工协作、互为补充、互利互惠、共生共存的规模化产业集群。

第二十二条 壮大产业规模

大力加强产业园区建设，逐步形成钧陶瓷文化产业聚集区；创建投融资平台，引导社会资本向钧陶瓷产业投入；扶持一批明星企业，发挥行业辐射带动作用，推动产业规模的壮大。

1. 产业园区建设。建设禹州市钧陶瓷产业园，制订优惠政策吸引有一定规模和自主创新能力的钧陶瓷企业和涉及钧陶瓷机械加工、半成品加工等企业进驻；以钧瓷为主带动陶瓷产业发展，延伸产业链条，形成钧陶瓷、耐火材料、彩印包装、陶瓷化工、机械、配件、瓷土开采加工等相关行业的产业聚集和共同发展。

如意大壶

2. 搭建文化产业投融资平台。成立文化投资公司、文化担保公司，发挥国有资本的控制力、影响力和带动力，在政府专项资金带动下，广泛引入海外资本、民间资本，协助相关企业申请国家贷款，拓宽融资渠道，积极鼓励和支持民营、个体等非公有制经济参与钧瓷产业发展建设，引领钧陶瓷行业迅速发展。

3. 培育禹州钧瓷名牌企业。整合钧瓷资源，扶持具有一定规模、管理水平较高、品牌效益良好、个性化较强的企业做大做强，抢占市场制高点，增强产业的整体竞争力；培育一批钧瓷行业的龙头领军企业，发挥其辐射带动作用，促进行业的整体提升，塑造禹州钧瓷企业的良好形象。

第二十三条　强化市场导向

建设钧陶瓷展示交易中心，扩大禹州钧陶瓷产品的展示交易规模，使之成为中国北方陶瓷产品的集散地；充分发挥行业组织和中介机构的作用，以市场机制协调行业快速发展；以钧瓷产业发展带动禹州当地其它特色产业，结合旅游线路开发，形成协同发展的良好局面。

1. 建设现代化的钧陶瓷展览交易中心。为市场化、国际化地展示和推广钧瓷文化、钧瓷产品提供平台；配合钧瓷文化节和钧陶瓷博览会的举办，大力发展会展经济，形成良好的市场环境和展示交易氛围，使之成为企业与市场联接的纽带和桥梁。争取在5年内使禹州成为中国北方陶瓷产品的集散地，长远形成国际艺术瓷交易展示中心。

2. 建立健全钧瓷市场监管体系。推动监管工作科学化、制度化、规范化和信息化，定期发布市场统计数据；完善市场准入机制，推进钧瓷企业信用信息系统建设；创新钧瓷产品的知识产权保护和服务体系，创立违规企业的惩罚与退出机制，维护公平竞争的市场环境。

3. 充分发挥行业组织和中介机构的作用。规范钧瓷、陶瓷产业协会章程，完善其功能设计；积极支持发展钧陶瓷产业咨询、经纪、策划、组织、代理、评估、鉴定、推介、拍卖等中介组织，大力推行知识产权代理、市场调查、法律咨询、财务统计等领域专业化服务，并以资质认证的方式引导其良性发展，起到以市场机制协调钧陶瓷行业快速发展的积极作用。

第七章　旅游资源整合利用

改造禹州市旅游景区和神垕古镇的基础设施，形成良好的景观风貌和旅游产品；联合周边旅游目的地，整合旅游资源，共同打造出包括禹州在内的中原精品旅游线路；长远挖掘禹州夏文化、药文化的历史积淀，开发更多形式的旅游文化产品，吸引游客对禹州的更多关注。

第二十四条　旅游线路设计

禹州文化改革发展试验区的旅游线路开发分两个层面：一是禹州地域内的线路设计，包括钧瓷文化体验之旅、禹州历史文化探幽、山水风光休闲游等线路；二是与其它地区联动的旅游路线，包括中原文化精品游、中国陶瓷文化之旅、华夏文化寻根之旅等。

1. 钧瓷文化体验之旅。重点为神垕古镇、禹州市钧官窑遗址博物馆、古窑遗址一线，围绕禹州钧瓷文化展开，以沉浸式体验项目开发为主，让游客参与到钧瓷产品的制作过程之中，延长游客的在地时间，体验“钧都”生产生活的各个方面。

2. 禹州历史文化探幽。以禹州历史文化资源为主线，重点开发禹州名人故里、历史文化传说等典故，以怀帮会馆、十三帮会馆、古钧台、吴道子故里、张良故里、吕不韦故里、周定王陵、逍遥观、大禹文化遗迹等历史文化资源为主要景点。

3. 山水风光休闲游。结合自然风光、乡村生活体验等，开发短途自驾游和休闲游，重点为白沙水库、逍遥观、大鸿寨、药用植物园等禹州自然生态景点，面向周边地市人群，营造良好服务氛围。

4. 中原文化精品游。充分利用周边区域现有的旅游文化资源，联络登封、开封、洛阳、郑州的旅游接待单位，争取与周边城市签署《文化旅游产业发展协作备忘录》，创建区域联动机制与协调机制，连手打造中原旅游精品线路，将禹州钧瓷体验游作为线路的有机组成，吸引游客体验钧瓷文化魅力。

5. 中国陶瓷文化之旅。联络国内主要陶瓷产地，推广“CHINA 之旅”品牌线路，使游客深入不同瓷区，体味不同地区的地域特色、文化差异、产品区别，针对分众市场和海外客源，开发陶瓷鉴赏、生产体验、历史探察等深度旅游内容。

6. 华夏文化寻根之旅。深入开发黄帝传说、大禹传说、夏文化、药文化的旅游资源，开辟“华夏始祖大禹”、“华夏文化寻根之旅”等精品旅游线路，联合周边新密、新郑、长葛、登封等地，共同形成“夏都文化圈”。

第二十五条 旅游项目开发

围绕钧瓷文化，以参与式体验项目开发为主，满足游客对钧瓷生产过程的体验，延长游客的滞留时间，实现旅游收益的增长。

1. 钧瓷参与式制作项目。在禹州和神垕建设多种形式的参与式钧瓷制作中心。可以是家庭作坊，也可以是钧瓷制作体验中心（瓷吧）等形式，吸引游客在钧瓷之都动手制作一件自己的钧瓷产品，通过现场制作、专业辅导、代烧成品等过程，延长游客的在场时间，带动旅游周边产品的销售。

2. 开窑、祭窑仪式重现。重现古代钧瓷生产和群众生活的民俗民风，挖掘整理古时开窑和祭窑神仪式，在神垕古镇定时表演，吸引游客关注；组织游客观看真实的钧瓷出窑，体会“入窑一色、出窑万彩”的神奇窑变；并依古法在禹州宋官窑遗址每年举办大型祭窑仪式，彰显宋代钧瓷的崇高地位。

3. 神垕古镇钧瓷淘宝。利用神垕已形成一定规模的古玩艺术品市场，以及钧瓷文化的感染力，定期举办钧瓷淘宝活动，将大师作品置于众多钧瓷艺术品之中，以无底价拍卖或街头寻宝等方式吸引游客和收藏人士参与其中，增强钧瓷文化的认知度，激发游客的参与热情。

第二十六条 旅游要素完善

将钧瓷文化全面融入旅游所涉及的吃、住、行、游、购、娱六大要素之中，提升打造禹州旅游城市的崭新面貌。

荷口瓶

1. 以钧瓷为主的旅游纪念品开发。鼓励各钧瓷厂家开发不同档次不同类型的旅游纪念品，形成大师精品、工艺品、日用品、旅游纪念品等多种档次，满足不同类型游客的多元化需求；挖掘禹州以及河南地方特产资源，引入纪念品市场，扩大旅游纪念品的种类选择。

2. 形成独具特色的禹州药膳。“药不过禹州不香”，充分利用禹州中药材产业资源，推出不同类型的药膳产品，使游客在禹州游览的同时享用健康膳食的滋补；配合钧瓷餐具的使用，形成禹州独有的品牌效应；并可开发多种形式的保健食品，方便游客购买携带。

3. 创造快捷便利的服务品牌。针对钧瓷产品不易携带的特点，开通专门的物流渠道，直接将游客选购或自制的钧瓷产品递送到目的地，带动物流行业的发展；在禹州、神垕打造禹州钧瓷统一形象销售门店的旗舰店，以专业的服务和品质的保障塑造营销品牌；以市场为导向逐步形成钧瓷系列旅游纪念产品，除在本地销售外，也可为外埠旅游市场供货。

夹板炉

4. 开发禹州特色旅游商品。围绕禹州十三碗、粉条、焖子等禹州特色小吃，形成系列化的具有禹州特色的饮食，并将粉条、焖子等有条件进行深加工，真空储存可供携带的旅游商品；将禹州道地中药材、顺店刺绣、档发产品等赋予更多的文化内涵，开发系列化的中药饮片、药茶、绣品、档发等可供游客选择、消费的旅游商品。

第二十七条　基础设施建设

加速主要旅游道路的新建和改建，改善交通环境，将禹州与周边旅游目的地紧密联结起来；兴建不同档次不同类型的旅游接待场所，满足不同游客的多元需求。

1. 打通禹（州）—神（垕）快速通道。改造禹州市区通往神垕的北线道路，按双向四车道、省道二级标准建设。实施道路两旁的绿化美化工程，充分利用各种钧瓷符号和表现形式，营造一条现代景观生态大道；依托延线禹州钧陶瓷产业园和钧陶瓷企业的分布，形成集生产、研发、购物、旅游、展示等功能于一体的钧瓷文化产业风景带。

2. 营造良好的道路环境氛围。争取开辟京珠高速与郑尧高速的连络线工程，改变由机场到禹州需绕行郑州的现状；按省道二级标准对梁－神路进行提升改造；整治永登高速禹州出口至禹州市区道路和景观风貌，对市区、神垕镇区道路进行景观改造。

3. 建设多层次的接待设施。按高起点、高标准和适度超前的原则，在禹州市区和神垕镇兴建不同档次不同类型的接待场所、宾馆、餐饮娱乐设施。兼顾星级宾馆、度假山庄、会议接待、经济酒店等不同档次需求，同时加强软件建设，努力提高服务质量。

第八章　公共文化事业建设

禹州市文化改革发展试验区要建立与经济社会发展相适应，与社会基本需求相适应的高效率、高水平、高覆盖、功能完备的公共文化服务体系，切实保障人民群众日益增涨的精神文化生活需要，既要关照外来游客等不同人群的多样性需求，更要保障本地人民群众的基本文化权益，推动居民文明素质的提高，有效推动社会主义和谐社会的建设。

第二十八条　完善基础设施

加大基础设施建设力度，在实现区域内文化设施全面覆盖的基础上，对禹州公共文化设施资源进行统一规划与管理，形成层次合宜，布局合理的设施网络。

1. 建设具有禹州特色的标志性文化建筑。采用整合、置换、新建等方式，促进禹州市文化馆、禹州市演艺中心等大型文化建筑的落成与使用。有效整合与循环利用图书馆、博物馆、科技馆等公共文化资源，提供便利的图书阅览、文物参观、观看和参与各种文艺活动等“一站式”服务。

2. 加强农村公共文化阵地建设。加大政府投入，建好一批群众性、大众化的文化场所，推动公共文化服务体系向农村延伸。在实现广播电视村村通之后，特别要建设好农村36文化大院或文化活动站、村级电影放映厅；建设好乡镇级文化中心，实施露天剧场建设工程和乡镇文化广场建设工程。

3. 加强现有公共文化服务单位的管理。充分发挥现有文化设施作用，对文化场馆给予补助性奖励，促进文化设施、设备的利用；对乡镇村公共文化设施使用情况进行普查，杜绝空壳化和闲置浪费现象；建立健全绩效考评办法，由文化部门统一管理，对各公共文化服务组织机构进行定期考核评估，完善监督与激励机制。

4. 提高公共文化服务能力。针对博物馆、科技馆、图书馆、文化馆等现有及新建的文化事业单位，合理设置人事、收入分配和社会保障等方面的管理运行机制，提高公益性文化事业单位的供给与服务能力，增强自我发展活力。

第二十九条　创新服务方式

公共文化产品和服务的生产供给，要坚持“政府为主导，鼓励社会力量积极参与”的原则，保证不同区域、不同群体享受公共文化产品和服务的公平性和均衡性，实现公共文化服务惠及全民。

1. 加强公共文化生产供给体系。充分发挥禹州豫剧团和其它文艺团体的作用，坚持专业与业余相结合、演出与培训相结合、财政支持与志愿服务相结合等原则，广罗人才，打造一支具备省级水准的高水平文艺团队；提高送演出、送图书、送电影下基层的覆盖范围和活动频次，充分利用基层文化阵地积极开展多种形式的文化娱乐活动，举办文艺演出、豫剧专场、舞蹈表演、歌唱比赛等活动。

2. 鼓励社会力量兴办公益性文化事业。综合运用资金补偿、税收优惠等激励机制，促使各类民间资本和生产要素向公共文化服务领域合理流动。集合政府权威供给、市场商业供给、第三方志愿供给和居民自发供给多种供给形式，形成政府主导、社会参与、市场运作、多方投资的公共文化发展格局。

3. 引导居民积极参与到公共文化建设中来。发挥公益性事业单位、非营利组织、企业以及群众自发组织的文化团体的能动性，提高公共文化服务的供给能力；组织多种形式的文艺团体和民间文化社团开展戏曲演出、文艺汇演、合唱大赛等多种类型的文化活动，推动群众间的文化交流；加大街道、乡镇之间的文化交流，积极营造活跃、健康向上的文化氛围。

4. 要加大公共财政对欠发达地区和低收入群体的扶持力度，采取政府采购、补贴等措施，解决底层群众最基本、最直接的文化需求问题，实施“文化低保”工程，制订公共文化服务最低标准；要解决农村地区文化活动内容和形式单一的问题，对传统娱乐活动加以培训、引导，创造新的文化活动项目，改变公共文化面貌单调、陈旧的局面。

直颈敞口瓶

第三十条　加强遗产保护

禹州拥有大量的文物保护单位和各级各类文化遗产，还有以钧瓷制作工艺为代表的多种具有传承价值的非物质文化遗产，试验区建设过程中，要加大对这些遗产的保护力度，在充分保护的基础上进行合理开发利用。

1. 增强文物保护意识。提高对文物保护工作的重视程度，改变重经济建设，轻文物保护，只重眼前利益，不顾长远利益，重局部利益，不顾社会效益的思想；重点单位和遗产周边的建筑施工必须经过专家考证才可审批，避免出现文化遗产和周边环境相冲突的“孤岛”现象，对已经破坏的文物风貌要尽力整治恢复。

象鼻衔环琵琶瓶

2. 保证专项资金投入。用于恢复和维持重点文物保护单位和重要文化遗产的历史原貌，加大力度进行流散文物的收集保护工作；设立非物质文化遗产保护资金，深入挖掘整理区内非物质文化遗产，资助非物质文化遗产的项目传承人，建立传承机制，组织培训、教学和展示 3. 加强非物质文化遗产的保护和传承。努力契合“保护为主、抢救第一、合理利用、传承发展”的指导方针，充分应用现代化的技术手段，对禹州的非物质文化遗产进行完整的记录，深入挖掘整理，有选择有重点的优先保护；开展非物质文化遗产宣传工作，利用报刊、广播电视、互联网等媒体，通过专题片、专家讲座、博物馆展览、文艺演出等多种形式，提高公众对非物质文化遗产的认知。

第三十一条　提倡文明风尚（略）

第九章　配套政策保障措施

第三十二条　完善体制结构

1. 协调机构设置。以禹州市文化改革发展试验区领导小组作为统筹实验区建设的领导机构，适时成立“禹州市文化改革发展试验区建设办公室”，“禹州市文化产业投融资管理委员会”、“禹州市钧陶瓷产业园管理委员会”等机构，完善政府组织保障，强化领导力和执行力，整合不同部门与文化相关的职责和工作范畴，构建一个有利于试验区快速发展的服务型工作体系。

2. 成立禹州钧瓷文化旅游开发股份公司，纳入相关国有资源，全面整合禹州钧瓷和文化旅游资源；并以此为平台，联合文化投资公司和文化担保公司共同设立开发项目，吸引外部资本参与投资合作，推进文化旅游项目开发和钧瓷产业的壮大；成立禹州市文化发展专家评审委员会，对设立的文化产业专项资金进行论证评审。

3. 提高乡镇一级景区的管理级别，由旅游部门协调统筹景区基础设施和旅游项目开发，保障资金投入，保证建设质量；完成剧团、影院等经营性文化事业单位改制，按照劳动关系转聘用、产权结构转股份制等方式，使国有资产文化企业成为具有市场竞争力的市场主体。

4. 剥离钧官窑遗址博物馆和钧瓷研究所。对钧官窑遗址博物馆按全额拨款事业单位，钧瓷研究所按照经营性事业单位性质分别管理；博物馆以宣传弘扬钧瓷文化为核心组织开展多种形式的主题活动，研究所重点负责钧瓷生产新技术、新材料、新工艺的研发，为行业发展提供技术支持和质量标准评测等服务。

5. 建立试验区建设动态数据平台。通过数据平台的建立，实现对试验区建设过程中动态信息的搜集、整理、分析、评估和预测，实时对试验区的发展情况做出科学的判断与调整，为政府和企业进行决策提供可靠依据。

第三十三条 扩大资金支持

1. 设立文化产业专项资金。由禹州市政府设立固定的文化产业专项资金，并以不低于市财政收入增加幅度的比例逐年递增，由试验区领导小组统一管理，确保资金配套到位。

2. 设立钧瓷产业专项资金。在文化产业专项资金中设立“禹州钧瓷产业专项资金”，其额度占全部资金总额的50%以上，重点支持和鼓励钧陶瓷企业的发展和壮大。

3. 创建文化产业投融资平台，在政府的专项资金带动下，促进投资主体多元化，拓宽融资渠道，成立文化投资公司和文化担保公司，通过中介组织，开展各种形式的重点项目推介活动，吸引社会资本进入。

4. 设置多种形式的公共文化服务体系专项资金。如文化基础设施建设资金、特色文化活动扶持资金、非物质文化遗产保护资金、农村文化发展资金等，由试验区建设办公室会同市财政部门、文化部门协调管理。

第三十四条 重视人才培养

1. 重视钧瓷大师的培育。积极组织专业人才申报国家、省市各级工艺美术大师，陶瓷艺术大师；营造良好氛围，为大师创造良好的发展空间；定期组织大师交流活动，以师徒相传和团队协作方式推动钧瓷艺术传承发展。

2. 重点引进和培养三类关键人才：钧瓷文化旅游高级管理与运营人才；文化名人、专家、学者和学科带头人；钧陶瓷产业发展急需的各方面专业技术人才。

3. 对钧瓷文化传承人给予资金、政策扶植；对国际、国内获奖作品制作人给予资金奖励；鼓励年轻学徒和大师传人进行工艺和器型创新，进行定期技术交流和培训。

4. 通过人才引进、送出培养、合作开发、兴办学校等多种途径，培养专业人才；从政策、待遇等多方面拓展人才在禹州的发展空间，鼓励人才在钧瓷领域开拓创新。

第三十五条 拓展国际市场

1. 禹州钧瓷文化旅游在立足于国内市场的同时要积极参与国际合作和国际竞争，通过举办、参与节庆会展等活动方式，做到钧瓷文化走出去，旅游资源引进来。

2. 通过设立的专项资金积极支持钧瓷企业参与国际竞争，组织和鼓励企业统一在“禹州·钧瓷”的品牌下参与国际博览会，进行产品的贸易出口；为相关企业和产品提供资金支持、宣传包装和推广服务。

3. 支持钧瓷企业拓展国际市场，给相关企业一定的政策和资金支持；鼓励企业与国外著名陶瓷厂家开展多种形式的交流活动，拓展钧瓷生产的国际视野。

玄纹洗

第十章 附 则（略）

河南省陶瓷玻璃行业管理协会关于授予陈建庭等同志“河南省杰出陶瓷艺术家”称号的通知

中国陶瓷艺术大师评比工作已经结束，我省胜出五位，评上的大师体现了综合成绩优秀，而没有评上的同志也还有相当优秀的，为了表彰我省参评艺术家对陶瓷行业的贡献及在这次评审活动中的出色表现，河南省陶瓷玻璃行业管理协会决定授予下列25位同志“河南省杰出陶瓷艺术家”称号：（姓氏拼音为序）

陈建庭 柴战柱 丁建中 付清臣

郭爱和 霍福生 晋晓瞳 冀德强

李建峰　李廷怀　刘瓷辉　马聚魁
苗长强　孟玉松　任星航　王金合
王延军　王振宇　许海君　杨国政
杨晓锋　赵学仁　张怀强　张金伟
朱文立

希望大家再接再厉，创造新业绩，为陶瓷事业发展做出更大贡献。

2011 年 5 月 18 日

河南省陶瓷玻璃协会关于组团参加《中国陶瓷文化创意产品展览会》暨进京举办《河南陶瓷名家作品北京大展》的通知

各地市陶瓷相关部门、企业、工作室：

根据中国陶瓷工业协会的布置以及 2010 年河南省陶瓷艺术年会会议精神，为了扩大我省陶瓷艺术家在全国影响力，提升钧瓷、汝瓷、官瓷、三彩、绞胎瓷等世界知名瓷种的当代地位，经研究决定组团参加由中国轻工联合会主办、中国陶瓷工业协会等单位协办的“中国陶瓷文化创意产品展览会”，并在展馆举办“河南陶瓷名家作品北京大展”及“河南名瓷文化产业论坛”。届时全国各地陶瓷精品也将在这里进行品牌大亮相，中国陶瓷工业协会将对艺术瓷、日用瓷评奖，河南省陶玻协会也会组织河南评奖。根据中国陶瓷工业协会的安排，河南省陶瓷玻璃行业管理协会集体组织我省陶瓷名企名家参展、参评（展区图附后）。

赏盘

希望各相关单位和大师个人、利用这次机会，打响自身品牌，提升美誉度，扩大影响力，为其艺术事业的发展奠定基础。

布展时间：2011 年 8 月 10～11 日

展会时间：2011 年 8 月 12～14 日

活动地点：北京中国国际展览中心旧馆（北三环东路静安庄）

（河南运送作品的时间是 8 月 8 日，现在开始报名，提供作品时间为 8 月 5 日以前，特别提醒：每参展者提供 3 件参评作品必须把作品名称等资料 7 月 20 日前报给河南省陶玻协会）

特此通知

禹州市地方史志办公室关于出版《中国钧窑志》的请示

市政府：

按照许昌市政府办公室许政办（2011）13 号文件要求及《中国钧窑志》编委会的年度工作安排，在各级领导的关心和各相关单位的大力支持配合下，通过全体编纂人员的共同努力，《中国钧窑志》的编纂工作已经完成，并已报河南省地方史志办公室市县工作处、河南省工艺美术行业协会、河南省陶瓷玻璃行业管理协会审定。

《中国钧窑志》是为了弘扬钧瓷文化和发展钧瓷产业，对 1000 多年间中国钧瓷发展历程的客观翔实记载。《中国钧窑志》评审稿于 2011 年 4 月 29 日通过河南省《中国钧窑志》评审会议评审。认为：钧窑志稿框架结构合理，文风朴实，资料丰富翔实、准确客观，符合《地方志工作条例》和专业志书审核、校对等相关规定与标准，同意经过终审终校后印刷出版。

根据上级地方志机构关于方志类图书印刷出版的规定，特请求批准印刷发行。

以上请示，请批复。

禹州市地方史志办公室
二〇一一年六月十七日

禹州市人民政府关于同意出版《中国钧窑志》的批复

市地方史志办公室：

你单位《关于出版〈中国钧瓷志〉的请示》收悉。

市政府同意你们出版《中国钧瓷志》的意见。请按照《地方志工作条例》和上级地方志机构关于志类图书印刷管理的有关规定和程序，出版发行。

此复。

二〇一一年七月十四日

平安香薰

禹州市地方史志办公室关于出版《中国钧窑志》的请示

河南省工艺美术行业协会：

《中国钧窑志》的编纂工作在各级领导的关心和各相关单位的大力支持配合下，经全体编纂人员的共同努力已经完成，并已报河南省地方史志办公室市县工作处、河南省工艺美术行业协会、河南省陶瓷玻璃行业管理协会审定。

《中国钧窑志》是为了弘扬钧瓷文化和发展钧瓷产业，对一千多年间中国钧瓷发展历程的客观翔实记载。《中国钧窑志》评审稿于2011年4月29日通过“河南省《中国钧窑志》评审会议”评审。会议认为：钧窑志稿框架结构合理，文风朴实，资料丰富翔实、准确客观，符合《地方志工作条例》和工艺美术类专业志书审核、校对等相关规定与标准，同意经过终审终校后印刷出版。

根据方志类图书印刷出版的规定，特请求批准印刷发行。

以上请示，请批复。

禹州市地方史志办公室

二〇一一年七月十八日

河南省工艺美术行业协会关于同意出版《中国钧窑志》的批复

禹州市地方史志办公室：

你单位《关于出版（中国钧窑志）》的请示（禹志办〔2011〕15号）收悉。

我协会同意你们出版《中国钧窑志》的意见。请按照《地方志工作条例》和上级地方志机构关于方志类图书印刷管理的规定和程序，出版发行。

此复。

二〇一一年八月十七日

禹州市地方史志办公室关于出版《中国钧窑志》的请示

河南省陶瓷玻璃行业管理协会：

在上级行业领导的关心和各相关单位的大力支持配合下，经全体编纂人员的共同努力，《中国钧窑志》的编纂工作已经完成，并已经河南省《中国钧窑志》评审会议审定。

《中国钧窑志》是为了弘扬钧瓷文化和发展钧瓷产业，对一千多年间中国钧瓷发展历程的客观翔实记载。全志共分十四章十七个门类，依次为概述、大事记、窑区地理、陶瓷资源、钧窑生产、钧瓷装饰、钧瓷贸易、瓷业管理、研究开发、考古发现、钧瓷鉴赏、钧瓷收藏、钧窑文化、人物、经典赏析、附录等，评审稿规模约80万字。《中国钧窑志》评审会议认为：钧窑志稿框架结构合理，文风朴实，资料丰富翔实、准确客观，符合《地方志工作条例》和陶瓷类专业志书审核、校对等相关规定与标准，同意经过终审终校后印刷出版。

根据方志类图书印刷出版的规定，特请求批准印刷发行。

以上请示，请批复。

禹州市地方史志办公室

二〇一一年七月十五日

河南省陶瓷玻璃行业管理协会关于同意支持《中国钧窑志》出版发行的批复

禹州市地方史志办公室：

你单位《关于出版（中国钧窑志）》的请示收悉。

为了弘扬钧窑陶瓷文化，经研究同意并支持《中国钧窑志》的出版发行。

此复。

二〇一一年七月十六日

王运玺同志在河南省《中国钧窑志》评审会议上的致辞

省工艺美术协会张玉骉理事长，省陶玻协会王爱纯会长，中国石油大学余世诚教授，许昌市钧瓷文化传播机构及钧瓷文化界各位专家，同志们：

在全省艺术陶瓷行业管理部门的关心支持下，在全市各有关部门的积极配合下，经过史志办公室编辑人员及特邀编辑近六年的艰苦努力，《中国钧窑志》评审稿如期完成。今天我们邀请到中国石油大学人文学院、省工艺美术界、陶瓷界、钧瓷艺术界的领导、专家及部分禹州籍国家、省工艺美术和陶瓷艺术大师召开评审会议，既是志书编纂的一项重要环节，又是禹州文化建设的一件大事。在这里，我代表禹州市委、市政府和许昌市钧瓷文化产业园管理办公室对大家的到来表示热烈的欢迎！

达摩

禹州是中国瓷器的重要发祥地和钧瓷的发源地，是中国钧瓷之都，其陶艺制作已有一万多年历史。钧瓷始于唐代，盛于宋朝，位居中国宋代五大名瓷之首，距今已有1300多年的历史。她以神、奇、妙、绝四大特点名冠天下，以“入窑一色，出窑万彩”的窑变艺术著称于世。自宋代徽宗朝起，成为历代皇宫御用珍品，素有“黄金有价钧无价”、“纵有家财万贯，不如钧瓷一件”之说。

钧瓷，以其色彩艳丽、艺术风格独特闻名中外，是难得的艺术珍品，成为对外交往的高贵礼品和收藏品。已有一百多件产品被确定为国礼赠送给国际友人和各国政要，一大批钧瓷珍品被联合国总部、国家博物馆、故宫博物院等机构及世界各地收藏大家竞相收藏。钧瓷已成为禹州走向世界的一张文化名片。

葫芦瓶

近年来，禹州以钧瓷文化为主线，大力弘扬钧瓷文化，提升钧瓷产业，使钧瓷文化产业步入了黄金时期。目前，禹州市有钧瓷生产企业109家，各类专业技术人员3000余人，其中：国家级艺术大师4人，省级艺术大师87人，非物质文化传承人6名，研制开发出各类品种造型1500多种，年产销钧瓷230多万件（套），产值达6.7亿元人民币。培育壮大了一批钧瓷骨干生产企业。一年一度的中国钧瓷文化旅游节也已成为具有一定影响力的全国性节会品牌。为进一步的弘扬和提升钧瓷文化产业，我们投资1亿多元兴建了钧官窑址博物馆、钧瓷工程技术中心和研发中心等文化项目；规划了投资1.4亿元人民币的钧瓷文化创意园和投资15亿元人民币的钧陶瓷产业园等工业园区，为钧瓷文化产业的持续发展打下了坚实的基础。

禹州作为钧瓷的原产地、“中国陶瓷文化之乡”，肩负着弘扬钧瓷文化、发展钧瓷产业的历史使命。近年来，市委、市政府不断对钧瓷业加大投入、强化管理，举办钧瓷文化节、钧瓷学术研讨会等展示国宝钧瓷，宣传钧都禹州。2008年，禹州钧瓷产业被河南省委、省政府列入重点优势文化产业开发项目，禹州被确定为河南省钧瓷文化旅游试验区，开中国五大名窑传承发展之先河。钧瓷在当代中国再次成为“官瓷”，走上了依托文化资源和传统技艺，固本创新、做大做强的科学发展之路。

悠久的历史渊源，厚重的文化底蕴，特别是当代钧瓷的繁荣与发展，孕育了禹州特有的文化品牌。2006年，《中国钧窑志》编纂工作启动，并被列入“河南地标志”重点项目之一。至今已经过了五年多的时间。《中国钧窑志》是一部通志，上限起于新石器时代，下限至2010年末，以翔实的资料，纵述历史，横陈门类，完整地记述了钧瓷业的发展历程，是传承钧窑文化的一部专业文献。《钧窑志》作为钧瓷行业重要的信息载体，将成为全国钧瓷行业研究、生产、营销、文化传播等方面交流的平台。她的出版面世，对于弘扬灿烂的钧窑文化、传承钧窑的精湛技艺、发展钧瓷产业必将起到积极的推动作用。

志书编纂工作是一项难度大、任务重、涉及面广、专业性强的系统工程，特别是专业志书的编纂，需要行业专家、专业技术人员的参与及配合，《中国钧窑志》是中国五大名窑第一部专业志书，他的编纂没有其他可借鉴的蓝本，编纂人员专业知识和技能比较欠缺，加之时间较紧，因而书中的纰漏和错误在所难免，因此，希望今天与会的省市行业领导及老专家和各位钧瓷大师要畅所欲言，对志书提出各方面意见和建议。

最后，我代表市委、市政府和许昌市钧瓷文化产业园管理办公室对与会的河南省艺术陶瓷界的领导，许昌市新闻媒体及我市文化界、钧瓷界的代表对禹州修志工作的积极参与和大力支持表示衷心的感谢！

预祝这次评审会议取得圆满成功，谢谢大家！

刘静同志在河南省《中国钧窑志》评审会议上的评审总结

各位领导、各位专家，钧瓷界各位大师，同志们：

今天，市委、市政府，许昌市钧瓷文化产业园区管理办公室召开《中国钧窑志》评审会议，这既是志书编纂出版的必要程序，也是进一步深化钧瓷学术研究，加强钧瓷行业信息交流的一个平台。大家在会上就《中国钧窑志》所载行业综合文献，围绕钧瓷历史与文化、工艺与技术等方面都做了很好的发言，这些意见和建议非常难得。我认为，《中国钧窑志》评审稿是一部基础很好的专业志稿。它严格按照方志学的编纂规范，横不缺要项，记述涉及钧瓷各个方面的情况；纵不断主线，完整展现出各个历史时期钧瓷的基本面貌。它体例完备，资料丰富，语言平实准确。从志书内容上看，它地方特色鲜明，以钧瓷原产地禹州为主线施展笔墨，描绘出一幅钧瓷以禹州为中心产生，以禹州为代表崛起并走向繁荣昌盛的壮丽画卷。这是一部以钧瓷百科全书为方向，凸显禹州特色，以出精品佳志为目标，反复雕琢、力求精准，基本符合二届志书编写要求的专业志稿。

钧瓷诞生至今已有千年历史，上千年的时间里，人们一直被它的神奇魅力所吸引，也因它的神秘而不断议论。在宋代五大名瓷“钧汝官哥定”中，没有哪一个瓷种像钧瓷那样在当代社会一方面备受关注和广受喜爱，既成为国家领导人赠送外国元首和贵宾的“国礼”，又是收藏界的宠儿，收藏家们竞相追逐的珍宝。另一方面，它又有许多需要研究的课题。不单海内外学术界广泛而深入地讨论钧瓷文化，使钧窑研究成为近几年的学术热点之一，而且普通老百姓也能时不时地对钧瓷品头论足，甚至成为街头巷议的谈资。面对各式各样的学术观点，我们钧瓷和钧瓷文化人，特别是禹州本地的研究者和大师应当如何应对？我认为，我们应当坚持一项原则，那就是看“是否有利于钧瓷文化的健康发展，是否有利于钧瓷文化产业的可持续发展和又好又快增长”。凡是有利于钧瓷文化健康发展和正常交流的讨论，我们要大力支持。我们需要组建自己的学术研究团队，不断增加学术积累，多出既科学严谨，又有利于宣传钧瓷，宣传禹州的学术成果。面对不同的学术观点，我们要坚定自己的立场，坚守自己的阵地，以自己的研究成果加以回应。官方学术研究必须服务于现实，促进钧瓷文化产业的健康有序发展。我们这部志稿中，以河南省文物考古研究所发掘报告为依据，坚持钧官窑北宋说；以北京大学中国考古学研究中心发掘报告为依据，坚持钧窑始于宋代说；坚持钧瓷的产生汲取了唐代花瓷工艺的精华，即钧瓷始于唐，盛于宋，到金元时期形成了遍布全国的钧窑系，其立意是十分正确的。

花口洗

评审会上，张玉叒理事长、王爱纯会长、余世诚教授的发言高屋建瓴，很有专业价值。郭水林主席、教之中先生是禹州文史大家，作为现代钧瓷恢复、发展并逐步走向繁荣的亲历者，对钧瓷文化的研究系统而广泛，深入而又有现实意义，他的研究成果是有目共睹和广为各方面接受的。孔相卿大师是当代钧瓷的领跑人物，对钧瓷产业现状的认识很深刻。刘建军大师是近年钧瓷艺术创新的代表人物，对钧瓷艺术有独到的感悟。任星航大师是陶瓷热工专家，在钧瓷窑炉建设和钧瓷烧成技术方面功力深厚。其他专家和大师的意见也都很中肯，很有针对性。会后史志办公室要认真收集各位领导、各位专家、各位大师的意见和建议，及时总结，不断完善志稿，力争把《中国钧窑志》编纂成为叫响全国的禹州文化建设的典范性成果，为宣传和弘扬钧瓷文化，打造禹州文化品牌作出更大的贡献。

关于访问中央机关征求对钧瓷礼品的意见和汇报

王春秀

一九八四年三月二十四日至二十八日。历时五天，在北京走访了外交部、对外经济贸易部、国家计划委员会、中国国际贸易促进委员会、中国人民对外友好协会、中国对外展览公司、中国艺华工艺美术品展销公司、国家旅游总局等八个单位。现将他们对我厂的钧瓷的评价、意见、希望和要求汇报如下：

（一）近几年来。党和国家领导人出国访问。曾选用我厂的钧瓷作为礼品：邓小平同志选用我厂的钧瓷象鼻尊赠送给日本友人；古牧副总理曾选用我厂的钧瓷作出访礼品赠给日本首相和几位内阁大臣；姚依林副总理和余秋里同志都曾选用我厂的钧瓷作为出国访问的礼品。外交部、贸易会、国家计委的同志讲，党和国家领导人出国访问多部分是他们自己提出把钧瓷作为出国访问的礼品。中国国际贸易促进委员会的同志说，谷牧副总理用了你厂的钧瓷作为出国访问的礼品很高兴、很满意。开始我们没想到把钧瓷作为出访礼品，是谷牧副总理出国访问前亲自提出的。

钟馗

（二）外交部、国家计委、经贸部的同志说，党和国家领导人很喜欢把钧瓷作为出访的礼品。国家计委的同志收缩：宋平主任最近出国访问，提出带钧瓷为礼品。我们前天已派人去河南。到你厂征集钧瓷产品了。外交部的同志说：赵紫阳说：河南的钧瓷在世界上独一无二，我出国访问要带钧瓷作为国家礼品。可是我们还没有完成任务。因为你厂现有的钧瓷产品还不足国家元首礼品的规格。今后咱们要配合好。并希望厂里多加努力，来完成这项任务。能完成任务很光荣。外交部的同志还说，党和国家领导人选用你厂的产品作为礼品在报纸上一公布。从另一个意义上说，是掏钱难买的高级的广告宣传。

（三）我厂的钧瓷产品经国家有关部门组织。先后到美国、巴西、加拿大、西德、埃及、希腊、秘鲁、西班牙、墨西哥、科威特、泰国、印度、罗马尼亚、南斯拉夫、阿尔及利亚、英国等十七个国家展出。中国人民对外友好协会已从我厂征集近百件钧瓷准备送往欧洲一些国家供友好组织展出。钧瓷不论在哪个国家的《中国工艺美术展览》中，都列为一项重要展品，占有重要地位。得到国外人士的好评，特别是日本友人看后赞不绝口，被钧瓷庄重的造型和窑变多彩的釉色所吸引。钧瓷还被许多国家的博物馆所珍藏。中国艺华工艺美术品展销公司的同志说：钧瓷入窑一色，出窑万彩的窑变艺术效果，在世界陶瓷界独树一帜，享有崇高的盛誉。

（四）国家对钧瓷礼品和陈设品的需要量迅速增加。随着国际交往的发展，被称为中国宝瓷的钧瓷。仅国家机关礼品将大量增加。外交部将派员到我厂选购礼品；国家计委提出样品列清单寄厂里承制；贸促会、经贸部的同志说：今后

我们要找你厂里麻烦，希望你们给予支持；对外友协和中国对外展览公司的同志说：今后我们选出国展品比以往要多得多，请厂里支持。这些机关的同志还专门记了厂址和联系人，并要产品样品和价格表。北京的一些大饭店拟以钧瓷作为客房的高级陈设品布置。并想经营钧瓷。如丽都饭店的经理，托外交部的同志与我们联系。

（五）对我们的批评及要求过去没有满足国家机关征集礼品的需要，是感受最深的一条也感到很惭愧。外交部工作同志讲的，就是对厂里的批评爱护和支持。今后要下决心。从钧瓷的造型、规格、质量、釉色等方面满足国家的需要。外交部的同志指出设计上要再下点功夫。搞得好些。釉色上更要注意。器型好比人体。釉色好比衣衫。装饰好坏大不一样。窑变色彩是钧瓷的特点。特点一定要突出来。器型设计上要仿古。还要有创新。大、中、小件都要生产。从国家礼品的角度上讲：大件，元首级选用。中件，副总理、部长级选用。一般的和为旅游服务的均以小件为主。釉色上要保持传统特色。要表现出窑变的风格。并对礼品的规格、品种都提出具体意见。包装问题。外交部征集的礼品都有外交部自己的要求，需要自己配置。其他机关则要求厂里配置精美包装。总的来说就，精包装厂里没有经

钧窑盏

济力量搞。但国内使用的简包装应该搞好。

（六）这次走访用户，受到启发很大，教育深刻。一方面要把这次走访的情况向厂党委和厂长办公会议汇报。作以认真研究，采取措施。把钧瓷生产搞好。从产量、质量方面都要搞上去。一方面要把这次走访的情况向上级党委和政府汇报。请求领导上的支持和扶持。以便加快钧瓷生产的发展。（原载〈禹州大事月报〉，作者系禹县钧瓷工艺美术二厂厂长）

钧窑文论选录

钧窑釉的研究

刘凯民

摘要

本工作可用光谱分析、化学分析、分光光度术、光学显微术、X－射线衍射以及复型电子显微术和扫描电子显微术等方法，对北宋至元末几十种有代表性的钧窑系标本——其中包括成就最高的北宋“官钧”——进行了研究，揭示了钧窑系釉的化学组成特点、亚显微结构特点、光学特性及其同釉的外观特征之间的内在联系，从而对钧窑系釉所特有的乳光兰色的呈色机理和窑变现象的形成机理提出了新的看法。

本文的主要结论是：钧窑系釉都是液—液分相釉，其乳光兰色是釉层中粒径为 100mμ 左右的分相液滴对可见光谱中短波光的散射作用所引起的视觉效应；窑变现象是釉的分相结构在宏观上的不均匀性所产生的视觉效果，这种不均匀结构是由于靠近坯面的釉溶解一些坯体后而形成的一层非分相釉同其上面的分相乳光层进行不均匀混合的结果，而这种不均匀混合则是坯釉界面上和底层釉中产生的气泡聚集长大向表面浮动时把下层釉带入上层造成的；釉中含有较低的 Al_2O_3 和一定数量的 P_2O_5 是引起钧釉分相的内因，P_2O_5/Al_2O_3 比和 SiO_2/Al_2O_3 比是控制钧釉分相结构的两个最敏感的化学因素，因而也是控制其乳光效果和窑变效果的两个关键因素。较低的 SiO_2/Al_2O_3 比有利于产生单色乳光釉，较高的 SiO_2/Al_2O_3 比有利于形成窑变釉，CuO 的加入丰富了窑变釉的色彩。

一、引言

钧窑是宋代五大名窑之一，素以“釉具五色”、“光彩夺目”等艺术特色为世人所珍视。由于钧窑停烧至今已历时八百多年，所以目前传世的标准宋钧窑器已经不多，只有在少数几个大博物馆里才能见到一些。故宫博物院现藏的月白

釉出戟尊、玫瑰紫釉和海棠红釉尊、洗、花盆、盆奁等所谓“传世宋钧”就是钧窑的一部分代表作。这些作品造型端庄，工艺精细，釉质浑厚莹润，色彩绚丽多变，周身遍布“泪痕纹”或“蚯蚓走泥纹”等生动美妙的“窑变”流纹，宛如花玛瑙一般美丽。真可谓极尽绚丽多彩之至，确有巧夺天工之妙。

就技术和艺术水平而论，“传世宋钧”在整个“钧窑系”陶瓷中是首屈一指的。冯先铭先生认为：从器型和工艺水平来看，“传世宋钧”与定窑、汝窑和官窑的贡器有共同点，“都是适应宫庭需要而烧制的”。因此某些文献中又称“官钧”。

钧窑小品一组

应当指出，在近几十年的国内外文献中，“钧窑”（chunware）一词在使用上是相当混乱的，既被用来称呼“元钧”，又被用来称呼官钧以及官钧出现前早就在烧制的非窑变性单色天青釉早期精品。国外大多数研究者，之所以把典型的元钧说成是宋代所烧，大概同只用一个 chunware 来称呼这几种水平、风格、产地和时代各不相同的器物有一定关系。鉴于这种情况，本文拟采用“官钧”作为“传世宋钧”的专称，并把也被人们笼统地称之为“钧窑”或“宋钧”的纯天青釉早期精品称为“早期宋钧”，以便把上述三类水平、风格、时代、产地各不相同的东西区别开来。“钧窑系”在本文中则作为“早期宋钧”、“官钧”和“元钧”的总称来用。

过去曾有人把官钧的产地说成是河南郏县的野猪沟，把它的烧造年代定为金代，这种说法在很长的一段时间内曾经几乎成了定论而充斥于各种书刊中。70 年代中期河南省博物馆的发掘工作已经证实：官钧的烧造年代在北宋后期，窑址在今河南省禹县城内北门里的钧台和八卦洞附近，现称钧台窑。这次发掘工作的意义不仅解决了官钧（即明清时文献中所说的“钧窑”或“钧州窑”）的烧造地点和年代问题，同时还证明，临汝严和店、东沟和禹县刘家等地出产的纯天青釉早期精品的烧造年代远在钧台窑之前，而不是在它之后。更重要的是由钧台窑遗址发掘出来的大量遗物为钧窑的研究提供了丰富而宝贵的实物资料。从发掘出来的大量官钧碎片和残器看，器型种类比目前在故宫里能看到的多得多，但仍是尊、洗、花盆、盆奁一类宫庭用品；在这些碎片上能看到的釉色也要丰富的多，大体上有兰紫两大类共十多种，如月白、天青、葱翠青、天兰以及玫瑰紫、胭脂红、茄皮紫、朱砂红、海棠红、火里红、红露、驴肝、马肺等等。上述事实证明：明清两代有关文献（如“遵生八笺”、“南窑笔记”、“陶雅”等）对宋代“钧窑”器之器型、釉色和其它外观特征的描述是可靠的。

钧窑的釉色虽然如此丰富，但构成其特殊美感和艺术趣味的基本外观特征却只有两个：这就是釉的“乳光状态”和“窑变现象”。由此看来，探明这两种外观特征的本质和形成机理，钧窑釉的理论问题和技术问题就算得了基本的解决。

所谓乳光状态是指钧窑釉那种象青玛瑙或蛋白石一般美丽的天青色半乳浊状态，这是所有钧窑系釉都具备的共同特征。从大量钧窑系标本的观察中可以看出，兰钧釉之兰色的深浅同其乳浊性之间有下述关系：乳浊性越强兰色越淡。因此，乳浊性强弱的变化能够使釉产生由白到天兰的一系列中间色，兰色最淡的称为月白，最深的称为天兰，居间的称为天青和葱翠青。值得注意的是，在器皿口沿或棱角等器型转折处釉层较薄的地方，釉的乳浊性完全消失时，钧釉那种特有的天兰色也随之消失，可见这种兰色同半乳浊状态是联系在一起的，所以称之为“乳光状态”而不称为“乳浊状态”。乳光状态除了能使钧釉产生一系列由浅到深的兰色外，还赋于它们一种含蓄的光泽和优雅的质感，可见它是造成钧釉美感的最重要、最基本的条件。

所谓窑变现象是指钧釉的乳浊和色彩发生复杂的交错变化，从而使釉变得绚丽多彩的那种现象。例如，烧的好的兰钧釉总是兰白错杂，把釉在高温下的流动痕迹惟妙惟肖地显示出来，构成各种美妙的流纹。紫钧釉的色彩变化比兰钧釉更加丰富，有的在紫红色的背景上布满夹有兰白丝的紫红色流纹，紫、红、兰、白诸色错综掩映，宛如某种瞬息万变的自然景象一般壮丽动人，所以有人以"夕阳紫翠忽成岚"的诗句来赞誉这种窑变之美。

自明代以来，有关钧窑的文献很多，但其中绝大多数是有关钧瓷历史和艺术方面的。从科学技术角度来研究钧窑系陶瓷的工作大约是从二十世纪二十年代中期才开始的，此后的 60 多年中，国外的一些研究者先后发表了六种元钧标本的胎釉化学分析结果，但是由于这些分析结果彼此缺乏共同点，数据又太少，所以不能使人对钧窑系釉的化学组成特点有一个明晰的概念。60 年代初，周仁和李家政先生发表了一件元钧瓷片和一件天青釉官钧鼓钉洗的分析结果，这使我们第一次看到了官钧胎釉的化学成分。但是仅凭一两件标本的分析结果，仍然无法进行综合分析和概括。迄今为止，陶瓷技术工作者所关心的一些问题，如钧釉的化学组成特点，钧釉乳光兰色和窑变现象的形成机理，钧釉的化学组成、显微结构同其外观特征之间的关系等与生产技术有关的一些基本问题，仍未得到解决。本文拟在这写方面进行一些探索。

本工作重点研究官钧，但是为了探明整个钧窑系釉在组成和结构方面的共同特点，也签定了相当数量的早期宋钧和元钧标本。早期宋钧釉和少数元钧釉是非窑变性乳光釉，把它们作为对照材料加以研究，对探明官钧釉的窑变机理也是有益的和必要的。

二、标本来源和实验方法

（一）标本来源

本工作使用的所有官钧标本都是河南省博物馆从钧台窑遗址的宋晚期地层发掘出来的，少数早期宋钧标本出自同一遗址的宋早期地层。为了获得系统而有代表性的钧窑系标本，作者在中国社会科学院考古研究所夏鼎所长的关怀下，与该所李德金和关甲坤同志合作，到河南省博物馆系统地观察了钧台窑遗址的发掘遗物。蒙该馆概允，我们从大量的钧瓷碎片和残器中挑选了近百片官钧标本和少量早期宋钧标本。此后，我们又先后到禹县、郏县、临汝、新安、安阳、鹤壁及河北省磁县等七个县、市，调查了三十多处重要的宋元钧窑系和汝窑系遗址，并在调查中采集了大量元钧标本和少量早期宋钧标本。本工作使用的标本就是从上述标本中按照本研究的目的精选出来的。

钧窑粉青釉盖碗

（二）实验方法

1. 用肉眼观察了胎釉的颜色和其他外观特征。

2. 用光学显微镜观察了釉层横断面的色层结构及各不同色层在透射光和反射光下的颜色变化。由于用薄片看不到釉的本来颜色，所以为此目的所使用的试样是厚度约 1 毫米的双面抛光片。

3. 为了探明钧窑系釉和青瓷釉在呈色机理上的差异，用分光光度计测定了厚度为 1 毫米的兰钧釉的透过光谱，并与南宋龙泉粉膏釉的透过光谱进行了比较。

4. 为了探明钧窑系釉的化学组成特点和变化规律，对几十种钧窑系瓷片的胎釉进行了光谱和化学分析。每种釉色至少分析过三种试样。对内施青兰釉外施紫红釉的官钧标本，其内釉和外釉分别取样作了对比分析。某些元钧釉的红斑部分，由于取下的试样数量太少，不够作化学全分析之用，只用光谱半定量法分别对红斑及其周围的兰釉作了对比分析，光谱和化学分析所用的釉试样，是用硬质合金制成的扁铲从标本上凿取的。对于釉层较厚并具有多孔结构的钧瓷釉来说，这种取样方法与其他常用的取样方法（如磨胎取釉法）相比，更容易保证所取试样的纯洁性。每种釉一般取样 2 克以上，研细后先取出约 0.2 克作光谱半定量分析，其余的供作化学分析和 X—射线衍射分析之用。

钧窑梨形壶

5. 用 X—射线衍射法和试样超薄光薄片的显微镜观察，对少数标本的釉、胎和胎釉界面的相组成进行了鉴定。

6. 用碳二级复型电子显微术和扫描电子显微术，对八种兰钧釉和紫釉的自然表面和新鲜断面的亚显微结构进行了鉴定。

7. 最后，用热膨胀法测定了一些官钧标本的烧成温度。

三、结果

（一）标本的外观特征

本工作对大量钧窑系标本的外貌观察结果表明，它们有两个共同的外观特征。第一，其釉都呈乳光状态；第二，其釉层都很厚，一般在 0.7－1.5 毫米之间，最厚的超过 2 毫米。这两个特点是互相关联的，因为没有第二个特点，第一个特点也将丧失而变成透明的橄榄绿色或灰绿色，就像器皿的口沿和棱角等处釉层较薄的地方那样。

除了共性以外，早期宋钧、官钧和元钧还各有其独特的特征，现分述如下：

1. 早期宋钧：这一类的工艺水平极高，其代表作是满釉裹足（足底不露胎）支烧的卷沿盘、折沿洗等。这类器皿器型简练规整，胎质细腻，断面呈均匀的淡灰色。釉质细润平滑，光泽内含，呈明朗匀净的“雨过天晴”色。釉层较厚，一般在 1.5 毫米左右。釉在成熟温度下很少表现出流动倾向，故呈均匀细腻的乳光状态，看不到官钧釉中那种醒目的窑变流纹。只有底足露胎釉烧的碗类因过烧产生较大的流动时，釉层中才隐约地显露出一种娟丝一般的细纹。上述特点说明这类主要产于宋代汝窑遗址的所谓“早期宋钧”实际上是一种界于钧、汝之间并更接近汝窑贡器的东西，或许就是文献中所说的“汝州旧窑”器。在明清文献中，这类器物并不叫钧瓷，如《陶雅》在论及这类器物时说：“宋瓷中雨过天晴一种……去柴周近也。”这里只说它是一种与柴窑“雨过天晴”差不多的“宋瓷”而不称之为“钧瓷”，可见当时人们并不把它看成是钧窑的一种。本工作之所以把它放在“钧窑系”里加以研究，除了本文引言中所提到的两种原因外，还因为这样做有助于推测与之相似的汝窑贡器釉的组成和结构特点，也有助于探讨它同汝州贡器窑和钧台窑在技术发展上的关系。

2. 官钧：这是宋钧的典型代表。关于它的器型、釉色在本文“引言”中已经作过详细描述，它的其它许多供辨真伪的鉴定特征可参看明清两代的有关文献及钧台窑遗址的发掘报告，这里不再赘述。这里着重要谈的是作者从大量官钧标本的观察中提炼出来的两个与窑变现象有关的重要事实：第一，在所有官钧青兰釉层中都可以看到有距离地分布着许多直径为 0.5 毫米左右的非常明亮的气泡，气泡附近的釉乳浊性较弱兰色较深。大概是由于气泡对其流动有某种阻碍作用，其流动度也比它两侧（指处于垂直或倾斜面上的釉）和下侧的部分小些。在这个深兰色区域的周围，釉的乳浊性逐渐变强，兰色也逐渐变淡，直至在某些部位变为几乎不透明的兰白色。这个淡兰色部分的流动度也比它所包围的深兰色部分大些，于是整个釉面上呈现出兰白错杂的颜色变化和生动美妙的窑变流纹。官钧紫红釉有着类似的气泡和流纹结构，只是由于其乳浊性比兰钧釉更强，釉层中的气泡用肉眼不易看清而已，用放大镜就可以看的比较清楚。上述事实说明，官钧釉的窑变现象同这种气泡的存在有着密切的关系。第二，官钧的胎都比较细腻，但其断面有淡灰黄、深灰和灰白三种颜色。值得注意的是釉色和胎色之间有某种对应关系。一般说，内外皆呈半透明状天兰色和内且类似的天兰色外呈红色（如胭脂红和海棠红、朱砂红等）者，胎的断面呈淡灰黄色；内外皆呈天青色和内呈天青外呈玫瑰紫色者，胎的断面呈均匀的深灰色；内外皆呈月白色或内呈月白外呈茄皮紫色者，胎的断面呈坚致的灰白色，并有某些部位（一般为底部）被熏成深灰色。从化学分析结果看，官钧胎的这种颜色差异并不是因为着色杂质的含量有什么不同，倒很可能烧成时开始和结束还原的温度、还原气氛的强弱以及止火温度和冷却速度不同所致。而这种烧成制度上的差异，又可能是在横焰式小窑中装烧部位的不同造成的。由于胎色和釉色之间有着很有规律的对应关系，所以上述由白到兰、由紫到红的一系列颜色变化也可能与烧成的气氛制度、升温制度、止火温度甚至冷却制度上的变化有关。

3. 元钧：元钧的釉色同早期宋钧是一脉相乘的，不外月白、天青、天兰几种，但在青兰色乳光釉上普遍饰有一块到几块紫红斑。这些釉的流动性也较大，故往往有醒目的兔丝纹等流纹。元钧的主要特点是制作工艺大都十分粗陋，器外皆施半截釉，釉色也大都泛灰、泛黄，美观的较少。元钧对胎质也没有严格的要求，因产地不同而异。颜色有黑色的、砖红色的、灰色的、灰白色带铁点的、白色的等等。质地有坚致的也有粗松的。这些特点说明，元钧是钧窑系陶瓷没落时期的产物，在技术没有什么研究价值。

本文使用的标本共 12 片，其中早期宋钧四片，官钧六片，元钧两片，它们的出处和外观特征见表 1，部分使用过的标本的彩色照片见图 1。（图略）。从表 1 和图 1 可以看出这十二片标本既体现了钧窑系陶瓷的共性，又体现了各自所属的那个类型在外观上独有的特征，具有充分的代表性。

（二）钧窑系陶瓷胎釉的化学组成

1. 釉的光谱分析：曾对 8 种早期宋钧、10 种官钧和 70 中元钧的胎釉作过光谱半定量分析，本文研究的重点是釉，所以胎的光谱分析略。为了缩短表格的篇幅和便于比较，这里不采用把每种釉的分析结果一一列出的方式，而是按标本的类型和釉色，把这些分析结果所得到的各微量元素的含量范围总合在表 2 中。

钧窑天蓝釉小碗与盏托

从表 2 可以看出，在钧窑系釉所含的众多微量元素中，只有磷、钛、锡、铅的含量值得注意。所有钧窑系釉都含有千分之几的磷和钛，官钧的紫红釉除此之外还含有千分之几的铜、锡、铅。元钧的紫红斑大都不含锡，但都含有较多的铜。这一事实在再次证实了钧窑紫红釉是铜红釉的论断。现在知道，SnO_2 的存在对铜红的呈色有利。钧窑紫红釉中少量锡化合物的存在，说明宋代钧窑的陶工已有了这种感性认识。锡的引入形式可能是锡灰，所以含锡的釉同时也含有数量与之相近的铅。

2. 胎的化学分析结果和经验式：胎的化学分析结果和根据分析结果计算的经验式见表 3。一部分标本的吸水率和体积密度也列入表 3 中。为了把表排得紧凑一些，表中把经验式中各氧化物的分子当量数直接排在同一试样分析结果下面的一行中，只要把这些数据按习用的方式排列起来，即可得到一般形式的坯式。

从表 3 可以看出，4 种早期宋钧胎的出处虽然不同，但其化学组成的波动范围却很小，可见对原料的选用非常严格。官钧胎的化学组成也相当稳定，但似乎有两种。从表 1 和表 3 可以看出，器外施紫红釉者，胎的 Al_2O_3 含量都在 25% 上下，内外都施青兰釉者，胎的 Al_2O_3 含量都在 27% 以上。至于这种差别究竟是由于制造年代先后的不同呢，还是为了适应不同窑位上的不同烧成温度的需要，尚有待于进一步研究。值得注意的是官钧胎的颜色虽然很不相同，但它们的 Fe_2O_3、TiO_2 含量却几乎完全相同，可见胎断面颜色的变化同烧成过程中的气氛、温度和冷却制

钧窑天蓝釉执壶与天青釉温碗

度有一定关系。

3. 釉的化学分析结果和经验式：为了概括钧窑釉的化学组成特点，化学组成的变化范围和变化规律，本工作曾对 8 种早期宋钧、13 种官钧和 70 种元钧釉进行过化学分析。为了避免把许多组成近似的釉的分析结果重复罗列，这里仅把表 1 中 12 种标本上的 15 种釉的分析结果和经验式列入表 4 中，表 4 中两列数字的排列方式与表 3 相同，只要把 M－F 行中各氧化物的分子当量数按习用的方式排列起来，即可得到一般形式的釉式。表中还列入了釉中 SiO_2 对 Al_2O_3 的分子比率，即 SiO_2/Al_2O_3 比。这个比值对釉熔体的一系列物理化学性质，如粘度、表面张力、对坯的溶解能力和析晶倾向等都有重大的影响，因此值得特别注意。表 4 还包括釉中 FeO 和 Fe_2O_3 的实际含量，从这两个数据的比值可以判断烧成气氛的性质和强度。

从表 4 可以看出，钧窑系釉在化学组成方面同南宋龙泉青瓷釉相比有五个显著特点：(1) 含有较多的 P_2O_5。官钧釉的 P_2O_5 含量在 0.5% 左右，早期宋钧的 P_2O_5 含量在 0.8% 左右，元钧的 P_2O_5 含量在 0.5－1.2% 之间，而龙泉青瓷釉的 P_2O_5 含量仅为 0.1% 左右；(2) 含有较低的 Al_2O_3 和较高的 SiO_2，因而其 SiO_2/Al_2O_3 比率比包括青瓷釉在内的一般瓷釉大得多。早期宋钧的 SiO_2/Al_2O_3 比在 11－11.5 之间，官钧的 SiO_2/Al_2O_3 比在 12.1－12.6 之间，元钧的 SiO_2/Al_2O_3 比波动范围更大，其中最大者可达 13.5，而龙泉青瓷釉的 SiO_2/Al_2O_3 比则在 6.5－8.5 之间。早期宋钧釉之所以不像官钧釉那样富有窑变性，大概同其 SiO_2/Al_2O_3 比较小有关，因为官钧釉和富有流纹的元钧釉的 SiO_2/Al_2O_3 比都比较大，(3) 钧窑系釉的 P_2O_5 含量同 Al_2O_3 含量之间有下述关系：Al_2O_3 含量较高的釉，P_2O_5 含量也相对高些。图 2 是根据 40 种呈色良好的钧窑系釉的分析结果作成的 Al_2O_3 对 P_2O_5 的关系图。从这个图可以看出，二者之间大体上成正比关系。钧窑系釉化学组成上的这种变化规律的含义将在下文中作详细讨论；(4) Fe_2O_3 和 TiO_2 的含量较高，但并未影响釉的呈色质量，有些 Fe_2O_3 含量接近 3% 的釉，仍能得到漂亮的天兰色或月白色，而呈色良好的青瓷釉的 Fe_2O_3 含量一般只能在 0.8－1.3% 之间。此外，Fe_2O_3 含量的高低同兰色的深浅也没有直接关系，如 YI－4 号月白釉的 Fe_2O_3 含量为 2.35% 而 YI－2 号天兰釉的 Fe_2O_3 含量却只有 1.95%，这同青瓷釉的呈色规律也是不一致的。这些事实表明，兰钧釉的乳光兰色同青瓷釉的青釉在呈色机理上是不同的；(5) 官钧紫红釉除了具有上述四个组成特点外，还含有千分之几的 CuO 和 SnO_2。对比一下 YI－3、YI－4 和 YI－5 这三种“内青外紫”标本之内釉和外釉的分析结局，便可以清楚地看出，兰钧釉和紫钧釉在化学组成上的唯一差别仅在于紫红釉中多含了少量 CuO 和 SnO_2。据此可以断定，官钧紫红

釉是在兰钧釉中添加少量铜和锡的化合物配合而成的。

（三）钧窑系釉的相组成

将 LI－9、LV－2、YI－5、YI－6 四种标本制成超薄光薄片，在西德 Leit 万能显示器上进行了观察，未发现釉层中有任何晶相存在，只在个别试样的坯釉界面处发现少量棒状钙斜长石晶体由胎面向釉层中延伸。上述四种标本上六种釉的 X－射线衍射分析也证明，釉中确无晶相存在（采用 CuKa，电压 40 千伏，电流 25 毫安，经四重聚焦照相和衍射仪扫描，所有试样均无衍射线出现）。这说明钧窑系釉是由无定形玻璃相构成的。

（四）钧釉横断面的色层结构和光学性质

将上述四种标本制成厚约 1 毫米的光片，用上节所述的显微镜，在透射光和反射光下对釉层横断面的色层结构进行了观察，结果如下：

钧窑天青釉花口瓶

1. LI－9 和 LV－2 釉的横断面在反射光下看明显地分为两层，靠近胎面的一层透明性较好，呈暗棕绿色（在透光下呈茶绿色）厚度约 0.15 至 0.2 毫米，这个厚度同釉层薄处呈透明橄榄绿色的釉层厚度相近，颜色也相近。这说明器皿边沿等处釉层较薄的地方之所以会变成透明的橄榄绿色，并不是由于此处釉层中 Fe＋＋离子在冷却时被氧化的缘故，而很可能是靠近胎面的一层釉熔解了一些坯体后其化学组成发生了某些变化而带来的后果，因为呈乳光状态的厚釉处的表面上并没有这样的透明层。在这个透明层之上是乳光层，它在反射光下呈均匀的淡兰色，在透射光下呈桔红色到棕红色。乳光层的厚度随釉层总厚度的增加而增加，一般在 0.6－1.2 毫米之间。乳层中气泡密布，气泡大小在 0.05－0.1 毫米之间。

官钧 YI－5 内釉的色层结构与此相似，惟乳光层的颜色深浅不匀，在淡兰色的背景上有许多淡灰兰色云状物，云状物的透光性比其余部分小，同用肉眼从表上看到的窑变复色现象是一致的。官钧釉层中的气泡数量较早期宋钧均少，但气泡的尺寸更大些，均在 0.2－0.5 毫米之间。

值得注意的事，所有兰钧釉的乳光层均有一种非常奇特的光学性质，这就是在透射光下不呈兰色而呈桔红色或棕红色，这同青瓷釉在透过光下也呈青绿色的情况是截然不同的。

图 3 是兰钧釉和龙泉粉青釉的透过光谱曲线。图 3 曲线 1 表明，兰钧釉完全不透过波长小于 560 毫微米的光，而只透过黄、橙和红光，这同它在透过光下观察到的颜色是一致的。很明显，这是由于波长较短的光被散射了的原故。这个事实有力地说明，钧窑系釉的乳光兰色不是釉中的 Fe＋＋离子产生的颜色，而是悬浮在釉层中的某种微粒对短波光（主要是兰光）的散射作用所引起的视觉效应，这正如晴空的兰色是由于大气分子和细微尘埃的光散射作用而呈色的道理一样。兰钧釉，特别是“雨过天晴”釉那种酷似晴空的的色相也为它的散射呈色机理提供了辅证。兰钧釉的颜色深浅和呈色质量同釉中铁含量的多少之所以没有直接关系，道理也正在这里。图 3 曲线 2 表明，龙泉粉青釉显然不具有明显的光散射特性，它能透过相当多的青绿光，因此在透过光下看时仍为青绿色。这说明它的青兰色主要同釉中 Fe＋＋离子所引起的选择性光吸收有关。因此，它的呈色质量和颜色深浅同釉中的 Fe_2O_3 含量有着非常直接的关系

2. YI－6 外釉横断面的色层结构：这个釉的外观绚丽多彩，天青色的背景上遍布夹有兰白丝的玫瑰紫色流纹，釉层结构也异常复杂。在反光下看，颜色层次复杂而美丽，大体上分为四层：靠近胎面的第一层和第二层与天青釉的结构相同（这一点可能意味着先在下面施了一层天青釉），但兰色层的上界呈变化幅度很大的波浪状，厚度一般波动在 0.2－0.5 毫米之间。在个别部位上，

兰色层一直延续到釉的表面（这种部位表面上露出天青色背景），此处的釉面之下往往可以看到一个很大的气泡。这说明兰色层厚度分布上的复杂变化（这种变化在很大程度上决定着釉在外观上的复杂变化），同釉层中气泡的产生和排出有着密切的关系。第三层是紫红二色相互交错的不连续层，该层的下部紫色较多，上部红色较多，总厚度波动在0－0.4毫米之间，其厚度随着其下面兰色层厚度的变化而变化，兰色层较薄得部位紫红层较厚，反之亦反。第四层即表面层，其下界非常整齐，厚度非常均匀（约75μ厚），颜色同一般天青釉一样，在反光下呈淡兰色，很明显，这一层是铜的氧化层。从表4可以看出，官钧紫红釉同青兰釉的唯一差别是多含有千分之几的铜和锡，所以釉表层的铜一旦被氧化，就显出了兰钧釉的本色。这个釉含CuO量只有0.11%，不是一般紫红釉含CuO量的一半，把这一点同它的断面结构联系起来看，说明它很可能是先在下面施一层不含CuO的天青釉，然后再在其上挂一层含CuO的紫红釉制成的，即属于所谓“人工窑变”一类，在烧成过程中，由于釉层中气泡聚集和上升时产生的搅动作用，两层釉的厚度分布产生了复杂的交叉变化，从而形成了这种特殊的断面结构和绚丽多彩的外观。

3. YI－5官钧外釉的断面结构：这种在紫色背景上布满兰白色流纹的窑变釉，外观同YI－6外釉不同，断面结构也不一样。其断面用肉眼看去似乎只有单一的紫色，但在反光显微镜下看，颜色层次异常复杂，大体上也可分为四层：第一层是厚度为0.16－0.18毫米的茶褐色透明层；第二层是紫色层，紫中夹有一些淡兰色云状物（这些兰色云状物在透射光下看也是桔红色）其上界呈起伏的波浪状，厚度变化在0.3－0.6毫米之间；第三层是不连续的红色层，其厚度变化在0－0.3毫米之间；第四层是厚度约50μ的铜的氧化层，呈淡兰色。这种色层结构同YI－6号标本的外釉相比，缺了那个很厚的兰色层（第二层），实际上只包含着那个釉的兰色层上面的几个色层。这说明它是只施一种含铜的铜红釉而成的“天然窑变”一类，这个釉的含CuO量为YI－6外釉的三倍多，也有助于说明这一点。

（五）钧窑系釉的亚显微结构

从兰钧釉的乳光状态和光散射特性可以知道，尽管其中没有晶相存在，但它肯定不是一种均相体，其中一定存在着粒径比可见光波长小若干倍的散射微粒。这样大小的粒子用光学显微镜显然是看不见的。因此，选择了月白、天青、天兰、玫瑰紫等8种标本，其中包括3种早期宋钧、4种官钧和1种元钧，采用本文第二节所述的方法制备试样，在国产电子显微镜上分别对釉层的断面和自然表面进行了观察。结果如下：

钧窑粉青釉红斑鸡心罐

1. 乳光层断面和乳光区自然表面的亚显微结构：8中钧窑系釉的乳光层表面和乳光区的自然表面都呈液滴状结构，即釉的基体玻璃中密集地分布着许多近似球形的液滴，这种液滴的直径约40－180毫微米之间。很明显，使钧釉产生光散射效应的正是这种液滴状分散相，液滴同釉的X－射线衍射分析结果都表明，这种液滴同釉滴的形态和钧釉的基体一样，都是无定形玻璃相，毫无疑问，这种液滴状结构式由釉的液—液分相现象产生的。

值得注意的是，早期宋钧天青釉（LI－9）的断面和自然表面上不同区域的分相结构基本上是均匀一致的，分散相粒度均在50－70毫米之间，而官钧天青釉（YI－6内釉）之乳光层断面和自然表面上不同区域的分相结构却有很大差异，气泡附近乳浊性较弱的深兰色区的分相液滴在40－60毫微米之间，而其周围的兰白色流纹的分相液滴的粒径则在60－180毫微米之间。官

钧玫瑰紫釉的分相结构同官钧天青釉有类似的特点。图4（略）是四种钧窑系釉的分相结构的电子显微镜照片。

乳光区自然表面同其断面结构的唯一差别是，表面上偶尔能看到方石英晶体存在。这可能是在缺乏熔剂的情况下，由表面上残存的石晶体转化而成的。但是由于这种方石英晶体为数极少，估计对釉的外观无重大影响。

钧窑天青釉执壶

2. 乳光层之下的透明层的断面结构，与乳光层截然不同，没有或只有轻微的分相现象。从乳光层向透明层移动，分相液滴逐渐变小，一至最后完全消失。图6（略）是由胎釉界面经透明层向乳光层移动时拍下的一组扫描电子显微镜照片，这组照片充分说明了乳光层和透明层的外观与其亚显微结构的关系。

釉层较薄呈透明橄榄绿色处的自然表面同乳光区的自然表面的亚显微结构完全不同，在这种地方没有发现分相现象。这个事实也从反面证明了乳光兰色同分相结构的内在联系。

（六）钧瓷的烧成温度和胎的热膨胀

由于多数标本很难切出长度60毫米左右的热膨胀试样，所以多数试样的烧成温度是借助读数显微镜和单筒望远镜在重烧炉测定的。为了了解一下官钧胎的热膨胀特性，从一个官钧鼓钉洗残器的底部切下了一段长65毫米的坯体，磨去表面的釉，磨成直径约7毫米的热膨胀试条，在西德奈赤厂生产的高温热膨胀仪上测定了它的热膨胀特性。图7是该试样的热膨胀曲线。从这条热膨胀曲线可以看出，在575℃有明显的石英相变膨胀，这同胎的显微镜观察结果是一致的。当温度上升到1250℃时，曲线的上升变缓，随即出现重烧收缩，这说明它原来的烧成温度在1250℃左右，用重烧收缩炉测定的其他试样的结果与此很接近：早期宋钧在1250℃左右，官钧紫红釉器多在1250℃上下；官钧月白、天青和天兰釉器多在1270℃上下。

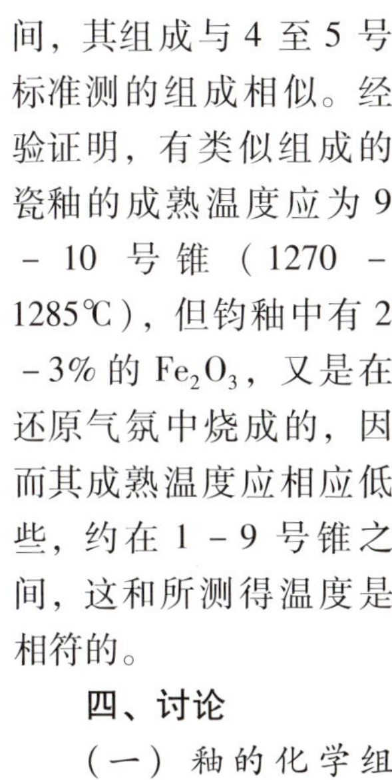

从表4可以看出，钧釉化学式中SiO_2的分子当量数约在4－5之间，其组成与4至5号标准测的组成相似。经验证明，有类似组成的瓷釉的成熟温度应为9－10号锥（1270－1285℃），但钧釉中有2－3%的Fe_2O_3，又是在还原气氛中烧成的，因而其成熟温度应相应低些，约在1－9号锥之间，这和所测得温度是相符的。

四、讨论

（一）釉的化学组成同其分相结构和外观的关系

化学组成像钧釉这样复杂的多元系玻璃或熔体的分相现象，以前未见报道，但组成较简单的某些二元和三元系硅酸盐玻璃或熔体的分相现象，在过去二十年中则有不少研究和报导。Hammel等人的工作表明，在简单系统中得到的组成——分相规律，对于比较复杂的系统也是适用的。因此，我们可以利用某些简单系统的研究结果，来讨论釉的组成同其分相结构之间的关系。有些资料表明，向某些二元或三元系硅酸盐玻璃中引入少量P_2O_5，会促进这些玻璃的分相倾向；而向这些玻璃中添加少量Al_2O_3，则会抑制它们的分相倾向。钧窑系釉中含有较低的Al_2O_3和一定数量的P_2O_5正适应了分相得需要。Topping的一组电子显微镜照片表明，随着Al_2O_3含量的增加，液滴状分散相的粒度和浓度逐渐减小，以至最后完全消失。这同我们在钧釉乳光层至胎釉界面之间的透明层中观察到的现象非常相似。Dietzdl 等的工作表明，靠近坯体的釉可溶解高达25%的坯体。很明显，钧釉乳光层下面的这个透明层以及釉层较薄而呈透明橄榄绿色的部位，釉的分相倾向之所以会受到强烈抑制，以至分相现象完全消失，正是因为靠近胎面的一薄层釉溶解了一些胎料，因而 Al_2O_3 含量有所增加的原故。

由文献资料推断，P_2O_5 的增加和 Al_2O_3 的降低将增加分散相的粒度和浓度。反之，若降低 P_2O_5 的含量，则可能得到增加 Al_2O_3 含量时所得到的效果，即分散相的粒度和浓度降低。上述分相结构的变化，无疑会引起外观效果的变化。大概就是因为这个原故，所以钧窑系釉中 Al_2O_3 含量较高者，其 P_2O_5 的含量也相应高些，正如图 2 所表明的那样，二者之间大体上成正比关系。很明显，钧釉化学组成上的这种变化规律，正是为了把釉的分相结构控制在一种能产生理想外观效果的状态。由此也可看出，Al_2O_3 含量和 P_2O_5 含量是控制钧釉外观效果的两个最关键的化学因素。当然，Al_2O_3 以外的其他成份，如 RO 的组成，SiO_2 的分子当量数，对釉的合适 P_2O_5 含量也有一定影响，这一点已为我们的工艺试验所证明。但是这些成份对钧釉外观的影响，同 P_2O_5 和 Al_2O_3 的影响相比，就显得轻微得多。由此看来，P_2O_5 含量和 Al_2O_3 含量的微小变动，或者其他成份的一定数量的变动，都可能使釉完全丧失其美丽的乳光效果。钧釉特定的外观效果对其化学组成变化的敏感性，特别是对 P_2O_5 含量和 Al_2O_3 含量的极度敏感性，可能是钧釉失传的一个重要原因。我国宋代的陶瓷工匠，在没有现代科学知识和实验方法的条件下，能在实践中有效地掌握这些复杂而微妙的影响因素，创造出钧窑釉这样一些绝顶美妙的乳光釉和窑变釉，实在不能不说是一个伟大创举。

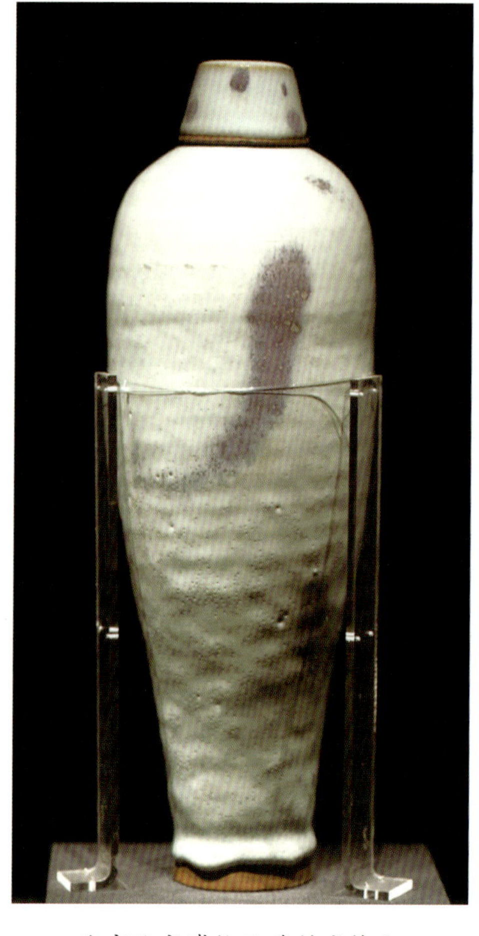

北京故宫博物院藏钧窑梅瓶

（二）烧成气氛同钧釉外观的关系

从表 4 可以看出，兰钧和紫钧釉中的铁大都以低价状态存在。由此可以肯定，钧瓷是在还原气氛中烧成的。但这并不能说明钧釉的兰色同 Fe + + 离子有直接关系。Fe_2O_3 在玻璃网络结构中的作用同 Al_2O_3 相似，因此可能像 Al_2O_3 一样对釉的分相倾向有较强的抑制作用。如果在还原气氛中烧成，使其中的大部分 Fe_2O_3 变为 FeO，则可能有利于产生钧釉外观效果所需求的那种分相结构。这个问题用古瓷标本无法进行研究，有待于以后配合工艺试验进行研究。

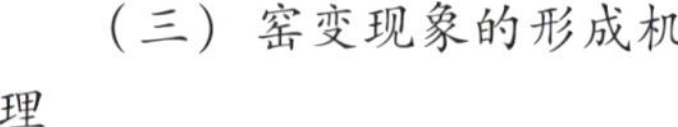

（三）窑变现象的形成机理

电子显微镜研究已经表明，钧釉的乳光兰色是由其分相结构的光散射作用产生的，而窑变现象是由分相结构的宏观不均匀性造成的。由此看来，只要再探明产生这种不均匀结构的原因，这个问题便可迎刃而解。根据外貌观察和显微镜观察所获得的结果，我们认为这可以用钧釉所独有的理化特性和釉层中气泡的作用来解释。

釉层断面的显微镜观察结果已经表明，所有钧窑系釉在成熟温度下与含 Al_2O_3、Fe_2O_3 较高的坯体互相作用后，都会在乳光层下面产生一个颜色截然不同的透明釉层。这就为乳光层结构上的不均匀性准备了物质条件，而釉层下部气泡的聚集长大和向表面移动则使透明层和乳光层的不均匀混合成为可能。现在剩下的问题是，为什么有的分相釉是单色乳光釉（如早期宋钧天青釉LI-9等）而另一些分相釉则成为复色窑变釉（如绝大多数官钧釉）呢？这只能用这两类釉的不同的理化特性来解释。

表4的化学分析结果告诉我们，容易产生窑变现象的官钧釉比不易产生窑变现象的早期宋钧釉含有更低的 Al_2O_3 和具有更高的 SiO_2/Al_2O_3 比，这意味着官钧釉在成熟温度下具有更低的粘度和表面张力。我们知道，较低的粘度和表面张力既有利于釉层中气泡的聚集长大和向表面移动，又有利于处于垂直或倾斜面上的釉在成熟温度下产生较大的流动。这两个条件促成了产生窑变现象的下述过程的发生：

河南博物院藏钧窑葵花盘

当釉层底部产生的气泡聚集长大并向表面移动时，不可避免地会把非乳光性的下层釉带到乳光层中，于是气泡周围发生了两种釉的互相扩散、溶合。两釉互相扩散溶合的结果，必然会使气泡附近的局部区域在分相结果上因而也在外观上同其周围未融合的乳光区产生明显的差异，这就形成了一个诸色错杂的颇“花”的外观。高温时凸起在釉面之上的气泡的作用还不止于此，它对其附近区域（对兰钧釉来说，这个区域的乳浊性较差，兰色较深）的釉的流动也可有一些阻碍作用。如果釉处于一个垂直面或倾斜面上，则气泡附近特别是其上侧的釉比其左右两侧和下侧的部分（这些未混和或混合程度较差的部分乳浊性较强，兰色较淡，直至成为几乎不透明的兰白色）的流动度要相对小些，于是形成了醒目而美妙的流纹。当后者的流程较短时就形成垂流状的“泪痕纹”，流程较长绕过许多气泡时，就形成了蜿蜒曲折的“蚯蚓走泥纹”。铜的加入，使钧釉在兰白之外又增加了红的色彩，于是形成了兰白红这个三角形内的无数中间色。丰富多变的色彩和生动美妙的流纹——所谓窑变现象就是这样形成的。

综上所述，天然窑变釉必须具备三个条件：第一，必须是分相乳光釉；第二，这种釉的熔体在成熟温度下必须有较低的粘度和较小的表面张力，这就要求釉中含有较低的 Al_2O_3 并具有较大的 SiO_2/Al_2O_3 比；第三，坯体的 Al_2O_3 含量和 Fe_2O_3 含量要高些，以便形成一个非乳光性的底层釉。以上三点是产生窑变现象的内因。

当然，烧成的气氛制度、升温制度、止火温度乃至冷却速度，都是影响钧釉色彩变化的重要因素，这种影响从胎色同釉色的对应关系以及烧成温度同釉色的对应关系中可以看出一些线索。

五、结论

（一）所有钧窑系釉都是液—液分相釉，钧釉所特有的乳光兰色是釉层中粒度为100mμ左右的分相液滴对可见光谱中短波光的散射作用所引起的视觉效应。

（二）窑变现象是分相结构在宏观上的不均匀性所产生的视觉效果。这种不均匀结构是由于靠近坯面的釉溶解一些坯体后形成的一个不分相的透明层同其上面的乳光层进行不均匀混合的结果，而这种不均匀混合则是坯釉界面上和底层釉中产生的气泡聚集长大向表面移动时把下面的透明层带入乳光层造成的。

（三）釉中含有较低的 Al_2O_3 和一定数量的 P_2O_5 是引起钧釉分相的内因，P_2O_5/Al_2O_3 比和 SiO_2/Al_2O_3 比是控制钧釉分相结构的两个最敏感的化学因素，因而也是控制釉的乳光状态和窑变效果的两个关键因素。较低的 SiO_2/Al_2O_3 比有利于产生单色透光釉，较高的 SiO_2/Al_2O_3 比有利于形成复色窑变釉。坯体的 Al_2O_3、Fe_2O_3 含量对窑变效果有一定影响。铜的加入丰富了官钧窑变釉的色彩。

（四）钧瓷是在 1250－1270℃之间以还原气氛烧成的。烧成过程中的升温制度、气氛制度、止火温度乃至冷却制度也是影响钧釉色彩变化的重要因素。

（五）玻璃的分相现象的研究和应用在国外还是近二十年来的事。我国陶瓷工人在约 900 年前就利用釉的分相特性制成一系列技术和艺术成就极高的钧窑釉，这在科技发展史上是一个了不起的成就。（原载《山东陶瓷》1981 年第 1 期）

禹州市神垕镇下白峪窑址发掘简报（摘要）

禹州神垕下白峪窑址发现于 1977 年，与另一个重要的花瓷生产窑址——鲁山段店窑的发现相隔不久，这些发现在当时引起了学者们的广泛关注，随之不久出版的《中国陶瓷史》中记述了包括此窑在内的 5 处生产花瓷的窑址。因此在学术界产生了较大的影响。

一、窑址环境及地层

禹州神镇西南部有一座较大的山从东北向西南绵亘于禹州与郏县交界处，称为大刘山。山的北坡下有一条小河自东向西流淌，当地人称之为白峪河或倒流河，几经会聚后最终流入汝河。白峪河流出山口后，进入比较平缓的地带，河流渐宽，流速也变得较缓慢，直到流入汝河支流，成为适于从事陶瓷生产的水源。

白峪河在冲出山口后平缓地向西流淌了几里后，遇到一道低矮的山梁，于是形成了一个河曲向北流去。在河曲部形成了一片较大的河滩地，下白峪窑址就坐落在白峪河北岸这片河滩地较深的地带。窑址的原始地貌应该是一片较平缓的北高南低的斜坡地，而现在已被改造成梯田。从张庄村通往于沟村的村级水泥公路自东向西穿过窑址的腹地，公路以南还保留了一些文化层，路北地区则已被破坏殆尽，看不到文化层了。窑址在行政归属上属于沟行政村，位于下白峪自然村所属的地界内。窑址范围东西长约 130、南北宽约 100 米。由于窑址遭到严重破坏，因此地表上随处可见古代瓷片，尤其是有一些精美的花釉瓷片和大块的腰鼓残片。发掘工作自 2001 年 11 月 20 日开始，至 30 日结束。共开挖探沟和探方 6 个，编号 01SLXBT1～01SLXBT6（以下简称为 XBT1～XBT6），总面积 145 平方米。但实际清理了文化层的只有 XBT3、XBT4、XBT6 三个探方。这三个探方直接相连，但在发掘中各自独立编制地层号。

钧窑海棠红莲花式盆托

（一）XBT3

在水泥公路的南侧有一个较大的洼地，边部形成 2 米的断崖，由于中国科学技术大学 7 系的师生采用地质雷达在这里探测到强烈的异常情况，加之地表有较多的黑釉残片，《钧瓷志》编者苗锡锦先生告知这里早年曾出露过一座残窑炉，因此在此处布置 XBT3、XBT4 两个 2 米×10 米的探沟，后来由于发现了窑炉和丰富的堆积，都进行了扩方。XBT3 的实际清理面积是 30 平方米，共有 5 层堆积。

第 1 层：耕土层，黄灰色较疏松的堆积，遍及整个探方，厚 0.1～0.2 米。此层包含大量植物根茎、少量现代瓷片和部分唐代黑釉瓷片。

第 2 层：浅黄灰色土，土质稍硬，分布在 XBT3 的西部，厚 0～0.4 米，东薄西厚，斜坡状堆积。此层包含较多的烧土和煤渣颗粒以及少量很破碎的黑釉和青釉瓷片。此层的土质土色与 XBT1 第 2 层相同，而 XBT1 第 2 层中出土了“同治通宝”和“光绪通宝”钱，当亦为扰层。

第 3 层：褐黑色和棕色间杂的堆积，较松散，仅分布在 XBT3 中部，厚 0～0.3 米，探方内

东北部较厚、西南部较薄。此层包含一些木炭颗粒、大量的黑褐釉瓷片、较多的青釉和黑釉瓷片以及黑釉灰白彩的花瓷片。

第 4 层：棕褐色土，较细而致密，主要分布在探方的东部，厚 0 ~ 0.25 米，南厚北薄。此层包含大量黑釉、青釉和花釉瓷片，出土时瓷片往往叠摞在一起，但与其他窑址的碴堆堆积不同，瓷片和土结合得很紧密，所以出土的瓷片都粘有较多的胶结物。此层与相连的 XBT4、XBT6 两探方中的第 2 层是相同的地层。

钧窑天蓝丁香紫仰钟式花盆

第 5 层：黄褐色土，土质细密松软，表层有较深色的踩踏面，分布在探方中部的大部分区域，厚 0 ~ 0.3 米。在表层发现了少量的黑釉瓷片，其余较纯净，不含包含物。在此层还发现了 7 个柱洞，因此第 5 层应是修建 Y1 的窑前作坊时专门铺的垫土。

第 5 层以下是由小石子、粗沙和胶结较硬的土构成的次生河滩堆积，部分地区还有较大的石块。

（二）XBT4

位于 XBT3 的东边，与 XBT3 相连。最初布方时为 2 米 ×10 米的探沟，后在其西南部扩方 2 米 ×5 米，实际发掘 30 平方米，共有 3 层堆积。

第 1 层：耕土层，遍及整个探方，厚 0.1 ~ 0.25 米。土质土色及包含物与 XBT3 第 1 层相同。

第 2 层：分布于探方西部，厚 0 ~ 0.2 米。此层与 XBT3 第 4 层是同一地层。

第 3 层：褐灰色土，土质松散，在探方的西部呈带状分布，厚 0 ~ 0.3 米。此层包含较多的红烧土块和颗粒，出土了大量黑釉、花釉、青釉器物和残片以及窑具和砌建窑壁的耐火砖，是 Y1 废弃后形成的堆积。此层延伸到 XBT6 中，但未及 XBT3 中。

XBT4 第 3 层下压着窑炉 Y1 前部的工作面。

二、主要遗迹

（一）窑炉

窑炉位于 XBT4 的西部，压在 XBT4 第 3 层下，编号 XBY1。此窑遭到严重破坏，现仅残存火膛、窑前工作面和窑床的基础部分。残长约 5.8、残宽约 2.7、残高约 0.2 米，方向 255°。

火门前工作面的残存部分略呈扇形，残长 0.24、残宽 0.32 米。与火膛底相连，厚约 2 厘米，由白灰土组成，已烧结成硬面。

火门位于火膛的西部顶端，宽 0.6、残高 0.1 米。用耐火砖封门，原应为 3 块，现存 2 块，砖长 0.2、宽 0.11、厚 0.1 米。

火膛的平面呈弧壁梯形。火膛壁用耐火砖砌筑，仅存北、南两面及火门封门砖一层，南部保存较好，残高 0.2 米，东部及东北角已被破坏，北面也保存较差，残高 0.1 米。内壁长 1.4、宽 2 米。南部现存一层耐火砖，沿弧形壁面砌筑，残存 7 块。窑壁和封门砖长 0.2、宽 0.11、厚 0.1 米；北部残存 4 块砖，规格相同。东部被破坏至底，仅东南角残存一块砖。在耐火砖以外是宽约 0.1 米的红烧土。火膛底部并不平整，东南部较高，西北部较低，高差约 0.1 米，均为一层青黄色的硬结面，厚 0.03 ~ 0.08 米，其下为厚约 0.1 米的红烧土。在清理火膛的过程中未发现炉栅痕迹，底部仅有一层厚约 0.03 米的白灰土，类似木材燃烧后的灰。灰层以上是窑废弃后的填土，为土质松散的红褐土，含红烧土颗粒，其中出土有少量黑釉瓷，均为碗、罐等器物的残片。出土物的面貌与 XBT4 第 3 层的相同。

窑床和烟囱均已被破坏，在火膛后面有一片密集的石块堆积，其与周围的次生河滩堆积明显不同，似为人工加工而成，推测其为窑床的基础。由于这里的地基是次生河滩堆积，十分疏松，因此需要铺一些石块以增加强度。地基范围东西长约4米，应是窑床加上烟囱的长度；南北宽约2.4米，南部的边界十分清楚。总体宽于火膛。从现存状况可知，窑床面的高度应略高于现在的石块堆积，但总体上此窑仍应是一座浅火膛的窑炉。由于这里是河滩堆积，不可能挖出土洞式的窑室，因此推测窑室和烟囱都是砖砌的。

XBY1是一座马蹄形砖砌窑炉，总体上呈长条形，为浅火膛式，窑床呈纵长方形，明显带有早期形态，但仍应为半倒焰窑。这种浅火膛的窑炉在陕西铜川黄堡窑唐代时较流行，但其均为土洞式窑炉，仅在后壁和挡火墙等局部使用砖；而在河北曲阳定窑、临城祁村邢窑发现的唐代窑炉均为深火膛式，其为先挖半地穴，再在窑壁内部贴砌一层砖。与此窑最接近的是在河南巩义市黄冶窑发现的同时代的窑炉，以及在密县（今新密市）西关窑发现的晚唐时期的窑炉，说明这种长形砖砌窑炉在河南中西部地区比较流行。根据火膛底部的草木灰及地层中所含的炭粒推测，当时是以木材为燃料烧制瓷器的。XBY1的时代应为窑址中最早的，早于最早的地层XBT4第3层，或与之同时。

（二）窑前作坊

在XBY1西约5米处，XBT3第5层是一片平整的堆积，从土质土色看，应是从他处取土铺成，在平面上发现7个柱洞，由此推测可能为制瓷作坊，或为与当时烧制瓷器有关的工作活动面，编号XBF1。其范围东西长约6.5米，南北跨探方两壁，即大于4米。

7个柱洞有圆形和长条形两种：1号柱洞，圆形，直径15、深30厘米；2号柱洞，圆形，直径30、深15厘米；3号柱洞，圆形，直径30、深35厘米；4号柱洞，圆形，直径30、深20厘米；5号柱洞，圆形，直径20、深15厘米；6号柱洞，长条形，长100、宽10、深20厘米；7号柱洞，长条形，长90、宽10、深20厘米。

由于对XBF1未能全面揭露，而发现的7个柱洞又分布得没有规律，因此对其形制、布局等无法复原。由于XBF1在窑前不远，应是从属于窑炉的。

三、出土遗物

在下白峪窑址清理的文化层并不多，地层堆积简单，叠压关系清楚，可将地层分为三组。以下按地层分组情况介绍各组地层出土的典型器物中较重要的器物。

第一组：XBT4③、XBT6③、XBT3⑤，即与窑炉和作坊同时或稍晚的地层，其中XBT4③、XBT6③直接叠压在XBY1上，而XBT3⑤就是XBF1的垫土。

钧窑天蓝紫斑圆盘

第二组：XBT3④、XBT4②、XBT6②。

第三组：XBT3③。

这三组地层出土的器类并无大的区别，主要有黑釉瓷器、花釉瓷器、青釉瓷器、窑具和少量陶器。由于各组地层都是直接相连的，因此完全可以视为一个地层单位。现择要介绍各组地层的出土遗物。

（一）XBT4③、XBT6③、XBT3⑤，在地层叠压关系上为最早的一组地层，也是出土遗物最丰富的一组地层。

1. 直口碗

ⅠA型1式XBT4③：21，可复原。口径16.4、足径8.1、高6.4厘米。圆唇，曲口，腹斜直稍曲，饼足，足根处有一深凹槽，足底斜削，赭褐色胎，较粗。黄绿色青釉，光亮，匀净，施釉至下腹。

Ⅲ型XBT6③：43，可复原。口径21.2、足径9.6、高6.4厘米。方唇，大敞口，浅腹，腹

壁斜曲，饼足稍薄，足根有凹槽，足底斜削，饼足略内凹。褐赭色胎，稍粗。棕褐色釉，光洁，施半釉，口部为芒口。

2. 侈口碗

ⅠA型1式XBT6③：26，可复原。口径21、足径10、高9厘米。圆唇，侈口，曲腹，上腹近竖直，下腹圆曲，饼足，足根处有一深凹槽，足底斜削。浅褐色胎，较细腻。棕褐色釉，匀净，半木光，内底有大块涩心，外施釉至下腹，内外口部有灰白泛蓝的彩斑，较厚，有流动性。

3. 盏

钧窑天青单把洗

XBT6③：58，可复原。口径10、足径3.2、高3.4厘米。尖唇，敞口，斜直壁微曲，小圈足。浅褐色胎，坚致。乌黑色釉，光亮，施釉至圈足底面，足心无釉。

4. 折沿盆

Ⅰ型1式XBT4③：6，可复原。沿边径21.8、足径9.8、高9.3厘米。尖唇，窄折沿，斜直腹稍曲，腹中深，饼足，足底斜削。褐胎，胎色不匀，坚致。青黄色釉，釉色不匀，光润，施釉近底，沿面露胎。

5. 唇口钵形盆

Ⅰ型1式XBT6③：4，可复原。口径24.5、足径13、高13厘米。圆凸唇较明显，曲腹，上腹圆鼓，大饼足。较深的褐色胎，稍粗。棕褐色釉，木光，施釉至下腹。口唇下加施彩斑，可见明显的垂流现象，但由于烧成原因未呈现出不同于其他釉的颜色。

6. 灯盏

Ⅱ型1式XBT6③：44，可复原。口径11.2、底径6、高3.4厘米。圆唇，敞口，腹较深，腹壁斜直稍曲，小平底。胎色不匀，棕到深褐色，坚致。仅内壁施釉，棕色釉，光洁。

7. 盘

ⅠA型XBT6③：49，可复原。口径20.2、足径8.4、高5.4厘米。尖唇，腹斜直稍曲，较浅，直而较高的圈足，挖足较浅，足底斜削。褐色胎，坚致。棕褐色釉，半木光，施釉至足根，内外壁布满蓝黑色泛白的花斑。

8. 擂钵

Ⅰ型圆唇，圆曲腹稍深，饼足较小且稍厚，足根有凹槽，足底斜削，足心内凹。标本XBT4③：39，可复原。口径16.4、足径6.6、高3.4厘米。浅褐色胎，较粗。棕褐色釉，木光，施釉仅及口部。内壁刻四分同心圆纹，并与纵线构成网格纹。标本XBT6③：59，可复原。口径15.6、足径6.2、高3.9厘米。赭褐色胎，较粗。深褐色釉，木光，仅在内壁口边和外壁上腹施釉。在内壁刻纹路很深的大涡纹。

9. 钵

Ⅰ型1式XBT6③：80，可复原。口径14.4、底径8.6、高11.2厘米。方唇，敛口，圆鼓腹，平底。褐棕色胎，稍粗。褐绿色釉，半木光，施半釉，口部无釉。

Ⅳ型1式XBT6③：82，可复原。口径16.8、底径8、高14厘米。圆唇，敛口，口下有环形兽首双纽，鼓腹，最大径位于腹中部，小平底。灰白胎，坚致。黑褐色釉泛棕，光亮匀净，施半釉。

10. 注壶

ⅠA型1式XBT4③：54，可复原。口径15.4、底径7.2、高12厘米。尖唇，折沿，圆鼓腹，短直流，小平底，无把。褐色胎，坚致。深褐色釉，釉面不平，局部起泡，施半釉。

ⅢA型1式XBT6③：197，可复原。口径8.8、底径5.4、高6厘米。圆凸唇，短直流，扁鼓腹，下腹斜收，矮饼足，足底斜削。浅褐色胎，稍粗。褐色釉泛棕红，半木光，施釉近足。

11. 瓶

ⅠA 型 1 式 XBT4③：84，可复原。口径 8.2、底径 5.8、高 22.7 厘米。台形喇叭口，束颈，圆肩，长腹，最大腹径在肩下，下腹收作小平底。赭褐色胎，坚致。乌黑色釉，光亮，施釉至下腹。

ⅠA 型 2 式 XBT6③：146，可复原。口径 7.4、底径 5.8、高 21 厘米。凸唇，双曲盆形口，束颈，圆肩，长腹，胫部斜收，平底，较深的褐色胎，较粗。深褐色釉，匀净，半木光，施釉至下腹。

Ⅱ型 XBT6③：70，残。底径 4.8、残高 10.2 厘米。小台形喇叭口，球形腹，饼足，足底斜削，足根部前出一台，总体上显得矮胖。砖红色胎，坚硬。棕褐色釉，匀净，半木光，施釉近足。

12. 罐

ⅠA 型 1 式 XBT6③：164，可复原。口径 11.4、底径 10、高 17 厘米。卷沿，侈口，圆溜肩，双泥条形双系，系的位置比较偏下，鼓腹，饼足外撇，足底斜削。深赭色胎，较粗。深褐色釉，半木光，施釉至下腹。

ⅡB 型 XBT4③：72，残。口径 14.2、残高 8 厘米。圆唇，侈口，短颈，圆肩，很大而高的双泥条形系，前部做成兽头形，失下部。浅褐色胎，坚致。棕色釉，木光，口、颈、肩及柄部有白灰色泛蓝的彩斑。

Ⅳ型 XBT6③：165，可复原。口径 12.2、底径 8.6、高 13 厘米。尖圆唇，卷沿，双折腹，饼足，足底斜削。褐色胎，坚致。黑褐色釉泛紫，光洁，施釉至下腹。

13. 三足盆

Ⅰ型 XBT6③：33，可复原。口径 26.6、底径 8、高 11.6 厘米。圆唇，侈口，折腹，上腹近直，下腹斜收稍鼓，底部有一圆形平面，稍内凹，在下腹部有三个兽蹄形足。浅褐色胎，较粗。施两层釉，上层是黑色与蓝灰色间杂的彩釉，施至下腹中部，下层为黑褐色釉泛棕，光亮，施至底部，内底有一涩心。

14. 水盂

XBT4③：121，可复原。口径 4、足径 4.8、高 8.8 厘米。尖唇，长领内敛，圆鼓腹，饼足，足底斜削。褐色胎，较粗。深褐色釉，半木光，有浅淡的棕褐色彩斑。

15. 腰鼓

Ⅰ型 XBT4③：126，可复原。大口径 22.6、小口径 20.6、腰径 9.2、通长 60.8 厘米。腰鼓的两端并不相同，一端口径较小，平沿，尖唇内凸，口部内敛，鼓腔外鼓，束腰；另一端口径较大，平沿，尖唇内凸，口斜敞稍敛，鼓腔斜直稍曲，接束腰部。器物为两端分制，在腰部相接，相接处有一道凸起的弦纹，两端各有三道凸弦纹。褐色胎，较细腻。黑褐色釉，较匀净，半木光，表面有鼓泡。

钧窑天青葡萄紫鼓钉洗

16. 窑具

窑柱

ⅡA 型 1 式 XBT6③：201，可复原。顶径 11.2、底径 14.2、高 14 厘米。平顶，中间有一大孔，上部较直稍内曲，下部外撇呈喇叭形。赭褐色较细的匣钵胎，外壁刻划一“马”字。

ⅡB 型 XBT6③：204，可复原。顶径 11.6、底径 15.6、高 15 厘米。平顶，中间有一大孔，下接喇叭形足，底部有一圆凸。黄棕色匣钵胎，外壁刻划一“刘”字，并粘有一些黑褐色釉。

火照

Ⅰ型 XBT6③：210，完整。长 5、高 3.4 厘米。梭形平板底，上接拱形圆泥条提梁，是用一根泥条卷成的，底部压平。浅赭色胎，较细，在提梁处施釉，釉呈褐赭色，无光泽。

（二）XBT3④、XBT4②、XBT6②，这一组

地层直接压在前一组地层之上，出土遗物较丰富。

1. 直口碗

IA 型 2 式 XBT4②：11，稍残。口径 17、足径 8.4、高 6.6 厘米。圆唇，敞口，腹变浅，腹壁斜直稍

曲，上腹较斜直，下腹圆曲，内底较平，饼足，足根内凹，足底斜削。胎色不匀，黄灰色到褐色，较粗。青黄色釉，木光，施釉至下腹。

钧窑月白盘

ⅠB 型 2 式 XBT6②：25，可复原。口径 17、足径 8.6、高 6.8 厘米。圆唇，敞口，斜曲腹，饼足，足底斜削，内底平缓，较圆曲。褐色胎，稍粗。青绿色釉，釉色不匀，施釉至下腹，口部无釉，明显有粘连的痕迹，表明其装烧方法是对口套烧。

2. 折沿盆

Ⅱ型 2 式 XBT6②：13，沿边径 21.4、足径 10.8、高 8.8 厘米。尖唇，平折沿，腹圆曲外鼓，腹稍深，饼足较大，足底斜削。浅褐色胎，坚致。深褐色釉泛棕，光润，施釉至下腹，内底有涩心，沿面露胎。

3. 唇口钵形盆

Ⅰ型 2 式 XBT6②：1，稍残。口径 25、足径 11、高 13.2 厘米。凸唇不明显，大敞口，腹斜直稍鼓，饼足，足底斜削。褐黑色胎，较粗。褐棕色釉，半木光，施釉至下腹，内底有涩心，口唇部露胎。

4. 灯盏

Ⅱ型 2 式 XBT6②：27，可复原。口径 12、底径 5.6、高 3.8 厘米。方唇，敞口，上腹稍曲，下腹斜直，平底凸出，似很薄的饼足。赭色胎，坚致。内壁施釉，褐色釉，木光。

5. 擂钵

Ⅱ型尖唇，浅曲腹，较薄的饼足，足底斜削。XBT6②：32，可复原。口径 18、足径 8、高 4.1 厘米。较浅的褐色胎，稍粗，深褐色釉，木光，施釉仅及内外口部，芒口。内底有很深的涡纹。XBT6②：33，器物严重变形，可复原。口径 19.2、足径 9.2、高 3.5 厘米。胎色不匀，黄白色到深褐色。棕褐色釉，木光。内底刻很深且杂乱的曲带纹。

6. 钵

Ⅰ型 2 式 XBT6②：38，可复原。口径 15.5、底径 6.4、高 12 厘米。方唇，敛口，鼓腹，下腹斜收，小平底。浅褐色胎，坚致。乌黑色釉泛青绿，光亮，施半釉，口部无釉。

ⅡA 型 2 式 XBT6②：39，可复原。口径 10、底径 4.6、高 5.7 厘米。圆唇，敛口，口变大，上腹圆曲，下腹斜直，平底变大。褐色胎，细而疏松。灰褐色釉，呈粉状，施半釉。

7. 注壶

ⅡA 型 2 式 XBT6②：49，可复原。口径 21.8、底径 9.8、高 11.6 厘米。尖唇，小折沿，沿下内曲，短直流，曲腹，下腹斜收，饼足，足底斜削。棕褐色胎，较粗。棕褐色釉，半木光，施半釉。

Ⅴ型 XBT4②：45，残。口径 6.6、残高 7.8 厘米。喇叭形小口，短直流，圆肩，双泥条形把，把根部各有小圆饼贴饰，鼓腹，失下部。浅褐色胎，较粗。褐黑色釉泛青绿，半木光。

8. 瓶

Ⅲ型 1 式 XBT4②：47，残。腹径 16.6、底径 8.4、残高 18.6 厘米。喇叭形口，束颈，圆鼓腹，饼足，足根有凹槽，足底斜削。浅赭褐色胎，较粗，棕色釉，有少量大棕眼，匀净光洁，施釉至下腹。

Ⅲ型 2 式 XBT6②：59，可复原。口径 7、底径 8.4、高 23.8 厘米。台形喇叭口，口较直，束颈，圆肩，圆鼓腹，比 1 式变长，饼足，明显外撇，足底斜削。黄灰色胎，较粗。棕褐色釉，较

光亮，施釉及下腹。

9. 罐

ⅢA 型 2 式 XBT6②：86，残。口径 12、残高 12.8 厘米。凸唇，矮领，圆肩，双泥条形双系，鼓腹，失下部。浅黄灰色胎，较粗。棕色釉，木光，肩部有大片灰蓝色彩斑。

10. 腰鼓

Ⅱ型 XBT6②：223，可复原。大口径 23.6、小口径 22.7、腰径 10、通长 61.7 厘米。腰鼓两端的口径不同，小口端平沿，尖唇内凸，口近直稍敛，比Ⅰ型变敞，鼓腔斜曲稍外鼓，与束腰部过渡平缓；大口端斜敞近直，与Ⅰ型比变得收敛，使两端口径变得较接近。制法与Ⅰ型相同，通体有 7 道凸弦纹。棕褐色胎，稍粗。棕褐色釉，木光。一端残存两块白灰色的大块彩斑，彩厚处呈天蓝色，腰部也有彩斑，从垂流情况看其为立烧。

11. 窑具

窑柱

ⅠB 型 XBT6②：90，可复原。顶径 10、底径 13.4、高 13.2 厘米。平顶无孔，顶部外缘凸出，上部竖直稍内曲，下部外撇，底部有圆凸唇，较矮胖，侧面有一孔。赭白色胎，粗硬。

三足垫片

XBT6②：94，可复原。直径 5.7、高 1.5 厘米。圆饼形垫片，一侧残存两枚附加的乳状支钉。浅褐色胎，坚致。（三）XBT3③，这一地层是窑址中最晚的文化层，在探方中分布的范围并不大，出土遗物与前述地层的出土遗物既有联系，又有一定的差别。

1. 直口碗

ⅠA 型 2 式 XBT3③：40，可复原。口径 15.4、足径 8、高 6.8 厘米。圆唇，敞口，腹变浅，腹壁斜直稍曲，上腹较斜直，下腹圆曲，内底较平，饼足，足根内凹，足底斜削。褐灰色胎，较粗。豇豆红色釉，半木光，施釉至下腹。

ⅠA 型 3 式 XBT3③：39，可复原。口径 16.4、足径 9、高 6.6 厘米。圆唇，敞口，曲腹，腹中部圆鼓，饼足，足底斜削，足根内凹。浅褐色胎，坚致。青绿色釉泛黄，光洁，施釉近足。内外均可见粘连的三枚乳状支钉。

首都博物馆藏钧窑连座瓶

2. 侈口碗

ⅠA 型 3 式 XBT3③：16，可复原。口径 24、足径 10、高 8.8 厘米。侈口近似卷沿，折腹，上腹竖直，下腹斜直，饼足，足底斜削。灰褐色胎，较细，赭褐色釉泛灰，因过烧而起泡，剥釉严重，施釉至下腹，上腹部饰有细弦纹。

3. 唇口钵形盆

Ⅱ型 XBT3③：3，可复原。口径 26、足径 11.6、高 13.4 厘米。浅褐色胎，较粗。褐黑色釉，有细小棕眼，施半釉，口唇部露胎，外部施护胎釉。

4. 灯盏

Ⅱ型 3 式 XBT3③：50，可复原。口径 11.6、底径 5.4、高 3.8 厘米。圆唇，腹圆曲较深，平底，稍凸出。赭色胎，较粗。内壁施黄绿色釉，光洁。

5. 盘

ⅢB 型 XBT3③：58，可复原。口径 21.6、底径 9、高 6.6 厘米。方唇，直口，浅曲腹，平底。赭褐色胎，稍粗。褐黑色釉，半木光，有细小棕眼，施釉近底。

6. 钵

Ⅰ型 3 式 XBT3③：75，可复原。口径 16.2、底径 7.6、高 10.4 厘米。圆唇，半圆肩，斜直腹，平底。棕褐色胎，较粗。褐色釉泛青，光亮，施釉近底。

Ⅳ型 3 式 XBT3③：72，可复原。口径 17.2、

底径10、高12.7厘米。方唇，敛口，口下有双兽首形纽，尖鼓腹，腹稍浅，平底较大。浅

褐色胎，坚致。褐黑色釉，木光，施半釉，口部刮釉成芒口。

7. 注壶

ⅠC型XBT3③：114，可复原。口径16.2、底径7.6、高11.4厘米。圆唇，直流增长，圆曲腹，平底，失流。棕褐色胎，粗而坚硬。深褐色釉泛绿，半木光，施釉及下腹，口部无釉。

Ⅴ型XBT3③：141，残。口径6.2、残高9.8厘米。喇叭形小口，短直流，圆肩，鼓腹，双泥条形把。褐白色胎，粗而坚硬。黑褐色釉，半木光。

台北"故宫博物院"藏钧窑天蓝三足炉

8. 瓶

ⅠA型3式XBT3③：146，残。底径6、残高20.8厘米。双曲盆形口，束颈，圆肩，长腹，平底。较深的褐色胎，坚致。棕褐色釉，半木光，上腹有大片蓝灰色彩斑，横向流动，施釉至下腹。

9. 罐

Ⅴ型2式XBT3③：162，稍残。口径6.2、底径4.8、高9.6厘米。卷沿，圆肩，曲腹，双泥条形双系，饼足稍外撇。砖红色胎，较粗。棕褐色釉，无光泽。

10. 窑具

窑柱

ⅠA型2式XBT3③：197，可复原。顶径11.2、底径14.6、高16厘米。平顶无孔，上部稍内曲，下部外撇呈喇叭状，底部有凸唇，总体上显得细高。灰褐色胎，粗硬。

三叉形支钉

XBT3③：200，完整。宽6.4、高1.5厘米。捏制的起脊三叉形，端部竖折成细尖钉头。浅赭色胎，较粗。

四、瓷窑生产的时代及相关问题

下白峪窑址的文化面貌较单纯，尽管在窑址中清理了三个自然层，但三层的出土器物的面貌差别不大。我们在细致观察的基础上对各类器物进行了分型定式，但型式的区别并不显著。显然，以这三个自然层来划分大的时期是比较困难的。因此，我们将此三层按三段来叙述其特点，并与相应的考古材料进行对比。

首先，这三段的器类大体相同，没有显著的差异。窑址中发掘出土的器物总计有18大类，每一组地层所包含的器物种类都在16类以上，表明在器物的种类上这三组地层的差别不大。我们根据器物的变化情况仔细地划分了器物的型式，按器物型式的统计，第一组地层共有90种型式的器物；第二组地层共有53种型式的器物，其中新出现的型式有20种；第三组地层共有73种型式的器物，其中新出现的型式有27种。可见，这三组地层出土的器物的共性较大，变化并不明显。

其次，器物釉色的变化也不太明显。下白峪窑址出土的器物主要是黑瓷、青瓷和陶器几类。其中黑瓷的情况比较复杂，许多黑瓷上有釉流淌的现象，但釉色总体上还是黑色的，仔细观察，发现实际是在器表施了两层釉。上层釉就是添加了特别的发色成分的花釉。不过，在烧成过程中，由于烧成曲线和窑炉气氛等特定原因，彩的颜色并未发出，看上去与黑釉瓷十分相像。因此，在器物残片较小的情况下，有时很难判断其是纯黑釉瓷，还是花釉瓷。另外，下白峪窑的生产工艺并不太成熟，出土的瓷片中有大量生烧的器物，釉呈粉状，毫无光泽，呈灰褐、褐绿等色，呈色很不稳定。即便是正烧的器物，釉色也有差别，有乌黑光亮的黑色釉，也有褐黑色、灰褐色、棕褐色釉。日本学者常称后两种瓷为褐釉瓷，实际上在窑址出土的器物中，这三种釉色并无明显的区分标准，各种过渡釉色都有，有时一件器物的不同部位就呈现出不同的釉色。事实上，这些釉都属于铁呈色的釉，甚至有时釉的成分差别也不大，不同的发色常常是因为烧成过程中的不同情况而出现的。因此，我们把所有这些黑色、棕褐色和灰褐色的器物都当做黑釉瓷来进行统计、分型定式和描述。上述三组地层出土器物的统计数字如下。

第一组地层以 XBT4③、XBT6③两个相连的地层作为一个统计单位，共出土器物 6084 件（片）。其中黑釉瓷 4867 件（片），占总数的 80%；青瓷 951 件（片），占总数的 15.6%；陶器 75 件（片），占总数的 1.2%；窑具 191 件（片），占总数的 3.1%。

第二组地层将 XBT3④、XBT4②、XBT6②三个地层一并统计，共出土器物 2663 件（片）。其中黑釉瓷 2285 件（片），占总数的 85.8%；青瓷 250 件（片），占总数的 9.4%；陶器 50 件（片），占总数的 1.9%；窑具 78 件（片），占总数的 2.9%。

第三组地层仅有 XBT3③，共出土器物 3743 件（片）。其中黑釉瓷 3061 件（片），占总数的 81.8%；青瓷 573 件（片），占总数的 15.3%；陶器 52 件（片），占总数的 1.4%；窑具 57 件（片），占总数的 1.5%。

从上述三组地层出土器物的釉色的统计情况看，并无显著的变化，基本可以看做是一个发展时期各不同地层的变化。

现将出土器物与其他考古材料进行对比。花釉瓷器是中晚唐时期出现的新的制瓷工艺，也是下白峪窑址最重要的特点，而且自始至终持续生产。因此花釉瓷的生产时间是断定下白峪窑生产时间的重要依据。河南平顶山苗侯发现的天宝十三载（754 年）刘府君墓，出土 1 件花口三足盆，据报道，这件器物的表面有彗星状的彩斑，布满雨丝状的蓝线，表明器表施有一层较薄的花釉，应该是通体施彩的器物。此墓出土的三足盆（报告中称为瓷三足器）XBT6③层出土的三足盆器形相同，只是口部在制坯完成后拉起成八瓣花口，而且施彩的方式也与下白峪窑出土的一件相同。这件器物是目前所见时代最早的花釉瓷器。河南偃师 M2845 郑夫人墓，时代为贞元八年（792 年），出土 1 件花釉双系罐，此器的形制与 XBT6②层出土的ⅢA 型 2 式罐相似。另外，禹州市浅井乡发现的元和五年（810 年）郭超岸墓中出土了 3 件花釉双系罐，这是花釉瓷器中较晚的纪年材料。另外，关于花釉瓷最重要的文献记载是唐人南卓《羯鼓录》中所记宋在开元四～二十年（716～732 年）为相时与唐玄宗论鼓的对话：“不是青州石末，就是鲁山花瓷”，表明花瓷的生产大体始于开元、天宝年间。

钧窑粉青莲花式碗

其他考古材料大体也可将下白峪窑的早期遗存排定在中唐时期。如郑州市化工厂发现的一座贞元十三年（797 年）墓中出土的瓷碗与 XBT6③层出土的ⅠA 型 1 式侈口碗相似。郑州大岗刘发现的一座唐墓中出土“乾元重宝”钱，时代推定为中唐早期，其中出土的黄釉（即我们所说的青瓷）瓷碗与 XBT6③层出土的Ⅲ型直口碗相似，出土的瓷罐也与 XBT6③层出土的ⅠA 型 1 式罐相似。偃师杏园 M5109 郑夫人墓，时代为天宝十三载（754 年），墓中出土的白瓷碗与 XBT6③层出土的盏相似；大历十三年（778 年）M5036 郑洵墓中出土的棕褐釉双系罐与 XBT6③层出土的ⅠA 型 1 式罐相似。不过，下白峪窑出土的器物与盛唐时期墓葬出土的器物相比较，都有一些差别。偃师杏园发掘了 22 座盛唐时期墓，主要出土三彩器物、白釉和黄褐釉（青瓷）器物，基本不见黑釉瓷器，器形上也几乎无一相同。鹤壁市第六中学发现的开元二十六年（738 年）墓

中，出土了 19 件黑釉、褐釉瓷器，瓷器的胎釉特征与下白峪窑址的产品较相似，但器形却不相同，而有明显的承继关系。其他还有一些考古材料也都表明下白峪窑的出土器物与盛唐时期直到开元年间墓葬的出土器物有一定的差别，但又有明显的发展继承关系。由此可见，下白峪窑的始烧时代可能略晚于开元年间，鉴于平顶山苗候刘府君墓出土的三足盆很可能就是下白峪窑的产品，所以大体可以将下白峪窑的创始时间定在天宝年间（742～755 年）。根据《羯鼓录》的记载，花釉瓷器很可能于开元年间或稍早在鲁山段店窑首先创烧，其成为名品后迅速向周围地区扩展，下白峪窑在稍后的天宝年间也开始烧造瓷器，并以花釉瓷器为其最重要的产品之一。

钧窑青釉紫斑三足炉

再比较其他的考古材料。在洛阳北郊清理的一座晚唐墓葬中出土有会昌六年（846 年）以后铸的“开元通宝”钱，墓葬的时代必然为 9 世纪后半叶，墓中出土的钵与 XBT3③层出土的Ⅰ型 3 式钵十分相似，敛口近平，下腹斜收。偃师杏园 M1025 穆墓，时代为大中元年（847 年），墓中出土的酱釉注壶与 XBT3③层出土的Ⅴ型注壶相似。这种注壶还与陕西铜川黄堡窑址ⅠT13③层出土的黑釉Ⅴ式注壶相似，但又有一定的差别，该地层中出土了刻有“咸通七年（866 年）三月廿□”铭的盘，时代比较可靠。在郑州上街区清理的 M33 是晚唐时期的一座平民用的土洞墓，时代应为 9 世纪后半叶，其中出土的青釉瓷碗就是下白峪窑大量生产的青釉直口碗，其较斜直的腹壁和用乳状支钉支烧的方式与 XBT3③层出土的ⅠA 型 3 式直口碗很相似。但是，与偃师许多晚唐时期的墓葬中出土的瓷器相比较，下白峪窑址出土的器物与之相同或相似的并不多。晚唐时期，河南的许多窑场开始生产白瓷器，如新密市西关窑、鹤壁集窑等，包括以生产花瓷著称的鲁山段店窑也在晚唐时期大量地生产白瓷器。因此推测下白峪窑生产瓷器的下限应在晚唐时期较早的阶段，最晚也不会晚到五代时期。

下白峪窑发掘中三组地层代表的三个发展阶段，目前还无法准确地与具体年代对应。通过与考古材料对比，常常发现与时代较早和较晚的纪年材料交错对应，难以划定具体的年代范围。前面我们在分析各段特点时也指出三个阶段并没有器类、釉色和烧成工艺的明显变化。实际上，对河南地区中、晚唐时期墓葬出土瓷器的分期研究，一直是困扰学者们的一个问题，就是因为其变化并不显著和不具有规律性。本次发掘我们发现了在这一时期内的三个相互叠压的自然层，希望将来在考古材料更加丰富时，为这一阶段瓷器的考古学分期研究提供一些地层依据。

下白峪窑是一个以生产质量较差的黑釉和青黄釉瓷器为主的窑场，与相距不远的巩义市黄冶窑相比，在产品种类和质量等方面都大为逊色。目前发现的考古材料表明，其生产的花釉瓷器是窑场中的精品器物，行销范围较广，在平顶山市、偃师等有一定距离的地点发现了花瓷，陕西西安还出土过花釉腰鼓。不过，窑址中最大宗的产品还是青黄色釉或褐黑色釉的直口碗。这种器物仅在一些平民使用的土洞墓中发现，从而表明下白峪窑产品的主要销售对象是广大的平民，而且行销的范围主要是周边地区。像下白峪这样的窑场在晚唐时期的广泛出现，是瓷器手工业工艺、技术成熟，瓷器产品从主要面向上层贵族变为广大民众普遍使用的一种日用器具的重要体现。这构成了唐后期到宋元时期瓷器手工业发展阶段性一个重要的发展阶段。

北京大学中国考古学研究中心
河南省文物考古研究所

挖掘古钧资源 再传宋钧神韵

——故宫博物院研究员耿宝昌谈钧窑

《中国钧窑志》（以下称钧窑志）评审会议以后，我们按照评审会议提出的意见，经过近三个月的修改补充，形成了送审稿，进入终审阶段。我和同事一起赴北京，先后到中国工艺美术协会、中国陶瓷工业协会、故宫博物院等单位，请国内知名专家及行业领导终审志稿。

耿宝昌鉴赏仿宋钧瓷折边碗

7月22日，我们按照与耿宝昌先生的约定，来到北京故宫博物院，拜见这位中国陶瓷界的泰斗、中国古陶瓷学会名誉会长、故宫博物院研究员，对钧窑发展有突出贡献的老专家。进屋时，耿先生正在与吕成龙、陈华莎二位研究员交谈。见我们到来，吕主任连忙给我们让座。耿老是古陶瓷大家，办公室却不大，大概有10平米左右吧。除了一张办公桌和一对沙发外，其余就全部是书了，甚至办公桌上也是只留了一个写字的地方。古人说“关门即是深山，读书随处净土。”耿老的办公室可以说是书的深山，书的海洋了。我们向耿老呈上《钧窑志》送审稿。一番寒暄过后，我们向耿老说明此行的三个目的：请耿老审阅《钧窑志》稿，为《钧窑志》题写书名，对人物章耿老的内容审议并提供照片。耿老认真地看了志稿的目录部分，并对内文的有关内容翻阅后，高兴地答应了我们的请求。

看到志稿中我们坚持钧官窑是宋代的观点，耿老表示支持。他说：“我们判断官钧窑的年代要有十分科学的依据。现在国内外对官钧窑的年代争论较多，国外大多认为是元明时期，甚至判断为明早期的，国内有部分学者也追随这个观点。如果有足够的证据表明是明代的，我们可以改变宋官钧瓷的观点，但是现在也有相当的证据表示是宋官钧。例如：《宋会要·食货·五十四·窑务》条下有‘旧有东西二务，景德四年废，大中祥符二年复置东窑务。’的记载。‘窑务’是皇家的权力机构，他们派出了两个官方监造青窑器的直属机构，即‘东西二务’，这两个窑务官僚到北宋的哪里监造窑器呢？这是我们需要研究的问题，按照北宋的瓷区分布及现代陶瓷考古发掘的情况，很有可能‘西务’是汝官窑，‘东务’是钧官窑或官窑。而宋顾文荐《负暄杂录》中有‘宣政间，京师自置窑烧造，名曰官窑’的记载，当时的禹州（时称阳翟）属颍昌府，正是国都的京畿地区，也有可能当时的官窑就是后世所称的钧窑。这些问题都是需要我们进一步研究，进一步求证的，不能人云亦云地跟风。”

关于钧窑历史的某些问题，我向耿老求教道：“耿老师，我们在禹州西部山区进行田野调查时，发现有部分青釉红斑的瓷片，按照青釉、

河南省陶玻协会钧瓷收藏委员会会长刘俊杰向耿宝昌请教元代钧瓷鉴定方法

花釉、钧釉的理论，是否可以说，在花釉与钧釉之间就已经存在铜红釉呢？或者说，铜红釉的使用在青釉瓷上就已经出现，只是没有分相而已，到钧窑分相釉出现以后，进一步把铜红釉发扬光

大。当然，也有另一种可能，就是青釉铜红斑是钧窑在宋金时期甚至是元代，钧窑后火氧化的结果，不知道我的这种理解是否正确?”耿老说：“对于这个问题不能一概而论，铜红最早在长沙窑就出现过。但那是偶然现象，既没有继承，也没有发扬，没有形成一种风格。只有钧窑创烧以后，铜红釉才真正地发扬光大，形成了独特的风格。铜在陶瓷中的应用不是偶然的结果，而是在偶然中发现美，进而追求美，形成了铜红美的表现形式，这才是钧窑的根本所在。用这个观点去看你所说的问题，大部分青釉红斑的标本是钧釉没有正常分相的结果。当然，在宋代钧窑中，青瓷与钧釉瓷是同时烧造的，在有的窑口中，青瓷的比例还相当大，所以在青釉上点缀红斑是完全有可能的。任何事物都不是绝对的。早期钧窑在青釉与蓝色乳光釉上同时采用铜红装饰，后来根据其窑变效果，在钧釉上固定为一种风格，由钧瓷发扬光大之，这是一个铜红釉发展变化的主线吧!”说完，耿老从沙发旁的书架顶端拿出一大包瓷片让我观看，“这些瓷片有你们禹州苗锡锦送来的，也有刘建军、刘志军送来的，都能代表一个时期的特色。”耿老十分赞赏刘志军兄弟对瓷片的收藏，嘱咐我回禹州后多去刘氏兄弟那里看看，从中发现一些有价值的东西，深度挖掘古代钧瓷资源，以完善钧窑理论，使宋钧神韵传承光大。

耿宝昌肯定《禹州大事月报》编纂工作

进京前，经多方询问，给耿老选了一件神垕仿古水平较高的官钧鼓钉洗，我把礼品递给耿老，请求鉴定一下，还有哪些不足的地方。耿老审视一番后说：“这件作品离真正的宋钧还有一定的差距，没有完全表现宋钧的风格，与清代景德镇的仿钧窑变釉倒有许多相同之处。要是仿宋官钧，还有不少有待改进的地方。”我说：“耿老师，现代仿古瓷当中，有不少艺人追求铁锈花，认为当时缺乏先进的除铁设备，釉面都有铁锈花，釉面出现铁锈花和水渍才仿出了风格，是这样吗?”耿老说：“不是那么回事，待会儿你们可以到陶瓷馆看看，宋代钧瓷中不管是官窑还是民窑，哪件作品釉面上有铁锈斑和水渍?你们认真对比一下，就会明白许多道理，要善于观察，善于思考，在观察对比中不断增强自己的判断力。”

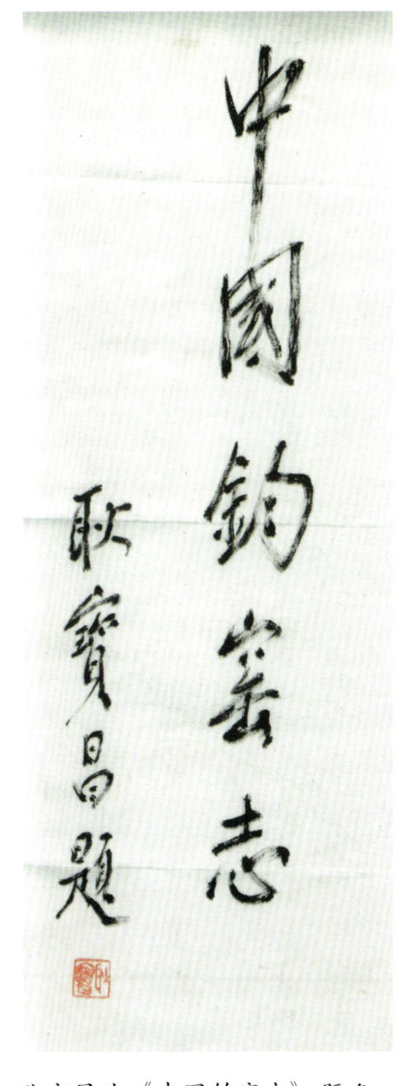

耿宝昌为《中国钧窑志》题名

不知不觉中，时间过去了一个多小时，陈华莎老师一直在旁边记录我们的谈话内容，我们不忍年过八旬的耿老过于劳累，遂提出向耿老告辞。耿老把我们送出屋门，并一再嘱咐说：“你们去陶瓷馆看看吧，就说是陈主任的客人，让他们好好给你们介绍一下。”表现出对我们这些来自基层的乡土陶瓷研究者莫大的关心与呵护。

依依不舍中，我们与耿老道别。

（原载《禹州大事月报》2011 年 11 期）

愿钧窑的明天更美好

辛卯年，在《中国钧窑志》（以下简称《钧窑志》）终审定稿前，我与同事特意到北京拜访清华大学美术学院教授、中国日用陶瓷专家张守智先生，想请他为《钧窑志》提一些建议。

张守智审阅《中国钧窑志》志稿

在此之前，对张老师的认识只是在书面上。《钧窑志》记载："1959年7月，中央工艺美术学院教授梅建鹰和张守智等到禹县神垕考察钧瓷工艺。"今年7月，我因公到北京拜访故宫博物院研究员耿宝昌先生时，与张守智老师约了见面时间。

那天，我和同事如约来到了张守智先生所在的亚运村附近的居民小区。张老师身材魁梧，虽是年近八旬的老人，依然精神焕发，声音洪亮，十分健谈，让人倍感亲切。

《中国钧窑志》是五大名窑的第一部志书

我给张老师呈上由中州古籍出版社出版的《中国钧窑研究与探索》和《钧窑志》送审稿。他认真审阅了《钧窑志》的框架结构、目录，并了解了主要内容后，感慨地说："河南钧窑人能够编纂一部资料全面、脉络清晰，从原料、生产工艺、造型、釉料到烧成技术都十分完善的历史文献，确实难能可贵。这是五大名窑的第一部志书，在全国几大陶瓷产区也是第一部。你们所做的工作很有意义，能够把钧瓷的千年技艺及辉煌成就记录下来，传诸后世，这是造福百代的好事。"

钧窑已经成为当代十大名窑之首

张守智老师对志稿记载的有关内容谈了看法。他说："我是搞日用陶瓷的，就产品来讲，钧窑的日用瓷与山东、广东、景德镇等瓷区相比还有一定的差距。我下个月要去山东开新产品鉴定会，他们研制的日用瓷，坯釉组合打破常规，烧成温度非常高，用料讲究，工艺十分精细，值得钧窑企业学习。他们生产的茶具，用手指按住透气孔，连一滴水也倒不出来。广东十分重视高档茶具营销和品牌经营，一套普通的茶具只有几千元钱，而一套名家签名的茶具就卖几万元。一些企业靠营销品牌在短短的几年时间里就完成原始积累，成为横跨国内外的品牌公司，他们的营销战略及方法都值得钧瓷企业学习。当然，这几年禹州在文化营销方面也很有成绩，你们举办的钧瓷文化节与国内外的钧瓷推介活动，在陶瓷界及收藏界影响很大，钧窑已经成为当代十大名窑之首。相信通过你们的努力，钧窑的明天会更美好！"

"张老师，最近几年钧窑日用瓷的发展也很快，尤其是日用茶具、酒具、餐具、酒用包装瓷都已达到国内先进水平。今年4月，全国政协原主席李瑞环在禹州考察钧瓷时，就对孔家钧窑的高档茶具给予了高度评价并带回北京使用。目前，神垕钧瓷茶具的产量和销量都很大，有的厂家还把宜兴制壶工艺与钧瓷坯泥、宋釉相结合，制作了规整、精细的宋釉壶，是对金元茶具的继承和发展。"对于我的介绍，张老师颇感欣慰。

张守智指导钧窑日用瓷的创新方法

"等到11月《钧窑志》出版了，我来北京

给您送书时，把我认为比较好的几个厂家的茶具给您带几套，请您鉴定一下。”我说。张老师高兴地说：“好!”

写《钧窑志》，一定不要忘记那些对钧瓷发展作出贡献的人

张守智老师十分关注《钧窑志》的内容。他问道：“里面有没有梅建鹰、高庄二位老师的内容?”

我回答：“没有。这两位老师的资料在已出版的陶瓷书籍及网络上均查不到，所以只能在《大事记》这一章节里略记。”

张老师说：“我和梅老师在1959年暑假带学生去禹县，主要是为北京的几大国宾接待单位挑选、制作陶瓷作品。那时禹县到神垕的交通十分不便，我们乘坐拉货的马车到达神垕，在那里工作了十几天，创作了一批作品。可喜的是，那批钧瓷作品都十分成功。梅老师与他的家人已于早年移居美国，梅老师也已经去世，有关他的资料你们可以到清华大学工艺美术系去查。高庄老师也已去世，他的儿子现在清华大学供职。写《钧窑志》，一定不要忘记那些对钧瓷发展作出贡献的人。”

随后，张老师给我们提供了清华大学工艺美术系有关人员的联系电话，并叮嘱我们一定要把梅建鹰、高庄二位老师的资料找到，写入《钧窑志》。

张老师还给我们找来了十分珍贵的梅建鹰教授1959年在神垕制作钧瓷作品的照片供我们使用。遗憾的是，第二天我们与清华大学工艺美术系联系，只找到了高庄老师的资料，梅建鹰老师的资料因为“文化大革命”时期原档案已经丢失而未能找到。

看过《中国钧窑研究与探索》后，张老师说：“从书中可以看出，你虽然在地方志部门工作，但对钧瓷生产及工艺也有一定的研究，又是河南省的陶瓷艺术大师，我建议你认真总结一下神垕的仿古工艺。可以说，你们神垕的仿古陶瓷在河南，在全国，甚至在国际上都是一流的。到现在为止，还没有哪个地方比你们做得更好，不管是钧瓷，还是官瓷、汝瓷、哥瓷、磁州窑类型瓷，你们都做得十分出色。你作为地方的文化工作者，有可能，也有条件深入下去，认真挖掘、提炼民间艺人仿古瓷技术精髓，把这一整套仿古技术、工艺详尽地总结出来，编著成书，传之后世，这也是对钧窑，对中国陶瓷业的一个贡献。你要从正面去写，从复制、仿制技术的层面把这段历史记录下来。这既是中华文明的缩影，也是民族文化的传承，是一件大好事!”

我答道：“我从学校毕业就到神垕工作，虽然学的不是陶瓷专业，但与钧瓷接触也有30年的时间，对钧窑历史与基本理论有些了解。您所说的课题，我几年前已在准备资料，回去后一定不辜负您的期望，尽快把这些资料汇集起来，编辑成初稿后再来京请您审阅!”

不知不觉，几个小时悄然过去了，时间已近中午，张老师的家人也陆续回家，实在不便再打扰。我们谢绝了张老师的挽留，意犹未尽地向张老师道别。

（原载《许昌晨报》2011年11月15日）

探访闵庄窑

12月中旬的一天，我与北京大学钧窑考古队的执行领队徐华烽约好，周末到闵庄窑发掘工地看一看。17日，是双休日的第一天，我与同事一起到鸠山探访正在考古发掘中的闵庄窑址。

闵庄窑发掘现场之一

我对闵庄窑址并不陌生。2007年7月，鸠山乡修公路时挖出了古瓷窑址，出土的残器与瓷片被盗抢。大河报对此做了《禹州一北宋民窑窑址遭盗挖》的报道。当时，我到闵庄进行了调查并获得图片资料。后来由于编纂《中国钧窑志》的需要，我又数次到闵庄拍摄窑址照片。为详细的了解窑址情况，我们对闵庄东西狭长地区的道路、河流甚至庄内民宅都进行了考察。从地表遗存看，除河道、公路北边台地及庄内部分民宅外，其他地方陶瓷遗存不明显，几次考察搜集了一些陶瓷标本，总的是青瓷占大部分，钧瓷残片可占三分之一左右。因为不是专业的考古人员，除一些精美的天青、天蓝、月白及紫红斑等标准的钧瓷釉色外，大量的青瓷标本我们都放弃了。现在想来，那时对钧瓷文化的认识还较浅，漏掉了许多有价值的东西。

我是今年7月得知发掘闵庄窑的消息的，当时我还在北京看望正在住院的秦大树教授，同时也请秦老师病愈后对钧窑志稿进行终审。华烽告诉我们，国家文物局已批准闵庄窑发掘项目，禹州的相关部门正在北京协调中央电视台现场直播的事情。9月18日，北京大学与省考古所钧窑联合考古队赵文军、徐华烽带领考古人员进驻禹州。当天，华烽与我通了电话，我正在禹州西部山区拍摄钧窑资源、矿体、燃料的图片，特意到闵庄拍了窑址发掘前的照片。发掘工作开始后，由于钧窑志出版工作已进入定稿的关键阶段。一直没有时间到工地探访。“十一”长假，考古发掘因故停工。我也只在10月2日与华烽一起到工地，第一次察看了已经开挖的几个探方，还都没有到文化层。第二天，我就又去郑州忙出书的事了。后来又数次电话联系，得知挖出瓷片了，出了多少标本，都有哪些器型等等，也没有去实地查看。11月的钧瓷文化节期间，中央电视台对发掘工作进行了现场直播，我送秦大树老师去迎宾馆的路上，听秦老师介绍了发掘的进展情况，最使我兴奋的，还是在明代地层中出土有钧瓷残片，应该是钧窑考古工作的一个重大发现吧。

由于是双休日，早饭吃的比较晚，我们出发的时候已经是10时许了。一路西行，距鸠山镇政府驻地约2公里，我们拐上了去三窑沟的乡间公路。开始进入闵庄东南－西北向的狭长地带。按《禹州地名志》的记载与陶瓷文献的记述：闵庄，禹县城西27.5公里，南距鸠山乡政府驻地唐庄2公里。梨镶山北麓。从前村东有一棵大梨树，故名梨树门，后闵姓迁入称闵庄。村落呈长方形，一条南北方向的小河（闵庄河）将村分为东西两部分，东部有古庙一座。20世纪80年代，村西还有砖厂、煤矿，村东有瓷厂。到2010年，村西的犁镶山煤矿仍在生产。闵庄窑址位于鸠山镇东北部，属伏牛山余脉箕山山地。东距禹州城区钧台窑约30公里，南距神垕镇刘庄窑约20公里，西距汝州市东沟窑约10公里，北距登封市白坪窑址约13公里。

闵庄窑发掘现场之二

11点半左右，我们来到了闵庄窑址的边缘。考古队把闵庄窑址分为四个区：最西边的为A区，最东边为B区，中间自西向东临近的为C区、D区。在路边停好车后，下至河岸到位于小河边的B区。与“十一”期间看到的不同，B区的三个探方中，位于二级台地的两个探方已经回填。一级台地上的探方正在回填当中。有3个民工自西向东在向探方内倒土。与推土的老乡交谈。他们说：考古队的人说这个坑没有什么价值，已经准备放弃了。好在探方的东半部还没有填土。三侧的壁上不同时期的文化层还清晰可见。我拿出相机把距离拉近，从不同方位进行拍摄。确实，从能看到的文化层中有价值的东西不多，倒是从老乡的回填土中散落出三三两两的碎瓷片。当然，我最关注的还是钧瓷片，经过四五分钟的观察，发现老乡的手推车载的一车土倒入回填坑中后正好散开，土中夹杂的瓷片或是匣钵残片暴露的十分清楚。得到了老乡的允许，我跳入回填坑中，自下而上在一车车的回填土中探寻。运气真好，10分钟不到，一车散落的回填土中一缕蓝光一闪，一块瓷片散落到坑底，多年窑址调查的经验告诉我，这是一块少见的蓝钧片。不顾坑底的湿泥土，我把他拾入掌中，擦去附在上面的泥土，纯正的蓝钧釉展现在眼前。瓷片呈不规则的长方形，长约5到6厘米，宽约3到4厘米。直觉告诉我，这是今天最大的收获了。果然，在这里又停留了十几分钟，再也没有见到有价值的东西。闵庄的老乡很忠厚，见我要离开，把他们捡出的几块大一点瓷片也交给了我们，说：你们是有文化的人，这些东西你们有用。虽然只是几块瓷片，也着实让我感动了一番。禹州毕竟是有几千年历史的华夏帝都，远在山区的居民都这么朴实、可爱，这也是民族文化、陶瓷文化传承的结果吧。

闵庄窑某区探方

在我们停车的路旁前边不远，也有二位妇女正在填土，过去一问，说是在这个坑中挖出了一具古尸，而且是埋在一堆匣钵下面，标本已经运走。这个探方“十一”期间还没有开挖，老乡说挖开后也没有发现什么瓷片，考古队也已经放弃了。

看罢这二个探方，已经是中午用餐时间，我们是10点才吃的早饭，一点儿也不觉得饿，遂决定不再前行，待考古人员午饭后再见面。按照窑址调查的要求，我说：“咱们到南面的山峰看一下吧，了解一下这个窑址的自然环境。”一行人向山上爬去，山上没有路，我们顺着山民踩过的羊肠小道爬到山顶。放眼过去，四面全是山峰，山连山，壑接壑。村子的西面即是梨辕（园）山煤业公司。在我们停车的地方，有一条柏油公路通到北部山峰，由于相距较远，看不清是煤矿或是铝矿、石灰石矿。倒是山腰的民房或是职工住宅，整齐划一，展示着现代建筑的风格。向东南望去，越过通向大红寨景区的公路，即是与钧窑业有着紧密关系的岳山，亦称碗药山。涌泉河在碗药山下流过，与我们脚下的闵庄河一样，都注入了鸠山与方山交界处的纸坊水库。

站在山顶，富含氧离子的山野清风使思维变得清晰、敏捷。再去思考宋元时期闵庄为什么会形成禹州西部地区一个较大的瓷区：首先是陶土资源，鸠山镇的仝庄、阎庄，方山镇的庄沟，磨街乡的大涧是禹州粘土的主要储藏地。这些原料产地离闵庄窑区都比较近，尤其是同一辖区的仝庄粘土，就位于闵庄周边，大宗原料运输十分便利。其次是釉资源，与闵庄一路之隔的李村是碗药山的所在地，是著名的釉原料长石的矿产地。另外，碗药山的铜矿石、碱石等原料储量都很丰富，闵庄所处的地理位置得天独厚。第三，匣钵及燃料资源，距闵庄2公里的唐庄（涌泉河南）一直到磨街境内，铝土矿储量丰富。沿路匣钵等耐火材料厂有10余个，就是在闵庄村，现在也有一个生产匣钵的耐火材料厂。燃料资源就更不用说了，现在的煤矿还在生产，可以想象宋元时期这一望无际的森林、满山的树木，供应闵庄及禹州西部众多窑区使用不是什么问题。第四，水资源，不说附近的涌泉河，就是脚下的闵庄河，现在的河道及河滩地也有几十米宽，可以想见当年的水量是多么充沛。以上四项优势，应是闵庄窑自北宋至元几百年间可以窑火不辍的主要原因。按此前秦大树教授收到的器型标本，一直到明代早中期，闵庄窑还有一定规模的钧瓷生产，这也是不难理解之事。

下山已是下午2点多了，我们来到了考古队的驻地。华烽与其他几位研究生正在安排民工开始下午的工作，有几位妇女在刷洗从窑址挖出的瓷片及匣钵标本。我们跟着华烽来到了正在发掘的C区，也是这次闵庄窑发掘主要成果的发现地，A、B、D 三个区域都已回填或正在回填。考古发掘有着严格的工作纪律，禁止非工作人员进入挖掘现场，但对我们几个禹州当地的官方或半官方，专业或半专业的钧窑研究或钧窑文化传播者，秦老师特意关照可以给予照顾，加上华烽是禹州人，彼此又熟悉。我们和工作人员一起进入了发掘工地。

尽管从上世纪 80 年代初就接触钧瓷，2000 年以后就开始钧窑资料的收集与窑址调查，跑遍了禹州浅井、苌庄、花石、方山、鸠山、磨街、神垕及登封、郏县、汝州、鲁山、宝丰等数量不少的窑址。“打眼”或过手的古瓷片成千上万，但那都是田野调查或是观察盗挖现场，像现在这样站在探方内近距离地观察垂直分布的清晰文化层还是第一次：扰土层及清代以后的地层已剥去，展现在眼前的是明代及元、宋期间的地层。明代的不同时期及元、宋的分期内均有数量不一的陶瓷遗存。探方最深处约有 2 米多，华烽形象地对我说：不同时期的文化层就像一棵树的枝叶一样，从上到下一层一层地揭开，每一层的枝叶都不相同，不同时期的文化特点就清晰地展现出来。只是一瞬，从资料上学到的考古地层学与器物类型学的概念在这里得到了升华。“书上得来终觉浅”，实实在在的地层展现在眼前时，才真实地感受到几百年或是上千年前我们的先贤超人的智慧与钧窑不朽的业绩。而这伟大的成就就压在地下几米或是更深的地方。这就是钧窑的文化，也是禹州的文化。每一层出土的都是陶瓷标本，甚至每一层都有碗、盘、钵、炉等相同的器型。但相同的器型在细微之处亦有差别。施釉方式的不同，圈足的差别，支烧还是垫烧、叠烧，肩部是丰还是溜。尤其是象形器附饰的应用，不同时期都有较明显的特点，认真读解这些细微之处可以真实地品位陶瓷文化的博大精深。

今年 11 月钧瓷文化节，中央电视台对闵庄窑进行现场直播时，秦老师就当时发掘情况发布消息：闵庄窑是一处北宋至元时期的窑址。在此前闵庄收集到及挖掘出的标本看，有明代的钧瓷器型。所以，我更关心明代地层的遗存。果然，一会儿的功夫，我就在最上部的地层中探到了一个圈足完整的钧釉碗底。釉施到圈足与碗体连接圈线，圈足内外壁均不施釉，圈足内施满釉。外壁直立，内壁外撇，与宋金时期碗类圈足工艺明显不同。我问华烽说：这是否就是明代钧窑碗的特征？专业考古人员十分谨慎，他把话题转到了探方西侧的盗洞上。

我接过老乡手中的铁锨，一层一层地铲起土来，并让随行的同事给我照张像。华烽笑了：“拿铁锨的是民工，拿刮铲的才是考古队员”，我也笑道：“民工就民工呗，咱平常干了多少民工的活，那次调查不是自己动手，这次索性把民工的活干完吧。”我又到筛土的老乡旁，动手筛起土来。当然，话怎么说都行，终究还是要留下一张专业的形象来。我从华烽手中拿过刮铲，到铲土的老乡身边。一有瓷片出现，我就伏下身去仔细地刮铲起来。时间不长，一块钧瓷残片露了出来，我小心翼翼地从周围探刮，清净周围附土后，一个约三分之二完整度的钧釉碟呈八十度倾斜状出土。华烽说：“这一件是可以复原的，先拍张出土时的照片存档吧。”我们从不同角度拍摄了七八张照片。铲土的民工见我们这样认真，插话道：“你们昨天来的话，才有可照相的东西哪，昨天在这个地方挖出了十几件残器呢！”

在最西边探方的北端发现了一口井，已经挖至 4－5 米的深度，听华烽说在井里出土了数量不少的钧釉残器，我很想下到井底实地操作一番，仔细观察以后，我打消了这个念头：井筒全是土壁，没有可以蹬脚的地方。下井的老乡是靠绳索溜下、拔上的，凭我的身体素质，即使能下去，也上不来。但华烽不一样，他是一定要下去的。鉴于井下的工作量还比较大，他准备在井口上搭一个滑轮。听说附近的老乡家里有可供搭架子的长木，他马上就去借用。我对同事说，搭滑轮是一个技术活，咱们在这里也帮不上忙，给华烽打个招呼，告辞吧！

走出发掘工地，正遇上华烽扛着一根 4－5 米长的圆木回工地。我迎上去，他连连说：“不用，不用。工地忙，我不送你们了。”望着华烽肩上的圆木，我心里一阵感动：忠诚、敬业、探索、进取！这不正是千百年来禹州和禹州钧窑人的真实写照吗！

（原载《禹州大事月报》）

中国钧瓷年鉴

（2012）

中国钧瓷年鉴编纂委员会　编

要　览

中央政治局原委员、第九届全国政协副主席杨汝岱考察禹州钧瓷文化
中原壶：钧瓷产业新曙光
"国家级非物质文化遗产保护研究基地"命名暨颁牌仪式在京举行
中泰文化交流的"新使者"
钧瓷生产区概况
钧瓷文化产业发展概述
钧陶瓷产业不断发展壮大
文化旅游持续健康发展
钧瓷国礼效应进一步显现
钧瓷日用瓷生产势头强劲
河南省陶艺大师申报成果丰硕
钧瓷文化宣传力度不断加大
积极推进钧瓷文化传承保护工作
钧瓷生产概况
全国钧瓷生产
原产地钧瓷生产
民间藏品义务咨询鉴定和知识讲座
河南省收藏家协会
古钧瓷鉴定与收藏研究
关于钧窑精品残器的收藏
气泡在古钧瓷鉴定中的作用
新仿钧瓷气泡
煤烧钧瓷收藏研究
中国陶瓷工业协会
全国陶瓷艺术创作与设计高研班
中国国际轻工消费品展览会暨第二届中国陶瓷文化艺术创意精品展览会
河南省工艺美术行业协会
河南省钧瓷窑变艺术创新大赛
河南省钧瓷窑变艺术创新大赛获奖名单
河南省钧瓷壶创新设计大赛获奖名单
第六届河南省工艺美术大师颁发证书
河南省陶瓷玻璃行业管理协会
河南省陶瓷艺术大师授牌仪式
"金鼎钧窑杯"河南省陶瓷营销技能大赛暨"中原之星"陶瓷创意设计大赛
禹州市陶瓷工业局
钧瓷市场整顿
钧瓷手拉坯雕塑技能大赛
陶瓷企业创名牌战略
钧瓷文化旅游试验区建设概况
钧官窑址博物馆工作概况
钧瓷艺术馆
职业教育
人才队伍建设
文化研究
钧窑著述
组织管理人物
生产经营人物
钧瓷的灵魂是釉，不是复杂的造型
——清华大学教授叶喆民谈钧瓷

2012年2月，中共中央政治局常委李长春，中共中央政治局委员、中宣部部长刘云山等领导同志亲切接见在北京出席“中国非物质文化遗产生产性保护成果大展”的钧瓷界代表。

2012年9月24日，中央政治局原委员、第九届全国政协副主席杨汝岱视察禹州钧官窑址博物馆。

2012年4月20日，全国人大农业与农村委员会主任委员王云龙到禹州调研钧瓷文化产业发展情况。

2012年4月20日，全国人大农业与农村委员会副主任委员、河南省原省长李成玉（左二）在禹州市委书记蔡全法（右二）等的陪同下视察钧官窑址博物馆。

2012年3月，河南省政协主席叶冬松（右）向参加壬辰年拜祖大典的台湾客家人代表赠送钧瓷“千秋如意鼎”。

2012年4月27日，河南省副省长张广智（左）到禹州市神垕镇调研钧瓷文化产业发展情况并出席钧瓷开窑仪式。

2012年11月，许昌市市长张国珲（前右）在禹州市委书记王宏伟（前左）陪同下视察在禹州举办的河南省钧瓷壶设计大赛。

2012年5月2日，中央电视台总编辑、副台长罗明（右二）到钧官窑址博物馆参观考察

2012年11月9日，禹州市委书记王宏伟（左二），市政协主席董立民（左一）陪同许昌市政协主席张宗保（右四）、市委常委、统战部长王忠梅(右三)到中国钧艺文化苑建设工地听取工作人员介绍相关情况

2012年6月9日，河南省文化厅副厅长崔为工（右）向星航钧窑授予国家级“非遗”生产性保护基地牌匾

2012年10月24日，许昌市副市长秦春梅（左）在禹州市市长王友华（右）陪同下为金鼎钧瓷艺术馆揭牌

2012年12月，中国陶瓷工业协会首席专家、清华大学美术学院教授张守智（左）在北京鉴评钧瓷壶并指导钧窑茶具的创新途径。

中央政治局原委员、第九届全国政协副主席
杨汝岱考察禹州钧瓷文化

9月24日，第十三届中央政治局委员、第九届全国政协副主席杨汝岱一行莅临禹州考察钧瓷文化。许昌市委书记李亚，许昌市委常委、市委秘书长申武装，许昌市副市长秦春梅及禹州市委书记王宏伟，市委常委、办公室主任赵书欣陪同考察。

当天上午，杨汝岱一行首先来到禹州钧官窑址博物馆，在讲解员的带领下，依次参观了大禹之州、浴火千年、御用官钧、成器之道、万彩永辉、文苑雅集六个展厅以及钧官窑遗址。每到一处，他都认真听取讲解员的解说和介绍，并不时地与随行人员进行交流，详细了解了中国钧瓷的传承与发展的全过程。期间，杨汝岱还亲自戴上耳机一边听钧瓷开片之声，一边从放大镜中观赏开片的神

第九届全国政协副主席杨汝岱（左一）视察钧官窑址博物馆

奇魅力，并兴奋地说："声音太好听了！"在一件件绝美的钧瓷珍品面前，在一段段令人难忘的发展历程面前，杨汝岱深切感受到钧瓷的产生、发展、辉煌及制作工艺、成器之道的绚烂文化魅力，并对钧瓷丰富的文化内涵和古朴、精湛的烧制技艺给予了高度评价。

随后，在博物馆的研发中心，杨汝岱一行饶有兴致地从钧瓷的制坯、造型、上釉、烧制等各工序流程一路看下来，并不时地和钧瓷工匠们交流，询问各流程的制作技巧和工艺。开窑仪式后，杨汝岱一行在赞叹钧瓷"入窑一色，出窑万彩"的神奇窑变后，还认真观赏了出窑钧瓷的造型、釉色、开片，对于钧瓷"青如雨过天空色，红胜霞迎日出时"的独特魅力赞不绝口。

中原壶：钧瓷产业新曙光

近日，中国工艺美术大师孔相卿潜心研制的"中原壶"完美亮相。有学者认为，"中原壶"的诞生，将是中国钧瓷发展史上的一个里程碑，不仅有望在制壶产业方面形成与紫砂壶比翼齐飞的新格局，让人们看到了钧瓷产业发展的新曙光；更有专家预言，"中原壶"是中原茶文化的开天之作，将成为以钧瓷、汝瓷、官瓷、紫金瓷、绞胎瓷等为代表的中原历史名瓷发展史上的一个新起点。

卢展工赠套壶寓意深长

省委书记卢展工十分重视中原文化产业的开发，对宋代五大名瓷的钧瓷情有独钟，曾多次到神垕考察，并向孔相卿了解钧瓷产业的发展情况。2011 年 9 月，他委托许昌市委书记李亚，向中国工艺美术大师、孔家钧窑艺术总监孔相卿转赠一套景德镇生产的瓷壶。

中国工艺美术大师孔相卿向专家学者介绍中原壶

这套名为"七碗新茶"的茶具由景德镇溪岸陶坊生产，由一壶一注一盏和七只小杯组成，以唐代诗人卢仝的《七碗茶》歌而命名。李亚交代孔相卿，卢书记希望他从中受到启示，进一步探索钧瓷发展的新路径。

反复把摸卢书记送来的景德镇瓷壶，孔相卿茅塞顿开，过去最为困惑的问题迎刃而解。钧瓷本源于民间，就是百姓的生活用瓷；后来为皇家喜欢，成为高档生活品；再后来实用功能逐渐弱化，进而成为宫廷的观赏艺术品。这些年，钧瓷的产业化却面临两难选择，要产业化就要走进大众生活，做多了又势必容易做滥，影响钧瓷作为高档瓷的艺术价值。而钧瓷壶，作为高档瓷实用化的一个载体，不正是解决这一瓶颈的最好选择吗？

作为中国工艺美术大师的孔相卿，多年来一直致力于钧瓷工艺的开拓与创新，解决了许多在钧瓷界视为瓶颈的技术难题。过去北方窑系也有做壶的历史，只是囿于瓷的特性所涉及的技术难题难以克服。如今，我们不缺历史、不缺文化、不缺环境，更不缺技术，尤其是近几年来，中原地区的茶叶生产更是如火如荼，我们为什么不能以壶为载体，打开中原瓷走向茶文化的突破口，将钧瓷壶做成一个与紫砂比肩的大产业?

中原壶内涵深独有新创

创意、设计、造型、起名，经过几个月的反复研究、试验，几套名为“中原壶”的新钧瓷烧制成功了。

孔相卿给“中原壶”下了这样一个定义：以博大精深的中原文化为深厚内涵，以天圆地方、端庄大气的制式为形式依托，以丰富多彩的釉色为鲜明特征，具有中原特色的钧壶系列作品。它将中原文化的深刻内涵、钧瓷色彩的丰富变化、拉旋切刻的精美技艺、火温控制的独门绝技，巧妙而完美地融合在了一起，堪称精美。

“中原壶”整个壶型为方圆结合，壶口为圆，壶底为方；壶内为圆，壶外为方，巧妙结合了中原文化中包容与开放的理念，有天圆地方，四方汇中原之意。孔相卿结合壶文化的特点，设计出了多种组合：一壶两杯叫鸳鸯式，一壶三杯叫三元式，有茶壶、茶杯、茶注、茶罐和香炉的叫五福式，一壶七杯的叫七星式，茶壶、茶杯、茶注、茶罐、香炉、花瓶和茶筛等“香茶美壶一枝花”齐全的称之为“茶斋七品”。

钧瓷与其他瓷种最大的区别是釉色，色彩幻化，自然天成。多年来，孔相卿醉心于钧瓷釉色的研制，相继开发出多个如桃花红、美人醉、松石蓝等稀有品种。这些釉种在“中原壶”上得到充分展现，巧妙演绎了钧瓷艺术“入窑一色天，出窑万彩霞”的色彩奇观。

将“中原壶”置于手中，观之，线条疏朗，庄重大气；抚之，平滑舒适，温润如玉。将壶盖置于壶身，丝丝入扣，看不到任何空隙。把水注入壶中，捏住壶盖上边的透气孔向下倒，竟能做到滴水不漏。

钧瓷壶做产业厚望可期

在中国的制壶史上，最有成就的莫过于紫砂壶。宜兴紫砂之所以一枝独秀，风靡全国，既有南方悠久的饮茶习俗，也有绵长的制壶历史，更重要的是将中国丰厚的历史文化融为一体，是文化与艺术包装和推动的经典之作。

与紫砂相比，钧瓷做壶似有天然的优势。紫砂是陶，钧瓷是瓷，瓷的烧成温度比陶至少要高200摄氏度，瓷器作为比陶器更高等级的烧造产品，应比紫砂有着更高的使用和艺术价值。尤其是近年来，钧瓷界以孔相卿为代表的一批艺术大师立足钧瓷壶的研发，并在工艺上取得了重大突破。

有理由相信，随着钧瓷工艺技术的全面进步，随着思想闸门的再一次开放，中原壶走向市场的脚步必将加快，必将成为当代钧瓷产业发展的领跑者，成为许昌特色文化品牌、中原文化新的重要组成部分，成为中国茶文化一张亮丽的名片。

（原载《河南日报》2012年6月5日头版）

“国家级非物质文化遗产保护研究基地”命名暨颁牌仪式在京举行

由中国非物质文化遗产保护中心主办的“国家级非物质文化遗产保护研究基地”命名暨颁牌仪式，于2013年1月16日在中国艺术研究院，中国非物质文化遗产保护中心隆重举行。文化部副部长董伟，中国艺术研究院院长、中国非物质文化遗产保护中心主任王文章，文化部非物质文化遗产司司长马文辉，中国艺术研究院常务副院长刘茜，中国艺术研究院党委书记、副院长高显莉，文化部非物质文化遗产司副司长马盛德，中国艺术研究院副院长吕品田，专家代表中国社会科学院荣誉学部委员、研究员、国家非物质文化遗产保护工作专家委员会副主任委员刘魁立，国家非物质文化遗产保护工作专家委员会副主任委员周小璞，中国艺术研究院工艺美术研究所副所长、研究员邱春林，北京师范大学文学院教授萧放；第一批“国家级非物质文化遗产保护研究基地”传承人代表张美芳、吴元新、苗长强、林友华等50余人出席了今天的命名暨颁牌仪式。仪式由中国非物质文化遗产保护中心常务副主任李新风主持。

国家级非物质文化遗产保护研究基地颁牌仪式

“国家级非物质文化遗产保护研究基地”是中国非物质文化遗产保护中心主办，为推动我国非物质文化遗产的研究工作，大力提倡非物质文化遗产的理论研究与保护实践密切结合，从已列入国家级非物质文化遗产名录的项目中遴选出保护成效较好，具备一定研究能力，由该项目的代表性传承人发起、或作为主要发起力量建立的独立法人机构，为之专门命名的非物质文化遗产保护研究基地。这次命名和颁牌的“国家级非物质文化遗产保护研究基地”共四个，分别是苏州市苏绣艺术创新中心（张美芳）、南通蓝印花布艺术馆（吴元新）、禹州市苗家钧窑有限公司（苗长强）和福建省仙作古典工艺家具研究开发有限公司（林友华）。

文化部副部长董伟致辞，对中国非物质文化遗产保护中心的工作给予高度评价，对“国家级非物质文化遗产保护研究基地”的设立与命名给予充分肯定。

中国艺术研究院院长、中国非物质文化遗产保护中心主任王文章发表讲话，指出“国家级非物质文化遗产保护研究基地”命名是我国非物质文化遗产理论研究领域倡导理论联系实际，从保护实践中总结经验，概括理论，并运用从实践中总结的理论更好地指导保护实践所作出的积极尝试。推动以传承人为主体的理论总结，无疑将对深化非物质文化遗产保护具有重要意义。

作为我国唯一的国家级非物质文化遗产专业机构，中国非物质文化遗产保护中心一直致力于非物质文化遗产保护的理论研究和实践指导，并已取得国内外业界高度认可的成果。“国家级非物质文化遗产保护研究基地”的设立与命名，是我国非物质文化遗产理论研究领域的一个创举，对深化非物质文化遗产保护具有重要意义。

中泰文化交流的“新使者”

锦丰源钧窑以其传统的煤烧钧瓷技艺在钧瓷界颇具名气。锦丰源钧窑又因河南省陶瓷艺术大师崔松伟的“润泽四方”作品被中国外交部定为国礼并赠送泰国总理英拉·西那瓦而再度扬名。锦丰源钧窑就与泰国结下了不解之缘。钧瓷成为中泰民间交流的“友好使者”。

钧瓷润泽四方

2011年在8月5日泰国大选中，英拉·西那瓦当选总理，成为泰国历史上最年轻的首位女总理，引起了世人的关注，中国外交部也在为这位华裔总理精心准备就职贺礼。外交部把研制钧瓷礼品的任务交给了锦丰源钧窑，崔松伟和几位技术人员在研发、造型、配釉上经过经过十几种配方的试验和十多窑的烧制，几件精美的钧瓷珍品“润泽四方”终于烧制完成。8月16日启运送达外交部。18日，外交部长杨洁篪代表中国政府赴泰国参加英拉·西那瓦总理就职典礼，并亲自将代表中国千年厚重文化的钧瓷作品“润泽四方”赠送给了英拉·西那瓦总理。

2012年，应温家宝总理邀请，泰国总理英拉于4月17日至19日对中国进行正式友好访问。为迎接英拉总理访华，崔松伟按照外交部要求，历时两个多月创作出国礼作品“盛世荷美”。该作品以双层荷花为基座，瓶身荷口饰如意，简洁、大气、美观。

4月17日下午，英拉·西那瓦总理到京，温家宝总理举行仪式欢迎英拉总理。18日党和国家领导人胡锦涛、吴邦国、习近平、王岐山又先后会见英拉。英拉访问期间签署了涉及经贸、农产品、防洪抗旱、铁路发展、自然资源保护等多项双边合作文件，并将双边关系由此前的战略合作关系提升至全面合作伙伴新水平。

4月19日英拉总理赶赴北京昌平泰资企业华彬庄园视察并栽植中泰友谊树，又到国家水利部座谈防洪抗旱建设，下午乘坐高铁访问天津。19日晚，英拉总理结束对中国的访问乘专机离京。离京前外交部领导将钧瓷国礼“盛世荷美”赠送英拉总理。英拉总理对“盛世荷美”赞誉有加，同时也为没能约见钧瓷大师而深表歉意，并委托总理办公室部长沃拉瓦特·阿平亚库代她向崔松伟转达谢意。

4月20日中午在北京京瑞大酒店接待大厅，刚出席完中泰两国高铁建设座谈会的泰国总理办公室部长沃拉瓦特·阿平亚库和交通部长查络鹏·路昂苏万接见了锦丰源钧窑崔松伟，并代表英拉总理邀请崔松伟在下个月能随中国高铁援建代表团一同赴泰国访问交流。

5月17日，应泰王国总理办公室的邀请，在相关部门的协调下，锦丰源钧窑董事长崔松伟携带钧瓷艺术作品飞赴泰国进行为期四天的文化交流。

泰中关系协会常务副会长韩文华，泰国国际贸易商会秘书长陈铁君在下榻的宾馆拜会了崔松伟，崔松伟分别向他们赠送了锦丰源钧窑的代表作品“梅瓶”和“一尊”。两位华裔官员对钧瓷十分感兴趣，并就钧瓷文化进行了广泛的交流。邀请锦丰源钧瓷作品将来能够参展即将落成的“中华国粹艺术馆”和正在筹建的“泰国文化中心”，为中泰的文化交流架起桥梁，发扬光大中国钧瓷文化。泰国国际贸易商会会长、东盟加六国贸易促进会主席王创合特意安排丰盛晚宴为崔松伟一行接风，当他得知中国钧瓷作为国礼已两次赠送英拉总理时非常高兴。崔松伟将一件“福寿石”作品赠予老将军，老将军非常激动，对崔松伟说：你们年轻，很有优势，东盟有六亿人口，市场庞大，我们将帮助你们开拓这个市场，发扬光大我国的传统文化，钧瓷很漂亮，很珍贵，一定会有很大的商机。

21日上午，应中国驻泰王国大使馆邀请，崔松伟如约拜访，大使馆张益明参赞，伏霄汉秘书热情迎接，张参赞认真听取了崔松伟对钧瓷及钧瓷文化的介绍，十分感兴趣，表示将把崔松伟赠送大使馆的“盛世荷美”作品摆放在贵宾厅显著位置，并感谢崔松伟的来访和赠送作品。商定锦丰源定制一批钧瓷作品作为中国驻泰王国大使馆的高端外事礼品。

21日下午，崔松伟在泰国河南商会会长高振锋、泰国王室郑先生陪同下，由总理府贵宾车接进了泰王国总理府。总理办公室沃拉瓦特·阿平亚库部长及工作人员在会客厅热情迎接。因为在北京时崔松伟曾与沃拉瓦特部长见过面，是老朋友了，自然格外亲切，崔松伟向大家展示他的新作“威仪天下”，赢得了大家的高度赞誉，崔松伟表示，该钧瓷作品将作为中泰两国友谊的象征赠送英拉总理，沃拉瓦特部长特别高兴，与崔松伟以及“威仪天下”作品合影留念并安排在第二天泰国重要报纸将图片头版登出。又当即安排工作人员将钧瓷作品“威仪天下”送往英拉总理办公室，并陪同崔松伟一行参观总理府，还与泰国交通部长查洛鹏·路昂苏万一起设晚宴为即将回国的崔松伟送行。席间，总理府工作人员特意送来了两盒包装精美的水果——榴莲，工作人员说，英拉总理刚回到办公室，看到钧瓷作品“威仪天下”后非常高兴，说：“真漂亮，我办公室已经收藏三件钧瓷了，感谢中国的艺术大师。”工作人员还说这两盒榴莲是总理特意安排让大师品尝的，以表谢意。

四天的泰国之行就要结束了，傍晚，崔松伟坐在回国的飞机上，望着窗外灯光辉煌的曼谷，他感慨万千，耳边常响起英拉总理访问中国时常说的一句话和在泰国听到最多的一句话——“泰中一家亲”。

（原载河南陶玻网）

1月

2日　河南省人大常委会副主任储亚平、蒋笃运，省政协副主席、省工商联主席梁静，省政协副主席张亚忠，许昌市委书记李亚，许昌市人大常委会主任石克生，许昌市委常委、统战部长王桂梅，许昌市副市长秦春梅及禹州市委书记蔡全法、市长王友华等出席民盟华神钧窑开业庆典。

华神钧窑开业典礼

华神钧窑是一家集研发、生产、销售为一体的多元化公司，占地200多亩，计划总投资3.2亿元。是集钧瓷生产销售、创作体验、酒店、休闲购物、演艺娱乐为一体的综合钧瓷文化旅游度假区。它最大的特色是，不单进行生产销售、创作体验，而且集休闲、娱乐为一体，在钧瓷企业中独树一帜。

5日　许昌学院与河南大宋官窑瓷业有限公司校企战略合作协议签约暨产学研合作基地揭牌仪式在许昌学院举行。根据协议，双方商定依托许昌学院优势资源，通过在许昌学院设立“大宋官窑奖学金”，成立大宋官窑造型设计艺术中心、研发实验室，进行有效的资源整合，建立行业标准，推动科研成果产业化，建立紧密型合作的长效机制，将传统陶瓷行业做大做强，实现校企双方互利共赢。

13日　2012年陶瓷行业代表新春座谈会在党政综合办公大楼会议室召开，市委常委、宣传部长张俊海出席，市钧陶瓷界知名专家学者、厂家代表参加。会上，与会专家学者和厂家代表纷纷建言献策，就如何提升全市钧陶瓷品牌知名度、如何规范经营等问题畅所欲言。

2月

5日至15日　禹州市孔家钧窑、星航钧窑、杨志钧窑、苗家钧窑、晋家钧窑、天合坊、钧瓷研究所、龙山钧窑、金阳钧窑等企业应邀参加了在北京全国农业展览馆新馆举行的“中国非物质文化遗产生产性保护成果大展”。

中国非物质文化遗产生产性保护成果大展钧瓷制作演示

十二兽首钧瓷版

本次成果展由文化部与国家发改委、教育部、科技部、工信部等 14 家部委以及全国政协文史和学习委员会、北京市人民政府共同举办。展览开幕及展会期间，中共中央政治局常委李长春等党和国家领导同志以及来自 85 个国家的 150 余位驻华使节莅临现场参观了展览，对禹州市钧瓷展品的瑰伟造型及神奇窑变给予了高度评价。

25 日　由中国县域经济发展研究中心专家委员会、河南省社会主义新农村建设促进会、河南经济报社新农村周刊共同举办的 2011 年度服务三农、助推中原经济区建设先进集体和杰出人物评选颁奖典礼在郑州金河宾馆举行。禹州市翰煜钧窑李德汉获“产业领军奖”，翰煜钧窑钧瓷作品“龙凤尊”被选为大会高端礼品，“双龙瓶”被河南省社会主义新农村建设促进会永久收藏。

29 日上午　中国钧瓷十二兽首新闻发布暨作品研讨会在许昌市举行。许昌市人大常委会原副主任白喜臣、河南省工艺美术行业协会会长张玉琳、许昌日报社总编辑李争鸣、北京圆明园管理处副主任叶亮清等出席会议，许昌市文化艺术界、收藏界知名人士及大河报、许昌日报、许昌电视台、《中国钧瓷年鉴》编辑部、CCTV·钧瓷频道等媒体与会。会议由许昌市文联党组书记谢玉好主持。会上由北京圆明园管理处授权、河南省禹州市大龙山钧瓷文化有限公司研制的北京圆明园十二兽首“钧瓷版”亮相。圆明园管理处副主任叶亮清向大龙山钧瓷文化有限公司董事长王建伟正式递交收藏证书，永久珍藏“十二兽首”一套（编号为 1860）。与会领导和专家学者就“钧瓷版”圆明园十二兽首的制作创意、艺术特色和营销方式创新等进行了深入探讨。

同月　由许昌日报社总编辑李争鸣先生编著的《追根求源话钧瓷》一书，经过 3 年时间的补充修改完善，第三次与读者见面。

3 月

2 日　在第 13 个世界爱耳日之际，由中华思源工程扶贫基金会、中国广播电视协会播音主持委员会发起的关爱听力障碍儿童的公益项目“爱的分贝”在京启动，呼吁社会各界为听障儿童打开有声的世界之门。活动现场，禹州市金堂钧窑捐献为 2010 年上海世博会创作的钧瓷外事礼品《瑞泽四海世博簋》，当场拍出了 10 万元。

10 日　中宣部舆情局局长李晓军莅临禹州考察钧瓷文化产业发展情况。许昌市委副书记许廷敏及禹州市市长王友华，市委常委、宣传部长张俊海等陪同考察。李晓军一行先后参观考察了市钧官窑址博物馆，走访了部分钧瓷企业。

13 日　许昌市文化旅游产业重点项目推进会在禹州市神垕镇召开。许昌市副市长秦春梅及禹州市市长王友华、副市长李益民出席会议。秦春梅一行现场观摩了钧官窑址博物馆、神垕镇伯灵翁庙、义兴公古宅院、古玩市场、华神钧窑等文化旅游产业项目，并一同观看了大宋官窑荣昌钧瓷坊的开窑仪式。

同日　清华大学美术学院艺术陈设瓷研发基地在星航钧窑揭牌，清华大学美术学院博士生导师、教授李正安为星航钧窑授牌。清华大学美术学院将常年安排学生在星航钧窑实习创作，并共同研发钧瓷新品，探索艺术陈设瓷的发展之路。

22 日　平顶山市统计局观摩团到禹调研禹州市产业聚集区及钧瓷文化产业发展状况。禹州市委常委、常务副市长尹俊营等陪同。

27 日　壬辰年黄帝拜祖大典在河南省新郑市轩辕黄帝故里举行。中国国民党荣誉主席吴伯雄及其夫人受邀出席并在河南进行访问期间，受赠大宋官窑钧瓷代表作品“福寿桃”，并对河南特有的钧瓷文化倍加赞誉。

28 日　许昌市委党校干部培训班到禹州市钧官窑址博物馆参观考察，市委常委、市委办公室主任赵书欣陪同。

第 47 届全国工艺品交易会开幕式

29 日至 4 月 2 日　由中国工艺美术协会举办的第 47 届全国工艺品交易会在江苏扬州举行。“中国工艺美术国家级培训项目薪火杯学员优秀作品展”同期举行，经全国陶瓷界知名专家组成的评审委员会审定，禹州市杨晓锋的参赛作品《日月同辉》、李向阳的作品《虎头瓶》、李建峰的作品《玄纹尊》、丁建中的作品《钵》、崔松伟的作品《润泽四方》、崔国营的作品《笔洗》、张中强的作品《卢钧钵》等 7 件钧瓷作品获得最高奖项“最佳作品奖”。

4 月

1 日　意大利总理蒙蒂在海南博鳌金海岸温泉大酒店获赠禹州荣昌钧瓷坊制作的钧瓷作品“九五至尊”。

“中国当代工艺美术双年展”开幕式

16 日　由中国艺术研究院、中国非物质文化遗产保护中心主办，中国国家博物馆、中国艺术研究院和中国工艺美术馆承办的 2012 年“中国当代工艺美术双年展”在中国国家博物馆开幕，刘富安、杨志、孔相卿、任星航等钧瓷大师的钧瓷作品参加本次展览。

“中国当代工艺美术双年展”作品

19 日　许昌陶瓷职业学院与华神钧窑有限公司签订合作协议，“许昌陶瓷职业学院华神钧窑创意工作室”揭牌。

20 日　全国人大常委会农业与农村工作委员会主任委员王云龙一行莅临禹州，调研禹州市钧瓷文化产业发展情况。省人大常委会副主任铁代生，许昌市委书记李亚，许昌市人大常委会主任石克生，禹州市委书记蔡全法，市人大常委会主任申国民，市委常委、政法委书记王书田，市委常委、市委办公室主任赵书欣，副市长、公安局局长刘玉亭等陪同调研。

同日下午　在北京嘉里中心举办的“北京德隆宝 2012 春季拍卖会”上，中国工艺美术大师刘富安的钧瓷作品《一统尊》和《益寿瓶》分别以230万元成交，打破了2011年刘富安钧瓷作品137万元的成交价。

27日 副省长张广智在许昌市委书记李亚，许昌市市委常委、常务副市长杨献波及禹州市委书记蔡全法，市委常委、市委办公室主任赵书欣的陪同下，参观考察钧瓷文化产业发展情况。

同日下午 来自日本、韩国等国的旅行业经营商欢聚禹州，参加“三国文化精品游国际旅行商踩线”活动。考察团先后参观了钧官窑址博物馆、大宋官窑开窑仪式、神垕古街等地。禹州市副市长李益民等陪同考察。

28日 由西泠印社、上海市书法家协会、刘海粟美术馆共同主办的中国当代著名书画篆刻艺术大师吴颐人艺术展在上海刘海粟美术馆开幕。其中，展出了吴颐人先生与其禹州籍学生傅振华（钧瓷篆刻家）共同创作的数十万枚钧瓷篆刻艺术作品，这些作品也在《吴颐人的艺术世界》中出版，这也是中国钧瓷首次跳出工艺范畴，里程碑式的将中国钧瓷篆刻艺术登上中国传统书画艺术之殿堂。

28日至5月2日 由中国轻工业联合会主办，中国工艺美术协会承办的2012中国工艺美术“百花奖”评选结果在福建莆田揭晓。在禹州市报送的19件钧瓷作品中，有4件荣获金奖、5件荣获银奖、3件荣获铜奖。

其中河南省非物质文化传承人、河南省工艺美术大师任星航的钧瓷作品《风云鉴》，河南省工艺美术大师王春凤的钧瓷作品《螭龙瓶》，河南省工艺美术大师杨晓峰的钧瓷作品《日月同辉》，河南省工艺美术大师刘红生的钧瓷作品《益寿画缸》获得金奖。

5月

2日 中央电视台分党组副书记、总编辑、副台长罗明到钧官窑址博物馆参观考察，省委宣传部副部长、省广电局局长赵景春，许昌市委书记李亚及禹州市领导蔡全法、赵书欣、张俊海等陪同考察。

3日 2012年钧瓷优秀贺岁作品评选暨钧瓷创新座谈会在党政综合办公大楼第三会议室举行。此次评选活动由中共禹州市委宣传部、禹州市文化改革发展试验区管理办公室、禹州市陶瓷局、禹州市钧瓷行业协会、《许昌晨报·鉴藏》联合举办。中国工艺美术大师孔相卿、杨志，中国陶瓷艺术大师晋晓瞳，许昌学院美术学院院长王雨等担任活动评委。最终，孔家钧窑的《龙腾四海》、荣昌钧窑的《九五至尊》、刘家钧窑的《龙运呈祥》、御钧斋的《龙泽天下》及钧华苑的《中华魂》荣获金奖。

3日至8日 由河南省工艺美术行业协会、河南省工艺美术学会和河南工艺美术馆共同主办，禹州市陶瓷工业局、禹州市钧瓷行业协会承办的河南省钧瓷窑变艺术创新大赛在禹州举办。

本次大赛邀请清华大学美术学院、郑州大学美术学院、郑州工业大学设计学院的教授和中国工艺美术大师组成评审委员会，活动参展作品836件（套），共评出获奖作品589件，其中评出窑变效果好的特别金奖作品42件，金奖作品94件，银奖作品290件，铜奖作品164件。

钧瓷窑变艺术大赛现场

11日 中国书画艺术研究协会执行主席、航天书画院院长赵国强带领航天书画院三位书画家到珍官钧窑进行文化艺术交流。

13日 国务院南水北调办公室副主任于幼军一行到禹州考察钧瓷文化。市长王友华、副市长黄河等陪同。

14日至16日 中共中央政治局原委员、十届全国人大常委会副委员长、中国工艺美术协会名誉理事长李铁映到河南视察河南省工艺美术发

展情况。全国人大农业与农村委员会委员、河南省十届人大常委会副主任王明义，河南省十届人大常委会副主任、河南省工艺美术行业协会名誉理事长贾连朝陪同。期间，李铁映听取了中国工艺美术大师孔相卿关于用铜蓝釉创作钧瓷“中原壶”的过程和制作技艺的汇报。河南省工艺美术行业协会理事长张玉翕参加了汇报。

16日 由河南省文化厅指导，河南省收藏家协会、禹州市钧瓷行业协会主办，天下收藏文化街、河南珍宝馆承办的“新中国钧瓷20人作品展”在天下收藏文化街二区三层隆重开展。来自全国各地的藏友和钧瓷大师及各界来宾约三百余人参加了开展仪式。会上展出了已故大师刘富安、晋佩章的作品和中国工艺美术大师孔相卿、杨志、中国陶瓷艺术大师晋晓瞳、苗长强的作品及河南省工艺美术大师刘建军、李欣营、杨国政、崔松伟、崔国营、许海君、丁建中、王秋红、李向阳、张建钊、李占伟、王金合、杨晓峰、燕峻峰、张自军、冀德强的作品。

新中国钧瓷20人作品展

同日下午 全国钧瓷收藏家联谊会在郑州天下收藏古玩城成立。会议选举河南省收藏家协会副会长王安乐为会长，禹州市钧瓷行业协会会长吴松木为常务会长，河南电视台驻周口记者站站长孙军为执行会长兼秘书长。李家旺、宋成德、平建民、李少颖、苏枫、孙彦春、汪国强等20余人为副会长。联谊会设东北分会、北京分会、天津分会、上海分会、山西分会及郑州、许昌、禹州等十余个省市分会。联谊会报河南省收藏家协会、省民政厅主管部门批准后，将改称河南省收藏家协会钧瓷专业委员会。

钧瓷收藏家联谊会成立仪式

18日 为期一个月的国学圣地赏国瓷——2012年世界博物馆日大宋官窑精品展在北京孔庙和国子监博物馆开展。本次展览展出了大宋官窑多年来生产的精品，展示了以河南钧瓷为代表的陶瓷文化和中国当代陶瓷的发展现状。

18至21日 由文化部、商务部、国家广播电影电视总局、国家新闻出版总署、中国国际贸易促进委员会、广东省人民政府和深圳市人民政府联合主办，由深圳报业集团承办的第八届中国（深圳）国际文化产业博览交易会上，禹州市10余家钧瓷窑口和5位钧瓷藏友的300多件钧瓷参加了展评，钧缘阁陶瓷艺术工作室王秋红选送的钧瓷作品《大器碗成》以“造型新颖、工艺考究、釉色莹润、窑变绚丽”的特点荣获陶瓷类唯一金奖。

19日 周家钧窑在“中国企业品牌发展峰会”中被授予“最具影响力品牌”荣誉称号。

23日上午 河南省工业和信息化厅召开大会，为河南省人民政府授予的102名第六届河南省工艺美术大师颁发证书。中国工艺美术大师王少卿、吴元全、孔相卿，河南省工艺美术行业协会理事长张玉翕参加了会议。河南省18个省辖市和10个省直管试点县工信部门的领导和相关行业协会参加了会议。

26日 由河南省工艺美术行业协会、河南电视台、郑州大学美术学院联合举办的《中原手造》钧瓷推介系列电视节目在郑大美术学院举行开机仪式。河南省人大常委会原副主任、省工美协会名誉会长贾连朝及郑州大学、省工美协会、省电视台的有关领导出席开机仪式。

中原手造开机仪式

27日 国家广电总局副局长李伟一行到禹州参观考察钧瓷文化产业发展情况。许昌市委书记李亚，市长张国晖，市委常委、宣传部长王登喜，副市长秦春梅及禹州市市长王友华，市委常委、宣传部长张俊海等陪同考察。

6月

2日上午 文化部“钧瓷艺术科技研究基地”授牌仪式暨星航钧窑柴烧钧瓷作品展开幕式在禹州市星航钧窑举行。文化部中国艺术科技研究所副所长兰静、文化部中国艺术科技研究所艺术品科研中心主任尹毅、全国政协办公厅秘书韩伟、清华大学历史系主任蔡乐苏、清华大学历史系教授华表、清华大学美术学院陶瓷系教授李正安、许昌市委宣传部副部长王格慧及禹州市委常委、宣传部长张俊海等领导和专家学者出席。中央电视台、人民日报、中国文化报、中国能源汽车传媒集团、中国能源报、新浪网等多家媒体及社会各界百余人参加。

兰静向星航钧窑授予“钧瓷艺术科技研究基地”牌匾，并宣布“钧瓷艺术科技研究基地”正式成立。

5日 河南日报头版以《中原壶：钧瓷产业新曙光》报道了中国工艺美术大师孔相卿潜心研制的“中原壶”完美亮相的过程。并称：有学者认为，“中原壶”的诞生，将是中国钧瓷发展史上的一个里程碑，不仅有望在制壶产业方面形成与紫砂壶比翼齐飞的新格局，让人们看到了钧瓷产业发展的新曙光；更有专家预言，“中原壶”是中原茶文化的开天之作，将成为以钧瓷、汝瓷、官瓷、紫金瓷、绞胎瓷等为代表的中原历史名瓷发展史上的一个新起点。

中原壶

6日上午 “上海合作组织成员国艺术节——非遗和传统文化展示”在北京清华大学美术学院举办。河南省禹州市金堂钧窑有限公司董事长、非物质文化遗产传承人李海峰携多位陶瓷专家和工美大师应邀参加了此次文化展示活动。

上海合作组织成员国艺术节是为了配合上海合作组织元首峰会和文化部长会晤而同期开展的，此次艺术节也是在各成员国中举办的第七届。剪纸、瓷器、首饰、金工是中国展示的主要内容。由金堂钧窑精选出的多件钧瓷珍品也在此进行了展示。

8日 第二届钧瓷柴烧日活动在星航钧窑举办。活动由河南省文化厅、许昌市文化新闻出版局、禹州市人民政府主办，禹州市文化和广播影视局、星航钧瓷有限公司承办。文化厅副厅长崔为工，非遗处处长甘源，河南省工艺美术行业协会理事长张玉骉，河南省非物质文化遗产保护中心主任裴景岭、许昌市文化新闻出版局局长张琳，禹州市市长王友华，政协主席董立民，以及有关专家高天星、刘景亮、尚春生等人员参加了活动。

同日 禹州市星航钧窑被授予“国家级非物质文化遗产生产性保护示范基地”称号。

7月

1日 广东省政府发展研究中心主任汪一洋一行到禹州钧官窑址博物馆参观钧瓷。市领导王友华、邓志超、赵书欣陪同。

9日 中共中央委员、全国政协社会和法制委员会副主任，全国妇联原党组书记、副主席、书记处第一书记黄晴宜莅禹考察钧瓷文化发展情况。许昌市委书记李亚，市委常委、组织部长郭元军及禹州市市长王友华，市委常委、市委办公室主任赵书欣等陪同考察。

同日 濮阳市台前县县委书记牛春堡带领党政考察团到禹参观考察钧瓷文化、城市建设及产业集聚区建设情况。市长王友华，市人大常委会主任申国民，市委常委、常务副市长尹俊营，市委常委、宣传部长张俊海，市委常委、组织部长裴红庆，副市长李益民等陪同考察。

10日晚 许昌市十大城市品牌颁奖晚会在许都大剧院举行，“禹州钧瓷”成为许昌市十大城市品牌之一。

12日至15日 由中国轻工业联合会主办，中国陶瓷工业协会协办的“2012年中国国际轻工消费品展览会暨第二届中国陶瓷文化艺术创意精品展览会”在北京中国国际展览中心举行，禹州市7件钧瓷作品获中国“大地奖”金奖。分别为杨国政作品《双系罐》、任星航作品《虎头画缸》、王建伟作品《十二兽首》、杨廷玺作品《鸿福聚宝》、卢之钧作品《天球瓶》、苗见旭作品《祥龙鼎》、张占领作品《千年灵芝挂盘》。同时，6件钧瓷作品获得银奖、6件钧瓷作品获得铜奖。

园明圆钧瓷十二兽首之丑牛

8月

11日 庆祝《澳门月刊》创刊十九周年及世界华文媒体推广澳门国际旅游休闲中心论坛暨颁授澳门优秀社会服务奖等系列活动在澳门渔人码头会展中心拉开帷幕。澳门特别行政区行政长官崔世安、外交部驻澳门特别行政区特派员公署张金凤副特派员、中央宣传部宣传教育局副局长刘晓航等出席开幕式。

金堂钧窑钧瓷作品《鼎盛中华》以其独特魅力和悠厚文化被《澳门月刊》活动组委会选为官方唯一指定礼品，在开幕仪式上亮相，并当场赠与崔世安、张金凤、刘晓航等收藏。

14日 河南省首批“中原贡品”保护名录公布。全省共有41项产品入选。其中，禹州市有两家企业钧瓷产品位列其中。具体为：禹州市星航钧瓷有限公司申报的钧瓷，贡品确立年代为北宋；禹州市向阳钧窑申报的钧瓷，贡品确立年代为北宋。

15日 “秀美千岛湖·运动山水间”2012驻华外交使团体育系列赛（杭州千岛湖）新闻发布会在北京京瑞温泉国际酒店召开。禹州市霍家钧窑成为该赛事的高端礼品供应商。

18日 中国外交部长杨洁篪代表中国政府赴泰国参加英拉·西那瓦总理就职典礼，并亲自将代表中国千年厚重文化的钧瓷作品“润泽四方”赠送给了英拉·西那瓦总理。

21日 马来西亚旅游考察团和华中师范大学部分外国留学生一行到神垕镇考察钧瓷文化旅游产业发展状况。

27日 中央电视台发现之旅频道《文化大视野》栏目——两集文化纪录片《钧窑魂》开机仪式在禹州市星航钧窑举行。市委常委、宣传部长张俊海出席开机仪式，文化部中国艺术科技研究所艺术科研中心主任尹毅，《钧窑魂》制片人卞正林，钧瓷艺术大师任星航共同为《钧窑魂》开机揭幕。

9 月

3 日　出席“纪念诗圣杜甫 1300 周年暨中国诗歌先锋论坛”的 40 多位来自海内外不同诗歌流派的诗人、学者、诗学理论家、文学评论家到禹州采风。作家们先后参观了神垕古镇的和钧瓷博物馆，对神垕古镇的保护、开发及禹州市的钧瓷文化发展给予高度评价。

9 日　第七届全国农民运动会指定礼品——柴烧钧瓷作品《豫象送宝》在禹州市神州钧窑开窑。

第七届全国农民运动会指定礼品——柴烧钧瓷作品《豫象送宝》

13 日　在广西南宁举行的 2012 中国—东盟博览会新闻发布会上，第九届中国—东盟博览会国礼揭晓，钧瓷珍品《乾元鼎》将作为本届博览会的国礼赠送给东盟 10 国领导人。

15 日　由大河网联合中共许昌市委宣传部、中国禹州网共同组织策划的大河论坛“开启中秋文化之旅邀您探访钧瓷古镇”活动在禹州市举行，近百名网友到禹参观采风。

18 日　“禹州市钧瓷文化旅游示范企业”评选活动动员会召开，市长王友华，市委常委、宣传部长张俊海等出席会议。试验区办公室、旅游局、发改委、陶瓷局、文广局、工信局及相关乡镇（办）负责人及部分钧瓷企业负责人参加会议。

24 日　中共中央政治局原委员、第九届全国政协副主席杨汝岱一行莅禹察看钧瓷文化产业发展情况。许昌市委书记李亚，市委常委、市委秘书长申武装，许昌市副市长秦春梅及禹州市委书记王宏伟，市委常委、市委办公室主任赵书欣等陪同。

10 月

13 日　“喜迎十八大，服务经济区——省青联委员千年钧都文化行活动”在神垕镇金堂钧窑举行。

共青团河南省委统战联络部副部长高博、河南省司法厅司法鉴定管理局局长周春莹、河南省人民广播电台河南新闻主播申伟辉及省青联委员二十余人参加了此次活动。省青联委员一行首先参观了金堂钧窑有限公司神垕生产、科研基地与产品展示基地，继而又在金堂钧窑体验中心亲自尝试钧瓷手工拉胚制作工艺。

河南省青联委员千年钧都文化行活动

16 日上午　禹州市市长王友华带领财政、煤炭、规划、旅游等部门负责同志到神垕镇调研钧瓷文化旅游等工作。王友华指出，神垕镇是禹州市和许昌市重要的中心镇和旅游景区，要抓好这项工作，必须突出提升。一是要提升规划。李亚书记提出中心镇规划要统筹镇区镇域、突出产城融合、体现地域特色、坚持以人为本、传承文化习俗，这些要求具有很强的指导性和操作性，神垕镇要严格按照李亚书记的要求，对现有的规划进行完善提升，坚持做到站位镇域看镇区，跳出神垕看镇域，放眼全省谋全局，统筹长远，突出特色，重视布局。规划要从多层面考虑，从许昌层面讲，要很好地谋划一下周末神垕一日游活动，可先把旅游线路、停车场、游客中心这些基本要素规划出来，然后循序渐进，逐步推进实施。从禹州层面讲，可以把神垕的钧瓷和禹州市的其它景点从文化方面贯穿起来，进行整体打造、包装和提升，形成独具特色的神垕钧瓷文化符号。二是要提升项目。文化旅游产业是由众多的旅游项目和基本要素组合的有机整体，项目是基础、是支撑，因此，神垕镇要立足自身实际和地方特色，把项目谋划好、建设好，借力借智促发展，尽快建设完善游客服务中心、停车场等景区必备要素。同时，要注重拓展项目建设内涵，把众多独立的软、硬项目整合成富含文化内涵的整体。三是要提升融合。关键是做好文化内涵的融合、旅游项目的融合和规划建设的融合。

20 日　中央文明办秘书组组长蒋希伟到禹调研钧瓷文化产业发展情况。省文明办专职副主任郭守占，许昌市委常委、宣传部长王登喜及禹州市委常委、宣传部长张俊海等陪同。

蒋希伟在调研时指出，禹州钧瓷千姿百态，玄妙神奇、意境天成是其他任何瓷种无法比拟的。禹州的历史文化和以钧瓷为代表的文化产业将为禹州的文化产业发展提供更大的机遇，希望禹州市委、市政府抢抓机遇，进一步加强文化产业发展，推动钧瓷文化产业大发展。

22 日至 23 日　由中国管理现代化研究会、复旦管理学奖励基金会主办，天津大学承办的2012 年复旦管理学奖励基金会颁奖典礼暨中国管理学年会在天津举行。会议期间，年会的唯一官方指定礼品钧瓷《天人合一》分别赠送与会的中共中央政治局原常委、国务院原副总理李岚清，全国政协原副主席、复旦管理学奖励基金会理事长徐匡迪，全国人大常委会原副委员长、复旦管理学奖励基金会副理事长成思危等领导及各高校的校长、院长。

钧瓷《天人合一》由天津美院和禹州市任氏宝光钧瓷坊联合设计制作，该钧瓷作品上圆、下方、圆中为三个人字聚合的造型，体现了中国文化“天圆、地方、人和”的哲学精神。

24 日　《人民日报》河南分社社长罗盘、武汉市政协主席叶金生一行到禹州市调研。许昌市委常委、宣传部长王登喜及禹州市政协主席董立民，市委常委、宣传部长张俊海等陪同调研。

罗盘一行先后到禹州市钧官窑址博物馆各个展厅，以及北宋钧官窑双火膛窑遗址，详细了解钧瓷的历史、文化、窑变原理、艺术特点和产业发展状况，对钧窑神奇的窑变、开片赞叹不已。

24 日　许昌钧瓷文化体验游启动仪式在神垕镇金鼎钧窑举行。许昌市副市长秦春梅、禹州市市长王友华、河南省工艺美术行业协会会长张玉骉、河南省陶玻协会会长王爱纯等出席。

27 日　中央电视台发现之旅频道拍摄的以禹州市星航钧窑的任星航为代表的钧瓷人不辞辛苦，努力攻关，为弘扬钧瓷文化做出重大贡献的电视纪录片《钧窑神韵》看片会在禹州市首播。同日晚 8：40 分，在中央电视台发现之旅频道向全国播出，11 月 3 日晚将播出第二集。许昌市委宣传部副部长卢新运及禹州市有关局委的负责人以及来自台湾和禹州市钧瓷界的工艺美术师参加了看片会，并就此片进行了座谈。

11 月

9 日　许昌市政协主席张宗保，许昌市委常委、统战部长王忠梅到禹州就钧瓷文化产业发展情况进行调研，禹州市领导王宏伟、董立民、赵书欣等陪同。

在详细了解了禹州市钧瓷文化产业发展情况后，张宗保指出，钧瓷文化产业的发展具有巨大的潜力，承载着很好的社会效益，要抓好时机，保持良好的发展态势，做出文化品牌，进一步搞好研究，营造浓厚的钧瓷文化氛围，从而提升钧瓷档次；要规模发展，瞄准市场，培养龙头企业，开拓思路，走出国门，形成国际市场，发挥良好的示范带动作用；要抓好标准化生产，深挖文化内涵，做到精益求精，形成国家级的产业标准，把钧瓷产业做大做强。希望禹州市委、市政府珍惜机遇，乘势发展，加强指导帮助，管理、规范好钧瓷市场，进一步提升产品品质，为钧瓷文化产业的发展打造更加广阔的发展天地。

10日至11日 由河南省工艺美术行业协会主办，禹州市陶瓷局和禹州市钧瓷行业协会承办的“河南省钧瓷壶设计大赛”在禹州市举行。

参观者在欣赏河南省钧瓷壶设计大赛参赛作品

36家钧瓷生产企业选送232件作品参加评比大赛，共评出166件获奖作品，其中金奖21件、银奖35件、铜奖31件、优秀奖79件。

17日 中国艺术科研研究所柴烧环保窑炉论证会在禹州市举行，文化部中国艺术科技研究

柴烧环保窑炉论证会现场

所常务副所长严先机，文化部中国艺术科技研究所艺术品科研中心主任尹毅，国务院发展研究中心资源与环境政策研究所主任王之录，中国陶瓷工业协会总工程师、信息部主任樊瑞新，中国文化报科教部副主任汪建根等出席，就星航钧窑新型柴烧环保窑炉进行了考察论证。

严先机一行在河南省工艺美术大师任星航的带领下实地考察了星航钧窑的新型柴烧环保型窑炉，就其构造性能和原理进行了详细的了解。在随后的中国艺术研究所星航环保柴烧窑炉论证会上，严先机等专家分别就各自研究领域和专业特长对星航钧窑的新型柴烧环保窑炉进行了分析论证，大家一致认为新型柴烧环保窑炉既保留了非物质文化遗产的传统特色同时实现了创新，新型柴烧钧瓷窑炉，改写了钧瓷烧造难以避免的污染史，同时开创了节能环保综合利用的先河，具有很高的社会艺术经济研究价值。

与会专家同时对钧瓷艺术的长远发展提出了建设性的意见，他们说希望把钧瓷艺术研究上升为理论课题，要把文化与科技融合，使钧瓷艺术散发出更加夺目的魅力、谱写出更加精彩的篇章。

17日下午 由钧官窑址博物馆和收藏杂志社联合举办的大宋官窑复烧北宋钧官窑瓷器鉴定会在钧官窑址博物馆举行。

大宋官窑复烧北宋钧官窑瓷器鉴定会

来自北京故宫博物院、国家博物馆、中国收藏家协会及各地博物馆、高等院校的11名知名专家，对大宋官窑复烧北宋钧官窑瓷器作品进行了鉴定。大家一致认为：大宋官窑作品用料考究、造型准确、工艺精湛，代表了当代钧窑瓷器复烧仿制的水平，是国家非物质文化遗产传承弘扬的重要成果。

12月

12日 由上海宋庆龄基金会携手东亚银行公益基金共同筹办的“爱起航，心飞翔——2012萤火虫慈善之夜”爱心晚会在上海花园饭店举

行。在晚会的慈善拍卖环节，金堂钧窑李海峰大师特制的柴烧钧瓷珍品《步步高》、《虎头瓶》分别拍得人民币 11.5 万元和 12.5 万元。

虎头瓶

13 日 禹州市钧瓷文化旅游示范企业表彰大会在党政综合办公大楼第四会议室召开。市长王友华、许昌市钧瓷文化产业园管理办公室党委书记王运玺等出席会议。

钧瓷文化旅游示范企业授牌

此次“钧瓷文化旅游示范企业评选活动”由许昌市钧瓷文化产业园管理办公室和禹州市人民政府共同举办，试验区办公室、旅游局承办。通过评选，孔家钧窑、大宋官窑、坪山钧窑、神州钧窑、金堂钧窑、星航钧窑、华神钧窑、金鼎钧窑、国粹钧窑 9 家钧瓷企业荣获“首届钧瓷文化旅游示范企业”称号。

荣宝斋星航钧瓷艺术展参展作品

16 日上午 “国家级非物质文化遗产·星航钧瓷艺术作品展”在北京荣宝斋开幕。这是百年荣宝斋首次举办非遗国家级传承人作品展，也是河南省工艺美术大师、钧瓷柴烧工艺复原人之一任星航的首次个人作品集中亮相。

本次展览共有展品 100 件，其中任星航不同时期代表作 80 件，星航钧窑作品 20 件。

20 日 河南省陶瓷艺术研究中心经河南省民间组织管理局核准登记。2013 年 1 月 15 日被河南省民政厅准予成立登记。

钧瓷生产区概况

（参见钧瓷年鉴 2011）

组织机构及领导成员

（资料截至 2012 年 12 月底）

【中国收藏家协会】

名誉会长　王光英　蒋正华　张克辉
　　　　　白立忱　闫振堂　杜耀西
　　　　　袁熙坤
名誉副会长　谢启晃　许青松
会　　长　罗伯健
常务副会长兼秘书长　杨晋英
副 会 长　石肖岩　周德田　肖燕翼
　　　　　黄河浪　高　可　严昌雄
　　　　　曹春风　韦　嘉（女）
　　　　　崔新未　叶星生　郭正英
　　　　　杨土金
会长助理　姚　兆
常务副秘书长　彭德骏
副秘书长　林谷良　宋　岩　钱宪顺
　　　　　王邦华　沈　宽　张绍武
　　　　　孙　宏　陈　西　向科生
　　　　　黄林冲　荆治中　张忠义
　　　　　谢观金　李　祥　许若军
　　　　　朱　红　徐　宏

【中国陶瓷工业协会】　（参见钧瓷年鉴 2011）

【中国工艺美术协会】　（参见钧瓷年鉴 2011）

【中国收藏家协会陶瓷委员会】

名誉主任　张　宁
顾　　问　耿宝昌　李知宴　李辉柄　赵青云
　　　　　闫夫立
主　　任　荆治中
副 主 任　黄效东、许明

【中国民间艺术家协会陶瓷艺术委员会】

主　　任　阎夫立
秘 书 长　黄粤燕
副秘书长　田培杰

【河南省工艺美术行业协会】

（参见钧瓷年鉴 2011）

【河南省陶瓷玻璃行业管理协会】
（参见钧瓷年鉴 2011）

【河南省收藏家协会】
会　　长　葛纪谦
常务副会长　宋国玉
副 会 长　王安乐　翟宗洲　王世民　王金平
　　　　　刘太印
秘 书 长　付建洲

【河南省收藏家协会陶瓷委员会】
主　　任　王安乐
常务副会长　陈景顺
副 会 长　陈景丰　卢华堂
秘 书 长　毛旺东

【许昌市钧瓷文化产业园管理办公室】
主　任　王友华（2012 年 10 月兼）
党委书记　王运玺
副 主 任　赵宪领　张金伟
　　　　　海松伟（2011 年 5 月任）
纪检组长　尹献斌（2012 年 6 月任）

【河南省陶瓷艺术研究中心】
理 事 长　曹俊孝
副理事长　吴松木　孔相卿　杨　志　杨国政
　　　　　晋晓童　苗长强　刘建军　李欣营
　　　　　张文建　苗宗贤　郭爱和　孟玉松
　　　　　周道有
秘 书 长　吴松木（兼）

【禹州市工信局】
局　长　王跃进（2012 年 12 月免）
党委书记　赵朝岭
（其他人员参见钧瓷年鉴 2011）

【禹州市陶瓷局】　（参见钧瓷年鉴 2011）

【禹州市钧瓷文化旅游试验区管理办公室】
（参见钧瓷年鉴 2011）

钧瓷文化产业发展概述

【钧陶瓷产业不断发展壮大】　到 2012 年底，禹州市钧陶瓷企业达到 980 家，限额以上企业达到 67 家，同比增长 12.5%，年产量突破 10 亿件，年销售产值达到 60.2 亿元，实现利税 7.7 亿元，已占全市工业总产值的 17%。其中，钧瓷企业有 186 家，年产量 230 万件，年产值 7.86 亿元，年实现利税 1.3 亿元；炻瓷 54 家，产量 4.18 亿件，产值 14.3 亿元；日用高白瓷 310 家，产量 2084 亿件，产值 8.5 亿元；建筑卫生瓷 26 家，产量 1.9 亿件，产值 8.4 亿元；高低压电瓷 10 家，产量 2080 万件，产值 6.9 亿元；园林瓷 86 家，产量 8000 万件，产值 4.7 亿元；耐火材料 83 家，产值 4.7 亿元。其它瓷种 225 家，8280 万件，产值 6.3 亿元。出口总额达 1.1 亿美元，全市陶瓷货运吞吐量年达 3.8 万吨，初步形成了以神垕镇为代表的钧瓷，炻瓷和日用高白瓷产业群，以梁北镇为代表的卫生瓷产业群，以鸿畅镇为代表的园林古建筑瓷产业群，并强力推进钧瓷产业集群项目。

【文化旅游持续健康发展】　2012 年，钧瓷文化旅游试验区走出了一条提升发展、开拓前行之路。一方面是市政府发挥规范引导作用，积极引导钧瓷企业创建钧瓷文化旅游示范企业，有力地提升了钧瓷企业的文化旅游形象和社会责任意识；一方面是钧瓷文化旅游示范企业发挥主体作用，积极开拓钧瓷市场发展空间、复兴钧瓷名瓷名窑。这一年，钧瓷产品开拓创新，市场空间空前拓展；钧瓷企业规范发展，社会形象明显提升；钧瓷文化有力弘扬，钧瓷影响力不断提高。这一年，在上级的正确引导下，神垕钧瓷文化创意产业园一期基础设施建设基本完成，吸引了 40 余家钧瓷企业入驻。坚持“重在提升”的发展思路，提升品牌、提升标准、提升服务，坚持“三名一化”的发展方向，立足于文化平台打造钧瓷“名家”、“名窑”、“名品”，按照文化旅游接待标准不断提升钧瓷企业文化旅游形象，取得良好成效。总投资 3.2 亿元的华神钧窑正式开业；投

游客在钧瓷作坊中体验钧瓷手拉坯

意大利总理收藏钧瓷《九五至尊》

资1.5亿元建设的孔家钧窑中国钧瓷文化苑，主体工程天成阁基本完工；投资2000余万元的金鼎钧瓷艺术馆正式开馆；计划投资2000万元的亨盛钧窑文化艺术苑主体工程已完工；孔家钧窑被文化部授予“第五批国家级文化产业示范基地”荣誉称号；金堂钧窑被省工商局授予“河南省著名商标”荣誉称号。

为增强钧瓷企业的社会责任和纳税意识，提升钧瓷企业的旅游接待水平和对外形象，市试验区办公室和旅游局共同承办了由禹州市人民政府和许昌市钧瓷文化产业园管理办公室主办的“禹州市钧瓷文化旅游示范企业评选活动”。活动依据“五好十有”标准进行严格评选，吸引了全市40多家规模钧瓷企业参选。活动的开展，使钧瓷企业在思想认识上、企业形象上、纳税意识上均有明显提升，仅办理“三证”的钧瓷企业就增加了21家。金堂钧窑在2012年一年时间内，通过各种渠道和方式向社会捐款、捐物就达70万元，得到社会各界的广泛认可和赞誉。

【钧瓷国礼效应进一步显现】 2012年，钧瓷凭其厚重的历史文化底蕴和瑰丽丰富的窑变神韵不断为世人所认知，被频频选为“国礼重器”出现在多个重大场合。孔家钧窑钧瓷作品“乾元鼎”被选定为第九届中国—东盟博览会国礼，赠送给东盟10国领导人；大宋官窑钧瓷作品“九五至尊”被赠送给俄罗斯总统普京、意大利总理蒙蒂；刘家钧窑钧瓷作品“三教九流图”被赠送给德国外交部国务部长皮珀；吴家钧窑钧瓷大花瓶“龙腾盛世”被河南省代表团选用献礼十八大。

【钧瓷日用瓷生产势头强劲】 以孔家钧窑为代表的一批钧瓷企业坚持固本创新，不断探索着钧瓷文化产业发展的新载体。在省委卢展工书记的启发之下，中国工艺美术大师、孔家钧窑掌门人孔相卿推出了“中原壶”，突破了钧瓷陈设艺术瓷的传统定位，使其回归了实用艺术瓷的历史本原。坪山钧窑开创性的将钧瓷与金银结合在一起，研制推出了钧瓷首饰，实现了传统的钧瓷艺术与奢侈品文化的完美结合，填补了钧瓷行业的空白。钧瓷壶和钧瓷首饰的出现，是钧瓷“实用品艺术化，艺术品实用化”的一个新实践，不仅创新了钧瓷的产品种类，丰富了钧瓷的文化内涵，而且还为钧瓷产品开辟了一个全新的创作思路，为钧瓷行业开拓了一个全新的市场空间。

【河南省陶艺大师申报成果丰硕】 2012年，禹州市积极参加河南省陶瓷艺术大师评审工作，组织在陶瓷行业工作多年，有一定影响力及重要作用单位的创作、设计、生产人员参加评审。共参评89人，29位同志被获授河南省陶瓷艺术大师荣誉称号，12位同志荣获河南省青年陶艺家荣誉称号。

【钧瓷文化宣传力度不断加大】 2012年，大型文化纪录片《钧窑神韵》在央视10套播出；央视科教频道《瓷路》拍摄组来禹拍摄神垕古镇、钧官窑址博物馆与星航钧窑的传统柴烧钧瓷烧制技艺；著名剧作家王宛平创作的长篇电视连续剧《窑变》剧本大纲已写作完成；由河南省工艺美

术行业协会、河南电视台、郑州大学美术学院联合推出的《中原手造》钧瓷推介系列电视节目举行开机仪式；郑州地铁公司把钧瓷文化作为四大文化主题之一，在郑州地铁站点进行重点宣传；孔家钧窑入选中原经济区（河南）100张名片；着力将钧官窑址博物馆和神垕古镇旅游线路有机串联，积极创建国家5A级旅游景区。成功举办了2011年度最具媒体影响力钧瓷作品、2012年钧瓷贺岁作品、河南省钧瓷窑变艺术创新大赛、河南省钧瓷壶设计大赛等评选活动，推动钧瓷企业不断创新作品类型、提升文化内涵。同时，积极组织钧瓷企业参加中国工艺美术“百花奖”评选、第47届全国工艺品交易会、第八届中国（深圳）国际文化产业博览交易会、第七届中国北京国际文化创意产业博览会、第六届国际三国文化旅游周以及2012“华韵韩风”中韩陶瓷艺术中原首展、钧瓷纪念扑克首发仪式、第二届全国钧瓷藏家珍品展、共和国钧瓷二十人作品展等活动，并有多件作品获奖，钧瓷知名度不断提升。

钧瓷纪念扑克首发式

【积极推进钧瓷文化传承保护工作】 2012年，钧瓷技艺的传承保护力度不断加强，钧瓷烧制技艺申报世界非物质文化遗产工作稳步推进，钧瓷技艺在传承保护中正走向复兴之路。杨国政荣获中国工艺美术大师称号，孔相卿、任星航、苗长强3人被评为国家级非遗项目（钧瓷烧制技艺）代表性传承人。至2012年末，禹州市共拥有3位中国工艺美术大师，4位国家级非物质文化遗产传承人，2位中国陶瓷艺术大师，3位中国陶瓷设计艺术大师，129位河南省工美、陶艺大师，3位省级非物质文化遗产传承人。钧瓷大师作品价值不断攀升，在北京德隆宝2012春季拍卖会上，已故中国工艺美术大师刘富安钧瓷作品“一统尊”和“益寿瓶”分别以230万成交，打破了2011年现代钧瓷作品137万的最高价；嘉德秋拍“近现代陶瓷”专场，中国非遗传承人任星航钧瓷作品“荷口碗”，以9.7万元成交。

中原手造节目现场

2012年，杨志钧窑、星航钧窑入选首批国家级非遗生产性保护示范基地；孔家钧窑、星航钧窑、杨志钧窑等9家钧瓷企业应邀参加“中国非物质文化遗产生产性保护成果大展”，星航钧窑与荣宝斋共同举办“国家级非物质文化遗产——星航钧瓷艺术作品展”，大宋官窑在北京孔庙和国子监博物馆成功举办了世界博物馆日大宋官窑精品展，钧瓷大师张大强在河南大学艺术学院成功举办了个人作品展，均得到社会各界的一致好评；禹州钧官窑址博物馆和收藏杂志社联合举办了“大宋官窑复烧北宋钧官瓷鉴定会”，来自北京故宫博物院、国家博物馆、中国收藏家协会及各地博物馆、高等院校的11名知名专家一致认为：这些作品代表了当代钧窑瓷器复烧仿制的水平，是国家非物质文化遗产传承弘扬的重要成果。

生产概况

【全国钧瓷生产】 2012年末，中国北方钧瓷生产窑口达到196家，分布在北京市、新疆维吾尔自治区、山西省、河南省郑州市、平顶山市及钧瓷原产地禹州市，其中以禹州市占主导地位。加之南方江苏宜兴宜均、广东石湾仿钧生产，新的“钧窑系”已经开始萌生，钧瓷生产正在以其独有的优势向全国蔓延。

【原产地钧瓷生产】 2012年，禹州市钧瓷生产总体呈现稳步增长的态势。其中陈设瓷生产增速减缓，日用瓷生产增长迅速。到2012年末，禹州市共有各类钧瓷企业有186家（禹州市陶瓷局统计口径），独资经营有限公司类22家，合伙经营类36家，年产量236万件，年产值7.86亿元，年实现利税1.3亿元；

窑口分布

【禹州市窑口】 禹州境内51家（不含调查登记之外的35家作坊），禹州境外10家。

夏都街道4家：御钧斋、星航钧窑、神火钧窑、云增钧窑。

钧台街道8家：钧瓷研究所、金阳钧窑、钧丁钧窑、古钧台钧窑、金丰钧艺坊、听颖阁钧艺苑、大宋钧窑、至德钧艺工作室、燕俊峰钧艺工作室。

神垕镇124家：孔家钧窑、荣昌钧窑、金堂钧窑、华神钧窑、万迪钧窑、神州钧窑、苗家钧窑、华艺钧窑、周家钧窑、钧华苑、宇航瓷业、郑家钧窑、宝光钧瓷坊、大唐钧窑、杨志钧窑、建军钧窑、晋家钧窑、建伟钧窑、宗贤钧瓷坊、正玉钧窑、天地人钧瓷坊、聚宝钧窑、天合坊、一把泥钧瓷坊、尹家钧窑、锦丰源钧窑、杨国政钧窑、神钧堂、神工钧窑、三星瓷业、李和振工作室、卢家世代钧窑、炉钧张工作室、牌楼钧窑、古钧作坊、富玉钧窑、仿古作坊、邢家钧窑、中华钧窑、乾明山钧窑、隆泰钧窑、万宝钧窑、刘家钧窑、红正钧窑、李家钧窑、郑氏康隆钧窑、东升钧窑、刘富安工作室、华鼎钧窑、龙山钧窑、国粹钧窑、泥巴堂钧窑、隆鑫钧窑、王家钧窑、正宝钧窑、吴氏瓷业、华夏钧窑、钧瓷名家、陶一家艺术村、紫金山钧窑、神龙钧窑、奉华钧窑、王军钧瓷坊、冉家钧窑、博古堂、名家钧瓷、锦绣钧窑、神韵钧窑、华山钧窑、珍官窑、华古窑坊、温丽伟钧窑、坪山钧窑、郭根明钧窑、温家钧窑、金鼎钧窑、中山钧窑、辉煌钧窑、高升钧瓷坊、云飞钧窑、星神钧瓷、瓷辉钧窑、艺轩钧瓷坊、鑫鑫钧窑、煜华钧窑、华龙钧窑、金阳光钧窑、柴烧钧瓷坊、乾兴钧瓷坊、万宝钧窑、占辉钧窑、名家钧窑、利伟钧窑、泰山钧窑、煤烧二厂、乾名钧窑、华宝钧窑、顺亭钧窑、郑宝钧窑、建发钧窑、丰昌钧窑、大宋御窑、金火钧窑、九州钧窑、神韵钧瓷苑元钧坊、晋佳钧窑、豫钧钧窑、金霖钧窑、国增钧窑、树范仿古作坊、同心钧坊、颂韵楼、钧官瓷仿古作坊、手拉坯炉钧、源古钧艺坊、张家钧窑、朱耀宗钧窑、得有作坊、宋钧瓷坊、瑞升钧窑、大蓝天钧窑、金圣钧窑、法群钧窑、炉钧作坊、范伟炉钧窑。

鸿畅镇6家：凤山钧窑、向阳钧窑、锦华钧窑、伟峰钧窑、王集钧窑、钧宝钧窑。

颍川街道1家：王府钧窑。

郭连镇1家：钧艺苑。

梁北镇2家，翰火钧窑，宝庆钧窑。

褚河镇2家：韩东工作室、火之魂钧瓷坊。

朱阁镇1家：钧缘阁陶艺工作室。

张得乡1家：土魂钧窑。

长庄乡1家：大唐钧窑。

【平顶山窑口】 共有5家。平顶山西区1家，以烧唐钧为主；郏县4家，大部分位于与神垕相邻地域，包括任氏瓷业、弘大钧窑、神前传奇钧窑、牛庄钧窑。

【郑州窑口】 共有2家，为二七区郑商瓷、登封钧窑。

【北京市窑口】 1家，朝阳区范希钧窑。

【新疆窑口】 1家，五家渠市王氏钧窑。

【山西窑口】 1家，浑源县刘氏钧窑。

陈设瓷生产

【柴燃料陈设瓷】 2012年，柴燃料陈设瓷整体生产水平与上年持平，中等以上规模厂家在15个左右，生产品种有传统瓶尊类、年度国礼类、生肖类、异型器类等。月产量在6000件件左右，扣除春节及节后因素，年总产量在6万件左右。经过几年的发展，骨干厂家柴烧钧瓷技术已经成型，部分窑口烧制成品率达到60%以上。柴烧窑由于燃料成份较为纯正，不含影响成色的硫等化学原素，烧成品玉质感强，窑变丰富，深受藏家喜爱。2012年末，尽管受政府礼品采购需求减少影响，但是柴烧钧瓷的增值效果凸现，社会礼品需求及藏家收藏不减，柴烧钧瓷的产量与年度创新品种大致与上年相比没有大的起伏。

【煤燃料陈设瓷】 2012年，受全国煤炭资源整合及安全生产影响，煤燃料供应日趋紧张。上半年，煤燃料窑口燃料大部分处于紧缺状态，在一定程度上影响了钧瓷生产。部分窑口改造窑炉转向柴烧钧瓷生产。坚持煤烧的厂家，如凤山钧窑、宗贤钧瓷坊、天合坊、晋佳钧窑、国增钧窑等产量均有所下降。由于煤烧成品率不高，大致在30%～40%之间，在一定程度上满足了藏家“物以稀为贵”的心理，产品价格尽一步上升，藏家“包窑”现象持续呈现。到2012年末，受奢侈品消费畏缩影响，煤烧钧瓷生产有所下降。

【液化气燃料陈设瓷】 2012年，液化气窑炉钧瓷生产呈现两极分化的态势。一方面，国礼类陈设瓷不断出现，高端市场强势不减，切部分国礼钧瓷进入海外市场。另一方面，低端的烧品类钧瓷产量下降，销售不畅。本年度民营资本持续进入钧瓷生产领域，神垕一部分仿古瓷生产窑品转产钧瓷，使钧瓷生产整体上呈现窑口数量增加，全年总产量增加，产品种类增加等态势。全年增加窑口40个左右，全年总产量达120万件。产品种类以人物塑像类、传统器皿类、中秋礼品类等为大宗。

日用瓷生产

【“美林”壶系列造型研发】 韩美林把现代陶艺与传统钧瓷艺术相结合，用现代书画抽象、大写意的表现方式，加入钧瓷釉色及窑变元素，创造出了美林马、美林鱼、美林牛、美林羊等造型

钧瓷茶具

系列，为钧瓷造型的发展与进步开辟了新途径，为钧瓷釉色拓展了表现空间。2008 年 9 月，《中国钧瓷年鉴》编辑部孙彦春与制壶艺人王建伟等赴江苏宜兴考察紫砂壶生产工艺，对美林壶与钧瓷釉色的结合进行了深入研究，并在韩美林的指导下对壶型进行了改进。经过近 3 年的反复实践，钧瓷美林壶研制成功。2012 年 7 月，孙彦春在北京韩美林艺术馆对美林壶系列造型进一步考察、研究，汲取其精华。回禹后，与制壶艺人王建伟、白胜利、苗幸伟、翟群、王军杰、李向阳等组成研制小组，结合钧瓷釉色特点，进一步拓展美林风格造型在钧釉壶上的应用空间，并把其纳入中国元素钧艺壶系列，成为钧瓷茶具走向市场及高端的主要品种之一。

【中国元素钧艺壶系列产品研发】　2010 年 6 月，《中国钧瓷年鉴》编辑部提出中国元素钧艺壶研发项目。经过近一年的考察及市场研究，2011 年 4 月开始实施。该项目由《中国钧瓷年鉴》编辑部策划，10 余位从事钧瓷壶生产的河南省工艺美术大师、陶瓷艺术大师、民间工艺美术大师手工制作。把中国传统文化元素与钧瓷壶造型、釉色相结合，计划把钧瓷壶造型增加到 100 个以上，并逐步推向市场。到 2012 年末，已完成中秋壶、团圆壶、和平壶、静心壶、龙凤呈祥、哺育壶、龙首壶、竹节壶、坤原壶、太极壶等 20 余个造型的设计、生产工作，推向市场后获得一致好评，取得了良好的经济效益和社会效益。

【钧瓷壶轮制成型工序】　即手工在转轮上拉制成型，主要适用于圆形壶。手拉坯主要是拉壶身，再装上嘴和把而成。圆形壶式样古雅纯朴，精致美观，简约大方，实用性强，且适于钧釉的流动和成色，是钧瓷茶壶中富有代表性的一种。其成型工序如下：

（一）打泥浆、练泥。按比例配好泥料，装入球磨机。制好泥浆后，放入澄泥池晾晒。之后，把泥料装入练泥机，反复练五到六次，作好成型的一切准备工作。

（二）拉壶身。把练好的坯泥置于钧轮上，转动钧轮，按园器的拉坯要领自下向上进行。操作必须注意坯件端正，不可偏歪。然后出晾片刻，再行勒颈箍、揿口，使颈箍勒的直，口圆而饱满，同时整理身筒，使身筒分出肩、肚、足三个部分，肩要比颈箍大 1.7 厘米，肚的弧形要饱满流畅，底部要挺起，使三部相称，达到圆、稳、平、正。

（三）搓嘴、把，做壶盖、钮。当壶身拉好后，即搓嘴、把。先把坯泥搓成椭圆形泥条，长 3 厘米，粗 1.5 厘米，将尖刀插进较粗的一头，用手放在工作台上轻轻地旋转，形成中空圆锥体。嘴根圆孔大，嘴尖圆孔小。再用双手把该泥条压成所需要的弧形，成为嘴的雏形。另用坯泥搓成细而长的泥条，切成长 14 厘米，粗 1 厘米，将把根和把梢部切成平行的弧形，再弯成半环形（像耳朵形），待稍干燥后，再行整理刮光。做壶盖先把泥片揿成半圆形，在该半圆形的边缘上敷上胶泥和盖板片相合拢拍牢，再打好口沿泥条，根部厚 3 毫米，口部厚 1.5 毫米。再把口沿泥条围在直径 6.8 厘米的围片上，切断泥头，黏接起来。再在口沿根部敷上胶泥，黏贴在盖板片的中心，不可偏歪。稍晾，接着搓一条泥，直径约 1.5 厘米，在一端用拍子拍成球形，然后切下球形钮，将断面处向内挖成弧形，再在钮的中心用针穿个孔，然后用胶泥将钮贴在盖片的脊顶上，但必须居中，不能偏歪。再修整壶盖，要整理光滑，口沿要勒直刮光，并把口沿里的盖板片用规车划圆挖掉，使口沿内成为内空的半球状，再用针穿通壶盖与钮的小孔，使壶内透气，以使倒茶爽利。

（四）装壶嘴、把，抹身筒，开壶口。先在身筒接头处，开嘴眼孔七个，在嘴眼上敷上胶泥，把壶嘴装在开嘴眼孔的壶身上。再在与嘴相对的另一面，装上壶把，和壶心三点成为一直线，嘴、把与壶口应在一个平面上，即俗话所说的“三山齐”。嘴、钮、把所形成的一条直线和把梢应垂直，不可偏斜弯曲。嘴眼细孔，也应符合嘴根的大小，勿偏歪，否则会堵塞眼孔。再用明针整修和刮光茶壶，使茶壶光滑圆稳平正。最后用直径6.6厘米的规车在壶口上划成圆圈，并挑出壶口的泥片，修平刮光颈箍的内圆，使壶盖灵活旋转。尤其在壶身内腔要用拍子打光刮平。

【钧瓷壶注浆成型工序】 注浆成型主要为使用模具成型。凡是形状复杂或不规则的造型都可用此法生产。注浆成型分实心注浆和空心注浆两种，钧瓷茶具主要使用空心注浆，适用于仿生器型或概念茶具作品。用这种方法制作成型的圆形壶其圆正度与轮制的圆器无异，是普遍使用的一种成型方式。操作程序是：

（一）打泥浆。先把泥料按比例置于球磨机中，打成符合制品要求的泥浆。

（二）清模。把模型内外全部清扫干净，不得混入杂质。

（三）合模。把模型逐扇合对起来，不留缝隙并捆扎牢固。

（四）量泥浆浓度。把浆缸里的浆打均匀，用浓度表量出所需的浓度，泥浆含水量以35～48%为宜。

（五）过箩。把合适浓度的浆注入浆桶时过箩，以免浆中混入杂质。

（六）注浆。把浆注入合好的模型中，并注意根据泥浆吸附情况添浆。

（七）放浆。注浆到一定时间，待坯体达到一定厚度时，把模型内多余的浆放出来。

（八）开模。模型中的坯体硬化到一定程度时，把模型打开，取出坯体或少顷再取出。

（九）修坯。对具有一定硬度的坯体按造型要求进行修整。圆器在钧轮上旋削，异形件则手工修正。

（十）制嘴。按制品规格，用泥料搓弯壶嘴。

（十一）弯把。用泥料按要求搓弯。

（十二）装嘴。在壶身筒的中心，取一端装嘴，使壶嘴与壶成一水平线。

（十三）安把。在嘴的另一端装上壶把，壶把与壶嘴要成一直线。

（十四）修嘴。用尖刀（竹制或铁制的工具）整理壶嘴与壶体的黏接处，使黏接圆正整齐，不留痕迹乞。

（十五）修把。用尖刀整理壶把与壶体的黏接处，要光滑干净。

（十六）成型。用明针和各种工具把坯体理剔规正，周身压光匀和，一个圆壶泥坯的成型完成。

（十七）印章。成型的坯体在底足部打上窑厂或制作者的名号。有的将名号预先制出，粘接在坯体上。

（十八）干燥。修整好的坯体放在有一定温度的地方干燥。冬季可放在暖房里干燥。

（十九）抹坯。用海绵蘸水把干燥后的坯体表面抹光，使其符合精坯标准

钧瓷铜蓝釉研究

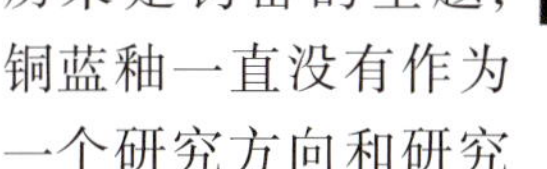

铜蓝釉杯口太白瓶

【铜蓝釉的发现与创新】 钧瓷釉色分蓝色乳光釉、铜红釉、铜蓝釉、钧花釉，均属于还原火烧制，也属于窑变分相乳光釉系列，烧成机理、窑炉结构、火焰气氛基本近似，只是呈色区间有所差异。铜红釉历来是钧窑的主题，铜蓝釉一直没有作为一个研究方向和研究主题来进行研制，也未进行科学定义。

从2008年起，孔家钧窑开始尝试研制开发铜蓝釉。2011年试制成功，完成钧窑史上继铜红釉之后的又一次创新。在钧瓷史上，蓝色乳光釉之外的孔雀蓝、孔雀绿都是合成色料烧制的颜

色釉。合成的蓝釉和红釉都不会窑变。而铜蓝釉是一种窑变釉，可以呈现出美丽的松石蓝、孔雀蓝、金绿釉、孔雀绿等蓝绿釉，统称铜蓝釉。孔家钧窑将其研制成功的铜蓝釉统起名为“松石蓝”系列。

【铜蓝釉的色彩及斑纹】 铜蓝釉与蓝色乳光釉的釉色，在艺术效果上也存在较大差异。蓝色乳光釉发灰、发蓝、发白。铜蓝釉色则发蓝、发绿、色彩更艳。属于蓝绿调，可以分为松石蓝和金绿两种。钧瓷由蓝色乳光釉带红斑发展到铜红釉，釉色显得越来越宽广，演变到铜蓝釉，釉色色彩更加丰富多彩。铜蓝釉成功烧制出的釉色包括美丽的松石蓝、孔雀蓝和孔雀绿，都属于铜蓝色系。这些釉色色彩饱和度，视觉冲击力很强，给予人们一种安静、宁静、平静的精神愉悦感。由于窑变因素，铜蓝釉系列还能出现更多的青蓝釉色调，而且能出现不用点斑的自然红彩，这是蓝色乳光釉做不到的。铜蓝釉在松石蓝出现的同时还能呈现红彩，不像蓝色乳光釉只能靠人工点斑才能呈现红彩。除了红彩，铜蓝釉还可以出现丰富的机理；如金斑、石锈斑、雀眼、蘑菇斑等自然窑变斑纹。铜蓝釉以松石蓝为主色调还可以出现孔雀蓝、孔雀绿等。

【铜蓝釉烧成工艺】 钧瓷铜蓝釉的烧成温度、烧成条件与钧瓷铜红釉一样，都是还原火烧制，只是烧成曲线、压力、气氛、还原火浓度等用火方法不同，或者说烧成环境和烧成气氛不同。铜蓝釉对呈色气氛非常敏感，若掌握不恰当又有可能变成铜红釉。在釉料结构比例上，对铜红釉的酸碱度有所调整，与钧红釉有所区别。从烧成工艺上来说，铜蓝釉是在钧瓷红釉基础上调整了烧成制度，强化了烧成环境，且烧成范围更窄，烧成条件更加苛刻，烧成难度相对较大。一般而言，钧瓷铜蓝釉呈色率可以达到70%，但精品率低，色差过大，但都可称为铜蓝釉，若出现美丽的松石蓝其实很难、很少，精品率不足20%。

生产企业选介

【御钧斋钧窑】 位于禹州市夏都街道夏都路南段与南环路交叉口北临。占地面积4000余平方米，建筑面积3500平方米。拥有5立方米、7立方米、1.5立方米燃气窑各一座，6立方米燃煤窑一座，员工30人，其中，省工艺美术大师4人，省陶瓷艺术大师3人，省民间工艺美术大师5人，年产钧瓷1.5万件。主要产品有礼品瓷、陈设瓷、日用瓷，造型有200多种。其中，佛像系列造型较为著名。大型观赏类手拉大壶系列中钧花釉手拉大壶为钧瓷之最。各项创新设计达到100多项。日用瓷以钧瓷茶具为主，釉色有钧花釉、钧红釉、天青釉、金砂斑釉、金丝绿釉等。产品以政府礼品占大部分，销往北京、广州、郑州、许昌、禹州等城市。是钧瓷界的主要生产企业之一。

御钧斋钧窑

御钧斋钧窑展厅

【钧兴卢钧瓷业有限公司】 2007年开办，位于神垕镇灵泉工业区。企业占地7亩，建筑面积

钧兴卢钧窑展厅

3500平方米，拥有燃气窑3座、煤窑一座、柴窑一座，时有职工48人，其中省级大师3人。钧兴卢钧瓷业有限公司是禹州瓷区钧瓷产业化的代

小口瓶

表性企业之一，2010年推出高档日用钧瓷系列，包括茶具、餐具和香器等产品，销往北京、上海、郑州等大中城市，在中高端市场占据一席之地。企业同时生产各种传统钧瓷产品，炉钧釉颇具特色。2012年，钧瓷作品"福慧圆成"赠送给柬埔寨国王西哈莫尼，"瑞泽四海"赠送给柬埔寨副首相贡桑奥。

【宗贤钧瓷坊】 位于神垕镇暴沙路口北路西，占地面积3980平方米，建筑面积2600平方米。

空军某部少将方国俊收藏贯耳瓶

拥有3.5立方米液化气窑一座，1立方米、5立方米煤燃料倒焰窑各一座，炉钧窑2座，员工29人，其中河南省陶瓷艺术大师2人，省陶艺家5人，拉坯艺人4人，造型师1人，年产钧瓷8000件。产品以钧花釉为主，兼烧仿宋蓝钧釉，其中雪花釉、孔雀翎釉最为著名。2011年11月，作品《唐装式花瓶》、《渣斗式花盆》在中原之星陶瓷设计艺术与创新大赛中获银奖。2012年7月，作品《玉兔金龟赏盘》获第二届中陶协大地奖铜奖。同年11月，作品《国威尊》获喜迎十八大工艺美术精品展"博艺杯"金奖，《授带葫芦瓶》获铜奖。

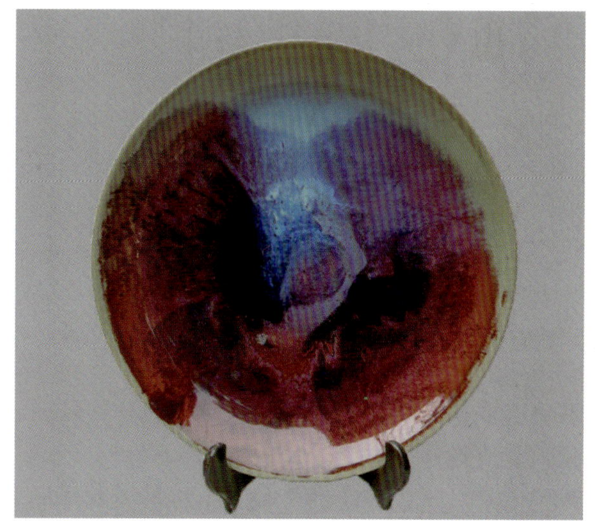

挂盘

【尹家钧窑】 位于神垕镇桥南街25号，占地面积1350平方米，建筑面积2600平方米。拥有6立方米煤烧窑炉一座，1.8立方米液化气窑一

尹家钧窑

座，员工5人，省级工艺美术大师1人，许昌市非物质文化遗产钧瓷烧技艺传承人1人。产品以煤烧传统工艺为主，生产陈设类钧瓷，主要器型有弦纹登高瓶、象鼻尊、益寿瓶、凤耳瓶、六顺尊、出戟尊等约110余种造型。釉色以钧花釉、钧红釉、天青葡萄紫等为主要特色，年产量为

炉钧莲花盆、托

6800件。主要销往禹州市、许昌市、郑州市、平顶山市、开封市、天津市等地。2012年12月，作品《海豚尊》在中国社会经济调查研究中心产业经济研究所、全国市场诚信建设组织委员会、全国工艺美术行业理事会喜迎十八大工艺美术精品展组委会举办的“博艺杯”——喜迎十八大工艺美术精品展评选大赛中获金奖。

【正宝钧窑】 2007年开办，位于神垕镇关爷庙

正宝钧窑大门

社区，占地约2亩，建筑面积1200平方米。企业时有职工10人，燃气窑一座，燃煤窑一座，年产钧瓷1万件左右。正宝钧窑钧瓷产品以传统造型为主，主要有三阳开泰瓶、祥龙瓶、太平有

正宝钧窑燃煤窑炉

相尊、吉祥如意尊、富贵瓶、凤鸣尊、荷口双龙瓶、乾坤瓶、方鼎、葫芦瓶、观音瓶等，并提供来样加工业务。钧瓷产品釉色以宝石蓝、宝石红、月白、钧花釉为主，深受市场欢迎。

燃气窑炉烧成车间

【至德钧窑】 2012 年 5 月创办，位于禹州市朱阁镇南陈庄村，城区逍遥路 88 号与北环路交叉

至德钧窑展厅

口南侧，占地面积 1800 平方米，建筑面积 1200 平方米，拥有 2.5 立方米液化气窑 1 座，企业员工 12 人，其中省工艺美术大师 2 人，省陶瓷艺术大师 3 人。作品以厚釉自然窑变为特色，陈设瓷各种造型有 140 多种，釉色 20 余种，以钧花釉、拉丝红釉、月白釉为特色，年产量为 6000 件。产品主要销往深圳、郑州、福州及本地市礼品市场，是禹州市钧瓷特

唐马

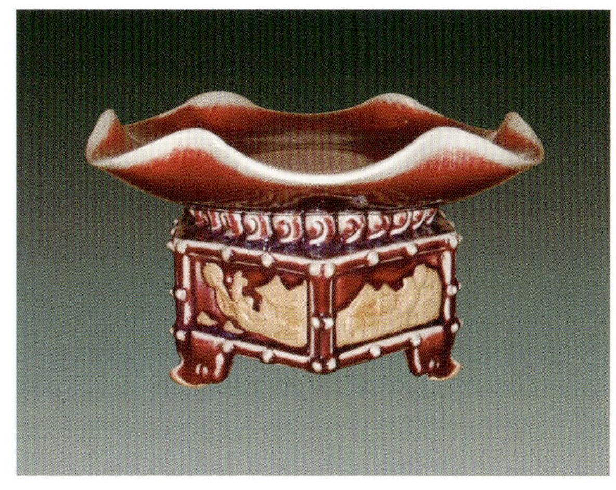

盛世和风

色重点企业。代表作品有《龙凤呈祥》、《望蛇生龙》。

【天地人钧窑】 2005 年开办，位于神垕镇暴沙

天地人钧窑大门

路口。企业占地约 4 亩，建筑面积 1800 平方米，时有职工 14 人，7.5 立方米节能燃柴窑一座、7 立方米节能燃煤窑一座、燃气窑 2 座，其中“三

柴窑添火

火膛新型燃柴窑炉”为禹州瓷区首创。年产柴烧钧瓷精品 1000 件左右，年产值数百万元。天地人钧窑钧瓷产品以传统造型为主，釉色以仿烧共和国官窑时期居多，在釉面上充分体现出传统钧瓷天蓝乳光釉和窑变铜红釉釉面变化自然，温润如玉的特征。2012 年，成功创烧 2 米高特大柴烧钧瓷花瓶。

【宝光钧瓷坊】 2002 年开办，位于神垕镇北大社区，占地 5 亩，建筑面积 2000 平方米。企业拥有燃气窑 3 座，燃煤窑 1 座，时有职工 10 人，年产各类钧瓷 1 万件。钧瓷产品造型有瓶、炉、尊、钵、洗、罐、盘、壶、动物、人物、异型件、超大型器物等，钧瓷釉上着重于真正的窑变，七彩纷呈，质感玉润莹透。2010 年开始制作捏雕作品系列，包括九龙壁、团龙盘、毛主席挂盘等深受高端市场欢迎。2012 年与天津美院合作设计、烧制“天人合一”，成为“第七届中国管理学年会”指定礼品，赠送给出席年会的党和国家领导人李岚清、成思危、徐匡迪等。

宝光钧瓷坊大门

团龙壁挂

斗牛

【龙山钧瓷坊】 2005 年开办，位于神垕镇灵泉

龙山钧瓷坊展厅

浸釉

工业区。企业占地7亩，建筑面积2000平方米，拥有燃气窑2座、燃柴窑1座、炉钧窑1座，时有职工10人，年产钧瓷5000件，年产值200万元。龙山钧瓷坊以炉钧釉、钧花釉为主要特色，

炉钧鼓钉罐

釉色红中透青、青中泛红，釉质玉润如凝脂。代表产品有泰尊、祥龙鼎、龙凤呈祥等，多次在全国陶瓷艺术品评比中获金奖，并作为高端礼品赠送各界知名人士。

【王军钧瓷坊】 2009年创办，位于神垕镇关爷庙办事处，占地面积500平方米，建筑面积300平方米，拥有6立方米煤烧窑1座，0.5立方米液化气1座，员工5人，拥有河南省钧瓷艺术家1人，技工3人（其中，王军获2006年许昌市年度首席技工称号并获奖金1万元）。产品以钧瓷茶具和仿宋釉钧瓷为主，主要品种有茶台、茶杯、壶、洗、茶海等，其中茶壶造型有《龙德在田》、《福满乾坤》、《上善壶》、《厚德壶》、《八宝壶》、《倒把西施》、《美林壶》、《福虎如意》等，釉色以仿宋钧天蓝、天青为主，兼烧钧红釉、钧花釉，作品全部为手拉坯成型，年产量约3000套（1.8万件），产品销往上海、许昌、郑州等地，是钧瓷茶具的特色企业之一。

【东升钧瓷坊】 2002年10月创办，位于神垕

硕果壶

和谐壶

镇镇区东环路中段，占地面积3180平方米，建筑面积2200平方米。拥有省陶瓷艺术大师3名，高级技工9名；拥有煤烧钧瓷传统窑炉1座，大

竹节提梁壶

小气窑现代窑炉3座，钧瓷的制作采用传统手拉坯成型，印坯成型及现代的注浆成型等，主要从事传统钧瓷，现代钧瓷及仿古瓷的科研与生产。2003年开始投产钧瓷茶具，初期产品以12生肖壶为主。之后，不断改进工艺，减轻重量，提高

和平洗

规整度，加大壶盖与品的严密度，增加了7个系列的造型，年产量注浆茶具1万套，手工壶150

套左右。主要销往北京、上海、哈尔滨、长春、大连等地，是钧瓷壶生产的骨干企业之一。

【聚宝钧窑】 2006年创办，位于神垕镇钧瓷大师产业园区。占地面积1400平方米，建筑800平方米，拥有4立方米液化气窑炉1座，0.5立方米液化气窑1座，技术工人8人，其中河南省青年陶瓷艺术家1人。产品以钧瓷茶具为主，兼烧礼品陈设瓷。是集科、工、贸为一体的综合性企业，生产理念是：专业的礼品定制体系，坚持纯手工作品以及创新，设计理念以中国传统文化为主题元素，釉色秉承钧瓷神、奇、妙、绝之道法自然。

茶具系列

开窑

【钧缘阁陶瓷艺术工作室】 2005年创立，位于禹州市朱阁镇政府街东。占地面积3000平方米，建筑面积1770平方米；有3个新型液化气窑炉，容积分别为3立方米、1立方米、0.5立方米；有4位省级陶瓷大师、工艺美术大师和多位专业技术人员。

旺鼎

玉猪龙

钧缘阁在效法传统钧瓷的基础上，研制出几十种新釉方：激情奔放的“火焰红”、厚重神秘的“黑唐钧”、秀美灵动的“金镶翠”、文雅朴实的“鸽子蓝”和富有鲜明时代气息的“立体釉”、“铁皮釉”“钧珠釉”，斑驳离奇的“火焰纹”“龙腾纹”、“闪电纹”，还有一些像岩画、像简文、像秋藤、像织网、像傲骨寒梅、像雪月春花、像粒粒饱满的种子、象火山爆发桀骜不驯的岩浆等神秘古奥的窑变纹理。

梅瓶

钧缘阁作品多次获得国家级金奖，备受瓷苑人士和艺术家们及收藏者的青睐。2011年《梅瓶》荣获“中国钧

瓷传承与创新技艺大赛”金奖。2012 年《大气碗成》荣获“中国工艺美术文化创意奖”金奖。

【万彩堂钧窑】 2010 年创办，位于禹州市神垕镇客运站东北 500 米，前身为烧制柴烧大型钧瓷

万彩堂钧窑

花瓶的窑场。占地面积 2000 余平方米、建筑面积 3600 平方米，拥有 5 立方米燃柴倒焰窑 1 座、2 立方米液化气窑炉 1 座、0. 5 立方米液化气窑 1 座；企业职工 18 人，其中河南省陶瓷艺术大师 1 人、河南省青年陶艺家 3 人、技术工人 12 人。企业主导产品为钧瓷茶具及钧瓷礼品瓷，茶具造型有端把壶、扁古壶、倒把西施壶、水滴石瓢壶、中秋团圆壶、南瓜壶等，釉色以钧红釉、钧花釉、炉钧釉为主，是郑州市天下收藏文化街万彩堂钧瓷有限公司的生产基地，年产 6 万套礼品茶具，3 万件商务钧瓷礼品瓷。产品主要销往郑州市有关大型企事业单位，是钧瓷礼品茶具及商务礼品瓷的主要企业之一。

万彩堂钧窑柴窑天眼

【大唐钧窑】 2012 年创办，位于禹州市苌庄乡

开窑

福禄寿尊

玩花台村。苌庄乡是唐代花釉瓷生产的主要窑场之一，拥有丰富的陶土及瓷石资源。大唐钧窑是苌庄乡复烧唐代钧瓷及当代钧瓷的第一个窑口。占地面积 2600 平方米，建筑面积 2000 平方米，拥有 3 立方米柴烧窑炉 1 座，2. 6 立方米煤烧窑炉 1 座，3 立方米液化气窑炉 1 座。企业职工 12 人，其中河南省青年陶艺家 3 人，技术工人 8 人。主要器型有财富尊、仿宋出戟尊、平安瓶、五福临门、荷口玉壶春、观音瓶、手拉大盘、手拉大碗等。釉色有钧红釉、钧花釉、月白釉等。年产各类钧窑艺术瓷 3 万件，主要销往禹州、许昌、郑州，山东烟台、青岛及辽宁大连等地，是钧窑艺术瓷的新兴窑口之一。

贺岁造型

【中国樽】 神州钧窑设计制作。作品整体造型为中国传统花口尊型器，口阔圆润，肩部为双龙捧瑞，口颈部有四条回纹出戟，昭示盛世中国，龙腾华夏，威震四方。整体造型切入中国与龙元素，体现出中华民族自强不息、厚德载物、国泰民安的繁荣景象。既是对龙年的祝愿，更是对华夏子孙的深深祈福。

中国樽

【运转乾坤】 土魂钧艺设计制作。天行健，君子以自强不息。地势坤，君子以厚德载物。黄天后土，坤仪天下，器型上圆下方，暗合天地阴阳。有德者具之，则天地人和合，器型上圆为乾，则运之道也，下方为坤，财德之备也，贤人具之，则义之拥也。天地人三星交汇，万物生和谐，万象有太平。

龙——中华民族之图腾，主祥瑞，藏祥纳瑞之所也。型有六龙，取大顺之意，器型主题以鼎为载体，《易》有云：每逢大事以为记，必铸鼎！方基为乳钉玉琮饰，玉琮乃叩拜大地以丰万物之重器。整体暗合万象太平，风调雨顺。大吉大顺之妙喻。尊宾以有享，礼器之尊崇，看之有形，观之有味。器之重，天地得华章，章宾之华泽！天行大运，地怀坤德，人尊圣道义当先！举杯时，大运昌隆，人之康泰，万事有享！

运转乾坤

【祈福中华】 土魂钧艺设计制作。器型以尊为器。奉之以礼，斯人之尊崇。冠捧佛莲，怀柔天下。作品口阔，广纳善缘，聚善，聚机缘，具仁爱之心以聚万物。讲谦，讲忠。讲教，讲仁。讲爱德之聚也。侧有双戟，化为如意。如兄弟之大义，协作，共赢！傲视苍穹。真英雄！肩有双龙捧瑞，昭示国之盛世，龙腾华夏，瑞泽四方。座化方基，怀坤德以泽万物。四足为灵蝠吐瑞。昭示福泽万方。整体寓意，国泰民安，万物有享。这是对中华的祝愿，更是对华夏民族深深的祈福。

执礼鼎

【执礼鼎】 土魂钧艺设计制作。人之礼仪，贵如金箔。与人执礼，斯人之尊崇。于已执礼，众生回礼以候教。编钟。古时宫廷迎宾所奏乐器，称之为礼乐。玉碗，礼奉尊宾已有享！宫廷招待贵宾之最高规格器皿。客至，乐起。飨宴。执玉碗，敬尊宾。大礼宠宾。执礼为鼎，奉碗高于首，响乐华庭之内，主喜客乐。礼到，心到。愿到。同善唯乐也！

【祥龙鼎】 龙山窑设计制作，获得中国“大地奖”金奖。整体造型为浑圆的天球，祥瑞涟漪般层出不穷，巨龙侧身平视寰宇，神态安详，高与天齐的鼎首敞开胸怀吸纳天之灵气，傲然挺立的鼎耳演绎着至高无上的权势，赤道上“兽目交连”形成的青铜器铭文象征人神和睦共处，幸福相连不断头儿；再加上世代传承下来的独具魅力的炉钧还原烧成工艺，更使这件作品温润玉丽，阳气四溢。

祥龙鼎

龙是中华民族的图腾，是先祖“精骛八极，心游万仞”理想的载体和化身，它腾空灵动，近乎完美的身躯组合折射出华夏民族善于学习，善于借鉴，善于向先进文化看齐的宏阔胸襟和家园世界“和谐”共赢的尚高精神；它凌驾与万物之上，成了勇敢，智慧，机灵，祥瑞的精神化身。由此，中华文明的造物趋向“圣物重器必饰龙”也就有了最合理恰切的解释。

【龙行大运】 钧华苑设计制作。造型以昂首飞龙作为造型的主体，内核为太极图，底部以浪花衬托，两条象征“九五之尊”的五爪龙作为动感的装饰元素，形成了“飞龙拥太极”的至尊风范及和谐共生之景象。文化中国，龙行大运的理念得以充分的演绎，寓意中华民族在龙年一定会趋利避凶、再展宏图。

龙行大运

太极图居于天元（中心）位置，蕴含着宇宙万事万物的运行规律。“立天之道，立地之道，立人之道”三纲 交汇于天元，至极之理“放之则弥六合，卷之退藏于心”的外延与内涵达到了臻于至美的境界。“道生一，一生二，二生三，三生万物”；《龙行大运》气合“无极生太极，太极生两仪，阴阳化合而生万物”东方整体哲学体系之思辨。象征着中华民族遵循事物运行的本质规律做事，不断拓展事业，生生不息、方圆通达，积极面对变化、锐意进取的民族精神。

【九五之尊】 坪山钧窑设计制作。在造型上别出心裁，保留了玉琮的基本造型，将玉琮作为器物的底，玉琮的四周分别装饰青龙、白虎、朱雀、玄武“四神兽”；中间设计了一个太极图案，暗含阴阳平衡、风调雨顺、平安吉祥之意。

在玉琮的上方，每个角各装饰有两条龙（初看为一条龙，实际为两条龙相互缠绕），若隐若现，虚实结合。八条龙托起一个天球，天球顶部还饰有一龙。该龙为汉代龙的造型，神武尊贵，威风凛凛，似乎在腾云驾雾。

《九五之尊》整体上圆下方，端庄大气，尊贵高雅；九条龙的装饰使器物显得灵动而神圣。该器物既是案头、书柜、客厅的理想摆件，也是值得收藏的佳作。

【鼎立华夏】 郑家钧窑设计制作。作品以中华图腾龙以及长城为设计元素，组成方鼎的形状，气势雄伟，威严庄重，象征中国以和谐发展为宗旨，龙降祥瑞、国泰民安、四海升平的盛世景象，中国永远像巨龙、像长城一样鼎力于世界的东方。此器有祈福、镇宅的作用，紫气东来、蓬荜生辉，佑主一生平安。

中秋造型

【鸿运当头】 土魂钧艺设计制作。天地清，乾坤朗，蛟龙一啸祥瑞长。龙腾渊，珠映芒，影化无极大道畅。聚龙魂，得龙势，龙年中秋鸿运旺。迎中秋，贺团圆，中秋有龙，福无疆。

【百年好合】 葫芦，在传统文化中被称为“代代”“万代”。寓意福泽连绵不断之意，两只葫芦相靠私语，寄托了设计的奇思妙想，这是爱的语言，更是一生一世相守的誓言。葫芦中的龙凤更是新人的殷殷祝福。愿大爱有余，百年好合！

蟾宫折桂

【蟾宫折桂】 由河南省工艺美术大师杨廷玺设计制作。作品以“和谐”、“团圆”为主题，由“金蟾”、“桂树”、“蝙蝠”及“祥云”等构成月中之仙境，构思巧妙、寓意深刻。

中秋佳节，满月悬挂祥云之上，金蟾吐纳，富贵团圆之灵气由蝙蝠携至蟾宫，宫中桂花清香高洁，习习弥漫，两耳有双龙镇守，“团”“圆”紧抱蟾宫于怀。作品寓意富贵团圆、和谐美满，也有高中、升官之意。作品造型古朴端庄、釉色玉润、窑变高雅、工艺精湛、装潢考究，是中秋佳节馈赠亲朋好友的上佳礼品。

【月圆】 神州钧窑设计烧制。作品造型大气、构思独特，巧妙地将诗仙李白《月下独酌》的诗情画意融入作品中，睹物思人、望月思乡，使作品生动而又耐人寻味。此外，该作品釉色玉润、窑变素雅，既可做收藏珍品，又是馈赠亲朋好友的上佳礼品。

月圆

天逸

【天逸】 由刘家钧窑设计制作。器型下部祥云流溢、飞龙在天，寓意龙年吉庆、龙年当头。作品上部一轮圆月当头灿照，万里清平澄澈无边。《天逸》之作，正是万物祥和、乾坤相融的绝佳写照。器物釉色莹润、祥和温厚，月轮上窑变而成的一抹一异彩，再现了钧瓷艺术的瑰丽和神奇。

【龙行天下】 金堂钧窑设计制作。作品以“龙的元素，龙的精神，龙的福运”为主题，重磅钜献钧瓷馈赠力作，携金龙的气势送给您最“龙”的祝福；携财神的运道送给您最“龙”的运气；

龙行天下

携永久的红火送给您最“龙”的事业。

《龙行天下》整体以“龙、如意云、水、明月”入型，幻化出一个汉字“圆”。祥云为基，龙诞托运；瑞龙腾飞，傲然奔月，传达出隆运、发达、富贵、祥和的美好祝愿。

【故乡的云】 “钧台九友”贺文奇、张大强、王丽锋、刘永召、杨根成等创意，一把泥钧艺坊王丽峰烧制。作品以祥云、圆月为主，云观祥龙顿见紫气，以寓君子腾飞、再登高峰，器型简洁，涵寓深远。

故乡的云

它取材于大自然，是泥与火的艺术，高雅而淳朴的陶艺品，历来为人们的青睐，是美化室内空间的一种文化载体，亦是品位不俗之室内环境的点缀与装饰。

纯艺术陶艺品陈设，对于环境的布局，色彩的协调、生活的气氛，以及增添生活乐趣和陶冶人的性情方面都会起到不容忽视的作用，通过陶艺品的点缀可以让生活充满生命力而又个性张扬，而且你会惊讶地发现：一向素面朝天的生活也具有了赏心悦目的新面孔。

茶具造型

【进爵壶】 爵是古代青铜器造型，来源于大汶口文化晚期的原始陶爵，是远古居民的饮酒器。钧瓷《进爵壶》把青铜造型与钧釉完美结合，下有三足，龙把，槽形流，覆碟形盖，圆柱形壶身。壶身沿前两足出戟，在流的末端设有篦状滤孔。整器采用高温炉钧釉烧制，釉面暴孔雀绿斑，颇似出土的青铜器，是一件造型奇特，构思精巧的钧瓷壶作品。

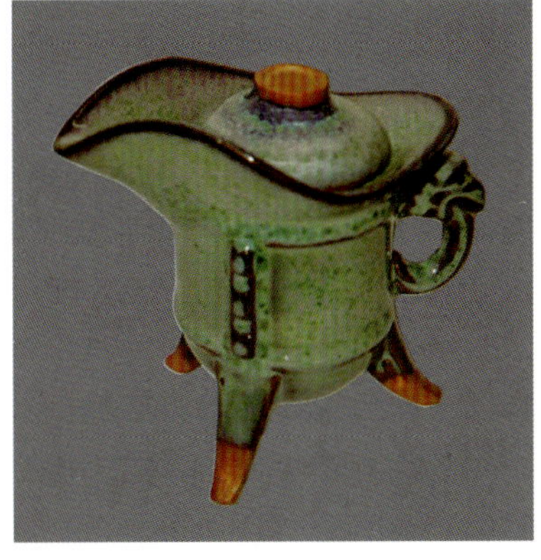
进爵壶

【厚德壶】 壶体为传统窑变钧花釉，淳朴稳重、古朴雅致，尤其协调的比例，简洁流畅的线条，显得干净利索。再看其它部件：壶盖，为压盖式，状如牛鼻，古拙含蓄。壶嘴是个前伸的牛头，牛的尾巴是壶把，壶嘴与壶把呈对称状，端庄大气。总的来说，这把壶主要设计元素为健壮的牛，呈现出匀称自然的姿态，不矫饰不造作。整把壶古朴典雅、气韵生动，呈现出钧瓷独特的艺术美感。我们看到的，不只是一把壶；是一种精神，一个民族的精气神，都集中在这把壶的蕴意中。《周易》曰：天行健，君子以自强不息；地势坤，君子以厚德载物。

厚德壶

【西施壶】 西施壶是钧瓷壶众多款式中最经典、最传统、最受人喜爱的壶型之一。壶身圆润，截盖，短嘴，憨态可掬，实为品茗把玩的佳品。此

西施壶

壶型壶盖与壶身结合为圆球体，壶盖上有圆球形壶钮衬托，再加上把握舒适的半月形把手与小短的壶嘴，就形成了世人喜爱的西施壶，西施壶看似简约，实为严谨，是钧瓷壶中的上佳壶型。

情谊壶

【情谊壶】 统观此壶，壶的口沿、壶嘴、壶把在一个水平线上，水滴形的壶钮，一弯向上仰展的壶嘴，稍瘦如耳的壶把与壶身相接自然，高脚如青铜器之足，高虚盖与壶身相压壶口，与传统壶型潘壶相似。据《阳羡砂壶图考》记载，潘仕成字德畬，为清道光广东番禺人。先世以盐贾起家，累官至两广盐运使。由于潘氏家传素嗜饮茶，便在宜兴订制专属砂壶，一则自用，一则馈赠。形成了清中期最著名的壶型，后来闽南、粤地无论是大户还是小门，嫁女必以此类壶为陪嫁品，是感念娘家养育恩情的一种表征物。

我们将此壶引申命名为“情谊壶”。一把泥与火做的图腾，有诗、有画、有情趣，有灵魂。墨泼千里润茗香，朋友情谊壶中装。人生百味茶中取，分享幸福益健康。没有美酒的热烈，没有咖啡的醇香，默默的真情，淡淡的友谊，像春雨里一朵幽香，夏日里一缕清风，秋夜中袅袅的洞箫，冬天里飘浮的雪花，荡漾起一份淡淡的回忆、淡淡的共鸣……

【中秋壶】 中秋壶质朴无华、典雅端庄、舒张简洁、前呼后应，一张扬、一内敛，张弛有度；此壶身圆形，融滑清致。壶嘴，短而圆融，盖组为小阴阳圆，壶把为壶身一面外延拉伸而成大阴阳圆，宛如皎洁的一轮明月悬于天际。釉色采用“金斑釉”，金色洒洒，蓝中有青、青中有绿、五彩渗化。窑变可以用（范仲淹《苏幕遮》）“碧云天，黄叶地，秋色连波，波上寒烟翠。”描述。此壶仿似一篇美文，越看越美，可以说“中秋壶”就是一种源于心灵上对团圆的期盼。

中秋壶

上善壶

【上善壶】 《上善壶》巧妙融入龙水元素：水滴形的壶钮、水波形的壶身，营造出虚拟的水上世界；犹如龙在一条生命之河中，准备一飞冲天，破云而去。在龙水相依的造型上，寓意龙、水、人自然和谐，同时可谓人和。这一精湛而寓意深远的造型设计，充分体现了中国的龙水文化。爱茶者说：“水乃茶之母，器乃茶之父。”壶的名字取为《上善壶》，是紧扣茶、水相宜，壶、德双存的主题精神。“上善”就是通过对水的礼赞、水的奉献、水的进取、水的顽强、水的大度和水的质朴之“五德”的颂扬，总之，《上善壶》包含了水之五德的解读。

团圆壶

【团圆壶】 此壶流把去掉后，就是一个馒头，取春节蒸馒头之习俗而寓意团圆。壶嘴与壶身相接自然，为传统小流，滴水不涎。壶把如阿拉伯数字“6”意为事事顺利，转折不失力度，手挺舒适，把始至把飞似有动感。

圆足和盖对称相应。壶钮珠型，意为高贵。纵观此壶造型由各种不同方向和曲度的曲线组成，珠圆温润、骨肉亭匀、比例协调、敦庞周正、转折自然、隽永耐看。整器线条处理优美，空间分割协调雅致，形意相融，黑胎釉白，再三观之韵味无穷。壶身饱满圆润，如中秋胶月，人月俱圆；色泽和谐，温润如玉；质朴典雅，充分体现钧瓷之特色。作者将钧韵与中秋完美的结合在一起，设计新颖独特，做工精美细致，具有较高欣赏价值和收藏价值。茶道是一种以茶为媒的生活礼仪。以茶可行道，以茶可雅志，美心修德。人道是壶中一轮明月，诉不尽绵绵乡愁。今夜团圆，有好壶相伴、饮茶品人生，钧韵清远。

其他作品

【乾元鼎】 中国工艺美术大师孔相卿设计制作，2012 中国·东盟博览会国礼。作品以中国古老的浑天仪为创意原型，装饰 4 条龙形如意云纹，线条简练飘逸，底部采用玉琮的造型，挺拔俊秀，代表着四面八方、天下太平。浑天仪体现的是中国古老的宇宙观和自然观——“易有大极，是生两仪，两仪生四象。”它体现出宇宙大道、万事万物不停运转、生生不息的哲学思想。“乾元”，典出《周易》：“大哉乾元，万物资始，乃统天。云行雨施，品物流行。”乾是天，元是始，乾元即天道之始。蓬勃盛大的乾元之气，是万物赖以创始化生的生生不息的力量。正是中国传统文化精髓的引入，使这件钧瓷有了博大而厚重的精气神韵。而在钧瓷自身，静态的《乾元鼎》，却展现出变的姿态。《乾元鼎》用中国传统文化元素表现出求变的精神，而它本身也正是一个探索求变的艺术载体。取浑天仪为原型，融入中国传统文化元素，表达中国传统哲学思想“易有大极，是生两仪，两仪生四象”，不正是一个变的过程吗？《乾元鼎》整个造型大气古朴，显得厚重端庄，而简洁的龙形如意云纹，并非只是为了装饰，实际上，龙形如意云纹用在这里，正是孔相卿大师的匠心所在。简洁的装饰、曲线的运用，给了整件作品沉稳中变化的动感。尤其值得书写的还有这件作品的釉色。对钧瓷来说，“型为本，釉为魂”，而对孔相卿大师来说，对钧釉的科技创新，一直是其孜孜以求的方向。当别人把炉钧釉说得神乎其神的时候，他对炉钧釉的研究已经炉火纯青，并成功运用到钧瓷国礼上。釉的美丽表象后面，是对钧釉的不断探索。《乾元鼎》以钧瓷的形式表现宇宙的运动变化规律，更以自身的魅力体现出科技创新的努力，在表达对中国与东盟 10 国科技创新、合作共赢的美好祈愿时，也在展现着钧瓷科技创新的美好明天。

乾元鼎

【奥运尊】 国粹钧窑设计制作，2012 伦敦奥运会中国代表团出坊高端礼品。奥运尊以“运动、和平、财富”为主题，以圆代表地球；以运动表示全民运动、体育健身。圆又代表团结、圆满之意。顶部以鸽子代表和平友谊，以长城代表中国的长城文化，寓意保卫和平。作品基部以中国古代刀币代表财富，寓意运动和健康是人类的宝贵财富。以海浪代表四海；以五环代表奥运，寓居意四海人民团结在五环旗下，弘扬伟大的奥林匹克精神，在和平友谊的环境中努力生产，发展经济，造福世界人民。

奥运尊

鉴赏·拍卖

鉴　赏

【釉色与窑变】 如果把钧瓷放在一个大的坐标系里，跳出钧瓷横向比较的话，钧瓷原本是属于青瓷系统的。它与宋代其它几大名窑一样，釉色同样是乳浊的，釉面同样有迸纹或开片，同样因火的艺术而产生窑变现象。迸纹或开片即是窑变的结果，浅青浅蓝的乳光之色即是火的艺术。即是说，浑厚乳浊的釉色经过火的窑变产生的迸纹和乳光色相并不为钧瓷所独有，它是宋代前后传统高温青瓷系统中所共有的现象。

那么，作为最能反映钧瓷个性和本质特征的东西是什么呢？应该是在青瓷釉色中“创用铜的氧化物作为着色剂，在还原气氛下烧制成功的铜红釉”，是铜红釉把钧瓷从青瓷系统中剥离了出来，形成了一个有别于其它瓷种的独立品种；是铜红釉使青瓷的单一色相形成了青中有红、红中有紫、紫中泛青的复合色相，开辟了陶瓷美学的一个新境界。在这个意义上说，铜红釉就是钧瓷生发的源头，就是钧瓷的灵魂和根本。如果没有铜红釉，钧瓷也就不能独立存在了。

小口瓶

一个基本的事实是，钧瓷在它的前生后世中，浑厚的乳浊色相，窑变的自然属性一直伴随始终，好像成了它与生俱来的天然性征。如果没有铜红釉，把它视为钧瓷的基本特征也无不妥。只是，随着铜红釉的加入，随着一个独立瓷种的出现，铜红釉就成了钧瓷有别于其它瓷种的一个标志性符号而成为钧瓷的第一性征，而乳浊的、窑变的特征则下降为从属性的地位。

但是，铜红釉使钧瓷独立出来并长期发展之后，它的本质个性已自然融入整体的属性之中，成为钧瓷本身众多特征的“这一个”。而原来为其它瓷种所共有的属性，则也天然地和铜红釉紧密融合在一起，成为钧瓷的共同现象，形成审美意义上不可或缺的一个完整系统。现在，一讲到钧瓷，人们首先想到的就是乳浊现象，因为它能产生浑厚温润的效果；首先想到的就是自然窑变，因为它是火的艺术，能变出五颜六色的釉色。铜红釉似乎已经隐身起来，变得无关紧要了。其实，殊不知窑变美丽的密码就在铜红釉，是铜红釉在多元色介中起了点睛和贯通作用，形成了“天上云，云中月，月中影”的美学意境。现在，它们已紧密地扭结在一起，成了无法分割、相生相灭、荣损共俱的统一体。如果没有铜红釉，钧瓷不能独立存在，还依然呆在青瓷系统，产生不了错综掩映的艺术效果；而没有蓝色乳光釉和窑变相佐，铜红釉就形单影只，沦为景德镇式的郎窑红或霁窑红了，那就是缺乏变化之美的东西了。这样看来，钧瓷的个性和共性好似阴阳的转化，共同成就着一个神奇的存在。而且，某些原来比较“隐性”的属性上升到了十分“显性”的位置，几乎成了钧瓷的代名词。比如“窑变”现象，在汝瓷、哥瓷等瓷种中都存在。但真正把它作为艺术传承下来并发挥到极致，成为最重要、最精髓、最莫名的内在特征的，就只有钧瓷一家。是钧瓷使“窑变”成为自己最独特的潜在语言。它就象画家手中的笔一样，蘸着火的烈焰，调和着釉色的稀湿浓淡，在轻重疾缓中演绎着“入窑一色、出窑万彩”的变化。如果说铜红釉色是钧瓷之美的前提，那么“窑变”则是实现这个钧瓷之美的主要手段。也因此，我才真正理解了钧瓷为什么会独树一帜，为什么会有审美上的高贵意义。也因此，我宁愿站在地方文化的角度，对钧瓷作纯美学意义上的单独观照，而不是在寻找它的来龙去脉中去淡化它的价值和尊严。

伟人尊

【釉色与造型】 造型在钧瓷之美中同样是重要的。它是釉色依附和窑变演化的载体。但相对于钧瓷的灵魂釉色来说，它仍要处于从属的位置。

钧瓷造型无论是粗旷豪放或是精雅秀美，无论是写实或是抽象，都与其它造型艺术一样，共同遵循着对称均衡、变化统一的美学法则，本身并无独特之处。但由于钧瓷本身质的规定性，造型的完美与否有时候并不像其它艺术一样显得特别重要。比如，造型完美釉色也完美，当然会使钧瓷相得益彰，锦上添花；但如果造型并不完美而釉色精绝，倒不失钧瓷的审美价值和意义；而如果造型很美釉色却不对，那它未必就是钧瓷了。也就是说，釉色的独到对钧瓷来说始终是第一位的，造型只是为釉色服务的，它最大限度地提供釉色流变的空间。

但是，钧瓷造型的本身毕竟是一门独立的艺术，有自己独特的语言和规律。在保持钧瓷本质的前提下，无论釉色变化得美丽与否，造型本身都以艺术的语言进行着独立的表达，成为釉色美、质地美、纹路美等审美形象中独立的一翼，起着或烘托或修补或独美的作用。尤其是现在，随着对釉色窑变一般规律的逐步破译，人们对釉色的秘密似乎已经深海触底，釉色窑变的表达和展示似乎已呈常态化状态。在钧瓷界，一个比较悖谬的现象是，钧瓷釉色虽然变化神奇，但有时并不靠多深的文化，而往往是靠运气和经验的。在这种情况下，人们对釉色的关注和表达似乎已经司空见惯或掉以轻心，而更多地转向对造型艺术的关注和表达，对造型艺术赋予了更多的功能和意义。在釉色无论满意或不满意的情况下，一个好的造型就可使一个钧瓷作品或锦上添花，或雪中送炭，给人的审美带来新的感受和活力，甚至是超凡脱俗的变化。而造型艺术是特别需要文化支撑的。一位陶瓷大师曾经说过这样的话，“钧瓷说到底最后拼的是文化”。而这个“文化”其实并不主要是表现在釉色上，而更多地是表现在钧瓷造型上，是在钧瓷造型上拼高低，在钧瓷造型上体现差异和个性、风格和功力。从一定的意义上说，这当然有点舍本逐末的味道了。但是，只要是钧瓷釉色的特征不变，在钧瓷造型上注入更多的思想情感和审美元素，就应该是允许和合理的了。它给了一个真正的艺术家以施展才能的空间，把造型艺术提到了和釉色文化同等重要的高度。理解了这一点，也就理解了当前一些钧瓷艺人为什么会在造型上下那么大的功夫了。纵观当代钧瓷的国礼系列和国藏作品，包括一些以学院派著称的艺术家的个性创作，他们的作品无不是以奇异的造型取胜。这些造型中，融入了更多的文化元素、审美价值和时代特征，或者表达对世界和平与发展的祝福，或者表达对人类吉祥与和谐的祈愿，或者表达对祖国历史文化和国家强盛的由衷的情感等等。而这，就不是一般的釉色所能替代了的了，甚至釉色还要退居次要位置和起配合的作用。钧瓷艺术中这种此消彼长、本末互动的现象，是中华文化大气、包容、深广莫测的一个缩影，也说明美是历史的，也是变化的，用李泽厚的话来说，美更是指向未来的。如果将来釉色及窑变的秘密完全破译了，钧瓷艺术又会是什么样子呢？那也只有历史作答了。

【钧瓷特殊釉变和缺陷美】 钧瓷之所以名贵，关键在于它的釉变、釉画；所谓特殊，即与众不同，怎样才算特殊？笔者认为具备了以下这些条件中的任何一种，都应该是特殊的，也应该是名贵的：一是能够幻化出精美图像、景观，并且是自然形成的难以人为仿制的；二是有丰富的文化内涵，能使观者感受到神奇的大千世界和脱俗的精神境界的；三是按当时水平很难出现的釉色和釉变，有很强的观赏性或有与众不同的独特性的。以上所说的几种情况，都是天地造化，人意不可为的，是钧瓷艺术的典型代表。但第三种又美又缺的釉色偏偏多有遗憾，其中流釉严重的却有不少都会出现难得的釉变和釉色，如晋佩章大师窑口那种娇艳的偏粉色的胭脂红，美如桃花，其间杂以碧绿的翠色，再现了杏花春雨江南，天下同春之美色，可是笔者却从来没有见过完整不流釉的作品。其间，也数次问过晋老先生及其家人，都说能出现那种釉色不流釉的没有，因为温

佛　果

度不高烧不出来，烧出来就流釉。其他窑口也有很多类似的情况，所以那种少见的美釉即使出现点遗憾也应视为稀有品，不然这些美釉就绝了。

再说缺陷美，以下几种特殊的美应列入缺陷美：一是烟串的作品，有少数并不难看，有种朦胧美，极个别有特殊变化的同样是不可多得的工艺品；二是欠火生烧作品，绝大部分是废品，也有极个别的出现意想不到的意境，是正常手段不能烧造的天地造化绝品；三是是脱釉、露胎作品，有些露胎露得好、露得奇，正好露出一个图像、露出一个故事、露出一幅画，自然天成，实为难得。以上几种情况按传统的看法都只能是废品或次品。如果这样看待钧瓷就太保守，也太残酷了，把它们都当废品处理掉，就有点暴殄天物了。钧瓷不能与其他瓷种相比，这种缺陷美有时正是钧瓷独特美的具体体现。以上几种情况都是天地造化，自然天成的缺陷美，是难得的稀有品。开片不是缺陷美吗？为什么不都当次品处理呢？片开得都美吗？不是，也只有个别的片开得美。只因开片是普遍现象，每件不免，这就是先人们原谅它、容纳它的真正原因吧！

不管什么艺术品都是稀者贵、难者贵。钧瓷不管发展到什么时候、什么高度，大众化的东西都不能算珍品，只有各个时期的稀有品是珍品。我们要用艺术眼光探讨钧瓷，研究钧瓷，而不能用审视其他瓷种那样去评判钧瓷。新西兰友人路

易艾黎当年在河南省政府领导面前直言不讳地指出“你们是举瓷之国不知瓷”。友人的尖锐批评值得反思。不但要不断创造钧瓷的真美，还要善于发现和保护真美的钧瓷。真正美的、稀缺的钧瓷才是钧瓷的生命，才是未来拍卖会上的宠儿。

【装饰之美】 装饰者，修饰打扮也。它是主体之外的一种奢侈，或者是美中不足的一种缺补。犹如美人脸上的胭脂，项上的耳环，少则锦上添花，多则反成累赘，关键在于恰当得体。

钧瓷装饰也然。天青月白之上，点上铜红釉，无意中点出了一个新的美学境界。耳饰的附加，契合了对称均衡、变化统一的美学法则，使表达的内涵更直观，整体的意象更丰满，也具备了更多的审美元素。它是“言之不足，故嗟叹之；嗟叹之不足，故咏歌之；咏歌之不足，故不知手之舞之足之蹈之也”的一种衍化和惬意。

钧瓷装饰走到今天，人们对它似乎已驾轻就熟。装饰手法多种多样，可以镂空、贴塑、堆塑、捏塑，可以印花、刻花、镀金等等。装饰内容也丰富多彩，抽象具象、夸张变形、寓意比拟等等，但大体就是龙凤吉禽、祥云瑞兽之类。这些装饰符号，多是表达吉祥祈福之意、和平安康之愿，是种高度抽象，具有普世价值和经典意象，对完善主体、丰富主题具有不可或缺的作用，是国内陶瓷界常用的语言，具有广泛的国际认知度。

也许是审美的疲劳，也许是求变的冲动。现在的钧瓷，艺人们在主体造型之外，对装饰寄予了更多的希冀，附加了更多的依赖和功用。似乎不借助装饰就无法表达意念、不能创新一样，与宋钧不事繁复、崇尚简约的风格完全背道而驰。常常可以看到，一些钧瓷的装饰枝枝蔓蔓，叠床架屋，满身零碎，几可遮蔽主体，显得非常琐碎。有的则喧宾夺主，比例失当，显得突兀扎眼，很不协调，违背了点线面浑然一体的制作原则。还有的古味太浓，有点书卷气，它的价值是靠对众多文化符号的解释提升起来的，缺乏直观美，更缺乏原创性，是在“发思古之幽情”中故弄玄虚。据一位行内人士说，外地一些工艺专家对禹州随处可见的宣传广告曾经惊呼：“哎呀，真想不到，禹州还有这么多做‘青铜器’的厂呀！”言外之意，对故作高深、哗众取宠的钧瓷造型和装饰提出了委婉的嘲讽。

似乎在本意上不能怀疑他们这种渴望突围的努力和对传统艺术仰视下的跳跃。但是，“上乘的艺术，都是能收敛的”。在装饰上放纵，缺乏理性的约束，就有点“手舞足蹈方无已，万岁千秋奏熏琴”的多余了。经典的装饰符号具有永久的生命力，但也不可千篇一律，动辄使用，给人以司空见惯和“黔驴技穷”的感觉。新的装饰手法要想独辟蹊径，富于原创性并得到认可，也必须与主体造型有机统一，恰到好处地融入主题的表达，那才是真正具有创新意味的东西。

【釉　画】 平时在市场上闲逛，常常听到店主们向顾客这样介绍钧瓷：这个像什么什么，那个像什么什么。说者言之凿凿，听者一头雾水。这种情况甚至在一些钧瓷的鉴赏文章里也经常出现，有时候用这种方法蒙蒙外行人还可以，而对稍有文化修养的人来说，则觉得非常可笑。这是把对钧瓷的欣赏给庸俗化了，这不仅不能抬高钧瓷的身价，反而会淡化钧瓷的尊严；不仅不能普及钧瓷文化，反而会导致钧瓷走向媚俗。

豆豆壶

釉画是指钧瓷在窑变之后在釉面上产生的各种景观式的图案。这种图案，极似中国画的写意笔法，在色彩的浓淡虚实之间表达出一种中国古典的意境之美。这种意境之美，是写意与写实、抽象与具象的结合，处在似与不似之间，是钧瓷窑变的极致、审美的最高境界，是钧瓷鉴赏中的极品。由于它变化的神秘性和偶然性，使这种极品在窑变作品中极为难得。大多情况下，钧瓷釉面呈现的是形色各异的窑变斑块，它既不是什么，也不像什么，只是浑混一片，光怪陆离。或者是釉色的聚合离散，虚实相间；或者是色块的冷暖交替，阴阳相生；或者是色相的纯净含蓄，天人合一。在釉面的变幻之中，又往往交织着疏密有致、深浅不一的各种斑纹或开片，如蚯蚓走泥，如僧衣袈裟。我们欣赏钧瓷，除了看釉质是否乳浊温润之外，还要看釉色窑变的丰富性，看釉面混沌的诗意和那似是而非、不可言说的韵味和意象。从美学的角度说，就是要看钧瓷窑变的质地美、朦胧美、抽象美、线条美，或是所谓的残缺美，它们构成了中国传统美学的“气韵”和“情趣”之美。在我的审美印象中，这应该是钧瓷审美的主流，也是钧瓷窑变的主要特征。要找、要看窑变的意境之美，那是一件可遇而不可求的事情。我的感觉，钧瓷要形成釉画，必须具备相应的语境，具备一定的美术元素，就像绘画一样，必须有相应的笔墨渲染和意象铺陈。缺乏一定的语境和照应，它们就是突兀的、孤立无序的色相组合，构不成画意的来龙去脉。如果牵强附会地比附，或挖空心思地拔高，只会给人以不伦不类或莫名其妙的感觉。

丰 尊

事实上，钧瓷发展到现在，真正具有釉画特质的并不多。90年代以前，在几十年的时间里，只出过两个著名的挂盘，一个是“寒鸦归林”，一个是“富士霞光”。这两个挂盘曾使钧瓷窑变的声誉名动一时。90年代中期之后，随着技术的进步和工艺的革新，钧瓷窑变的神秘性逐步破解，窑变产生釉画的可能性也逐步提高。先后产生过不少具有美学特质的釉画作品。如“孔雀开屏”、“天女散花”、“高山云霞”、“火树银花”、“高山流水”等等。这些作品，随着工艺的进步，可能具有一定的人为因素，但能窑变出这样自然的画面，也确实难能可贵。这些作品，你可以有不同的叫法，比如“孔雀开屏”，你可以叫它“凤凰涅磐”、“浴火重生”；“火树银花”，你可以叫它“疏影横斜”之类。但它们都有一个共同特征，即都有相对明确的基本主题，都有一个大抵确定的特质意象，都有周围相互烘衬、照应过度的美术元素。按照文艺原理，形象永远大于主题。美有多面性，即可以见仁见智；但更有共通性，即审美的趋同性。在我看来，它就是文人的泼墨画，就是国画的大写意。它不是那么具象，有点模糊性；不是那么刻意，手法有点简洁率性。但一眼看到它，你就有一个基本确定的审美对象，有一个相对认同的具体画面。这些画面，不是工笔画中画家意志的刻意体现，而是“火的艺术”与自然力量的偶然幻化，但却形象地反映了客观物象质的特征、“神”的意趣，构成了“形似”这一美学认知的物质基础，使得审美活动得以按照一定的范围有效展开，“把人们审美感受中的想象、情感、理解诸因素引向更为确定的方向，导向更为明确的意念或主题”。即使有差异，也是角度不同，但却是有所依托，有所参照，有所仿佛，而不是那种似是而非的想象，更不是那种八竿子打不着的比附。

曾经看过一些艺术家们大胆的尝试和可贵的努力，他们在釉面上烧制的“骏马奔腾”、“竹林七贤”图等等，清晰，象极。但总觉得那是人为点画，匠气太重，和钧瓷自然窑变的本质、挥洒自如的神奇不是同类的东西。你可以惊叹钧瓷原来可以这么做，但没有了窑变的自然性和随意性，钧瓷还是钧瓷吗？也就权当另类看待了。

对钧瓷釉画的鉴赏，齐白石有句话可以用来比照。他说："作画妙在似与不似之间，太似为媚俗，不似为欺世，""似与不似之间"，那才是钧瓷釉画的特质和境界。不似硬说似是欺世，太似太像为媚俗。此言可鉴乎！

【《福来石》窑变意境赏析】 这件钧瓷作品福来石窑变呈红白色彩，红似桃花，白如瑞雪。仿佛一幅清素高雅的油画，为我们举行了另一场别具风情的视觉盛宴……

一片桃林。桃花开得正艳，在厚厚积雪的覆盖下，呈现出阳春白雪的盛景。犹如披着洁白的婚纱，顽强中隐着少女出嫁似的羞涩。那粉红嫩白、娇艳欲滴的成片桃花，宛若娇羞而丰润多情的清纯少女与雪凌空共舞——雪那温柔、缠绵、宁静的神韵沁润渗透你心底的每一寸荒芜，让你不知不觉中变的动情而浪漫。

桃花在干净洁白的积雪中透出殷殷的红。桃花衬雪，雪掩桃花，画飘诗，诗融画。这画面真是美的醉人，美的纯洁，美的明亮，美的宁静，美的脱俗。冬的妖娆与春的妩媚在釉面上重叠交替，让人恍若仙境。

纷纷的雪花滑入如水的心镜，渲染着生命中最纯的美。原来生命如此清纯，美好如此简单。这个世界是干净的，充满真诚，友好，善良和希望；阳春白雪，给我们的不正是这样一幅人生态度风景画卷吗？

此时此刻，真想向着天空高歌，让这隐藏了多少的窑变，幻化出来，和着这美丽的圣物；和着这造物的精灵。

阳春白雪绕宇穹，流光溢彩意飞鸿。窑变相映万点娇，花姿红艳舞钧灵。无边花海火中来，起伏奔涌似浪排。窑变神韵化忧愁，只期知音伴心怀。

歌唱和平

【柴烧钧瓷窑变意境赏析】 最近收藏到三件柴烧钧瓷作品，仔细端祥或许将你融入"漫弹绿绮，引三弄，不觉魂飞"的意境。让你沉浸在梅花的高洁与清逸中，触摸心灵深处的曼妙，痴迷缱绻……

梅花最美末过于将开未开之时，半遮半掩，略有羞涩。梅树的最高处，有少许花苞现于枝头，无拘无束的向着风雪招手。在树的下端，三五朵梅花悄然地开了，俯下身，一缕暗香淡而沁人。只是有的叶子，已由绿变黄。你细瞅就会发现，每一个花骨朵儿，都依偎在枯瘦的叶子的怀里。灰色的花苞，露出点点桃红，正艰难地一点点地膨胀，就象孕妇即将临产似的。

寒风四起，漫天飞雪，大地一片苍茫，梅树成了晶莹剔透的冰条玉枝，"已是悬崖百丈冰，犹有花枝俏。俏也不争春，只把春来报"。是的，梅花不为美丽炫耀于春天，而是把美丽奉献给春天。元代诗人、文学家、书法家、画家王冕曰"三月东风吹雪消，湖南山色翠如浇。一声羌管无人见，无数梅花落野桥。"梅花，开在冬季的精灵，她带给人无限遐思和憧憬，徜徉在雪花纷飞的旷野，好似一层轻纱的梦，遁入虚无。

梅花披着一身红衣，身轻如红绫飘扬，艳丽多姿；瑞雪白衣素装，脚步轻盈，婀娜妩媚。融雪成泉，大地穿上一层绿纱，莺莺燕燕绕梅舞动，轻歌慢舞。这不，经过三弄的梅花，唤来了群仙，雾绕着云蒸，让百鸟齐喧，蝶舞蜂飞，一片丹心谱写出了九天的重彩，涅磐出了有关越超凡世的绝美窑变。正是这样的窑变，才使每一个相识、不相识的人，自觉地聚到了一起，共同享受着钧瓷的魔力，古琴的仙韵。

进入其境，感悟最多的是雪的纯洁与梅花的暗香重合而映像在钧瓷釉面的美景。它们相连一处宛若天成，它们一起融入天地之中，似乎达到了天人合一的境界，心处淡然，出尘之境，何处不达？这美是无限的高雅，这美是诱人的神秘。这美带着一种不可抗拒的诱惑，侵占着我们的心灵，纯净着人们世俗的灵魂。静下心来，从容看淡人生，无欲无求；拥有一颗善良、纯洁的心，品味生命的平淡和高雅。要象梅花那样，具有不惧风霜的气节，赛过百花的清丽；挺立严寒的意志，与世无争的高洁；与月相伴的清雅，伴雪而生的芬芳；清纯秀美的寄托，孤独心事的低诉；独傲世间的勇气，苦苦绽放的思念。

曾经的浮躁和苦闷都冰封在釉画里，荡尽心中所有不快，唤醒生命的希望！

拍　卖

【苏富比（伦敦）有限公司 2012 年春季拍卖会中国陶瓷和艺术作品专场】 2012 年 5 月 16 日在伦敦举行，成交钧窑类拍品有：钧窑天蓝釉玫瑰紫斑小盌（9cm），成交价：330，341 元；钧窑天蓝釉玫瑰紫斑三足炉（口径 11cm），成交价：354，773 元；钧窑天蓝釉玫瑰紫斑盘（直径 18cm），成交价：5，143，445 元。

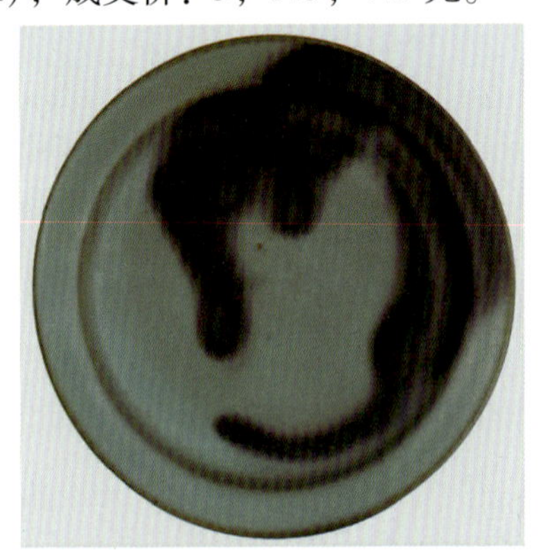

钧窑天蓝釉玫瑰紫斑盘

【北京保利国际拍卖有限公司 2012 春季拍卖会宫廷艺术与重要瓷器工艺品专场】 2012 年 6 月 5 日在北京全国农业展览馆举行，成交钧窑类拍品有：明初或更早钧窑天蓝釉葵花式花盆（宽 25.5cm）配白玉座，成交价：11，385，000 元；明初或更早钧窑鼓钉三足洗（直径 18.8cm），成交价：2，932，500 元；金钧窑小碗（直径 8cm），成交价：782，000 元；元钧窑天青釉紫斑龙纹团花大炉（高 37.5cm），成交价：828，000元。

钧窑天蓝釉葵花式花盆配白玉座

钧窑天青釉紫斑龙纹团花大炉

【上海嘉泰拍卖有限公司 2012 春季艺术品拍卖会御瓷雅玩专场】 2012 年 6 月 23 日在上海日航饭店举行，成交钧窑类拍品有：金钧窑红斑梅瓶（高 31cm），成交价：32，200 元；金钧窑红斑花口瓶（高 22cm），成交价：55，200 元；宋钧窑紫斑折沿盘（直径 28 × 高 4cm），成交价：36，800 元；金钧窑紫斑挂架灯盏（高 7.5 × 8.5cm），成交价：23，000 元；宋至元钧窑银盖三足熏（高 10 × 12cm），成交价：23，000 元；宋钧窑紫斑敛口钵（高 8.5 × 20.5cm），成交价：28，750 元；金钧窑天青釉梅瓶（高 30cm），成交价：11，500；十二世纪钧窑紫斑梅瓶（高 24.5cm，成交价：17，250 元。

中国收藏家协会

【民间藏品义务咨询鉴定和知识讲座】 2012年10月20日，中国收藏家协会与文化部艺术服务中心于在北京国粹苑共同举办。

咨询鉴定涵盖陶瓷、书画、玉器、杂项等。参加咨询鉴定的专家实践经验丰富、声望高、口碑好，包括（排名不分先后）著名陶瓷专家李知宴（中国国家博物馆研究馆员）、著名杂项专家刘东瑞（国家文物鉴定委员会委员），著名书画专家叶渡（首都博物馆研究馆员）、著名玉器专家宋海洋（故宫博物院副研究馆员）等。

为满足广大会员和收藏爱好者的咨询鉴定要求，提供求鉴者与专家面对面交流的机会。凡是中国收藏家协会会员的，凭本人会员证，原则上每人免费鉴定2件藏品；其他藏家原则上每人免费鉴定1件。

【中国收藏拍卖文化高层论坛收藏拍卖与文化强国】 2012年5月31日，“中国收藏拍卖文化高层论坛·收藏拍卖与文化强国”在北京梅地亚中心举行。

中国收藏家协会会长罗伯健、常务副会长兼秘书长杨晋英、国家文物局博物馆与社会文物司副司长张建新、中国收藏家协会顾问熊光楷上将、中国文联副主席冯远、文化部文化产业司司长刘玉珠、中国文物保护基金会理事长马自树、中国拍卖行业协会会长张延华、中国艺术科技研究所所长白国庆、雅昌企业（集团）有限公司董事长万捷，以及老艺术家欧阳中石、邹佩珠、徐庆平等与文化艺术、收藏拍卖界和媒体的百余名嘉宾出席开幕式。

上午开幕式上，中国收藏家协会顾问熊光楷、文化部文化产业司司长刘玉珠、中国收藏家协会会长罗伯健、李可染艺术基金会理事长邹佩珠、中国拍卖行业协会会长张延华、雅昌企业（集团）有限公司董事长万捷、中国嘉德国际拍卖有限公司董事副总裁寇勤、《中国收藏拍卖年鉴》主编张忠义、雅昌艺术市场监测中心负责人关予、收藏家张振宇分别做了主题发言，从文化的发展、艺术家的创作、文物的鉴定、收藏家和拍卖企业经营的角度分别论述了艺术品市场的迅速发展。

下午举行的“收藏拍卖与文化强国”论坛由中国收藏家协会副秘书长、《中国收藏拍卖年鉴》主编张忠义主持。国家文物局博物馆与社会文物司副司长张建新首先肯定了《中国收藏拍卖年鉴》编撰工作，他鼓励艺术家、收藏家要为社会

"收藏拍卖与文化强国"论坛现场

服务。针对近年来收藏界、拍卖界中出现的一些问题，他提到政府相关部门将会制定管理办法，提高政府管理能力。中国文联副主席冯远从"艺术家的社会责任"讨论中国文化发展对艺术品市场的促进作用，他说"作品的物理生命远远超出艺术家的自然生命，为此，一个理智的艺术家应秉持敬畏之心对待自己的作品，善待作品。"北京保利国际拍卖有限公司顾问赵榆谈到中国文物艺术品市场发展二十年的几大贡献：一、提高了整个民族的文化意识；二、提高了中国文物艺术品的经济价值和国际地位；三、给博物馆提供了文物精品；四、促进文物回流；五、培养了文博系统人才和文化管理人才。到会的嘉宾马自树、戴志强、朱虹子、王任博、朱小钧等就"如何正确看待当前中国艺术品市场"、"艺术品鉴定的困局和出路"、"拍卖行业的自律与可持续发展"、"新闻媒体的责任"等焦点问题进行了深入剖析和探讨。

同时《中国收藏拍卖年鉴》(2012 年版)举行发布仪式，本卷由中国收藏家协会和文化部中国艺术科技研究所主办，雅昌艺术网作为战略合作伙伴加盟，当代世界出版社出版。《年鉴》(2012 年版)在首卷的基础上，广泛听取了各方意见，力图求变、求新、求全，无论是内容设置还是印刷质量都做了调整和改进。

河南省收藏家协会

【新中国钧瓷 20 人作品展】 2012 年 5 月 16 日，由河南省文化厅为指导单位，河南省收藏家协会、禹州市钧瓷行业协会主办，天下收藏文化街、河南珍宝馆承办的"新中国钧瓷 20 人作品展"在郑州开幕。

新中国钧瓷 20 人作品展开幕式

参加此次展览的大师作品包括艺术大师韩美林，已故中国工艺美术大师刘富安、中国陶瓷艺术大师晋佩章，中国工艺美术大师孔相卿、杨志，中国陶瓷艺术大师晋佩章、晋晓瞳、苗长强，河南省工艺美术大师刘建军、李欣营、杨国政、崔国营、张自军、许海君、丁建中、王金合、张建钊、崔松伟、冀德强、刘永召、李占伟、杨晓锋、王秋红、李向阳、燕峻峰等，其中韩美林、刘富安、晋佩章专辟展台进行介绍，集中展示了新中国成立至今钧瓷界最具代表性艺术家群体的代表作品。

【"新中国钧瓷 20 人作品展"纪念扑克郑州首发】 2012 年 5 月 16 日，由河南省收藏家协会扑克专业委员会监制的"新中国钧瓷 20 人作品展"纪念扑克郑州首发，这是河南省在举办大型工艺美术作品展时首次配合举行的工艺美术品纪念扑克首发式。

这次纪念扑克从参展的 69 件珍品中再次精选出 54 件极品钧瓷用于制作扑克，这 54 件扑克来自包括著名国画大师、工艺美术家韩美林、已故中国工艺美术大师刘富安、已故中国陶瓷艺术大师晋佩章，还有中国工艺美术大师孔相卿、杨志，中国陶瓷艺术大师晋晓瞳、苗长强，以及活跃在中国当代钧瓷艺术创作中、作品极具美感和收藏价值的李欣营、刘建军、杨国政、杨晓锋、王金合、丁建中、许海君、张自军、冀德强、崔

国营、崔松伟、李占伟、张建钊、王秋红、李向阳、燕峻峰的作品。这些作品个个窑变瑰丽，代表了当今钧瓷发展的最高水平，是一副极为难得的扑克收藏品。

全国钧瓷收藏家联谊会

【全国钧瓷收藏家联谊会成立】 2012年5月16日下午，全国钧瓷收藏家联谊会在郑州天下收藏古玩城成立。旨在弘扬钧瓷文化，服务钧瓷藏家，增强文化交流。会议选举了会长、常务会长、执行会长、副会长、秘书长、副秘书长。联谊会设郑州分会、许昌分会、禹州分会及北京分会、天津分会、上海分会、东北分会、山西分会等十余个省市分会。联谊会报河南省收藏家协会、省民政厅主管部门批准后，将改称河南省收藏家协会钧瓷专业委员会。

【2012如是我闻钧瓷佛造像艺术展】 8月6日，由全国钧瓷收藏家联谊会主办，鑫垚艺术馆承办，由天下收藏文化街、河南省收藏家协会陶瓷委员会、河南珍宝馆、禹州市金鼎钧窑协办的“如是我闻钧瓷佛造像艺术展”在天下收藏文化街2区3081精品展室举行。

在天下收藏文化街精品展室，印宽法师主持了开光仪式。随后，“如是我闻”钧瓷佛造像展举行了开幕式和鉴赏研讨会。佛教协会秘书长赵长欣，河南收藏家协会秘书长韩宜平，河南省陶玻协会会长王爱纯等专家大师，围绕“钧瓷佛造像现状，如何提高钧瓷佛造像的艺术性，以及钧瓷佛造像规范化的市场前景”三个议题展开讨论。

本次展览依托中原地区深厚的佛教文化资源和得天独厚的制瓷工艺，从8月6日持续至8月17日，向世人展示149件佛教文化与钧瓷共融共生的佛造像精品，旨在展现钧瓷佛造像艺术魅力，推动钧瓷佛造像艺术发展，提高藏家对钧瓷佛造像的鉴赏水平。

钧瓷佛像把人们心中的信仰用具象形式表现出来，使两种文化相辅相成，交相辉映，相得益彰。业内人士认为，本次艺术展依托中原地区深厚的佛教资源和得天独厚的制瓷工艺，向世人展现佛教文化与钧瓷工艺共融共生的钧瓷佛像精品，“有助于弘扬佛学文化，展现钧瓷艺术精品，呈现中原文化魅力，为中原经济区建设、中原文化产业发展做出贡献”。

【第二届全国钧瓷藏家珍品展】 2012年11月3日，“钧炻良缘”——第二届全国钧瓷藏家珍品展在郑州市天下收藏文化街开幕，全国近300位钧瓷爱好者参展，500余精品云集争“魁首”。此次珍品展由河南省工艺美术行业协会、全国钧瓷收藏家联谊会主办，全国钧瓷收藏家联谊会秘书处、禹州市钧瓷行业协会承办，天下收藏文化街、河南珍宝馆支持。中国陶瓷工业协会原理事长刘垚、中国工艺美术协会副理事长、河南省工艺美术协会会长张玉蟲等出席开幕式。

第二届全国钧瓷藏家珍品展开幕式

本次展会中，全国共有12个省市的近300位钧瓷爱好者参加，500多件钧瓷从全国各地云集郑州。送展作品不仅涵盖了新中国恢复钧瓷烧造以来各个时期的钧瓷珍品，还囊括了钧瓷界大师的精品力作，窑变更是瑰丽多变，极富审美和收藏价值。展后，权威专家将在此次参展的500余件作品中评出金、银、铜奖，并颁发证书，获奖作品将出版《珍品集》。

开幕式上，刘垚表示，宋代五大名瓷中，钧瓷、汝瓷、官瓷都产自河南。建国后，钧瓷得到快速发展和繁荣，但一直局限在河南本省，这次，数百名钧瓷爱好者从全国各地赶到郑州参加钧瓷藏家珍品展，对弘扬钧瓷具有深远意义。

刘垚并称，藏家是市场、是宣传员，只有调

动了藏友的积极性才能为钧瓷找到广阔的市场，才能迈向新的辉煌。望“全国钧瓷藏家珍品展”能成为河南的一张名片，走向全国，走向世界。现在全国都在大力发展文化产业，对河南来说，钧瓷就是最好的载体。

展会上，“钧炻良缘”餐具受到参展人员的极大关注和追捧。该系列餐具融合了钧瓷窑变与炻瓷细腻、耐酸碱侵蚀等优势，以莲为型、寓瓷为魂，为钧瓷文化发展注入新的生命，开拓了广阔的市场空间。

展会期间，全国钧瓷收藏家联谊会和河南省微影协会签订战略合作协议，约定共同打造钧瓷系列微电影《窑变》。微电影短小、精练、灵活，双方拍摄钧瓷微电影，将为钧瓷的发展起到很好的宣传效果。

黑龙江钧友之家

【钧友之家开业典礼暨全国钧瓷藏家联谊会黑龙江分会成立】 2012 年 12 月 19 日，钧友之家开业典礼暨全国钧瓷藏家联谊会黑龙江分会成立揭牌仪式哈尔滨古玩城举行。全国钧瓷藏家联谊会执行会长孙军、中国陶瓷艺术大师晋晓瞳、河南省陶瓷艺术大师崔国营等各界 50 余人参加了开业典礼。孙军宣读了贺信和批准成立黑龙江分会的文件。

机构及名人收藏

【坪山钧窑作品被周杰伦和方文山收藏】 2012 年 1 月，由禹州市坪山钧窑设计烧制的钧瓷作品在“中国风”亚洲巡回演唱会首站启动仪式新闻发布会上与周杰伦、方文山、李玉刚等巨星们同台辉映。新闻发布会现场，周杰伦、方文山佩戴坪山钧窑创作的钧瓷首饰出场。

“中国风”亚洲巡回演唱会文化活动，是以弘扬中国优秀传统文化为己任的大型文化艺术成果展示活动，将在全亚洲巡回演出，影响范围和影响力巨大。而此次由坪山钧窑烧制的钧瓷在其中崭露头角，大放异彩，无疑更体现了中国钧瓷博大厚重的文化底蕴和高端尊贵的艺术价值。钧瓷作品受到了主办方和各界人士的高度关注，并被确定为“中国风”亚洲巡回演唱会官方指定礼品合作商。钧窑作品和钧瓷首饰也分别被周杰伦和方文山收藏。

【郑商瓷入选韩国世博会】 2011 年郑州十大城市品牌郑商瓷从全国 168 个候选陶瓷艺术品牌中脱颖而出，被国家贸促会选定作为中国陶瓷艺术品的唯一代表，参加 2012 年在韩国丽水召开的世博会。

郑商瓷是由郑州大学历史学院教授、中国民协陶瓷专业委员会主任阎夫立发明的绿色环保新瓷种，其名取“郑州”、“商都”、“瓷之国粹”的首字组成，曾作为郑州文化品牌参加 2010 年上海世博会。

郑商瓷入选 2012 年韩国丽水世博会是国家贸促会多次现场考察并经专家论证后决定的。国家贸促会最终选定阎夫立最新创作的海洋·水滴·生命系列作品入展韩国丽水世博会中国馆。这次计划赴韩的郑商瓷将有整整 100 件，其中，葫芦、海螺、双鱼尊、石榴瓶等 8 件精美郑商瓷艺术品将登上中国馆的展台，22 件郑商瓷珍品作为中国政府的国礼赠送给前来参加丽水世博会的各国元首，70 件赠送给各国政府高官。

古钧瓷鉴定与收藏研究

【关于钧窑精品残器的收藏】 2012 年 5 月，“钧台冶陶”发表文章，阐述对钧窑精品残器收藏的看法：“我们都知道历经千年，一件完好无损的瓷器保留至今的难度是相当大的，完整到代的精品珍品更是凤毛麟角，即使可遇，也多见于国内外各大博物馆，当然在某些大型拍卖会上也可见一二，然而动辄七八位数字的天价也非一般收藏爱好者可以企及。退而求其次，我们发现一些高级的精品残器还是可能成为我们力所能及的收藏目标。一件金代钧窑紫斑小碗就是一个不错的例子。

此小碗，在通体的天青釉色下，经窑变发散出几乎蔓延全身的紫红斑，从其外侧的窑粘可以知道，这是一件窑址出土的淘汰器物，由于摆放角度的问题，在烧制过程中发生变形，与外侧套烧的器物产生粘连，一件十分精美的小碗变成残次品。

元代钧窑葫芦瓶残件

即便是这样一件有瑕疵的藏品，在2006年的纽约佳士得拍卖中仍然以60000美元成交，可见其珍贵程度。”

【气泡在古钧瓷鉴定中的作用】 关于气泡在古代钧瓷鉴定中的作用，收藏界有不同说法，肯定者认为，气泡在古代钧瓷鉴定中具有重要的参考作用，可以作为鉴别新旧和窑口的主要依据之一；否定者认为，气泡不过是釉层中的一种自然现象，气泡无规律可循，不具有区分标识的功能，因而不能作为鉴定的依据。事实上，这两种观点都不完全正确。尽管不同器物的气泡在具体形态、疏密、多少、大小及层次分布等方面的特征千差万别，有时难以用同一个标准去把握，但相同窑口或品种的器物在气泡特征方面却具有一定的相似性。相同窑口或品种的器物，由于釉的原料、配方、施釉方法、釉层厚薄、烧成时的窑内气氛、温度变化等方面都大致相同，因而烧成后的器物在气泡特征方面会具有一定的共性和规律。这种共性和规律，在进行仔细分析研究后，有时也可以作为古代钧瓷鉴定的依据之一，具有一定的参考价值。但相对于古钧瓷的胎、釉、造型、纹饰等其他鉴定标准来说，气泡并不是最典型最本质的特征，气泡标准具有不确定性，因而不能无限夸大气泡在鉴定中的参考价值。对于一些釉中无明显气泡或虽有气泡但特征不典型的陶瓷种类，不宜通过气泡特征进行鉴定。依据气泡进行古钧瓷鉴定，最基本的前提在于对被鉴定对象的气泡特征要了如指掌，这种了解应是在观察、上手大量真品实物基础上的感性认识和理性升华，而不能只是通过书本得来的未经对照实物检验的似是而非、众说纷纭的所谓气泡特征。

【各窑口钧瓷气泡的特征】 以肉眼观察而言，古代钧瓷中绝大多数窑口或品种的器物，气泡特征均不是很明显，有的甚至观察不到气泡，仅有少数窑口或品种的器物才具有比较明显的气泡特征。

宋代钧瓷中具有典型气泡特征的主要有汝州钧瓷、禹州钧瓷和登封钧瓷等。汝窑钧瓷是早期钧汝不分的产品，汝钧的釉层较厚，釉中有少量较大的气泡，古人称之为“寥若晨星”，在光照下时隐时现，似晨星闪烁，从汝窑瓷片的断面观察，可见一些稀疏的气泡嵌在釉层的中、下方。需要说明的是，汝窑有多种釉色，由于釉色不同，气泡特点也有差异，除常见的稀疏较大气泡外，也有的气泡较大且分布相对密集，也有的釉中无明显气泡。

禹州钧窑瓷器的釉中一般都有大小如针孔的稀疏大气泡，以及由中小气泡组成的气泡群，各气泡虽然大小不一，比较稀疏，但各气泡间的距离大体均匀。钧窑瓷器的气泡，在器物全身的分布并不完全一致，而是有的部位较明显，有的部位却不明显，也有的钧窑器物通体都无明显的气泡。

登封窑钧瓷的气泡可分为两种，一种气泡细小且密集均匀分布，看起来并不明显；另一种气泡较大，分布稀疏、有层次感，看起来比较清

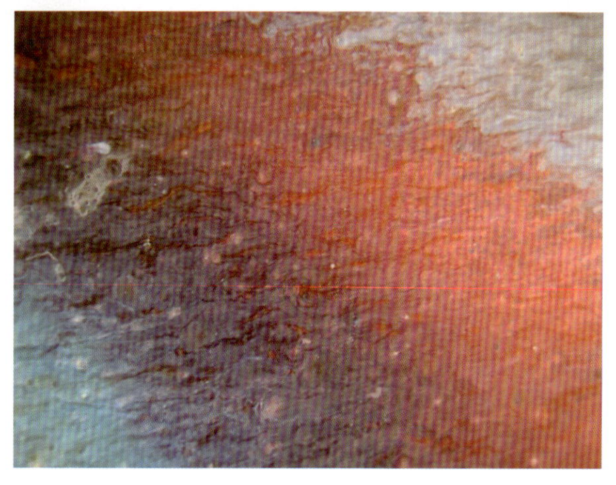

钧瓷气泡

晰，此种气泡的特征最为典型。有的器物上同时有两种不同特征的气泡，也有的器物上只有其中一种气泡。

金元时期，无论是河南禹州钧瓷，还是江苏宜兴钧釉瓷、广东石湾仿钧瓷、浙江金华乳浊鈞釉瓷，釉中有气泡的现象也比较普遍，有的也具有一定的特点和规律。一般而言，禹州钧瓷气泡较大较明显；金华铁店窑钧瓷气泡较小，有的不明显。

【新仿钧瓷气泡】 气泡在古钧瓷鉴定中具有一定的参考价值。现代仿制者在注重胎、釉、造型、纹饰等主要特征的仿制时，可能忽略气泡这种非主要特征。因而，通过对气泡特征的分析、对比，可以大体知道一件器物在气泡特征上与真品是否相符。但是这种鉴定，仅适用于气泡特征比较明显的那类器物，如早期均窑、禹州钧窑、登封钧窑、新安钧窑等。对于气泡特征不明显的器物，气泡在鉴定中的参考价值并不太大。值得注意的是，有的现代新仿器物的釉中也有气泡，有的新仿品的气泡甚至具有与真品相似的特征，这是因为仿制者对气泡特征进行了有意模仿，只要釉的成分和烧制工艺满足一定的条件，即能达到某种气泡特征。

古钧瓷和新仿钧瓷在气泡特征上的不同，与烧造使用的燃料及窑炉结构之间具有很大关系。古钧瓷在烧制时使用的是柴窑或煤窑，而现代新仿钧瓷使用的一般是液化气窑或天然气窑，它们的升降温曲线及对温度的控制存在较大区别。现代液化气窑烧制的仿品，釉中的气泡一般大小均匀，在分布上缺乏层次感；而古代柴窑或煤窑烧制的钧瓷，釉中的气泡一般有大、小差别，在分布上有层次变化。

煤烧钧瓷收藏研究

【煤烧钧瓷市场表现】 价格偏高。煤烧钧瓷因其工艺复杂、烧成难等因素，一件不超过30公分的产品往往以千起价，而气烧钧瓷低端产品往往以百论价，有的甚至不上百，令一些对煤烧钧瓷认识不足的人望而却步。

名人名窑少。主要从事煤烧钧瓷事业的人大多“无名”，而有名的大多已改烧其它。对一些盲目迷信名人名窑的人来说，往往忽视了煤烧钧瓷的艺术价值。

仿者多。一些气烧钧瓷通过一定的方法也能烧出煤烧钧瓷的效果（但与真正的煤烧钧瓷相比还有明显差距），而且价格较低，令一些不知端底的人信以为真。

产量不高。有两方面，一方面因环保问题，煤烧钧瓷发展受到一定限制。可喜的是，已有一部分钧瓷艺人进行了一些有益的探索，随着科技的进步，这个问题会很快得到解决。另一方面，目前，称得上“十烧（窑）九不成”的，煤烧钧瓷是唯一，使其产量受到很大影响。目前，据不完全统计，市场上煤烧钧瓷精品不超过5000件。

以上因素，使煤烧钧瓷的发展处于低谷，价格处于洼地。但是，正如煤烧钧瓷以其浓郁的钧瓷味为行家所称道一样，其艺术生命力是顽强的，有一部分钧瓷人始终坚守在煤烧钧瓷的阵地上，孜孜以求着钧瓷梦想；收藏者队伍也日益壮大，人们对煤烧钧瓷的认识也越来越深入，煤烧钧瓷越来越成为市场的宠儿。

【煤烧钧瓷的艺术价值】 历史价值。煤烧钧瓷始于金元，其间起起伏伏，都没有大的发展。直到新中国成立，煤烧钧瓷才焕发出新的活力。20世纪50年代初直至1994年，钧瓷都用煤烧。

1994 年以后，当气烧钧瓷渐成主流的情况下，煤烧钧瓷也仍以其旺盛的生命力延续着，并随着的时间的推移，煤烧钧瓷越来越焕发着迷人的魅力。以上世纪七、八十年代的煤烧钧瓷为例，其价格一般以万起价，几万、几十万不等。有人愿以百万元求购当年的《寒鸦归林》挂盘而不得。

人文价值。现在从事煤烧钧瓷创作的基本上都是上世纪国有集体钧瓷厂的人员，现在他们的平均年龄在 60 岁左右。他们以对煤烧钧瓷的深刻理解和执着，以其熟练的工艺、不断的创新，诠释着煤烧钧瓷的生机和活力。这些老艺人虽然大多数没有职称或荣誉称号，但其实力已达到或超过了有关职称或技术称号规定的标准，他们是真正的“无冕之王”。能得到他们的一件作品，应是人生一件幸事。

艺术价值。煤烧钧瓷珍品是自然窑变成形的似象非象，这种变化不是以人们意志为转移，而是纯粹的自然变化。煤烧钧瓷容易出现曲线变化和色彩交融，具有热烈奔放、生气勃发的艺术风格。一些煤烧钧瓷珍品红里有紫，紫中有蓝，蓝里泛青，青中泛红，五彩渗化、交相辉映。加之其釉质乳光晶莹、肥厚玉润，达到了类翠似玉赛玛瑙的美丽程度，形成了钧釉无可比拟的独有特色，确有巧夺天工之美，备受人们青睐。古人曾用“夕阳紫翠忽成岚”等诗句来形象煤烧钧瓷釉色灵活，变化微妙之美。

【煤烧钧瓷的经济价值】 原材料日渐稀缺。中国神垕因其独特的、丰富的原材料，使之成为钧瓷的不二产地。但是，千余年的开发，加之近年来钧瓷厂如雨后春笋般出现，使珍贵的原材料濒临枯竭。煤烧钧瓷的釉料现在仍使用石质原料，与其它一些钧瓷使用化学原料不同，其材料更加稀缺。目前，地方政府已对原材料进行保护性开发。

制作工艺复杂且难度大。在三种主要烧制方法中，煤烧钧瓷工艺最复杂。产品需要装匣钵，煤质需要严格把关，烧池需要清理，每次烧窑点火需要装窑、铺烧、砌堵窑门，烧成中需要添火、撬火、平火、盖天眼、焐火还原等，许多工艺是其它烧制方法所没有的，而且劳动强度大，难度也比较大，没有一定的专业知识和经验是无法胜任的。

施釉复杂。煤烧钧瓷的施釉也与其它钧瓷不同，以釉厚著称。柴烧钧瓷和气烧钧瓷一般不超过三遍，而煤烧钧瓷一般是五遍，其中浸釉两遍，刷釉三遍。

成品率低。止 2012 年末，气烧钧瓷成品率大约在 75% 以上，柴烧钧瓷达到 50% 以上，而煤烧钧瓷成品率 20% 也不到，有时甚至“颗粒无收”。

【煤烧钧瓷的成本分析】 煤烧钧窑大小不一，小的有 4 立方米的，大的有 15 立方米的。以 8 立方米的为例，煤烧钧瓷的直接成本如下：

燃料成本：煤（含素烧）：7 吨 ×1100 元/吨 =7700 元；

人员工资：4 人 ×6000 元/人 ÷2（每月按两窑）=12000 元；

设备折旧：80 万元 ×10% ÷20（每年生产 10 个月，每月生产两窑）=4000 元；

综合以上因素，一件煤烧钧瓷在不考虑银行贷款的情况下的直接成本就是：（7700 元 + 12000 元 + 4000 元）÷（140 件［装窑总数］5%［精品率］）+ 50 元（材料及釉料费）= 3430 元/件；

可以看出，每件煤烧钧瓷的直接成本就达到 3430 元/件。但是，为什么市场上煤烧钧瓷有时候会低于直接成本销售呢？一是煤烧钧瓷窑大多以家庭作坊居多，一般是一家人齐上阵，往往忽略了人员成本和占地成本；二是煤烧钧瓷销售迟缓，有的窑厂急于变现。

综上所述，煤烧钧瓷正处于价格洼地，远远没有体现出煤烧钧瓷的真正价值。从另一方面讲，现在正是收藏或购买煤烧钧瓷的最佳时机。从长远看，煤烧钧瓷必将成为收藏界以及市场上最具升值潜力的瑰宝。

中国工艺美术协会

【第八届中国工艺美术行业年会】 2012年9月11日上午，在四川省成都市川投国际会议中心召开。会议由中国工艺美术协会主办，全国各省、直辖市、自治区工艺美术行业协会协办，四川省政府、四川省人大、中国工艺美术秘书处、四川省工艺美术协会承办。

第八届中国工艺美术行业年会开幕式

中国工艺美术协会名誉理事长李铁映及全国各省、自辖市、自治区工艺美术行业协会近30位名誉理事长和常务理事、秘书长，四川省政府、工信部、国资委、轻工联合会及成都市的领导，全国著名企业家、国家工艺美术大师代表、《中国工艺美术全集》各省市主编共计200余人出席此次会议。

会议期间，举办了“中国工艺文化产业发展论坛”、“第八届名誉理事长座谈会暨《中国工艺美术全集》第四次工作会议”、“中国工艺美术协会第五届理事会第四次常务理事会”、“《中国工艺美术全集》第十二次培训工作会议”、“中国工艺美术行业名誉理事长笔会”、“工艺美术行业调研考察”等多项活动。

在“第八届中国工艺美术行业会议开幕式”上，李铁映名誉理事长对工艺美术行业的发展做出了重要指示，就全国工艺美术行业的工作情况发表了讲话。中共四川省委书记、省人大常委会主任刘奇葆，国家工业和信息化部总工程师朱宏任，中国轻工联合会副会长陶小年也在会议上讲话。中国工艺美术协会理事长周郑生代表中国工艺美术协会第五届理事会向全体代表做工作报告，并提出下一步工作设想。

在“名誉理事长座谈会”上，各省名誉理事长不仅汇总交流全国工艺美术行业的发展情况，总结行业工作，同时就《中国工艺美术全集》的编撰工作提出问题、深入论述，商讨《中国工艺美术全集》的进展和方向。工信部的领导也就《全集》问题与各省名誉理事长展开了讨论。

在“《中国工艺美术全集》第十二次培训工

作会议”上，关于《全集》编撰工作的细节问题进行了相关安排，全集办公室就《全集》编撰的具体问题与各省《全集》工作负责人进行了交流，力争将《全集》工作切实有效的开展落实。

“中国工艺美术协会第五届理事会第四次常务理事会”于9月11日下午召开，会议由中国工艺美术协会副理事长张红主持，中国工艺美术协会理事长周郑生出席会议。大会完成了增补理事、常务理事、设立分支机构的提案及开展珍品认定活动等工艺美术行业工作的讨论议程。来自全国各地区的常务理事以举手表决的方式通过了上述议案。

在“中国工艺文化产业发展论坛”上，北京大学文化创意产业研究所所长皇甫晓涛，以《内容生产与文化创新》为题，结合中国工美行业现状发表精彩演讲，为广大行业人员开拓视野、启迪思想。

【第47届全国工艺品交易会在扬州举办】 2012年3月29日，由扬州市人民政府、中国工艺美术协会、中国工艺美术（集团）公司主办，扬州市经济和信息化委员会、扬州工艺美术集团有限公司承办，各省、市、自治区工艺美术协会共同协办的“第47届全国工艺品交易会”于在扬州国际展览中心开幕。江苏省工艺美术行业协会名誉理事长陈焕友，中国工艺（集团）公司董事长、中国工艺美术协会理事长周郑生等领导出席了开幕式。

第47届全国工艺品交易会开幕式

展会共有来自全国各省、自治区、直辖市的700多个国内外工艺美术行业知名厂家、300多位国家级和省市级工艺美术大师携精品前来参展。同期举办“第七届中国玉石雕精品博览会”、“传统工艺美术保护国家级培训项目”三年成果展，以及“‘金凤凰·扬州赛区’创新产品设计大奖赛”，“中国玉石雕精品奖”的评审。交易会参展作品涉及11大类，上千个品种，数万件产品。2012年联合国教科文组织“杰出手工艺品徽章”项目也同时启动。获得“徽章”的作品由联合国教科文组织颁发获奖证书，并有机会参加国际交流、展览，为中国手工艺对外交流合作做出贡献。

交易会面积达18000平方米，提供国际标准展位近1000个。其中A馆（旧馆）主要为扬州、浙江、杭州、上海等部分省市的特装展区，同时兼有传统工艺美术品及仿真植物展位；而B馆（新馆）则特定位为仿真植物专馆以满足了一直以来广大参展商及采购人员对这一品类的大量需求，为广大展商和采购商提供了广阔的交易平台。

【2009—2011中国工艺美术国家级培训学员优秀作品展评】 3月29日，伴随第47届中国工艺美术交易会开幕，“2009—2011中国工艺美术国家级培训学员优秀作品展”系列活动也拉开帷幕。作品展是三年来国家级培训成果的重要组成部分，包括发行《薪火传人》、“工艺美术行业继续教育发展论坛”等。其间还举行名家讲座，作品拍卖和中青年人才专业委员会筹备会议等活动。

优秀学员作品展

学员作品展是三年培训成果的一次集中展

示，是学员的一次聚会。三年来，“中国工艺美术国家级培训”共举办25期培训班，期期有作品参展，2347名培训学员中近500人报名，筛选了245件作品参展。专家评委在审视学员作品时，感受到培训的价值和成果的显现，感受到“星火传人”的内涵。普遍认为学员的作品设计独到，创意新颖，内涵丰富，与时俱进，做工精良，佳品叠出。专家评委一致认为好作品应得到表彰、肯定，一再将获奖额从五十名放大到七十名。观众对学员作品展给予高度评价。扬州主流媒体多次深入现场采访报道。

中国陶瓷工业协会

【全国陶瓷艺术创作与设计高研班】 2012年7月5日，清华大学美术学院与中国陶瓷工业协会合办首期“全国陶瓷艺术创作与设计”高级研修班在清华大学美术学院开班。由于前期中工美已举办类似的学习班，故禹州产区学员较少，共有杨晓峰、孙彦春、霍福生、卢三、王迎宾、世会伟等六人。

本期研修班为期7天，脱产面授教学，主要课程有：工艺美术运动与新艺术运动（张敢教授），紫砂艺术与茶文化（高振宇研究员），艺术设计与创新（王建中教授），影视艺术赏析（温海城副教授），雕塑艺术鉴赏与研究（李鹤副教授），陶瓷设计与品鉴（王耀玲副教授），设计思维与设计创新（蒋红斌副教授），艺术品投资法律风险防范（关勇博士），陶瓷设计与艺术（张守智教授），陶瓷装饰文化（章星副教授），中外美术鉴赏（杨琪教授），参观韩美林艺术馆。来自全国各地陶瓷艺术家总计100名学员，在清华大学美术学院进行了紧张而充实的学习和交流，拓宽了陶瓷艺术与设计的审美视觉，提高了艺术修养，受益良多。研修班于2012年7月11日圆满结束。整个学习安排的紧张、高效，贴近实际，反映良好。

【2012中国国际轻工消费品展览会暨第二届中国陶瓷文化艺术创意精品展览会】 2012年7月12—15日在北京中国国际展览中心老馆举行。

本届展会由中国轻工业联合会、贸促会轻工分会共同主办，轻工业联合会相关行业协会协办，以拓展市场、推广品牌、引领时尚、指导消费为主题，努力打造轻工行业新特产品、新技术、新理念的示范与交流平台，为促进轻工各行业国际化、品牌化、专业化进程提供更为广阔的空间。中国陶瓷工业协会作为该展会协办单位，单独划出区域，单独列出展会题目，即“第二届中国陶瓷文化艺术创意精品展览会”，以陶瓷行业的整体形象，组织日用陶瓷（宾馆、饭店及家庭用瓷）、艺术陶瓷（观赏、陈设及收藏类陶瓷艺术作品）、装饰陶瓷（各类建筑物、家庭装饰用马赛克）、礼品类陶瓷等企业及陶瓷艺术家参展。同时，借助展会，搭建行业内交流平台，为展会设立“大地奖”，作为参展各类陶瓷产品评比的奖项。

【钧瓷获“大地奖”金、银、铜奖名单】 钧瓷共参展作品160件，共参加评比作品46件，金奖7件，银奖6件，铜奖6件。

金奖：

生产厂家	作者	品名
1. 坪山钧窑	杨廷玺	鸿福聚宝
2. 神工钧窑	张占领	千年灵芝挂盘
3. 卢钧窑	卢之钧	天球瓶
4. 杨国政钧窑	杨国政	双系罐
5. 星航钧窑	任星航	虎头画缸
6. 大龙山钧瓷文化公司	王建伟	十二兽首（十二件）
7. 龙山钧窑	苗见旭	祥龙鼎

银奖：

生产厂家	作者	品名
1. 金鼎钧窑	高丙建	手拉梅瓶
2. 天合坊	王金合	贯耳瓶
3. 霍家钧窑	霍福生 霍甲乙	福满园（一组5件）
4. 星航钧窑	任英歌	益寿活环瓶
5. 星航钧窑	刘红生	春城

生产厂家	作者	品名
6. 富玉钧窑	朱海玉	玉净瓶

铜奖：

生产厂家	作者	品名
1. 晋家钧窑	晋文龙	莲花苞
2. 锦丰源钧窑	崔松伟	太平印象
3. 宇宝钧窑	苗宗贤	玉兔金龟赏盘
4. 华神钧窑	王迎宾	鱼莲瓶
5. 华神钧窑	世会伟	益寿瓶
6. 华神钧窑	世会伟	天球瓶

河南省工艺美术行业协会

【河南省钧瓷窑变艺术创新大赛】 为进一步推动钧瓷产业的繁荣与发展，规范钧瓷行业的生产经营秩序，充分展示钧瓷独特的窑变艺术，引导企业快速步入健康有序的发展轨道，践行钧窑理论体系建设，依据《河南省传统工艺美术保护办法》（省政府令118号），5月3日–8日由河南省工艺美术行业协会、河南省工艺美术学会和河南工艺美术馆共同主办，禹州市陶瓷工业局、禹州市钧瓷行业协会承办的“河南省钧瓷窑变艺术创新大赛”在禹州举行。

本次活动共有60多家经过工商、税务注册登记，并办理了组织机构代码证的企业参展，参展作品822件（套）。大赛邀请了清华大学美术学院、郑州大学美术学院、郑州工业大学设计学院的教授和中国工艺美术大师组成评审委员会，共评出获奖作品589件（套），其中评出窑变效果好的42件作品为特别金奖。活动的成功举办，使钧瓷独树一帜的窑变艺术大放异彩，有力地推动了钧瓷产业的健康发展。

【河南省钧瓷窑变艺术创新大赛获奖名单】

生产厂家	品名	奖项
神工钧窑	挂盘	特金
神工钧窑	挂盘	特金
杨志钧窑	天池	特金
孔家钧窑	福海瓶	特金
杨志钧窑	大象无形	特金
刘家钧窑	弦韵	特金
星航钧瓷有限公司	庆余瓶	特金
御钧窑	凤凰涅槃	特金
卢钧窑	观音瓶	特金
神州钧窑	蜗牛钵	特金
神垕卢家世代钧窑	龙尊	特金
任氏瓷业有限公司	侈口尊	特金
天合钧瓷坊	莲花尊	特金
杨国政钧窑	笔筒	特金
大唐占领钧窑	敞口瓶	特金
宇宝钧窑	赏瓶5	特金
星航钧瓷有限公司	风云鉴	特金
博古堂钧瓷坊	虎头瓶	特金
土魂钧艺	聚福尊	特金
大龙山钧瓷文化有限公司	玉兰尊	特金
坪山钧窑	双龙尊1	特金
神钧堂钧窑	汉马天座	特金
凤山钧窑	高足洗	特金
金鼎钧窑	手拉梅瓶	特金
翰火钧窑	凤耳瓶	特金
神火钧窑	寿桃	特金
钧华苑	小口双环瓶	特金
华神钧窑	节节高	特金
金堂钧窑	蒸蒸日上	特金
钧天工坊	吉祥如意	特金
霍家钧窑	钵	特金
富玉钧窑	福寿葫芦	特金
卢钧斋工作室	吉祥尊	特金
炉钧张工作室	梅瓶	特金
任氏宝光钧瓷坊	豆豆壶	特金

生产厂家	品名	奖项
李家钧窑	富贵洗	特金
金鼎钧窑	大回归瓶	特金
华艺钧窑	鱼	特金
国粹钧窑	手拉鹅颈瓶	特金
周家钧窑	四季如意	特金
禹州市吴氏瓷业有限公司	六龙戏水鱼缸	特金
向阳钧窑	彩蝶	特金
纵横钧艺	挂盘	金
三合钧窑	富贵瓶	金
唐宋园	玉壶春	金
御钧窑	龙潭天下	金
钧宝钧窑	孔雀尊	金
东升钧窑	小白瓶	金
神钧堂钧窑	象耳尊	金
九州钧窑	瓜秧绵绵	金
晋家钧窑	象头尊	金
华神钧窑	梅瓶	金
福雨钧窑	荷口鼓钉尊	金
东升钧窑	功夫瓶	金
御鼎钧瓷坊	梅瓶	金
尹家钧窑	荷口尊	金
凤山钧窑	八方进宝瓶	金
周家钧窑	如意尊	金
亨盛钧窑	挂盘	金
中强钧窑	尊	金
华龙钧窑	手拉斗笠碗	金
孔家钧窑	双耳如意	金
刘家钧窑	无极	金
正玉钧窑	梅瓶（群峰争翠）	金
晋晓红工作室	柳叶瓶	金
杨志钧窑	龙啸九天	金
纵横钧艺	挂盘	金
纵横钧艺	挂盘	金
神州钧窑	胆瓶	金

生产厂家	品名	奖项
杨志钧窑	龙尊	金
苗家钧窑	羊	金
金霖钧窑	赏盘	金
杨志钧窑	日月同辉	金
霍家钧窑	豆豆壶	金
国粹钧窑	手拉天球瓶	金
杨志钧窑	玄足小口瓶	金
凤山钧窑	富贵瓶	金
隆泰钧窑	大鱼缸	金
孔家钧窑	益寿瓶	金
宇宝钧窑	绶带葫芦瓶	金
华艺钧窑	梅瓶	金
东升钧窑	圆满尊	金
禹州市吴氏瓷业有限公司	龙戏珠鱼缸	金
翰火钧窑	富贵瓶	金
晋家钧窑	凤耳琵琶瓶	金
神工钧窑	挂盘	金
杨志钧窑	天球瓶	金
神工钧窑	挂盘	金
孔家钧窑	长颈瓶	金
神工钧窑	挂盘	金
钧丁钧窑	来福石	金
孔家钧窑	挂盘	金
刘家钧窑	大地印象	金
钧宝坊	吉祥尊	金
神工钧窑	挂盘	金
大唐占领钧窑	柳瓶	金
霍家钧窑	玉壶春	金
钧丁钧窑	艺术盘二号	金
孔家钧窑	回归瓶	金
杨志钧窑	一帆风顺	金
钧华苑	乳钉瓶	金
星航钧瓷有限公司	鼓钉洗	金
神工钧窑	挂盘	金

生产厂家	品名	奖项
杨国政钧窑	罗汉钵	金
凤山钧窑	铺耳尊	金
富玉钧窑	观音瓶	金
孔家钧窑	年年有余	金
苗家钧窑	功德圆满尊	金
神火钧窑	三羊尊	金
杨志钧窑	秋	金
星航钧瓷有限公司	畅心瓶	金
神工钧窑	挂盘	金
杨国政钧窑	罗汉钵	金
杨国政钧窑	吉祥尊	金
纵横钧艺	挂盘	金
星航钧瓷有限公司	长颈瓶	金
星航钧瓷有限公司	长颈瓶	金
孔家钧窑	功夫瓶	金
孔家钧窑	钧艺	金
卢钧窑	福寿瓶	金
刘家钧窑	双环瓶	金
神工钧窑	挂盘	金
杨国政钧窑	玄纹钵	金
杨国政钧窑	玄纹钵	金
大唐占领钧窑	碗	金
霍家钧窑	笔洗	金
钧丁钧窑	艺术盘三号	金
通利钧窑	葫芦瓶	金
禹州市鑫元钧窑	来福石	金
荣昌钧窑	月是故乡明	金
锦丰源	象鼻瓶	金
骏龙钧窑	壶	金
神州钧窑	双耳尊	金
天合钧瓷坊	挂盘	金
郑家钧窑	三羊开泰	金
龙山钧窑	云耳瓶	金
杨志钧窑	孔雀瓶	银

生产厂家	品名	奖项
神工钧窑	挂盘	银
神工钧窑	挂盘	银
周家钧窑	荷叶盘	银
金鼎钧窑	60cm 玉净瓶	银
华龙钧窑	虎头瓶	银
神工钧窑	挂盘	银
神工钧窑	挂盘	银
神工钧窑	挂盘	银
杨国政钧窑	双耳罐	银
大唐占领钧窑	罗汉钵	银
周家钧窑	荷叶盘	银
孔家钧窑	宝葫芦	银
金鼎钧窑	淑女瓶	银
坪山钧窑	双龙尊 3	银
坪山钧窑	鹤颈瓶	银
卢钧窑	玉兰钵	银
星航钧瓷有限公司	雄风尊	银
星航钧瓷有限公司	罗汉钵	银
华神钧窑	梅瓶	银
神工钧窑	挂盘	银
杨国政钧窑	荷口洗	银
杨国政钧窑	荷口碗	银
大唐占领钧窑	双喜罐	银
富玉钧窑	蜗牛钵	银
富玉钧窑	花觚	银
周家钧窑	平盘	银
御钧窑	底头尊	银
孔家钧窑	四季有余	银
炉钧张工作室	益寿瓶	银
纵横钧艺	挂盘	银
神工钧窑	挂盘	银
正玉钧窑	玉壶春	银
隆泰钧窑	大鱼缸	银
炉钧张工作室	盘口瓶	银

生产厂家	品名	奖项
周家钧窑	折边盘	银
周家钧窑	玉净盘	银
周家钧窑	中原明珠	银
孔家钧窑	连升三级	银
孔家钧窑	登高瓶	银
国粹钧窑	小豆豆	银
苗家钧窑	岩羊	银
钧华苑	鱼瓶	银
神钧堂钧窑	蜗牛钵	银
星航钧瓷有限公司	珠玉花插	银
杨国政钧窑	鸡心碗	银
尹家钧窑	鹅颈瓶	银
霍家钧窑	活环瓶	银
中强钧窑	菊口觚	银
大龙山钧瓷文化有限公司	夹板炉	银
禹州市吴氏瓷业有限公司	双龙尊	银
金鼎钧窑	金瓜	银
杨志钧窑	福在眼前	银
晋家钧窑	益寿瓶	银
晋家钧窑	荷口天球瓶	银
神工钧窑	挂盘	银
杨国政钧窑	荷口洗	银
大唐占领钧窑	玄纹尊	银
荣昌钧窑	凤鸣樽	银
周家钧窑	荷叶盘	银
珍御窑	雨后初晴	银
炉钧张工作室	鱼瓶	银
唐宋园	小口瓶	银
禹州市鑫元钧窑	荷叶盘	银
御钧窑	风调雨顺瓶	银
神州钧窑	玉壶春	银
杨志钧窑	玄音	银
九州钧窑	蜗牛钵	银
星航钧瓷有限公司	梅瓶	银

生产厂家	品名	奖项
晋家钧窑	观音瓶	银
神工钧窑	挂盘	银
金堂钧窑	象戟尊	银
晋晓红工作室	大口尊	银
周家钧窑	荷叶盘	银
周家钧窑	匀瓶	银
国粹钧窑	手拉天球小荷口	银
中强钧窑	玄纹钵	银
李家钧窑	如意瓶	银
源古钧艺坊	炭炉多子多福瓶	银
源古钧艺坊	炭炉天球瓶	银
禹州市鑫元钧窑	虎头瓶	银
金鼎钧窑	笔洗	银
金鼎钧窑	柴烧手拉件	银
金鼎钧窑	37CM 观音瓶	银
御鼎钧瓷坊	荷口碗	银
卢钧窑	益寿瓶	银
星航钧瓷有限公司	葫芦瓶	银
神工钧窑	挂盘	银
杨国政钧窑	口唇罐	银
杨国政钧窑	笔筒	银
大唐占领钧窑	鸡心罐	银
源古钧艺坊	炭炉荷叶口瓶	银
金鼎钧窑	37CM 花浇瓶	银
御鼎钧瓷坊	弦音钵	银
宇宝钧窑	凤尾尊	银
御钧窑	虎头瓶	银
杨志钧窑	涟漪	银
博古堂钧瓷坊	将军瓶	银
天合钧瓷坊	凤耳瓶	银
盛唐钧窑	紫霞凝青	银
神工钧窑	挂盘	银
神工钧窑	挂盘	银
杨国政钧窑	双系罐	银

生产厂家	品名	奖项
杨国政钧窑	仰钟碗	银
大唐占领钧窑	香鱼炉	银
凤山钧窑	菊花洗	银
富玉钧窑	福寿石	银
富玉钧窑	挂盘（花开富贵）	银
钧丁钧窑	安居瓶	银
珍御窑	层林尽染	银
珍御窑	千树万树梨花开	银
亨盛钧窑	普耳尊	银
国粹钧窑	祥云尊	银
土魂钧艺	龙腾四海	银
通利钧窑	玉壶春	银
任氏瓷业有限公司	折边碗	银
任氏瓷业有限公司	傲天尊	银
华艺钧窑	如意瓶	银
杨志钧窑	葵花瓶	银
杨志钧窑	飞虎瓶	银
刘家钧窑	和鼎	银
博古堂钧瓷坊	观音瓶	银
天合钧瓷坊	长颈瓶	银
钧宝窑	太平尊	银
钧宝窑	宝塔瓶	银
华神钧窑	四季有余	银
神工钧窑	挂盘	银
杨国政钧窑	双系罐	银
杨国政钧窑	荷口瓶	银
霍家钧窑	羊头尊	银
正玉钧窑	益兽瓶	银
正玉钧窑	玉壶春（云蒸霞蔚）	银
国粹钧窑	手拉竹节瓶	银
中强钧窑	炉钧玄纹钵	银
土魂钧窑	大德尊	银
神韵钧苑	小笔筒	银
神韵钧苑	天球瓶	银

生产厂家	品名	奖项
通利钧窑	葫芦瓶	银
金鼎钧窑	柴烧象鼻尊	银
金霖钧窑	鼓钉洗	银
宇宝钧窑	秀玉瓶	银
华艺钧窑	万寿尊	银
博古堂钧瓷坊	高开瓶	银
华神钧窑	莲鱼瓶	银
神工钧窑	挂盘	银
正玉钧窑	洗（王侯之相）	银
东升钧窑	福寿桃	银
禹州神垕卢家世代钧窑	卢钧凤耳瓶	银
珍御窑	枯藤老树昏鸦	银
炉钧张工作室	吉祥尊	银
金鼎钧窑	鼓钉钵	银
金鼎钧窑	60CM 梅瓶	银
金鼎钧窑	37CM 玉净瓶	银
翰火钧窑	富贵瓶	银
神钧堂钧窑	花釉梅瓶	银
晋家钧窑	柳叶瓶	银
富玉钧窑	挂盘（锦上添花）	银
御钧坊	异兽瓶	银
牌楼钧窑	花鼓	银
李家钧窑	鱼篓	银
任氏瓷业有限公司	蘑菇瓶	银
金鼎钧窑	凤火瓶	银
宇宝钧窑	赏瓶 3	银
华艺钧窑	孔雀瓶	银
神钧堂钧窑	出戟尊	银
晋家钧窑	鸡心罐	银
杨国政钧窑	双系罐	银
大唐占领钧窑	狮虎篮	银
金堂钧窑	夏·旺	银
霍家钧窑	象鼻尊	银
正玉钧窑	梅瓶（山花烂漫）	银

生产厂家	品名	奖项
东升钧窑	虎头瓶	银
东升钧窑	圆满	银
国粹钧窑	手拉天球荷口	银
国粹钧窑	三羊开泰	银
李家钧窑	牡丹富贵瓶	银
金鼎钧窑	天球瓶	银
金鼎钧窑	寿桃	银
翰火钧窑	莲尊	银
神火钧窑	三足鼎	银
神火钧窑	三羊尊	银
晋家钧窑	方瓶	银
博古堂钧窑	太平尊	银
三合钧窑	双龙尊	银
华神钧窑	益寿瓶	银
神工钧窑	挂盘	银
钧天工坊	洗	银
正玉钧窑	荷口玉壶春	银
正玉钧窑	梅瓶	银
正玉钧窑	六方瓶	银
钧丁钧窑	歌唱和平（小号）	银
钧丁钧窑	回归瓶	银
周家钧窑	折边盘	银
周家钧窑	圆盘	银
国粹钧窑	手拉玉壶春	银
建伟钧窑	斗笠碗	银
御鼎钧瓷坊	祥龙瓶	银
坪山钧窑	蟠龙瓶	银
宇宝钧窑	丰硕瓶	银
华艺钧窑	双凤广口瓶	银
御钧窑	缠枝万代	银
御钧窑	神骏归一	银
神州钧窑	大鹅颈瓶	银
神州钧窑	小口瓶	银
神州钧窑	兽尊	银

生产厂家	品名	奖项
钧华苑	八钉瓶	银
神钧堂钧窑	玉壶春	银
晋家钧窑	铺耳尊	银
大唐占领钧窑	益兽尊	银
凤山钧窑	富贵瓶	银
正玉钧窑	荷口玉壶春	银
富玉钧窑	吉祥尊	银
孔家钧窑	龙尊	银
炉钧张工作室	葫芦瓶	银
炉钧张工作室	匀瓶	银
大龙山钧瓷文化有限公司	将军罐	银
大龙山钧瓷文化有限公司	炉钧葫芦瓶	银
神韵钧苑	夹板炉	银
神韵钧苑	小花瓶	银
李家钧窑	蜗牛钵	银
禹州市鑫元钧窑	挂盘	银
坪山钧窑	双系罐	银
宇宝钧窑	富贵瓶	银
御钧窑	御钧如意瓶	银
卢钧窑	手拉瓶	银
卢钧窑	弦纹洗	银
钧华苑	富贵瓶	银
神钧堂钧窑	梅瓶	银
华神钧窑	天球瓶	银
神工钧窑	挂盘	银
金堂钧窑	福窝	银
东升钧窑	庆丰瓶	银
禹州神垕卢家世代钧窑	三足炉	银
禹州神垕卢家世代钧窑	鼓钉钵	银
禹州神垕卢家世代钧窑	掉子瓶	银
珍御窑	桃花红	银
国粹钧窑	寿桃	银
国粹钧窑	手拉天球小口	银
中强钧窑	虎头瓶	银

生产厂家	品名	奖项
苗家钧窑	晨曲	银
任氏宝光钧瓷坊	壶 2	银
唐宋园	益兽瓶	银
任氏瓷业有限公司	高足钵	银
金霖钧窑	蜗牛尊	银
坪山钧窑	通天瓶	银
坪山钧窑	双龙尊 2	银
卢钧窑	手拉梅瓶	银
九州钧窑	祥瑞茶具	银
神工钧窑	挂盘	银
金堂钧窑	青莲溢香	银
金堂钧窑	柴烧益兽瓶	银
金堂钧窑	百年好合	银
凤山钧窑	富贵瓶	银
凤山钧窑	淑女瓶	银
霍家钧窑	挂盘	银
富玉钧窑	挂盘	银
富玉钧窑	双龙瓶	银
钧丁钧窑	龙耳花觚	银
中强钧窑	鹅颈瓶	银
翰火钧窑	龙凤尊	银
御鼎钧瓷坊	虎头瓶	银
神火钧窑	艺术挂盘	银
神火钧窑	艺术挂盘	银
宇宝钧窑	花口鼓钉罐	银
华艺钧窑	平步青平	银
神州钧窑	匀瓶	银
向阳钧窑	禹州印象	银
博古堂钧瓷坊	荷口瓶	银
博古堂钧瓷坊	荷口瓶	银
天合钧瓷坊	宽肩瓶	银
天合钧瓷坊	竹节瓶	银
盛唐钧窑	壶之源	银
三合钧窑	观音瓶	银

生产厂家	品名	奖项
三合钧窑	长颈瓶	银
华神钧窑	益寿瓶	银
刘富安工作室	弦韵	银
金堂钧窑	玉壶春	银
尹家钧窑	梅瓶	银
凤山钧窑	画筒	银
荣昌钧窑	贯耳瓶	银
正玉钧窑	诸事如意	银
东升钧窑	兽耳瓶	银
隆泰钧窑	双龙瓶	银
周家钧窑	和泽四方	银
鼎盛钧窑	凤耳瓶	银
鼎盛钧窑	方龙尊	银
炉钧张工作室	鹅颈瓶	银
禹州市吴氏瓷业有限公司	碾子瓶	银
龙山钧窑	龙凤呈祥	银

【河南省钧瓷壶创新设计大赛】 2012 年 11 月 10 日在禹州进行。本次大赛活动是由河南省工艺美术行业协会主办，禹州市陶瓷局、禹州市钧瓷行业协会承办。目的是打造中原壶的品牌，通过钧瓷壶设计大赛，积极引导钧瓷行业拓展新的发展空间。中原壶是中原瓷区把具有华夏文明的历史名瓷，如钧瓷、汝瓷、官瓷、紫金瓷、绞胎瓷和花瓷等名瓷制作成瓷茶壶的总称。

本次活动共参加钧瓷企业 36 家，参展作品 266 件（套）。活动通过造型（工艺、功能、釉色）和文化（融合性、统一性、深刻性）两大项六个子项的标准对作品进行评审。共评出金奖 21 件，银奖 35 件，铜奖 31 件，优秀奖 78 件。

【河南省钧瓷壶创新设计大赛获奖名单】

生产厂家	品名	奖项
孔家钧窑	平安壶（1）	金奖
孔家钧窑	平安壶（2）	金奖
神州钧窑	君子壶	金奖

生产厂家	品名	奖项
星航钧窑	钧瓷茶具太湖石印象之一	金奖
东升钧窑	竹韵套壶	金奖
听颍阁茗钧苑	和平壶	金奖
王军钧窑	龙德在田	金奖
坪山钧窑	大手拉坯壶	金奖
王军钧窑	福满乾坤	金奖
东升钧窑	竹韵系列	金奖
孔家钧窑	情满壶	金奖
华神钧窑有限公司	茶叶罐	金奖
御钧窑	南瓜壶	金奖
茗钧堂	浅绛墨玉四方壶	金奖
孔家钧窑	石瓢壶	金奖
孔家钧窑	玉兰壶	金奖
大龙山宋元钧窑坊	炉钧贵妃壶	金奖
奉华钧窑	金斑釉石瓢壶	金奖
聚宝钧窑	西施壶	金奖
金鼎钧窑	福满壶	金奖
神州钧窑	龙首壶	金奖
孔家钧窑	长寿壶（2）	银奖
孔家钧窑	石瓢壶	银奖
东升钧窑	系列壶	银奖
星航钧窑	钧瓷茶具太湖石印象之二	银奖
神州钧窑	长寿壶	银奖
孔家钧窑	情满壶	银奖
孔家钧窑	泉壶	银奖
王军钧窑	西施壶	银奖
孔家钧窑	品茗中秋	银奖
东升钧窑	提梁壶	银奖
王军钧窑	美林壶	银奖
孔家钧窑	大底平安	银奖
神州钧窑	竹子壶	银奖
大宋官窑	松月壶	银奖
孔家钧窑	蟾宫月茗	银奖
东升钧窑	直柄壶	银奖

生产厂家	品名	奖项
东升钧窑	归真系列	银奖
神州钧窑	锦壶	银奖
神州钧窑	竹子扁壶	银奖
孔家钧窑	招财壶	银奖
孔家钧窑	光明壶	银奖
孔家钧窑	祥云壶	银奖
东升钧窑	富贵系列	银奖
金鼎钧窑	祥瑞壶	银奖
任氏瓷业	古钧台茶具	银奖
孔家钧窑	福寿壶	银奖
王军钧窑	蛟龙出海	银奖
华神钧窑有限公司	玉璧壶	银奖
王军钧窑	厚德壶	银奖
孔家钧窑	长寿壶（1）	银奖
孔家钧窑	平安壶（3）	银奖
华神钧窑有限公司	平安壶	银奖
坪山钧窑	半月壶	银奖
东升钧窑	清泉系列壶	银奖
中华钧窑	崛起壶	银奖
王军钧窑	八宝壶	铜奖
金鼎钧窑	静心壶	铜奖
华鼎钧窑	太极壶	铜奖
坪山钧窑	吉祥壶	铜奖
聚宝钧窑	石瓢壶	铜奖
华神钧窑有限公司	西施壶	铜奖
华神钧窑有限公司	福满壶	铜奖
华神钧窑有限公司	圆满壶	铜奖
华神钧窑有限公司	茶叶罐	铜奖
华神钧窑有限公司	福满壶	铜奖
九州钧窑	倒把西施	铜奖
九州钧窑	井栏壶	铜奖
王军钧窑	如意壶	铜奖
灵魂创作	玲珑系列5	铜奖
坪山钧窑	明珠壶	铜奖

生产厂家	品名	奖项
坪山钧窑	吟风壶	铜奖
坪山钧窑	汉鼓壶	铜奖
东升钧窑	古韵系列壶	铜奖
东升钧窑	冰清系列	铜奖
东升钧窑	四喜系列	铜奖
奉华钧窑	月白釉石瓢壶	铜奖
奉华钧窑	倒把西施	铜奖
华鼎钧窑	寿桃壶	铜奖
茗钧堂	冰焰石瓢壶	铜奖
茗钧堂	井栏六方壶	铜奖
御钧窑	乾坤提梁壶	铜奖
御钧窑	盘瓜壶	铜奖
御钧窑	涅槃壶	铜奖
御钧窑	黄龙吐翠壶	铜奖
御钧窑	翠韵瓜壶	铜奖
华神钧窑有限公司	平安壶	铜奖
听颍阁铭钧苑	团圆壶	优秀奖
向阳钧窑	汉扁壶、益寿茶海	优秀奖
华神钧窑有限公司	西施壶	优秀奖
九州钧窑	彩云追月	优秀奖
坪山钧窑	明珠壶	优秀奖
茗钧堂	执把壶	优秀奖
御钧窑	弥勒壶	优秀奖
中华钧窑	圆满壶	优秀奖
聚宝钧窑	莲花壶	优秀奖
大宋官窑	松月壶	优秀奖
大唐钧窑	冬韵	优秀奖
华神钧窑有限公司	鱼壶	优秀奖
华神钧窑有限公司	情满壶	优秀奖
华神钧窑有限公司	茶叶罐	优秀奖
华神钧窑有限公司	茶叶罐	优秀奖
灵魂创作	金六福 1	优秀奖
灵魂创作	金六福 2	优秀奖
灵魂创作	东方明珠 2	优秀奖

生产厂家	品名	奖项
灵魂创作	玲珑系列 1	优秀奖
雅德钧瓷坊	手拉壶	优秀奖
坪山钧窑	吟风壶	优秀奖
坪山钧窑	芳泉壶	优秀奖
钧天工坊钧窑	钧天龙吟	优秀奖
金堂钧窑	福满乾坤	优秀奖
任氏瓷业	无量壶	优秀奖
许昌陶瓷职业学院	冰心	优秀奖
华神钧窑有限公司	茶叶罐	优秀奖
九州钧窑	事事如意	优秀奖
坪山钧窑	迎春壶	优秀奖
坪山钧窑	明珠壶	优秀奖
坪山钧窑	吉祥壶	优秀奖
坪山钧窑	百乐壶	优秀奖
奉华钧窑	石瓢壶	优秀奖
宇航瓷业	中原壶	优秀奖
大唐钧窑	秋韵	优秀奖
灵魂创作	玲珑系列 3	优秀奖
灵魂创作	玲珑系列 4	优秀奖
中华钧窑	六方壶	优秀奖
灵魂创作	玲珑系列 2	优秀奖
聚宝钧窑	如意壶	优秀奖
聚宝钧窑	鸡心壶	优秀奖
任氏瓷业	《茗想》壶	优秀奖
任氏瓷业	海量壶	优秀奖
翰火钧窑	茶壶（手拉坯）	优秀奖
中华钧窑	平安壶	优秀奖
瑞丰钧窑	平安富贵壶	优秀奖
瑞丰钧窑	福满乾坤壶	优秀奖
宇航瓷业	禅堂壶	优秀奖
茗钧堂	方圆壶	优秀奖
福雨钧窑	龙首壶	优秀奖
福雨钧窑	龙首壶	优秀奖
钧天工坊钧窑	圆满壶	优秀奖

生产厂家	品名	奖项
大唐钧窑	春韵	优秀奖
向阳钧窑	雅心壶	优秀奖
向阳钧窑	龙旦壶	优秀奖
华神钧窑有限公司	圆满壶	优秀奖
九州钧窑	三足壶	优秀奖
王军钧窑	高足壶	优秀奖
灵魂创作	东方明珠 1	优秀奖
向阳钧窑	增福壶	优秀奖
向阳钧窑	弦音壶	优秀奖
金堂钧窑	四季如意	优秀奖
聚宝钧窑	润珠壶	优秀奖
任氏瓷业	无量壶	优秀奖
大唐钧窑	夏韵	优秀奖
坪山钧窑	友谊壶	优秀奖
钧天工坊钧窑	蛟龙出海	优秀奖
任氏瓷业	提梁壶	优秀奖
翰翌钧窑	茶壶（手拉坯）	优秀奖
钧西钧窑	古韵壶	优秀奖
金堂钧窑	风润吉祥	优秀奖
大唐钧窑	秋韵	优秀奖
大唐钧窑	春韵	优秀奖
御钧窑	华夏团结壶	优秀奖
钧丁钧窑	感恩壶	优秀奖
金丰钧窑	皇冠壶	优秀奖

【第六届河南省工艺美术大师颁发证书】 2012年5月23日上午，河南省工业和信息化厅召开大会，为河南省人民政府授予的102名第六届河南省工艺美术大师颁发证书。中国工艺美术大师王少卿、吴元全、孔相卿，河南省工艺美术行业协会理事长张玉蟲参加了会议。河南省18个省辖市和10个省直管试点县工信部门的领导和相关行业协会参加了会议。

河南省陶瓷玻璃行业管理协会

【河南省陶瓷艺术大师授牌仪式】 2012年6月16日在河南省人民大会堂举行，中国陶瓷工业协会理事长何天雄、中国陶瓷工业协会副秘书长侯文全、河南省国资委原监事会主席刘承祯、河南省陶玻协会会长王爱纯、河南省财贸轻纺烟草工会主任李国华、河南省财贸轻纺烟草工会副主任汪中原、河南省陶瓷专家徐国桢等出席。

河南省陶瓷艺术大师授牌仪式现场

会上，刘承祯致欢迎词。何天雄作重要讲话，对河南陶瓷近年取得的成就表示肯定。王爱纯宣读了河南省陶瓷玻璃行业管理协会关于授予杨晓峰等同志河南省陶瓷艺术大师荣誉称号的决定及关于授予候晓娟等河南省青年陶艺家的决定。29位同志被获授河南省陶瓷艺术大师荣誉称号，分别：为张文建、晋艳红、张玉凤、董国保、王学峰、姚瑞平、樊伟、朱金奇、于乐土、温红超、赵全忠、朱法喜、李录生、朱海玉、刘晓明、刘志军、杨晓锋、张大强、张天庆、高丙建、薛新庆、王丽峰、李振林、杨玉中、刘永召、任继伟、李德汉、李景州、牛明杰。12位同志荣获河南省青年陶艺家荣誉称号，分别是：晋晓红、苗兵兵、郭杰、候晓娟、娄高强、杨晓永、蔡东旭、曹贺英、苗见旭、刘照宇、姜晓斐、朱宇峰。

授牌仪式上，王爱纯会长向禹州市陶瓷局局长杨俊贤颁发河南省陶瓷玻璃行业管理协会副会长聘任证书。李国华主任向河南省陶瓷艺术大师霍福生颁发了“五一”劳动奖章及证书，汪中原向苗幸伟等颁发了河南省陶瓷行业技术能手证书。

本届评出的河南省陶瓷艺术大师最大年龄73岁，最小42岁平均年龄在52岁。全部是为行业工作多年，在行业中有一定影响力及重要作用的会员单位的创作、设计、生产人员。本次参加评审共89人，最终确定29位省艺术大师。有8人通过强化培训与补考。涉及的瓷种有钧瓷、官瓷、绞胎瓷、钧瓷、汝瓷、鲁山花瓷等。

本届河南省陶瓷艺术大师考评分三次考试、三次评审，是对参评人员的全面考评，除了要求大师有20年从业年限，成绩突出者破格入选，但最低不少于15年的硬性限定外，还要求大师具有良好的综合素质，所以大师考评分为：理论考试、现场创作、作品效果、工作年限、社会贡献、知名度、人才培养、获奖及专利、其它荣誉九项评审，总分为1000分，其中工作年限占200分。

本届大师评审专家有：段勇、徐国桢、杨文宪、付中承、郭爱和、封鉴秋、梅国建、文国政、刘果岭、郭杰、董广兴、杨德林、王爱纯等十三人。

【2012“金鼎钧窑杯”河南省陶瓷营销技能大赛暨“中原之星”陶瓷创意设计大赛】 2012年12月，由河南省财贸轻纺烟草工会和河南省陶瓷玻璃行业管理协会共同主办的2012“金鼎钧窑杯”河南省陶瓷营销技能大赛暨“中原之星”陶瓷创意设计大赛在河南省工艺美术学校隆重举行。

本次大赛旨在考核选手对整个经营理念、销售流程和应对不同类型的顾客所表现出的营销技能与技巧的运用和掌握能力。同时要求参赛选手具有娴熟的语言沟通技巧和灵活恰当的应变能力。报名参加本次大赛的有来自全省的众多陶瓷企业，其中禹州市钧瓷企业参加陶瓷营销技能大赛的营销人员有70余人，这次大赛紧扣提高营销人员在营销技能方面知识提高的主要任务，通过各个环节比赛充分向大家展现了精彩的营销世界，同时也充分锻炼和提高了所有参赛选手在营销方面的能力，使选手在营销方面的能力提升了一个层次。大赛过后组织单位将对参赛选手所在企业状况及选手本人在对企业的贡献等进行考评，按文件规定，最终选拔一名选手申报“河南省五一劳动奖章”前三名申报河南省技术能手，前十名授于2012年度河南省陶瓷行业技术能手，前二十名授予2012年河南省优秀营业员称号。

本次“中原之星”陶瓷创意设计大赛评出一大批出类拔萃的优秀作品，此次参加评展的作品种类齐全，包括：钧瓷、汝瓷、三彩、黄河澄泥砚、建筑瓷、卫生瓷等门类共计七百余件作品，禹州市陶瓷工业局选报79件钧瓷作品，它们从创作理念、技艺水平、窑变色彩等方面都代表了钧瓷近代的最高水平，是不可多得的优秀作品。经过专家认真评选，120件优秀作品脱颖而出，最终评选出金奖9件、银奖10件、铜奖13件、优秀奖16件。其中禹州市钧瓷作品荣获6金。

附：禹州市获奖名单、名次及作品奖项

河南省陶瓷行业技术能手（以总成绩名次为序）

第四名：彭钊（男）河南大宋官窑瓷业有限公司

第五名：赵 娜（女）禹州市华神钧窑有限公司

第六名：卢 三（男）钧兴卢钧有限公司

第七名：吴文利（女）禹州坪山钧窑有限公司

第八名：王晓果（女）禹州市晋家钧窑

第九名：候小燕（女）河南日美卫浴有限公司

河南省优秀陶瓷营销员（以总成绩名次为序）

第十一名：罗冬梅（女）河南大宋官窑瓷业有限公司

第十二名：杨仪函（女）禹州坪山钧窑有限公司

第十三名：严新明（男）禹州市金鼎钧窑有限公司

第十六名：冉军法（男）禹州市冉家钧窑有限公司

第十七名：杨红娜（女）禹州坪山钧窑有限公司

第十八名：陈龙飞（男）禹州市华神钧窑有限公司

第十九名：任庆辉（男）鼎盛钧窑

2012“中原之星”作品获奖名单

作品名称	设计单位	备注
将军盔	金鼎钧窑	金奖
手拉荷叶洗	晋家钧窑	金奖
虎头瓶	吴氏瓷业	金奖
羊头尊	东升钧窑	金奖
瑞泽四海	百年卢钧	金奖
钧瓷·如意樽	大宋官窑	金奖
国威鼎	宗贤钧瓷坊	银奖
罗汉瓶	翰翌钧窑	银奖
刘海戏蟾	坪山钧窑	银奖
牛定乾坤	大宋官窑	银奖
花好月圆	天地人钧窑	银奖
弦纹洗	钧丁钧艺	银奖
天球瓶	华神钧窑	银奖
长城韵	冉家钧窑	银奖
洗糟	河南日美卫浴有限公司	铜奖
故乡情	金堂钧窑	铜奖
手拉天球瓶	国粹钧窑	铜奖
三羊开泰	鼎盛钧窑	铜奖
九龙樽	珍艺瓷坊	铜奖
容瓶	亨盛钧窑	铜奖
大运龙尊	晋家钧窑	铜奖
节节高	宇航瓷业	铜奖
乾坤如意	神火钧窑	铜奖
蜗牛体	尹家钧窑	铜奖
笔洗	东升钧窑	优秀奖
太平尊	晋家钧窑	优秀奖
九龙大花瓶	吴氏瓷业	优秀奖
祥龙尊	天地人钧窑	优秀奖
井栏六方壶	茗钧堂	优秀奖
龙虎尊	冉家钧窑	优秀奖
金瓜瓶	华神钧窑	优秀奖
钧瓷禅堂壶	宇航瓷业	优秀奖
前途如意	中华钧窑	优秀奖
龙凤呈祥	珍艺瓷坊	优秀奖
兽耳尊	钧丁钧艺	优秀奖
和谐鼎	亨盛钧窑	优秀奖
海洋之心	金鼎钧窑	优秀奖

禹州市陶瓷工业局

【钧瓷市场整顿】 2012年初，禹州陶瓷局及早着手，早准备，把2012年确定为“钧瓷行业生产经营秩序规范整顿”年，把企业办理“三证”——工商营业执照、税务登记证、组织机构代码证作为工作主线常抓不懈。借助市工商局“春风行动”之大好时机，全面排查登记。上半年，市陶瓷局市场监督检查大队出动车辆30余次，人员100余人次对禹州市区及神垕镇的钧瓷厂家及店面进行全面的摸底登记，对现有企业进行分类建档，实行规范管理。进行媒体公示。3月初，在禹州钧瓷频道上公示了首批证照齐全，照章纳税的合格企业，并将公示内容以文件形式印发于禹州钧陶瓷企业，采取有效措施，促进企业逐步纳入依法经营，照章纳税发展轨道。明确奖惩措施。对证件已经办齐并照章纳税的企业，在宣传、政策、生产经营等方面给予支持，对参展参评、申报职称、荣誉称号等方面给予优先考虑，优先纳入“禹州钧瓷”证明商标发放范围；对无证经营或证照不全的企业，督促限期办理缺项手续，对促而不办，我行我素者，陶瓷局在各类活动中不予支持。截止12月底，禹州市陶瓷行业已有63家企业办齐了工商营业执照、税务登记证、组织机构代码证等相关证件，其中2012年新增办理相关证件企业有23家。

【钧瓷手拉坯雕塑技能大赛】 10月9日，在禹州市举办第五届职业技能大赛活动，由市陶瓷局承办的禹州市钧瓷手拉坯雕塑技能大赛在神垕镇金鼎钧窑举行，手拉坯和雕塑设计两项技能大赛共有参赛选手122人，其中手拉坯72人，雕塑设计50人，经过一天的激烈角逐，产生一等奖2名，二等奖4名，三等奖6名。

【陶瓷企业创名牌战略】 根据禹州市委、市政府的要求，扩大钧瓷产业，提升钧瓷企业知名度，打造名牌钧瓷企业，提升钧瓷文化，经多方努力2012年全市钧瓷企业升级改造有了较大的提升，建设新厂，改造老厂，美化、靓化企业的步伐较大，一大批钧瓷企业完成改造升级任务，如：孔家、荣昌、星航、神州、金堂、苗家、天合坊、坪山、华泰、宇航、华艺、御钧斋、钧华艺等都投入较大精力和资金，使企业形象产品、质量等都有了较大的改善，新建了一批企业，如晋家、神后钧缘阁、金鼎、神工等进行新建和搬迁，许多中小钧瓷企业也都进行了较大的改造和提升，钧瓷企业整体形象明显提高。为了增强禹州陶瓷企业在国内、国际市场的竞争力，拥有自己的知识产权和核心竞争力，加快陶瓷企业技术创新和产品更新换代能力，根据市政府《关于进一步推进“质量兴市、名牌兴业”活动实施方案》，鼓励企业积极地申报省级、国家级名优产品，并予以重奖。陶瓷工业局抓住这一契机，大力实施领导班子成员联系限额企业制度，局领导班子成员，经常深入企业走访调研，积极为企业解决发展中遇到的各种制约问题，外商投资陶瓷企业在发展中遇到的“瓶颈”问题，如企业用工、用电、市场销售的问题；引导扶持几家小型陶瓷企业走技改之路，龙头企业加速陶瓷产品的上档升级，鼓励推荐陶瓷行业有实力的龙头企业树立品牌意识，实施名牌战略，走创名牌之路，加快陶瓷产品的技术创新，带动禹州整体陶瓷产业的发展。这对我市陶瓷产业改造升级，实施新的跨越，推进经济持续快速发展具有重要意义。

功夫瓶

玄纹太白尊

橄榄瓶

小口聚福瓶

（长庄大唐钧窑/张冠军作品）

河南省钧瓷文化旅游试验区建设

试验区管理

【钧瓷文化旅游试验区建设概况】 2012年，禹州市积极引导钧瓷企业规范提升发展，尤其是通过评选钧瓷文化旅游示范企业，使钧瓷企业的文化旅游形象显著提升，社会责任意识明显增强。大力宣传弘扬钧瓷文化，精心打造神垕古镇，“禹州钧瓷”荣获许昌市十大城市品牌殊荣，钧瓷文化产业被央视《新闻联播》宣传报道。钧瓷技艺的传承保护力度不断加强，钧瓷烧制技艺申报世界非物质文化遗产工作稳步推进。2012年，钧瓷凭其厚重的文化内涵频频被选为“国礼重器”亮相于重大场合，以中原壶为代表的钧瓷实用品为钧瓷作品开拓了一个崭新而巨大的市场空间。

【钧瓷文化宣传推介】 与《河南日报》、《许昌晨报》、《禹州通讯》、禹州网、禹州电视台等媒体积极合作，宣传报道钧瓷文化产业和名家名窑名品；与郑州地铁公司积极沟通，成功将钧瓷文化作为四大文化主题之一；力促禹州孔家钧窑与郑尧高速合作，在郑尧高速禹州服务区设立第一家禹州钧瓷博览园；孔家钧窑作为中原经济区一百张文化名片之一被《河南日报》整版报道。同时，积极配合央视拍摄《钧窑神韵》、《瓷路》等大型纪录片；组织钧瓷等专家学者参加电视剧《窑变》剧本创作座谈会，对著名剧作家王宛平创作的《窑变》剧本大纲提出了一些富有建设性的意见和建议。另外，成功举办了“2011年度最具媒体影响力钧瓷作品”、“2012年钧瓷贺岁作品”等评选活动，推动钧瓷企业不断创新作品类型、提升文化内涵。同时，积极组织钧瓷企业参加第八届中国（深圳）国际文化产业博览交易会、第七届中国北京国际文化创意产业博览会、第六届国际三国文化旅游周以及2012“华韵韩风”中韩陶瓷艺术中原首展、钧瓷纪念扑克首发

星航钧窑被评为国家“非遗”生产性保护基地

仪式、第二届全国钧瓷藏家珍品展等活动，提高钧瓷对外的知名度。

【钧瓷文化传承保护】 配合有关部门加大各级工艺美术大师、非物质文化遗产钧瓷烧制技艺代表性传承人和生产性保护基地申报力度，杨国政荣获中国工艺美术大师称号，任星航、孔相卿、苗长强3人被评为“国家级非遗项目（钧瓷烧制技艺）代表性传承人”，杨志钧窑、星航钧窑被评为“国家级非遗生产性保护示范基地”；组织孔家钧窑、星航钧窑、杨志钧窑等9家钧瓷企业参加“中国非物质文化遗产生产性保护成果大展”；成功举办了“大宋官窑复烧北宋钧官瓷鉴定会”，受到国内著名陶瓷专家、学者的高度肯定。

【钧瓷文化旅游示范企业评选活动】 2012年，禹州市人民政府和许昌市钧瓷文化产业园管理办公室主办“禹州市钧瓷文化旅游示范企业评选活动”。活动依据“五好十有”百分制标准对钧瓷企业进行严格评选（即社会形象好、品牌效应好、传承创新好、经营管理好、旅游接待好、有规模、有纳税、有专利、有奖项、有大师、有创新、有特色、有三证、有讲解、有配套），全市40多家规模钧瓷企业参加评选。活动的举办有力提升了钧瓷企业在企业形象和纳税意识。活动开展前，全市186家钧瓷企业办理“三证”的仅有40家；活动开展后，21家钧瓷企业到相关部门办理了“三证”。同时，许多钧瓷企业积极按照“五好十有”标准提升企业形象，其中，金鼎钧窑为争创示范企业，投资600余万元对金鼎钧瓷艺术馆进行了高规格、高档次装修。

【项目建设】 2012年，坚持“重在提升”的发展思路，立足于文化平台打造钧瓷“名家”、“名窑”、“名品”，按照文化旅游接待标准不断提升钧瓷企业文化旅游形象，取得良好成效。神垕钧瓷文化创意产业园一期基础设施建设基本完成，已吸引了40余家钧瓷企业入驻。总投资3.2亿元的华神钧窑正式开业；投资1.5亿元建设的孔家钧窑中国钧瓷文化苑主体工程天成阁基本完工；投资2000余万元的金鼎钧瓷艺术馆正式开馆；计划投资2000万元的亨盛钧窑文化艺术苑主体工程已完工。

神垕老街规划图

神垕古镇建设

【神垕镇经济运行概况】 2012年，神垕镇依托产业优势、文化优势和资源优势，加大项目建设和招商引资力度，加快产业结构调整和经济发展方式转变，努力实现全镇经济可持续发展。凤阳山新型农村社区、华神钧窑二期（度假村）、汇宇食品等一批重大项目进展顺利。全镇新建、技改、扩建、续建项目共46个。其中：新建项目24个，技改项目9个，扩建项目8个，续建项目5个，计划总投资16.79亿元，完成投资16.84亿元，其中：投资在1000万元以上的17个，固定资产投资15.03亿元，招商引资完成5.2亿元，全镇工业总产值达到45.41亿元；财政一般预算收入累计完成5123.7万元，农民人均纯收入达到10473元，银行储蓄余额近9.2亿元。

【新型城镇化加速推进】 2012年，神垕镇按照建设特色小城市的发展目标，根据“两区两带，双向转移、城乡一体”的总体思路，采用“全域+重点”的规划理念，先后邀请中科院、上海同济城市规划设计研究院、河南省豫建设计院等知名规划设计单位，高起点、高标准编制完成了《神垕镇中心镇区控制性详细规划》、《凤阳山新型社区规划》、《钧瓷文化街规划》、《神垕镇老街旅游开发修建性详规》等各种策划规划，《神垕镇总体规划》修编于10月底调整到位，规划体系逐步得到完善。强调镇规委会作用，对新编制规划进行严格的审查和论证，确保规划的科学性、严肃性和可行性。

凤阳山新型农村社区进展顺利，社区内幼儿园主体已完工，跨河大桥、西门外道路投入使用，一期居民安置房主体工程已完工，南区三栋住宅楼主体工程基本完工。郗庄新型社区和翟村新型社区正在加快规划编制工作。同时，老镇区利用拆迁改造，有效利用土地，实现连片开发，建设中小型居民社区，南大灵泉花苑小区、北大伴山庭院小区、锦绣天地小区已于2012年7月份正式启动，正在加快推进建设。通过新型农村社区建设和老镇区拆迁改造，神垕群众的居住条件和生活环境将得到很大改善。

按照“产城融合、城乡一体”的发展思路，以解决群众就业为基础，坚持以产业支撑带动发展，不断加快推进钧瓷文化创意产业园和北部陶瓷工业园两个产业聚集区建设。占地面积2000亩的钧瓷文化创意产业园一期基础设施建设基本完成，位于产业园核心区域的晋家钧窑、华神钧窑、神工钧窑、万迪钧窑等40余家钧瓷文化企业已经完成建设或正在建设；规划面积4平方公里的北部陶瓷工业园一期水、电、路、通信等基础设施基本完工，已正式入驻陶瓷企业4家，其中两家已开工建设。规划和建设中的三个新型农村社区毗邻产业聚集区，新型农村社区和产业集聚区建成后，新型农村社区可以为产业集聚区提供大量的劳动者和土地资源，产业集聚区的建设可以有效解决失地农民的就业问题，从而推动新型城镇化健康、持续发展。

2012年，先后完成神彩路拓宽改造和乾鸣大道、神钧大道、钧都北路的翻新铺油工程，完成镇区供水管网三期工程的各项扫尾工作，镇区主干道沿线的水表入户已全部完成。完成水厂改制和纸坊水库饮水项目，加快推进南水北调神垕段支线工程，解决群众用水问题。110千伏变电站已投入使用，有效缓解镇区用电紧张问题。积极谋划实施肖河治理工程，打造优美的穿镇景观水系。城镇功能得到不断完善，为神垕下一步发展奠定了坚实的基础。

神彩垕街入口设计效果图

【大力发展文化旅游】 以钧瓷文化和神垕古镇为载体，坚持文化旅游融合发展，着力增强文化软实力，将钧瓷文化产业与旅游产业有机结合，实现齐头并进，协调发展。实施历史文化街区保护工程，成立老街房屋流转办公室，采取“以奖代补”的形式积极开展老街院落招商和租赁工作，突出“义兴公”示范带动作用，打造老街旅游亮点和支撑。实施钧瓷品牌带动战略，鼓励企业做大做强，突出钧瓷高端路线，主推手工作品、大师作品、名窑作品，提升钧瓷文化影响力。推进钧瓷文化企业上档升级，先后有大宋官窑、坪山钧窑、隆泰钧窑、金鼎钧瓷艺术馆、华神钧窑二期等文化项目完成升级改造，进一步提升了钧瓷文化的品位，也为钧瓷行业发展注入了新的活力。精心组织编排大宋官窑开窑仪式、祭奠窑神仪式等传统文化演出，文化旅游融合发展的趋势进一步加快。大力宣传钧瓷文化，积极运作钧瓷国礼，钧瓷文化影响力越来越大。

钧官窑址博物馆

【钧官窑址博物馆工作概况】 2012年，禹州钧官窑址博物馆坚持以弘扬钧瓷文化为主线，以宋钧官窑遗址本体保护开发为载体，以文物征集、陈展为抓手，谋划宋钧官窑遗址本体保护开发重点项目建设，联系文物、规划等相关部门，组织编制宋钧官窑遗址本体保护展示方案和宋钧官窑遗址保护规划，推动博物馆提档升级工作。

博物馆利用自身优势积极与上级主管部门联

系，开展项目申报工作，争取获得上级资金支持和政策支持。申请成立河南古陶瓷博物馆，省文物局已正式批准。

博物馆文物征集、藏品管理、展品陈列、标本陈列稳步推进，并取得良好效果。与河南省考古研究所沟通联系，借展了1974年发掘出土的瓷片标本及其修复器形，使博物馆展线的更加完整。

博物馆讲解接待服务水平进一步提高，取得良好的社会效果。完善宣传资料的领取与配发工作和向导、团队参观的预约工作，保证博物馆对外宣传的需要，满足游客的咨询需求。搞好工艺研发，保证重要接待的协助制作工作。举办中国工艺美术大师刘富安钧瓷精品展，使博物馆的展览档次得到提升。完善基础配套设施建设，实施博物馆馆区及周边地区的绿化工程，对馆区内的绿化苗木进行了高标准养护，使博物馆对外形象得到显著提升。

20世纪60年代钧瓷陈列

【安全防范工作】 安全是博物馆始终要坚持的首要任务，2012年，专门邀请消防队战士，组织全馆工作人员进行了消防基础知识学习和消防实地演练。通过理论学习和实际动手操作，大大提高了博物馆职工的消防安全意识；加强文物安全和消防安全基础设施建设，完善安防人员安防装备的合理配备，做到技防、人防、物防三者有机结合；建立完备的职、责、权管理体系，使相关人员明确各自承担的责任和权利。

【钧瓷文化弘扬】 2012年国庆、中秋双节期间，博物馆共接待观众5万多人次；5月18日是第36个国际博物馆日，博物馆以“博物馆、钧瓷文化与城市发展”为主题，制作宣传展板并发放宣传单，积极宣传《文物保护法》、《国务院关于加强文化遗产保护的通知》、《博物馆管理办法》等有关法律法规、政策性文件，以及宋钧官窑遗址的发现、发掘及保护，钧瓷文化弘扬与钧瓷文化产业现状报道等。同时，结合文物征集工作进行宣传博物馆的职责和功能，增强公众的文物保护意识，使广大群众更加关注本土文化及保护文化遗产的重要性；6月9日是第七个世界遗产日，博物馆采取相关应对措施，延长博物馆的开放时间，免费为20人及以上团队提供讲解服务，引起了社会各界的高度关注，取得了轰动的社会效应，极大提升了钧瓷文化的影响力。为进一步完善、提高新馆开放服务水平，结合实际情况，博物馆面向社会公开招募了10名志愿者，经培训上岗后，志愿者协助担负讲解服务等工作。另外，充分利用传统媒体和网络媒体，大力弘扬钧瓷文化。充分发挥禹州钧官窑址博物馆门户网站的宣传作用，有力地提升了钧瓷文化和博物馆的知名度和影响力。

【业务交流】 2012年，博物馆组织参加多次专业交流活动和相关业务培训。先后三次组织馆内有关部门职工到洛阳市博物馆、龙门石窟、周定王陵、河南省博物院等地参观学习。

2012年5月份，选送了讲解员陈丹丹、武洋洋参加省文物局组织的河南省第四届讲解员大赛，两人最终分别获得中文组三等奖和英文组三等奖。2012年10月份，博物馆讲解员王瑶代表许昌参加了省旅游局组织的河南省第二届导游员（讲解员）大赛，获得讲解二等奖和才艺一等奖，被省旅游局、省总工会授予“河南省旅游行业技术能手”称号。

钧瓷艺术馆

【张敏钧瓷艺术馆】 张敏钧瓷艺术馆位于禹州市钧官窑路中段，由豪诚瓷业有限公司投资兴建，2005年建成开馆。该馆建筑总面积600多平方米，以收藏钧瓷精品为起点，展出各类钧瓷2000余件，其中中国工艺美术大师作品、中国陶瓷艺术大师作品及国礼级作品二、三百件，省级大师作品及各家名窑钧瓷珍品600多件，其他精品钧瓷1000多件。张敏钧瓷艺术馆以不俗的艺术品位、丰富的文化内涵赢得了各钧瓷窑口的大力支持社会的广泛赞誉。展品多次被中国国家博物馆、故宫博物院等部门收藏，多次被指定为高端礼品赠送国际友人。

张敏钧瓷艺术馆珍品厅

张敏钧瓷艺术馆大师作品展厅

【天地人钧瓷艺术馆】 位于神垕镇暴沙路口，2012年建成。建筑面积300平方米，展示钧瓷珍品300多件，包括宋代、元代、清代、新中国“厂窑”时期及当代柴烧钧瓷作品。2012年，馆藏作品“仿宋天青釉折沿碗”受到故宫博物院研究员耿宝昌的高度赞赏并收藏。当代柴烧作品多件被中国工艺美术协会理事长周郑生、中国陶瓷工业协会理事长何天雄、清华美院教授张守智等领导和名人收藏。

天地人柴烧珍品

天地人柴烧大花瓶

【国粹钧瓷艺术馆】 国粹钧瓷艺术馆位于神垕镇解放路中段，2012 年建成开馆。艺术馆有三层，总建筑面积为 800 余平方米，馆藏各类造型钧瓷二百多种，3000 多件，以国粹钧窑生产的柴烧、煤烧钧瓷珍品、精品为主。艺术馆地下展厅为珍品厅、一层为精品厅、二层为非卖品展厅，主要展品包括国礼作品《奥运尊》、《雄鹰尊》、《金蛇盘福》、《水月观音》、大挂盘、1.5 米高弥勒佛造像等。

国粹钧瓷艺术馆精品厅

国粹钧瓷艺术馆非卖品展厅

职业教育

【人才队伍建设】 2012 年，禹州市陶瓷局以许昌市陶瓷职业学院为依托，与高等院校合作，大力培养本土人才，创办陶瓷职业培训机构，形成学校培育设计、造型、机械、烧制、工艺、釉色、材料等专业人才，培训机构培养熟练工人的人才培养体系；借助禹州市在 9 月份举办第五届职业技能大赛活动的有利时机与人社局等部门配合，作好陶瓷手拉坯、陶瓷造型设计参选参比有关工作。积极开展新产品评比和职业技能大赛等活动，促进从业人员成长和提高；积极引进专业人才，创造优良环境，吸引国内外知名陶瓷名家和大师到禹州设立工作室，大力引进钧瓷企业所需各种高层次人才。

利用钧瓷文化节平台，邀请各大瓷区及国内外知名专家、学者、企业家、收藏爱好者与会参与研讨交流。举办钧瓷研修班，邀请北京大学陶瓷系教授等国内知名陶瓷专家来禹授课，研修班结束后，许多学员表示学习的课程对工作帮助很大，希望定期举办培训班。组织钧瓷厂家参加钧瓷文化台湾行、香港行等活动，通过与其他瓷区人士和国内外收藏家、艺术家进行沟通交流，丰富并提高了钧瓷界人士的发展思路和视野。

不断加大钧瓷行业技术创新和新产品开发力度，积极引进资金、人才和高新技术，不断充实提升钧陶瓷企业工艺水平，在开发新产品、提高产品科技含量上下大功夫，使产品在品种和档次上取得一个新的突破，提高企业市场竞争力，使钧陶瓷行业整体工艺水平得以大幅度提高。

为更好服务于企业，解决钧陶瓷企业现阶段用工荒、用工难等问题，陶瓷局与许昌陶瓷职业学院商定特举办禹州市第一届钧陶瓷行业人才供需双向选择招聘会，招聘会在陶瓷学院举行，参加招聘企业 40 家，应聘毕业生共 417 人，雕塑艺术设计专业 68 人，艺术设计专业毕业生 92 人，财务管理专业毕业生 147 人，其它房地产经营等专业毕业生 110 人。供需双向选择招聘会有效解决了企业用工荒、用工难的问题，也同时给大学应届毕业生提供极好的进入钧陶瓷企业的平台。

【许昌学院与大宋官窑牵手联姻】 1 月 5 日上午，许昌学院与河南大宋官窑瓷业有限公司在许昌学院举行了校企战略合作协议签约暨产学研合作基地揭牌仪式。

根据协议，双方商定依托许昌学院优势资源，通过在许昌学院设立“大宋官窑奖学金”，成立大宋官窑造型设计艺术中心、研发实验室，进行有效的资源整合，建立行业标准，推动科研成果产业化，建立紧密型合作的长效机制，将传统陶瓷行业做大做强，同时也为大学生实习、实训、就业提供更多空间，实现校企双方互利共赢。

文化宣传

【《中原手造》钧瓷系列推介活动】 5月26日，由河南省工艺美术行业协会、河南电视台、郑州大学美术学院联合举办的《中原手造》钧瓷推介系列节目在郑大美术学院举行开机仪式。河南省人大常委会原副主任、省工美协会名誉会长贾连朝及郑州大学、省工美协会、省电视台的有关领导出席开机仪式。

《中原手造》钧瓷推介首期节目同时录制。点评专家分别为郑州大学美术学院艺术陶瓷研究所所长孙晓刚、许昌学院美术学院院长王雨、河南大学陶瓷文化研究院院长王洪伟。河南省陶瓷及新闻界、禹州市部分行业领导及专家田任午、郭爱和、于茂世、杨俊贤、霍宝宏、孙彦春、吴松木等10人为特邀嘉宾，郑大美术学院全体师生参加了推介活动。

首期节目共推出4位钧瓷大师10件（套）钧瓷茶具作品。一次淘汰2件，经过3次评选，评出4件优胜作品。最后，孔家钧窑中原套壶、情满壶、光明壶，东升钧窑竹韵壶获奖。

【中原陶瓷艺术（孔相卿、郭爱和）双人展】 2012年9月20日，由河南大学黄河文明与可持续发展研究中心中国陶瓷文化研究所主办的“中原陶瓷艺术（孔相卿、郭爱和）双人展”在河南大学开幕。河南省工艺美术行业协会理事长张玉蟲在开幕式致辞。

据不完全统计，河南的艺术陶瓷品种有12个，分布在7个省辖市。美术瓷有钧瓷、汝瓷、官瓷、花瓷、绞胎瓷、紫金瓷。美术陶有洛阳三彩、澄泥艺术品、汝陶、紫砂陶、黑陶、仰韶彩陶。中国工艺美术大师孔相卿和中国陶瓷艺术大师郭爱和的陶瓷艺术双人展的成功举办，对中原陶瓷，乃至中国陶瓷都有着深远的历史意义和很强的实践意义。

孔相卿先生是探索钧瓷窑变的领军者，他遵循马克思主义哲学的认识论，一次又一次捕捉钧瓷窑变的偶然现象，总结其产生的规律，然后再运用到生产实践。铜系青蓝釉的成功创烧，就是他实践的结晶，具有历史性、革命性和划时代的意义，其经济意义和社会意义不可估量。

郭爱和先生通过实践，运用科学的时空观，提练了洛阳三彩的概念，建立了洛阳三彩的谱系，在洛阳三彩的谱系中，又创新增添了三彩釉画，做为一个画种来引领洛阳三彩的发展，使洛阳三彩有了广阔的发展空间和产业前景。

【第二届钧瓷柴烧日活动】 2012年6月8日，

第二届钧瓷柴烧日活动在星航钧窑举办。活动由河南省文化厅、许昌市文化新闻出版局、禹州市人民政府主办，禹州市文化和广播影视局、星航钧瓷有限公司承办。文化厅副厅长崔为工，非遗处处长甘源，河南省工艺美术行业协会理事长张玉骉，河南省非物质文化遗产保护中心主任裴景岭、许昌市文化新闻出版局局长张琳，禹州市市长王友华，政协主席董立民，有关专家高天星、刘景亮、尚春生等参加了活动。

任星航创办的“钧瓷窑炉博物馆”根据禹州北宋钧官窑遗存和窑炉建造原理，复活了宋代柴烧钧瓷窑炉和宋代柴烧钧瓷技艺，恢复了自唐以来历代钧瓷窑炉20座，成为钧瓷界“活态传承，重在落实”的典范。

本届钧瓷柴烧日活动有柴烧作品展示，国家级非物质文化遗产生产性保护示范基地授牌仪式，新型节能环保型柴烧窑炉点火等展示、观摩项目。

【“炉钧传人”张自军炉钧作品研讨会】 2012年12月30日，由全国钧瓷收藏家联谊会主办，河南珍宝馆、炉钧张工作室承办的“炉钧传人”张自军炉钧作品研讨会在禹州市神垕镇举行，同时还举行了“国宝”第三辑《张自军钧瓷珍品集》首发式。来自全省各地的近30位陶瓷研究专家实地观看了张自军柴窑开窑仪式，同时观看了张自军从艺以来30多件炉钧珍品。展示的炉钧作品釉面温润古朴、浑厚内蕴，釉色丰富，以蓝、绿、红色调为主体，多结晶体，窑变丰富，色彩斑斓，收到与会人员的高度赞扬。

《张自军钧瓷珍品集》首发式

炉钧是钧瓷烧制的一种方法，是钧瓷恢复的先驱，在过去相当长的一段时间内起到了承前启后的作用。从清末经民国再到新中国钧瓷的恢复，多以烧制炉钧为主，直至1958年．地方国营禹县神垕钧瓷厂成立，通过风箱炉小窑进行了100多次的试烧，初步总结出了窑变呈色的规律，才转入大窑烧制，炉钧逐渐淡出人们的视野。2000年以后，随着钧瓷业的发展，炉钧作为钧瓷的一个品种又得以恢复。其烧制方式有两种：一是基本按照传统方式烧制，每炉坚持烧1－2件作品。另一种则是按照炉钧的釉料配方工艺，在倒焰窑中烧制，每窑可烧数十件作品。

张自军（号炉钧张），1953年12月生于禹州市神垕镇，先后师从钧瓷老艺人王凤喜（又名王喜娃）、孔铁山、卢正兴、任坚学习钧瓷制作、窑炉设计、配釉和烧成，1976年，跟随天津美院王麦杆、王之江、王家斌等老师学习陶瓷设计艺术与雕塑，1978年6月，到中央工艺美院、中央美院特训班跟随梅建鹰、高庄等老师学习造型设计，1980年到轻工业部总公司美术陶瓷设计培训班跟随金宝升、张守智、吕晓庄等老师学习造型设计及工艺结业。

张自军致力于炉钧的烧制、传承和创新，取得了巨大成绩。他还采用升焰式窑炉，使用木制风箱煽火，炭烧，一炉一器，烧制技艺独特，难度大，成为河南省一项重要的民间文化遗存。张自军延续这一传统的民间工艺技术，并收徒传艺，使之免于消亡，对钧瓷事业的继承发展有着深远影响。

张自军还执著于钧瓷文化的创新和发展，他的钧瓷作品先后获得许多奖项。1993年在古钧一厂期间，试制出的钧瓷“蚯蚓走泥纹釉”被有关钧瓷厂家效仿。2000年，他试制的窑变金星天目釉，得到清华大学美术学院教授张守智及吕晓庄夫妇的高度评价，称其“填补黑釉系之空白”。2006年12月，被河南省委宣传部、河南省文学艺术界联合会命名为河南省首届民间文化杰出传承人。

文化研究

【电视剧《窑变》剧本大纲研讨会】 2012年10月31日到11月1日在许昌迎宾馆召开，许昌市委常委、宣传部长王登喜主持研讨会。剧作家齐飞，黄河文明研究所副所长王洪伟，许昌学院历史学教授李俊恒，禹州钧瓷研究所所长张金伟，禹州市史志办主任、《中国钧窑志》主编孙彦春，中国工艺美术大师、孔家钧窑董事长孔相卿等11位专家学者参加研讨会。

电视剧《窑变》立足北宋末年的宋、辽、夏三国对峙的宏大历史背景，以钧窑工匠及其家族起伏跌宕的命运为线索，以钧瓷极品艰难烧造为暗线，串联起一部血雨腥风的宫廷权斗和国际角力大剧。作者以宋王室生活为主要场景，艺术的呈现钧瓷“出身高贵、皇家血统”和“不可复制性”的重要特征，凸显了宋钧的艺术魅力，符合钧瓷的艺术品格和历史地位。

剧本大纲充分体现出作者驾驭电视剧创作的能力和水平，表现了细腻而又深刻的描述情感世界的艺术水准，展示了刻画、塑造、丰富人物方面的艺术才华。

与会专家学者一致认为：电视剧《窑变》一定会推动钧瓷文化更大众化、普及性的传播，对弘扬中原人文精神，宣传河南、许昌、禹州起到十分积极的作用。同时，专家学者也提出了一些富有建设性的意见和建议。

【电视剧《窑变》创作座谈会】 2012年12月5日，中国十大名编剧之一、电视剧《窑变》编剧王宛平在许昌迎宾馆出席了许昌市委宣传部召开的电视剧《窑变》创作座谈会。

河南电视传媒发展有限总经理郝东升、许昌市委宣传部副部长王格慧、许昌市文广局局长卢子元等文化界领导同时出席会议。钧瓷界专家学者谢玉好、齐飞、李俊恒、王文亭、张金伟、孙彦春、辛丽贞、霍保宏、王洪伟、孔相卿、教之忠等参加会议。

王宛平女士认真听取了与会专家学者对剧本的意见和建议，并对剧本的编辑背景和要求作了说明：《窑变》是按照上级主要领导的指示编写的，要呈现给全国观众一部具有传奇色彩、富有钧瓷窑变魅力的情感大剧，使全国观众了解钧瓷、热爱钧瓷，提高钧瓷在全国的知名度。为实现这一目标，剧本把钧官窑与宋末高层统治者结合在一起，将历史名人赵佶、童贯、蔡京、李师师、时迁融入剧中，并加入了辽宋夏的对峙与战争故事，力求使钧瓷艺术上升到了政治与宫廷的高度，达到钧瓷窑厂与宫廷剧的有机统一。

剧本的创作经历了一年多的采风、构思和写作，大纲初稿基本符合剧作要求。

与会的专家学者充分肯定了剧本的成绩，并再次从历史事实、宋代官职、钧窑工艺、历史人物等方面提出了修该意见与建议。

【钧瓷十二兽首作品研讨会】 2012年2月29日上午在许昌市召开了“中国钧瓷十二兽首新闻发布会暨作品研讨会”。钧瓷十二兽首由禹州市大龙山钧瓷文化有限公司研制开发。园明园管理处授权该作品使用园明园商标。许昌保元堂文化传播有限公司负责销售。此次活动实现了品牌的强强联合，为创意文化产业和钧瓷的艺术化发展开辟了一条路子。

【神垕伯灵翁庙大门对联臆释】 伯灵翁庙位于禹州市神垕镇原行政大街，是一座窑神庙，俗称大庙。庙门口的青石柱子上刻有一副行书对联。上联：灵丹宝籙（箓）传千古；下联：坤德离功利万商。这副对联对仗工

神垕伯灵翁庙大门对联上联

整，独具匠心，富有地方特色，十分耐人寻味。这副对联与神垕的钧瓷制造业紧密相关，简明扼要，寓意深远。下面笔者根据自己的理解进行解释。

神垕伯灵翁庙的大门俗称“花戏楼”，因为从大门进去后回头看是一座楼阁式小舞台，上面可以唱戏。庙门口有一对青石狮子，一雌一雄，分立两边，煞是可爱。由于1957年神垕发大洪水，水从驺虞桥上漫过，流到大街上，右（西）边的狮子首当其冲，被水挪了位置，与身后刻有对联的青石柱子稍微错了点儿缝，所幸没有大碍。伯灵翁庙的庙门为半圆拱形，上面刻着“伯灵翁庙”四个大字。伯灵翁庙内原供奉有三尊窑神，一是伯灵仙翁，二是金火圣母，三是土山大王。这几位神仙均与神垕的钧瓷业有关：土山大王管制瓷原料，伯灵仙翁管制瓷工艺，金火圣母管烧制技术，缺一不可。

神垕伯灵翁庙大门对联下联

由于年代久远，对联的作者和书者已无从考证，但它留给人们的文字内容是永恒的。由于庙院是道家修炼之地，故对联中的词亦为道教术语，如关键词灵丹宝籙（箓）、坤、离等。灵丹，即灵丹妙药，也就是钧瓷神奇的釉药。灵，有灵验、神奇之意。丹，原指道家炼成的仙丹，这里借指神垕当地的钧瓷窑工千方百计、千辛万苦配制出的釉药。宝籙（箓），即世代相传、极其宝贵的制瓷秘方和工艺技术。籙，现已简化为箓，原意为道教的秘文秘录（《辞海》释义），这里借指钧瓷的秘方秘技。坤在八卦中代表地，即土地。地，土也，这里指神垕之土。俗话说“一方水土养一方人”，神垕特有的制瓷原料得天独厚，这应该感谢大自然的恩赐，这是坤（地）的德行和功劳。离在八卦中代表火，钧瓷烧制离不开火，烧窑最为关键，所以离的功劳很大。

综上所述，这副对联的意思就是：（神垕）宝贵神奇的钧瓷配釉秘方和制瓷技术世代相传，千年不息，人们以此为业；独有的原料和窑火神工烧制出钧瓷有利于万家商贾，使大家生意兴隆，财源茂盛。

由此可知，对联中的灵丹宝籙（箓），对应伯灵仙翁；坤德，对应土山大王；离功，则对应金火圣母。正是土、火、工三位一体，才造就了华夏一绝钧瓷的窑变钧魂。可见当时作者撰写这副对联时，在用词上是颇下了一番工夫的，提到了制作钧瓷的关键工艺和神垕钧瓷业对世人的贡献。这副对联不但给伯灵翁庙增光添彩，而且给钧瓷增加了独有的文化内涵。

钧窑著述

【《中国钧窑考》】 苗锡锦、苗长强著，中州古籍出版社2012年1月版。记录了作者对钧瓷考古发掘和实践的认知，也收录了一部分专家学者有关钧瓷的学术论文。书中对钧瓷的起源、宋钧台窑的发掘、钧瓷釉料的探索、釉料对纹丝和开片的影响、坯体厚薄和窑温高低与窑变艺术的关系等等，都有独到的见地。此外，本书对钧瓷名家名窑和大师们的成就和业绩也有翔实的记载。

中国钧窑考

【《钧瓷窑炉博物馆》】 王春凤等编著，中原农民出版社2012年12月版。该书由国内首座钧瓷窑炉博物馆工作人员编写。上篇介绍了钧瓷窑炉博物馆建立的历史背景、意义和馆内主要景点及各个窑炉设施的现状，并对钧瓷烧成工艺作初步探讨；下篇主要是文摘，内容涉及钧瓷大师任星航、钧瓷窑炉博物馆、民间轶闻及诗歌作品。

钧瓷窑炉博物馆

【《后土》】 庐逸著，中原农民出版社2012年12月版。这是一部历史小说，讲述了神垕夏家几代人致力于钧瓷烧制，著书立说，传承和发扬光大钧瓷传统技艺的的故事。

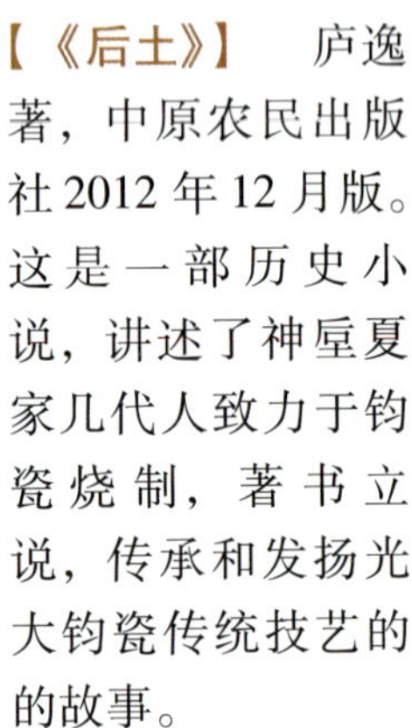

后土

【《钧瓷畅想》】 任星航著，中原农民出版社2012年11月版。该书是河南省工艺美术大师，当代钧瓷名家任星航的散文集。内容涉及他的成长经历，对艺术的最求，以及对父亲、老师、妻子的真挚感情，也谈到他与钧瓷界名人韩美林、李辉柄、苗锡锦等的交往。

钧瓷畅想

【《漫漫钧瓷路》】 林斌著，中原农民出版社2012年10月版。该书为任星航的口述自传，按照时间顺序叙述了他对父亲任坚的回忆，详细描述了自己的成长过程和自己从事钧瓷艺术道路上的所遇到的艰辛经历、成功的喜悦和自己的对未来的憧憬。

漫漫钧瓷路

【《另一种钧窑史——钧瓷技艺的手工艺人口述及地方性知识想象》】 王洪伟著，中州古籍出版社2012年7月版。该书以对禹州一线钧窑艺人、地方文化学者的访谈为基础编纂而成。内容涉及钧瓷胎釉料原料分布及加工调配、成型造型工艺、窑炉结构演化、烧成制度及原产地古钧窑址考古发现等内容，尝试以口述历史为线索，建构传统手工技艺以“口述科技史”来书写的新方法，其学术立意具一定的原创性。

另一种钧窑史

媒体传播

【河南日报】 2012年，河南日报刊登钧瓷相关报道如下：6月5日《中原壶：钧瓷产业新曙光》，记者刘海涛；6月8日《文化部钧瓷科研

基地落户禹州》，记者闫占强、吴辉；8月12日《“钧瓷泥塑”郸城问世》，记者王天定摄影报道。

【大河报】 2012年，大河报刊登钧瓷相关报道如下：1月7日《许昌学院牵手大宋官窑钧瓷有望成为细菌杀手》记者杜文育；8月7日《“如是我闻”钧瓷佛造像艺术展开幕》，实习生王惟一；8月21日《钧瓷窑变之铜系青蓝釉 谱写时代新篇章》，实习生王惟一；9月14日《钧瓷“乾元鼎”成为东盟博览会国礼》，记者杜文育；11月21日《大宋官窑：疾步钧瓷复兴之路》，记者李世顶；11月30日《北宋钧官窑在大宋官窑“复生”》，记者于茂世；12月3日《神垕卢家救活中国钧瓷》，记者于茂世；12月4日《从“卢钧”走向“共和国官钧”》，记者于茂世；12月5日《北宋钧官窑走向复兴之路》，记者于茂世。

【许昌日报 晨报】 2012年，许昌日报、晨报刊登钧瓷相关文章与报道如下：

将军神垕行	孙彦春
生肖文化与钧瓷艺术	贺文奇
一次钧瓷艺术的朝圣之旅	王利辉
钧瓷的艺术成就与传承发展	王运玺
让一线艺人口述为钧瓷技艺写真	李争鸣
规范钧瓷市场秩序	翟占锋
冰城警察的钧瓷情缘	孙彦春
元代钧瓷与宋代钧瓷的主要区别	佚 名
再现宋钧神韵续写钧瓷辉煌	刘俊民
紧抓机遇提升品质繁荣钧瓷文化产业	朱 清
孔相卿：我看钧瓷这十年	赵霁虹
推动钧瓷文化体验做强文化旅游项目	高伟山
摄钧瓷要用心去做	许 辉
钧瓷的装饰之美	殷振志
浅谈钧瓷的收藏与鉴定	吕超峰
追寻柴窑钧瓷的古典永恒	金 叶
孔家钧窑书写现代钧瓷华丽篇章	赵霁虹
让外交大使学习钧瓷文化	吕 明
钧瓷的抽象之美	尹振志
现代钧瓷史上的华美篇章	赵霁虹
香薰：粗犷钧瓷入“小品”	霁 虹
钧瓷饰品——引领钧瓷行业新潮流	王 萌
月到中秋分外明 钧瓷珍品寄乡情	吕超峰
钧瓷《九龙宝鼎》的背后	许廷合
钧瓷的保养和清洁	佚 名
“球王”马拉多纳获赠钧瓷珍品《罗汉钵》	孙 军
钧瓷要回归宋代传统	孙彦春
金堂钧瓷《鼎盛中华》亮相澳门	韩国平 黄栋栋
40余位一线钧瓷艺人口述钧窑科技史	许廷合
赵学仁：“夕阳”暖照钧瓷路	闫占强 李晓星 朱晓路
钧瓷艺人创作《现代嫦娥》赠	刘 洋 许廷合
钧瓷：壶小乾坤大	吕超峰
乾隆买钧瓷	佚 名
饱览钧瓷文化 了解工艺流程	许昌学院
细品钧瓷文化 感受名窑气息	许昌学院
走进古镇神垕 饱览钧瓷文化	佚 名
钧瓷十二兽首魅力十足受青睐	许廷合
禹州市大力实施“钧瓷文化产业人才项目”工作	王 冀 文晓东
从钧瓷看中俄两国关系的发展壮大	吕 明
美国女留学生的钧瓷情结	朱 清 金银龙
钧瓷狂人	刘向阳
钧瓷的魅力	吕超峰
出版钧瓷文化创意研究专著	王利辉
希望更多人在钧瓷田园里耕耘	张玉骉

钧瓷，让生活更美好　田　飞
刘富安钧瓷作品春拍再创新高　嵩山禅
柴烧钧瓷　苏建民
张广智调研钧瓷文化产业发展情况　李　新
许昌学院力促钧瓷产业更上一层楼　赵霁虹
谈钧瓷的特殊釉变和缺陷美　顺店老刘
钧瓷之五美　苏建民
又是一年拜祖时钧瓷再牵两岸情　佚　名
中原第一壶：钧瓷传统美学的新诠释　李俊涛
钧瓷珍品情寄美好祝愿　黄双燕
“中原壶”透出钧瓷产业发展曙光　李争鸣
我心中的钧瓷　李争鸣
中国钧瓷十二兽首以新身份亮相许昌　赵霁虹
国内近百家媒体“聚焦”中国钧瓷十二兽首　张莉莉
钧瓷二题　王伟锋
钧瓷艺人积极探寻钧瓷文化的现代表达方式　许廷合
钧瓷正在成为年轻人喜爱的礼品　佚　名
禹州钧瓷界再现传统拜师收徒仪式　苏建民
钧瓷的灵魂是釉，不是复杂的造型　孙彦春

【禹州大事月报】 2012 年，《禹州大事月报》刊载钧瓷艺术研究文章见下表：

期号	文章题目	作者
1 期	钧窑茶具与茶文化——茶的起源与发展	孙彦春
	钧瓷文化底蕴之“五美”	苏建民
2 期	河南禹州闵庄钧窑遗址发掘取得重大成果	秦大树 赵文军 徐华烽
	中国钧瓷圆明园十二生肖兽首问世始末	孙彦春 李少颖
	钧窑茶具与茶文化——中国茶具概览	孙彦春
3 期	钧瓷营销方式的一次创新——中国钧瓷十二兽首新闻发布及作品研讨会侧记	钧台冶陶
	从元代钧窑系的形成看当代钧瓷的发展趋势	颍水陶钧
	钧窑茶具与茶文化——钧窑茶具原料与工艺	孙彦春
4 期	钧窑茶具与茶文化——钧窑茶具造型艺术	孙彦春
5 期	钧台九友赋	颍水陶钧
	钧窑茶具与茶文化——钧瓷茶具的装饰艺术	孙彦春
6 期	钧瓷茶具的烧成——火的艺术	孙彦春
7 期	钧瓷茶具与茶文化——钧瓷茶具的赏用与收藏	孙彦春
	钧窑艺术瓷要回归宋代传统——清华大学美术学院教授张守智谈当代钧瓷	孙彦春
	钧瓷常见的烧制	苏建民
8 期	对明清时期北方钧瓷的再认识	孙彦春
	窑火深处炼道 开片声里悟禅	苏建民
	钧窑宋代说的思考与佐证	姚自豪
	钧瓷茶具的造型意象——“中国元素”钧艺壶系列的文化蕴意	苏建民
9 期	关于访问中央机关征求对钧瓷礼品的意见和汇报	王春秀
	禹县钧瓷工艺美术二厂钧瓷赴京展览情况汇报	王春秀
	简述中国钧窑壶铭艺术	傅振华
	古钧新韵	苏建民
10 期	将军赏钧	颍水陶钧
	铭记历史，珍爱和平——《和平壶》赏析	苏建民
11 期	一位北国警察的钧炻良缘	颍水陶钧

期号	文章题目	作者
	弱水三千 仅饮一瓢——“合卺”（石瓢）壶赏析	苏建民
	钧乡漫步之——大龙山	苗见旭
12 期	钧窑日用瓷要重塑精润——再访清华大学美术学院教授张守智	孙彦春
	钧乡漫步之——肖河	苗见旭
	大爱无疆——《哺育壶》（西施壶）赏析	苏建民
	钧窑茶器 大美传天下	张守智

【今日禹州】 2012 年，《今日禹州》刊载钧瓷艺术研究文章见下表：

期号	文章题目	作者
1、2 期	做一个有闯劲的瓷艺人——记吴氏瓷业有限公司总经理吴健	赵志娟
	《读钧随笔》之六——重器述略	殷振志
	谈钧瓷特殊釉变和缺陷美	顺店老刘
	赏钧感慨——翰煜钧窑《菊花瓶》窑变意境赏析	煜洋
3 期	加快发展钧瓷文化旅游试验区的思考	市委办公室
	《读钧随笔》之七　装饰之美	殷振志
	浅谈钧瓷的继承与创新	郑胜利
4 期	关于钧瓷茶具生产的调查与思考	今日禹州编辑部
	《读钧随笔》之八　也说釉画	殷振志
	钧釉鉴赏九字诀	丁建中
5 期	以手为媒 艺者普心——第一个走进美国表演的钧瓷手拉坯大师杨玉中	蒋方霖
	创作与写作齐奋进——访郑家钧窑总经理郑胜利	如　兰
	《读钧随笔》之九　装饰之美	殷振志
	《读钧随笔》之十　大师亦难	殷振志
6 期	周新喜：一位独具神垕性格的钧瓷老艺人	赵水阳
	王军杰：勤奋内敛　无声胜有声	蒋方霖
	《读钧随笔》之十一　守望传统	殷振志
7 期	老歌翻唱——冀德强钧瓷现代艺术的另一种解读	殷振志
	燕俊峰：一位讷言长技的钧瓷人	董　亚
	李红召：尚古的钧瓷守望者	楚昊龙
8 期	《读钧随笔》之十三　再说炉钧	殷振志
	执着绽放的钧瓷“喇叭花”	朱晓路
	老釉新姿 经典重现——赵建发瓷艺创作印象谈	赵水阳
9 期	钧瓷窑变釉画意境组诗	苗见旭
	金火圣父	殷振志
	苗河：一个永不服输的制瓷人	楚昊龙
	谈谈中国钧窑壶铭艺术	傅振华
	郑群彦：一个不甘落寞的钧瓷艺人	赵水阳
10 期	《读钧随笔》之十五　本末之变	殷振志
	传承经典 弘扬国粹——访国粹钧窑总经理张兆旭	赫连洁钰
	窑火深处炼道 开片声里悟禅	苏建民
11 期	真实铺设的《漫漫钧瓷路》	包献珍
	韩美林的钧瓷情结	苗锡锦
	一片冰心在古瓷——访我市古陶瓷收藏家任冠芳	朱　清
	黑钧神壶话养生	王柯智
	《读钧随笔》之十六　情有独钟	殷振志
	杨珏印象：十载苦学成大器	赵水阳
12 期	《读钧随笔》之十七　审美感知	殷振志
	走近钧瓷人（十五）神天垕土有情 晓雨润瓷无声	楚昊龙
	走近钧瓷人（十四）赵学仁：“夕阳”暖照钧瓷路	闫占强 李晓星 吴　辉

组织管理人物

王宏伟 男，汉族，1962年8月出生，河南省宝丰县人，硕士研究生学历，1983年7月参加工作，1985年11月入党。

1979年9月至1983年7月在焦作矿业学院地质勘探专业学习，1983年7月至1984年9月到郑州煤田地质学院任教，1984年9月至1987年7月在中国矿业大学攻读研究生，获工学硕士学位，1987年7月至1989年4月在中国矿业大学任教并从事科研工作。

1989年4月调许昌市节水办公室工作，1990年12月任副主任。1997年1月任魏都区人民政府副区长，后历任魏都区委常委、办公室主任，魏都区委副书记。2002年12任许昌市人民政府副秘书长，之后，历任许昌市人民政府副秘书长、办公室主任，许昌市人民政府秘书长。2012年8月任中共禹州市委书记。

荆治中 男，汉族，著名文物鉴定专家、鉴赏家、评论家，中央电视台鉴宝专家；中国收藏家协会副秘书长、陶瓷收藏委员会主任；北京国博文物鉴定中心副主任。

他多年从事文物鉴定和文物理论研究工作，研究的重点是中国古陶瓷和杂项收藏。在全国做过多场《艺术品收藏与投资》类专题讲座。针对我国艺术品收藏与投资现状，以他敏锐的眼光和深厚的功底，进行客观理性的分析，提

出精辟见解，指出明确的投资方向、规避了投资风险，使广大收藏爱好者，理性认识收藏、了解收藏的深刻内涵，提升了收藏文化，少走了弯路。

他对古陶瓷鉴定有着深厚扎实的理论基础和丰富的实践经验。多年来，在真赝混杂的艺术品收藏市场上，经他鉴定过的文物近五万件，是我国著名的实战派文物鉴定专家。

他为全国文博界做了大量培训，特别是他的《艺术品投资市场分析》、《艺术品投资的原则与技巧》、《理性收藏》、《艺术品投资的雷区》、《中国清花瓷》、《五大名窑》、《中国古代瓷器收藏原则与路数》、《中国彩陶鉴赏》《中国现当代艺术陶瓷收藏精品指南》等系列讲座，思路清晰、内容详实，案例丰富，把中国瓷器的历史、类别，时期风格、特点，鉴定要点讲的十分清楚，语言流畅感染力强，通俗易懂，学员反映强烈，深受广大藏友的欢迎与爱戴。

他领导的“中国收藏家协会陶瓷收藏委员会”，是中国陶瓷收藏界的最高组织机构，在全国收藏界有重大影响。近年来陶瓷收藏委员会在国内组织了多场陶瓷收藏与鉴赏研讨会、点评会、展览会、展卖会等，深受收藏爱好者的好评。

特别是2010年8月，在荆治中主任主持下，制定了并通过了《中国现、当代艺术陶瓷收藏精品标准》，这是我国陶瓷收藏界第一部行业标准。这个标准的出台，对我国现、当代艺术陶瓷发展，提升我国艺术陶瓷创作总体水平，打造当代最具收藏价值的中国陶瓷精品定出了明确原则，为国内中、青年陶瓷艺术家的发展提供了方向，为我国广大的陶瓷收藏家和陶瓷收藏机构，提供了准确的收藏评判依据。是对我国艺术陶瓷收藏精品的发展作出了历史性贡献。

荆老师多次主持全国性收藏活动，在北京、上海、天津、深圳、香港、澳门、长春、济南、大连、青海、南昌、成都等地，应邀进行多场讲座和现场鉴定。荆先生出任CCTV《绝对甄宝》栏目鉴宝专家，在北京电视台、天津电视台、山东电视台等多次艺术品鉴赏现场讲座，是全国最具人气的收藏类活动著名专家之一。

王友华　男，汉族，研究生学历，1970年10月出生，河南省宁陵县人，中共党员。1992年参加工作，历任河南省物资厅中原贸易中心副科长、科长、副总经理；河南省人防建筑公司副总经理；河南省人防建筑公司党支部书记（其间：2003年6月至2004年11月加拿大圣玛丽大学金融专业硕士研究生）；中共民权县委副书记；中共商丘市委副秘书长；中共睢县县委副书记；2009年09月任中共禹州市委副书记、市政府副市长、代市长。2010年2月任中共禹州市委副书记、市政府市长。2012年10月任许昌市钧瓷文化产业园管理办公室主任。

海松伟　男，回族，1972年1月出生，禹州市人，中共党员，本科学历，1994年3月入党，历任禹州市团市委常委、工农青年部部长、办公室主任，山货乡党委委员、副乡长，无梁镇副镇长，郭连镇党委副书记，山货乡党委副书记、乡长。2008年5月四川汶川大地震，按照河南省委省政府的统一安排，被选派赴四川参加抗震救灾和灾后恢复重建工作。挂职期间任四川省江油市

海松伟（右一）在四川援建现场

新兴乡党委副书记。2011 年 5 月任许昌市钧瓷文化产业园管理办公室党委委员、副主任。

尹献斌 男，汉族，1966 年 4 月生，禹州市颍川办人，1987 年 7 月参加工作，1987 年 1 月加入中国共产党，本科学历。历任梁北镇副镇长，党委副书记；范坡乡党委副书记、经委主任；顺店镇党委副书记、镇长；苌庄乡党委书记；无梁镇党委书记；2012 年 3 月任许昌市钧瓷文化产业园管理办公室纪委书记；2012 年 12 月任禹州市市政府党组成员，市产业集聚区党工委书记、管委会主任。

生产经营人物

中国工艺美术大师

杨国政 男，汉族，1953 年 5 月出生，河南省禹州市神垕镇人。神垕镇是有 1300 年历史的“中国历史文化名镇”、“中国钧瓷之都”。自唐代烧造钧瓷以来，神垕逐步发展成为中国北方陶瓷中心之一。不仅盛产各种陶瓷，还能够基本原生态地保存着千年的街巷和古建筑，被誉为全国唯一“活着的古镇”。杨国政自幼在这声名显赫的瓷区中耳濡目染，对钧瓷有一生一世也解不开的情结。他走的钧瓷之路，也是曲折而漫长的。

1974 年高中毕业，当时还处在“文化大革命”中，都是推荐上大学，他是农民出身，没有什么出路，个人前途一片茫然。因他身材高大，体质强壮，篮球打得好，进入了神垕东镇东风瓷厂的篮球队。那时各个厂之间要进行篮球比赛，杨国政靠篮球方面的一技之长才有机会到钧瓷车间当一个“烧火工”。在这最平凡的岗位上，他也做出了最不平凡的成就。东风瓷厂在试烧钧瓷的时候，类似邯郸学步，烧一窑，黑一窑，多少名师高人束手无策。初出茅庐的杨国政主动请缨一试身手，结果烧了个“满窑红”，赢得全厂的喝彩。由于踏实肯干，做事认真，成绩突出，很快被提升为钧瓷实验组组长，先后从事注浆成型、装窑烧窑、造型设计等基础性工作。1977 年，天津美术学院与神垕镇东风瓷厂结成了帮扶对子，由学院的王之江、王麦秆、王安庭教授带领十几个高徒常驻东风瓷厂，从事钧瓷研究、创作和烧制。王之江是全国著名的雕塑家，曾为画家齐白石塑造半身像。王麦秆是全国著名的版画家，鲁迅上海左联成员。这些专家教授的到来，对于没有踏过大学校门的杨国政来说，无疑是绝好的学习机会。杨国政虚心求教，从三位教授身上汲取了丰富的艺术营养，特别学习的钧瓷雕塑以及造型审美，让他终生受益匪浅。由王安庭教授设计、杨国政负责烧制的钧瓷“双鹤瓶”，在 1977 年全国首届工艺美术展评比中一举夺魁，被评为钧窑的代表作，刊登在 1978 年《人民画

报》第 11 期上，于 1985 年 12 月被农牧渔业部评为乡镇企业优质产品。1978 年 9 月至 1979 年 1 月，厂里又派杨国政到中央工艺美术学院（现为清华大学美术学院）深造，他师从梅建鹰、高庄、韩冋等专家教授学习造型设计，和他一起学

习的还有钧瓷界首位中国工艺美术大师刘富安。由于杨国政取得了一定的成绩，他成了钧瓷界有名的人物。从此，“刑国政的型，辛国正的釉，杨国政的火”开始在神垕流传。杨国政从一个看不到前途的高中学子成为一个炙手可热的钧瓷技术人才，几大国有钧瓷厂都想挖走这个人才。最终地方国营禹州瓷厂如愿以偿，1981 年把杨国政从神垕镇办东风瓷厂调到了国营瓷厂，让他担任技术攻关组组长。1982 年 8 月，国营瓷厂派他参加建设部举办的全国中小厂长培训班，进一步学习了配釉、施釉等陶瓷生产工艺。1985 年他又去神垕钧瓷研究所工作，与钧瓷配釉的专业高手温少青一起研制钧瓷釉方。1986 年，他被聘请到禹州钧瓷一厂实验室担任钧瓷组组长。1988 年开办了自己的钧瓷窑场。杨国政不善言辞，但他勤奋好学，爱思考，做工很精心，长期奋斗在生产第一线，练就了烧造钧瓷的十八般武艺。他自嘲是班组长出身，正因如此，当拥有自己的钧瓷窑口的时候，才有大显身手的机会。由于杨国政烧制的产品最有宋钧的韵味，一些古董商人从北京带来宋官钧瓷片让他作参考，还有海外人士带来台北故宫博物院的藏瓷图片让他仿制，各种因素加起来使他对传世宋钧有了精深的把握。经过 39 年的艰苦历练，他已熟知钧瓷的各种工艺流程，集手拉坯、适器配釉、烧窑观火于一身，其技术水平几乎达到了炉火纯青的地步。

杨国政仿照宋官钧制作的钧瓷出戟尊，体现出他很高的艺术水准和审美意识。造型风格古朴典雅，灵动俊美。器身分上、中、下三段，比例协调，在鼓、束、收、放的造像中，形成了张弛、开合的对比效果。四面出戟和柔韧的线条赋予尊体、圆润、丰满的韵味。天蓝色使器物显得庄严、肃穆、高贵，红斑又增添活气，这是不同于宋官窑出戟尊纯粹单一颜色的一种创新，是对钧瓷审美的大胆突破。他的其他作品大多是以宋钧为蓝本，以手拉坯为制器方式，器型大小适中，线条明朗，起伏恰当，装饰简练，浑厚端庄，体现着古代宫廷的崇高和法度，表露出清新练达的民族含蓄之美，蕴含着人性与作品属性融合在一起的深刻哲理，具有千古耐看的魅力。

杨国政的蓝、红钧瓷釉色最有韵味。他配制的蓝釉经过高温烧制后，能出现海蓝、宝石蓝、天青色、月白色，同时很油润，可以和宋钧的蓝色相媲美。他红釉经烧制后，出现鸡血红、柿叶红、玫瑰紫等，和宋钧色彩极为类似。钧瓷的窑变核心在于“一把火”。杨国政对火的把握可以说是出神入化。他的矿物质钧釉在高温下恣肆流动，烧成的产品温润清丽，淡而不寡，色重不媚，蓝而不俗，红而不妖，有湖蓝之静美，有红枫之秋韵。他的釉色超凡脱俗，独步瓷林，是其他钧瓷窑口无法仿制的一种境界。他把钧瓷形体与色彩融为一体，使钧瓷本身特有的自然生态美呈现于社会。

在 2010 年 9 月中国陶瓷工业协会举办的首届中国历史名瓷烧制技艺大赛中，杨国政的钧瓷作品《弦纹钵》获得金奖。在 2010 年 12 月由中国轻工业联合会和中国陶瓷工业协会联合举办的第九届全国陶瓷艺术设计创新评比中，杨国政、杨永超的钧瓷作品《弦纹钵》获得金奖。在这两次国家级陶瓷艺术评比中，杨国政能够从上百家钧瓷窑口、数百位钧瓷大师中脱颖而出，跻身钧瓷界前三名，足见其个人深厚的艺术功力和产品的文化价值。

2011 年 5 月 24 日，工业和信息化部、文化部、力资源社会保障部联合下发通知，进行第六届中国工艺美术大师评审工作。历时一年零六个月，到 2012 年 11 月 1 日才开始公告，杨国政榜上有名。本届大师全国共入选 78 人，分雕刻、陶瓷、印染、织绣等 11 个门类，陶瓷专业的占 14 人。河南入选 3 人，汴秀 1 人，玉雕 1 人，陶瓷仅有杨国政自己。

自 1979 年第一届中国工艺美术大师评选肇始，至 2012 年已历经六届。前五届共评出 366 位中国工艺美术大师，现在世的还有 280 余位。1979 年评选的是第一届大师，共 33 人；1988 年是第二届，共 63 人，禹州刘富安当选，成为钧瓷届首位中国工艺美术大师；1993 年是第三届，共 64 人：1997 年是第四届，共 45 人；2006 年是第五届，共 161 人，钧瓷界孔相卿和杨志入选。杨国政上榜第六届，是钧瓷界第四位中国工艺美术大师。

他从事钧瓷研制近 40 年，潜心研究探索宋钧制作技术，不断学习吸收当代考古界、理论研究界成果，反复试验，及时总结经验，使自己的作品品质逐步具备宋钧神韵，他是一个恢复传世宋钧制作工艺的实践派。在造型上，他的手拉坯器型和传世宋钧最为相近；在釉色上，他的蓝、红色彩可以和传世宋钧相比美；在烧窑上，他是神垕被公认的“一把火”。他全面地掌握了制作钧瓷的各项技能，他的不懈努力得到了国家有关部门的肯定。

钧瓷界各类国家级艺术大师名表

禹州市地方史志编委会　　2012年12月30日

姓名	性别	单位	称号
孔相卿	男	孔家钧窑	中国工艺美术大师
杨　志	男	杨志钧窑	中国工艺美术大师
杨国政	男	国政钧窑	中国工艺美术大师
苗长强	男	苗家钧窑	中国陶瓷艺术大师
晋晓童	男	晋家钧窑	中国陶瓷艺术大师
梅国建	男	平顶山学院陶瓷研究所	中国陶瓷设计艺术大师
张金伟	男	禹州市钧官窑址博物馆	中国陶瓷设计艺术大师
冀德强	男	许昌学院	中国陶瓷设计艺术大师
杨晓峰	男	杨志钧窑	中国陶瓷设计艺术大师
刘志钧	男	河南省美协	中国陶瓷设计艺术大师

注：排名不分先后。

河南省工艺美术大师

张自军（号炉钧张）　男，汉族，1953年12月生，禹州市神垕镇人，高级工艺师，中国工艺美术学会会员，中国民间文艺家协会会员，河南省工艺美术大师，河南省委宣传部、省文联命名的首批民间文化杰出传承人“炉钧传人”，河南省陶协专家委员会委员，禹州市钧瓷艺术研究会副会长，禹州市钧瓷艺术家协会副会长，禹州市钧瓷行业协会理事。

1966年，师从钧瓷老艺人王凤喜（又名王

喜娃）学艺。1974年，师从钧瓷老艺人孔铁山、卢正兴、任坚工程师学习钧瓷制作、窑炉设计、配釉和烧成。1976年，跟随天津美院王麦杆、王之江、王家斌等老师学习陶瓷设计艺术与雕塑。1977年，在河南省工艺美术公司工作学习一年。1978年6月，到中央工艺美院、中央美院特训班跟随梅建鹰、高庄、张守智、吕晓庄等老师学习造型设计。1980年9月，在轻工部美术总公司美术陶瓷设计培训班结业。1981年，参与制定首个中国钧瓷艺术质量标准。任第三届“禹州·中国钧瓷文化节”手拉坯、雕塑、设计技能大赛专家评委。

作品荣获：1984年轻工部钧瓷单件第三名，1985年农牧渔业部金奖，2004年中国第三届国际博览会金奖，2006年轻工业联合会日用瓷评比金奖、铜奖，2009年中国历史名窑烧制技艺大赛银奖，2012年中国工艺美术百花奖银奖，中国第七届民博会金奖，并多次获珍品奖、金奖、特别金奖。作品被中国工艺美术馆、英国珍宝馆、钓鱼台国宾馆等收藏。2012年1月，作品《瑞泽四海瓶》被中华人民共和国外交部选为国礼赠与外国政要。2012年5月，参加“共和国

钧瓷二十人作品展”，并被评为“收藏家最喜爱的钧瓷艺术大师”。

温红超 男，汉族，1965年10月生，禹州市神垕镇人，河南省工艺美术大师。1981年6月入禹州市钧瓷二厂实验室，拜河南省工艺美术大师孙金玉为师，学习陶瓷釉料配制及工艺试验。1992年入民营企业从事钧瓷造型、配釉、烧成等工作。2006年8月入兴泉钧窑继续从事钧瓷造型、配釉、烧成等工作。擅长钧瓷造型与配釉。1985年其设计的建筑材料彩色釉面砖、地砖获省重大科技成果奖；1987年钧瓷作品凤尾瓶获省新产品开发设计三等奖；1988年设计的乌金釉面砖获省科学进步奖；2007年参加中南之星设计大赛获优秀设计奖。

河南省陶瓷艺术大师

王志勇 男，汉族，1976年9月生，禹州市张得乡，中专文化，河南省陶瓷艺术大师、河南省艺美术大师，禹州市土魂钧艺有限公司总经理。

1993年在神垕陶瓷中学学习陶瓷。1996年，在许昌八技校学习陶瓷。1997～2003年在钧瓷研究所从事造型工作。2003年4月赴北京韩美林工作室学习。2005年回钧瓷研究所从事造型工作。2005～2008年在金堂钧窑从事造型工作。2009年创办土魂钧艺工作室，从事钧瓷设计，图纸制作。2011年经过市场调研，开始制作钧瓷茶具，获得市场认可。他的茶具主要作品有豆豆壶、吉祥壶、知礼壶、执耳壶、双层杯等。后业，他又设计制作了《上善若水》、《龙耳小叶》、《一片包言》等作品。釉色有炉钧釉、钧花釉、月白釉等。2012年12月，炉钧釉如意套壶被21位将军收藏，同时被外交部选为对外交往专用礼品。

张文建 男，1952年生，神垕镇人。1981年入原禹县钧瓷一厂从事陶瓷质量管理、钧瓷上釉等工作。1993年与人合办陶瓷厂，生产炻瓷、新工艺钧瓷等。2000年开始自建作坊生产仿古钧瓷、汝瓷、官瓷、哥瓷等。2008年创办博古

堂钧瓷坊，专门从事煤烧、柴烧钧瓷的制作。2012年获得河南省陶瓷艺术大师称号。他的作品釉色古朴、五彩渗化、莹润多变，充分体现钧瓷窑变天成之美，并国家级及省级展览中多次获奖。

翟群 男，1959年生，神垕镇人，河南省首届（1982年）陶瓷艺术大师。1976年进入神

垕镇胜利瓷厂，历任工艺师、技术厂长、厂长。1991年加盟孔家钧窑，全面负责工艺技术和生产管理。1994年，参与孔家钧窑液化气烧成技术的实验并获得成功。1995年，最先倡导并研制出钧瓷复合釉色，改变了传统的施釉方法，极大地丰富了钧瓷的釉色品种，使之更符合现代审美要求。同年，把钧瓷一直采用的半成品水平脱模改进为上下脱模，提高了钧瓷的规整度，被禹州瓷区钧瓷厂家广泛采用。2010年创办华鼎钧窑任董事长、艺术总监。2011年推出钧瓷茶具系列，有“长寿”、三皇“等十多种，工艺精湛、精美实用、釉色丰富，广受大众市场欢迎。

卢三（卢之钧） 男，1958 年 9 月生，神

垕镇人。1982 年创建神垕镇南大七组瓷厂，从事企业经营管理，生产彩釉瓷。1988 年组建三星瓷厂，生产日用高白瓷。1996 年开始小规模试生产钧瓷。2007 年正式大规模生产钧瓷。2010 年获河南省陶瓷艺术大师称号。2011 年致力于钧瓷日用瓷的研发，主要有餐具、茶具、香器等，在国内中高端市场获得成功。2012 年获得河南省非物质文化遗产钧瓷烧制技艺代表性传承人称号。他擅长企业管理与市场营销，同时在造型设计、配釉、烧成等生产环节也有很深的功夫。2012 年作品“福慧圆成”赠送给柬埔寨国王西哈莫尼，作品“瑞泽四海”赠送给柬埔寨副首相贡桑奥。

2012 年新增河南省陶瓷艺术大师名表

河南省陶玻协会　　2012 年 12 月 30 日

姓名	性别	单位	称号
张玉凤	女		河南省陶瓷艺术大师
董国保	男		河南省陶瓷艺术大师
王学峰	男		河南省陶瓷艺术大师
姚瑞平	男		河南省陶瓷艺术大师
朱金奇	男		河南省陶瓷艺术大师
于乐土	男		河南省陶瓷艺术大师
赵全忠	男		河南省陶瓷艺术大师
毕更申	男		河南省陶瓷艺术大师
朱法喜	男		河南省陶瓷艺术大师
张文建	男	博古堂	河南省陶瓷艺术大师
刘永召	男	刘富安工作室	河南省陶瓷艺术大师
张大强	男		河南省陶瓷艺术大师
王丽锋	男	一把泥工作室	河南省陶瓷艺术大师
晋艳红	女	晋佳钧窑	河南省陶瓷艺术大师
樊　伟	男		河南省陶瓷艺术大师
温红超	男		河南省陶瓷艺术大师
朱海玉	男		河南省陶瓷艺术大师
刘志军	男		河南省陶瓷艺术大师
杨晓锋	男	杨志钧窑	河南省陶瓷艺术大师
高丙建	男	金鼎钧窑	河南省陶瓷艺术大师
薛新庆	男	牌楼钧窑	河南省陶瓷艺术大师
李振林	男		河南省陶瓷艺术大师
杨玉中	男		河南省陶瓷艺术大师
任继伟	男	任氏瓷业	河南省陶瓷艺术大师
李德汉	男	翰昱钧窑	河南省陶瓷艺术大师
牛明杰	男	风山钧窑	河南省陶瓷艺术大师
李录生	男		河南省陶瓷艺术大师
刘晓明	男		河南省陶瓷艺术大师
张天庆	男		河南省陶瓷艺术大师
李景洲	男	登封钧窑	河南省陶瓷艺术大师

注：排名不分先后。

河南省民间工艺美术大师

张兆旭 男，1967 年生，神垕镇人，大专学历，河南省民间工艺美术大师。1992 年任神垕镇北大煤矿矿长，后历任神垕镇北大办事处主任、支部书记。2004 年开始从事钧瓷生产及经

张兆旭（右）出席奥运尊交接仪式

营。2006年投资2000万元兴建国粹钧窑。2007年，作品《蜘蛛炉》中原古陶瓷交流暨当代陶瓷名家作品展银奖。2008年禹州中国钧瓷文化节钧瓷作品展上，作品《炉钧斗笠碗》获金奖，《大挂盘》获银奖。2012年，作品《雄鹰尊》被中华民族友好促进会作为高端礼品赠送蒙古国总理巴特包勒及其他政要；《奥运尊》被北京国奥集团暨2012伦敦奥运会中国代表团选为高端礼品；《鲤越龙门》被2012中国（郑州）世界城市旅游博览会推选为最佳旅游商品奖。

任明丽　男，1963年生，神垕镇人，河南省民间工艺美术大师。1983年进入地方国营禹县瓷厂从事钧瓷成型工艺工作，在众多的老艺人

和老师傅的精心传授下，又加上自己对钧瓷艺术的挚爱，他很快熟悉并掌握了钧瓷制作的一整套工艺流程，而且深刻领悟到钧瓷文化的内涵。2002年创立任氏宝光钧瓷坊，坚持继承和发扬传统工艺，制作精美的窑变钧瓷。2006年在中原名家陶瓷精品展中作品《九龙尊》被评为“中原陶瓷文化艺术最佳珍藏品”。2008年第五届钧瓷文化节上，作品《挂盘》、《劲牛》获“金奖”，2009年第六届钧瓷文化节上，作品《枫叶茶海》、《富贵金蟾》等十几件作品均获“珍品奖”。2010年主持设计制作捏雕钧瓷作品《九龙壁》、《团龙盘》、《毛主席》挂盘等，深受高端市场欢迎。2012年与天津美院合作设计、烧制“天人合一”，成为“第七届中国管理学年会”指定礼品，赠送给出席年会的党和国家领导人李岚清、成思危、徐匡迪等。

钧瓷老艺人

刘书强　男，1945年生，神垕镇人。1958年初中毕业后，被招工到位于广东兴宁地区梅县的广东省220地质队。1964年辗转于禹县、驻马店等地从职，后回乡从事农业生产。1978年落实政策后回转到位于广州新市的广东152地质队从事机修。1987年从河南省平顶山市退休回到神垕。早年热衷古陶瓷，在古陶瓷、玉器、家具、青铜器鉴定上下了不少工夫，尤其钟爱宋钧。

2002年，在家乡神垕开始了宋钧工艺烧造研制。从新中国成立以来的古陶瓷科技专家周仁、李家治、郭演仪等的宋钧化学成分分析和自己收集的宋钧古瓷片分析起步，开始烧制宋钧。2005年，摸索出烧成上的得还原，并可实现“满窑蓝”。2007年烧制出从釉色、泥胎到造型上极其逼真的仿宋钧瓷。他为人执着，仿宋钧瓷佳作从不二价。2011年去世。

王欣　男，1946年生，神垕镇人，天地人钧瓷坊工艺师。16岁起入神垕镇社办瓷厂做工。上世纪90年代起，先与人合作从事钧瓷窑炉建筑工作，后又合作开办钧瓷厂。长期的钧瓷生产实践，使得他对选料、造型、制模、配釉、烧窑、建窑等诸项工作无一不精。2011年，他成

功突破用柴作为燃料在大型倒焰窑中烧成高 2 米的花釉钧瓷观音瓶技术，成品造型古朴、大气、端庄，釉色靓丽，釉质莹润，为业界所瞩目。

刘国珍　男，1942 年生，神垕镇人。1958

年入地方国营禹县瓷厂实验组，历任实验室主任、技术科科长、钧瓷车间书记。参与钧瓷恢复技术实验和 100 立方米大窑实验烧制大火蓝钧瓷；参与中央人民政府庆祝西藏和平解放向自治区政府赠送钧瓷礼品回纹香炉的制作。他擅长钧瓷试制（配釉、烧制），代表作品有双龙活环瓶、蟠龙瓶、回纹香炉等。时任天地人钧瓷坊总工艺师，指导柴烧钧瓷制作。

陶瓷名匠

乔建立　男，1963 年 1 月生，神垕镇人。1979 年进入神垕镇东风瓷厂，从事陶瓷原料加工工作。1982 年入禹县钧瓷一厂，学习手拉坯

成型等系统的钧瓷工艺，并自学雕塑技艺。之后数年干起了个体钧瓷销售，南下广西、北上北京推销钧瓷。1993 年自建作坊制作烧制磁州窑和钧窑瓷器。2008 年开始试烧炉钧。他通过对炉钧窑的改造，可二次利用窑炉的余热，成功实现炉钧烧成与素烧的同时并举。他还改变传统炉钧的釉料配方，烧制高温钧红釉，作品玉质感强烈，宝光内敛，在禹州瓷区独具特色。代表作品有盘龙瓶、九龙尊、兽耳尊、福禄寿祥尊等。

苗见旭　男，1969 年生，神垕镇人，中国散文学会会员，许昌市非物质文化遗产钧瓷烧制技艺代表性传承人。2005 年创办龙山龙山钧瓷坊，醉心于钧釉的研制和烧成工艺的研究和感悟，先后发表《瓷片》、《感悟圣火神钧》、《窑

火如水》等几十篇文章。2008 年，作品“泰尊”被选为中国北京可持续发展高端论坛指定礼品。2012 年，作品“祥龙鼎”获第二届“大地奖”金奖，“龙凤呈祥”获龙年生肖作品创意大赛金奖，“鸡心碗”获河南省钧瓷窑变艺术大赛银奖。

赵伟　男，1963 年 4 月生，神垕镇关爷庙社区人。15 岁起到神垕镇新华瓷厂学习手拉坯成型技艺。1984 年建起家庭作坊，烧制彩瓷、高白瓷、钧瓷等。2002 年自建燃煤钧窑，烧制玉白釉、宝石蓝、宝石红釉钧瓷。2007 年成立正宝钧窑，多件作品获钧瓷文化节珍品、精品奖。他擅长在燃煤窑炉中烧制高温钧红釉，优秀作品的釉质如玉似翠，为众多收藏家所喜爱。2012

年，他采用新的配方和施釉技术在燃气窑炉中烧制花釉钧瓷，既保持了产品的玉质感又具有花釉的五彩变化，深受市场欢迎。

张正斌 男，1978年生，河南安阳人。1999年毕业于河南省工艺美术学校工艺美术专业，2000年任天津市锡山铸造有限公司美工、设计师，2005年任山西省三馀堂琉璃制品厂造型设计师，2008年任神垕镇任氏宝光钧瓷坊主创设计师。他擅长造型设计和捏塑，2010年参与设计制作钧瓷捏雕作品系列，包括九龙壁、团龙盘、毛主席挂盘等。2011年，作品“豆豆壶”获河南省钧瓷窑变艺术大赛金奖。2012年师从天津美院王立德教授，参与设计钧瓷“天人合一”，被“第七届中国管理学年会”选为官方礼品。

蔡东旭 男，1977年生，神垕镇人。1993年入禹州市钧瓷一厂，师从刘国安学习钧瓷造型和配釉等钧瓷制作技艺。他继承了老师的技艺和对钧瓷的恭谨，还有那份对钧瓷深厚的感情。2000年创办东旭钧窑，专门从事钧瓷生产和营。2007年参加景德镇陶瓷学院和河南省陶玻协会联合举办的陶瓷造型班学习并圆满结业。2011年获得河南省青年陶瓷艺术家称号。他的作品造型风格古朴典雅，釉质肥厚，窑变瑰丽，意境天成，既有古钧瓷的的端庄、高雅、大气及玉润的神韵，又有现代钧瓷的灵动和创新。他不为眼前的经济利益所诱惑，精益求精做好每一件钧瓷，坚持钧瓷的精品之路，其设计制作的《钧壶》，造型古朴、典雅，线条流畅、和谐，釉面圆润、光滑而富有质感，壶盖和壶体浑然一体几乎看不到缝隙，深受专家和客户的好评。其作品《盼》获2011上海市工艺美术大师精品展银奖，《渴望》获2012中国（杭州）工艺美术精品博览会金奖银奖，《升腾》获2012深圳文博会陶瓷设计银奖。

河南省青年陶艺家名表

河南省陶瓷玻璃行业管理协会　　2012年12月30日

姓名	性别	单位	称号
晋晓红	女	晋佳钧窑	河南省青年陶艺家
苗兵兵	男		河南省青年陶艺家
侯小娟	女		河南省青年陶艺家
蔡东旭	男	东旭钧窑	河南省青年陶艺家
曹贺英	女		河南省青年陶艺家
姜晓斐	男		河南省青年陶艺家
杨晓永	男	杨志钧窑	河南省青年陶艺家
朱宇华	男		河南省青年陶艺家
刘照宇	男	禹州市陶瓷局	河南省青年陶艺家
娄高强	男		河南省青年陶艺家
许小平	男		河南省青年陶艺家
苗见旭	男	龙山钧瓷坊	河南省青年陶艺家
郭　杰	男		河南省青年陶艺家

第二届中国陶瓷艺术创意精品展览会“大地奖”金奖作品

挂盘（神工钧窑）

圆明园十二兽首之子首（建伟钧窑）

鸿福聚宝（坪山钧窑）

祥龙鼎（龙山窑）

双系罐（国政钧窑）

天球瓶（卢钧窑）

虎头画缸（星航钧窑）

河南省钧瓷窑变艺术创新大赛特别金奖、金奖作品

二龙戏珠鱼缸（吴氏瓷业）

尊（中强钧窑）

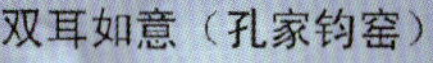

双耳如意（孔家钧窑）

玉壶春（唐宋园）

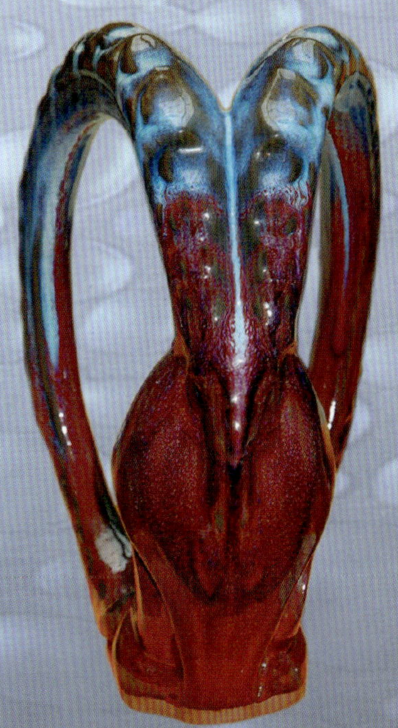

羊（苗家钧窑）

来福石（鑫元钧窑）

福海瓶（孔家钧窑）

弦韵（刘家钧窑）

挂盘（神工钧窑）

挂盘（神工钧窑）

天池（杨志钧窑）

大象无形（杨志钧窑）

大赛特别金奖、金奖作品

庆余瓶（星航钧瓷有限公司）

凤凰涅槃（御钧窑）

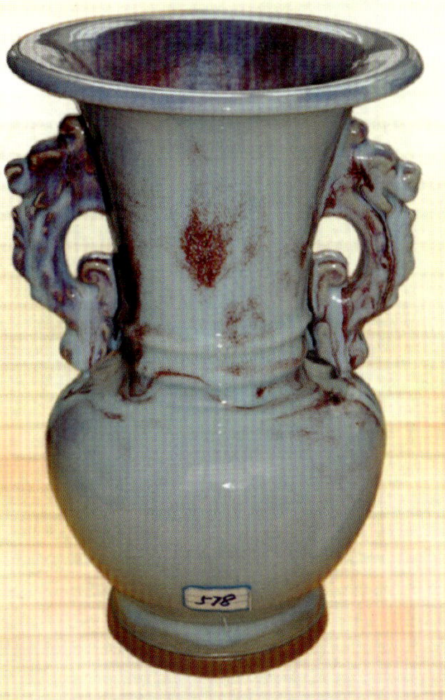

龙尊（禹州市神后镇卢家世代钧窑）

蜗牛钵（神州钧窑）

观音瓶（卢钧窑）

侈口尊（任氏瓷业有限公司）

风云鉴（星航钧瓷有限公司）

笔筒（杨国政钧窑）

虎头瓶（博古堂钧瓷坊）

赏盘（宇宝钧窑）

敞口瓶（大唐占领钧窑）

莲花尊（天合钧瓷坊）

大赛特别金奖、金奖作品

玉兰尊（大龙山钧瓷文化有限公司）

聚福尊（土魂钧艺）

手拉梅瓶（金鼎钧窑）

双龙尊（平山钧窑）

汉马（神钧堂钧窑）

高足洗（凤山钧窑）

豆豆壶（任氏宝光钧瓷坊）

寿桃（神火钧窑）

富贵洗（李家钧窑）

节节高（华神钧窑）

钵（霍家钧窑）

吉祥尊（卢钧斋工作室）

大赛特别金奖、金奖作品

凤耳瓶（翰煜钧窑）

梅瓶（炉钧张工作室）

福寿葫芦（富玉钧窑）

蒸蒸日上（金堂钧窑）

小口双环瓶（钧华苑）

吉祥如意（钧天工坊）

彩蝶（向阳钧窑）

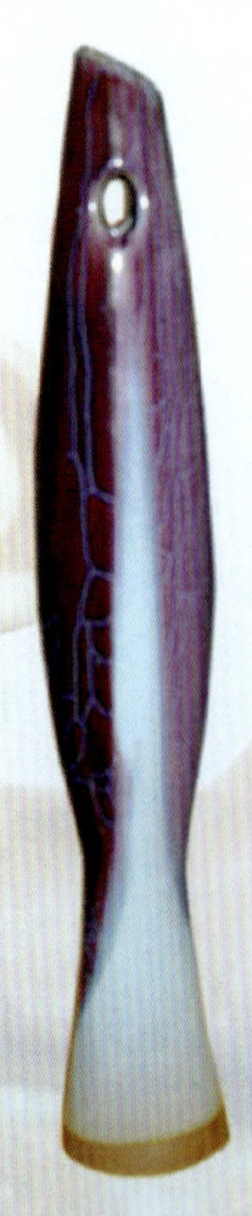
鱼（华艺钧窑）

大回归瓶（金鼎钧窑）

六龙戏水鱼缸（禹州市吴氏瓷业有限公司）

四季如意（周家钧窑）

手拉鹅颈瓶（国粹钧窑）

大赛特别金奖、金奖作品

羊尊（神火钧窑）

绶带葫芦瓶（宇宝钧窑）

富贵瓶（翰煜钧窑）

益寿瓶（卢钧窑）

梅瓶（华艺钧窑）

梅瓶（御鼎钧瓷坊）

挂盘（神工钧窑）

挂盘（神工钧窑）

挂盘（神工钧窑）

挂盘（神工钧窑）

挂盘（神工钧窑）

挂盘（神工钧窑）

大赛特别金奖、金奖作品

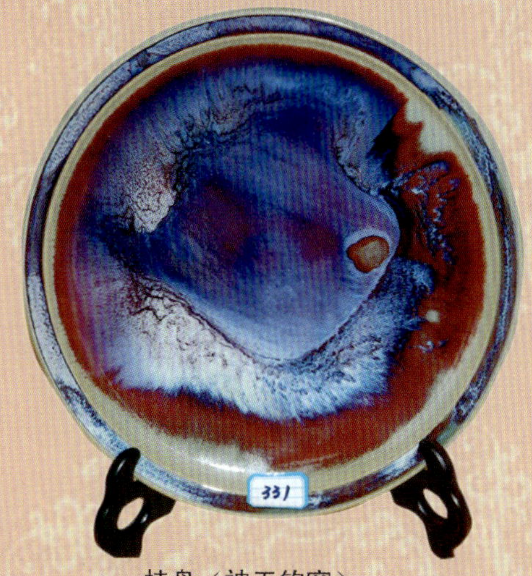

挂盘（神工钧窑）

挂盘（纵横钧艺）

挂盘（纵横钧艺）

艺术盘三号（钧丁钧窑）

赏盘（金霖钧窑）

艺术盘二号（钧丁钧窑）

挂盘（亨盛钧窑）

挂盘（孔家钧窑）

挂盘（纵横钧艺）

龙潭天下（御钧窑）

挂盘（纵横钧艺）

挂盘（纵横钧艺）

大赛特别金奖、金奖作品

长颈瓶（星航钧窑）

双环瓶（刘家钧窑）

双耳琵琶瓶（晋家钧窑）

象耳尊（神钧堂钧窑）

回归瓶（孔家钧窑）

象鼻瓶（锦丰源）

天池洗（刘家钧窑）

天球瓶（杨志钧窑）

龙尊（杨志钧窑）

双耳尊（神州钧窑）

小白瓶（东升钧窑）

秋（杨志钧窑）

大赛特别金奖、金奖作品

畅心瓶（星航钧窑）

荷口鼓丁尊（福雨钧窑）

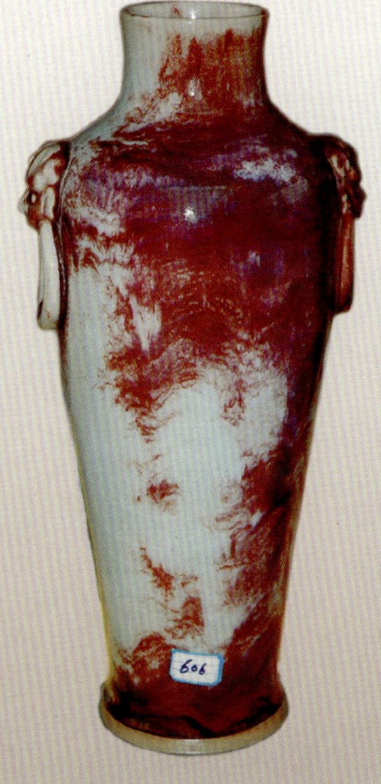

益寿瓶（孔家钧窑）

瓜秧绵绵（九州钧窑）

铺耳尊（凤山钧窑）

玉壶春（霍家钧窑）

乳钉瓶（钧华苑）

一帆风顺（杨志钧窑）

碗（大唐占领钧窑）

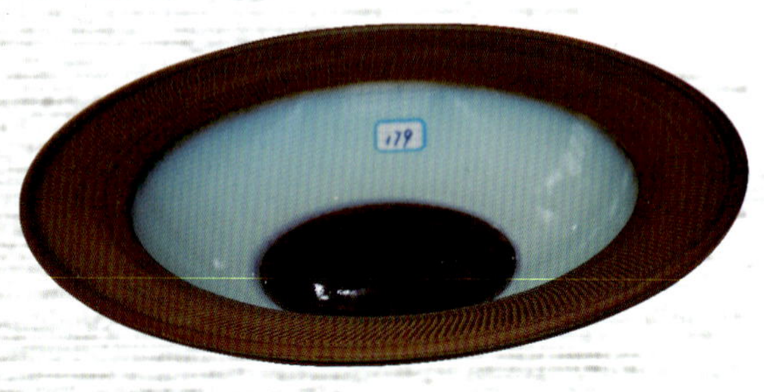
日月同辉（杨志钧窑）

功夫瓶（东升钧窑）

圆满瓶（东升钧窑）

大赛特别金奖、金奖作品

无极（刘家钧窑）

鼓钉洗（星航钧窑）

来福石（钧丁钧窑）

玄足小口瓶（杨志钧窑）

荷口尊（尹家钧窑）

吉祥尊（杨国政钧窑）

云耳瓶（龙山钧窑）

八方进宝瓶（凤山钧窑）

梅瓶（正玉钧窑）

功夫瓶（孔家钧窑）

富贵瓶（三合钧窑）

孔雀尊（钧宝坊）

大赛特别金奖、金奖作品

象头尊（晋家钧窑）

富贵瓶（凤山钧窑）

长颈瓶（孔家钧窑）

梅瓶（华神钧窑）

象头尊（钧宝坊）

如意尊（周家钧窑）

大鱼缸（隆泰钧窑）

玄纹钵（杨国政钧窑）

双系罐（杨国政钧窑）

罗汉钵（杨国政钧窑）

手拉天球瓶（国粹钧窑）

玄纹钵（杨国政钧窑）

大赛特别金奖、金奖作品

柳叶瓶（晋晓红工作室）

三羊开泰（郑家钧窑）

葫芦瓶（通利钧窑）

龙啸九天（杨志钧窑）

年年有余（孔家钧窑）

月是故乡明（荣昌钧窑）

河南省钧瓷窑变艺术创新大赛
特别金奖、金奖作品

狮谈（大唐占领钧窑）

斗笠碗（华龙钧窑）

壶（骏龙钧窑）

和谐源（星航钧窑）

豆豆壶（宝光钧窑）

功德圆满尊（苗家钧窑）

竹韵套壶

西施壶

情满壶

茶叶罐

龙德在田

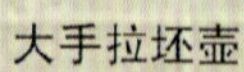
大手拉坯壶

壶君子

贵妃壶

金斑釉石瓢壶

大赛金奖作品

平安壶1

太湖石印象之一

龙首壶

浅绛墨玉四方壶

石瓢壶

玉兰壶

平安壶2

南瓜壶

竹韵系列

大赛金奖作品

和平壶

福满乾坤

福满壶

双龙活环瓶

玄纹瓶

富贵瓶

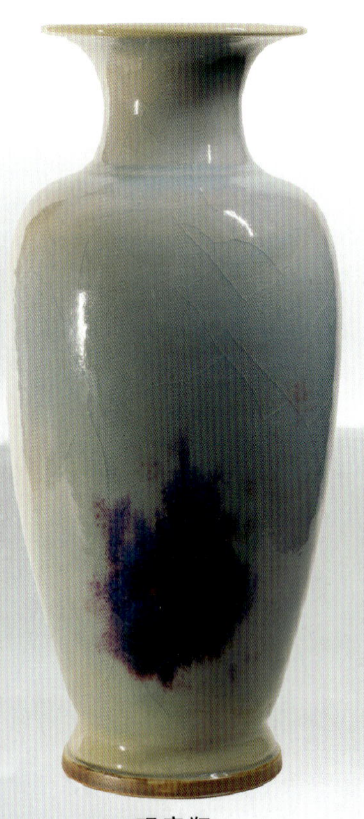
观音瓶

藏家珍品展

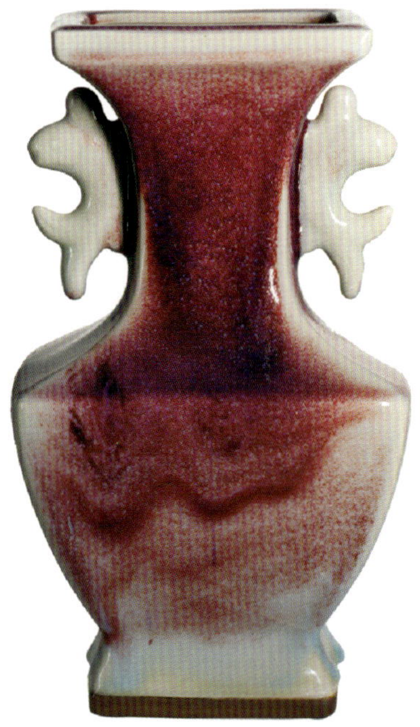

双鱼瓶

八方进宝瓶

凤鸣尊

梅瓶

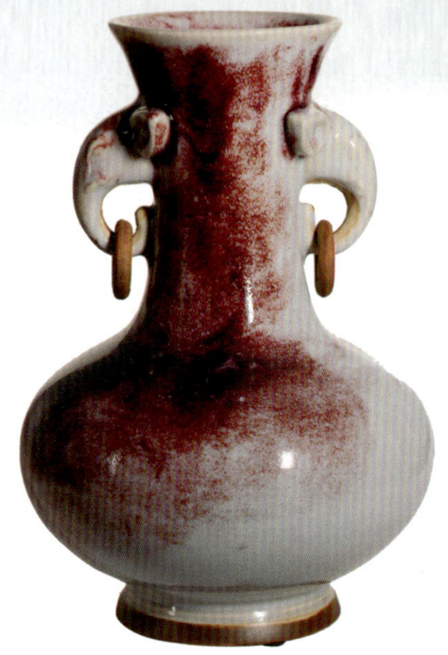

象鼻活环瓶

异兽三足炉

双凤瓶

象鼻瓶

象鼻活环瓶

乳钉瓶

鱼瓶

双凤活环瓶

花浇壶

三足炉

夹板炉

双龙瓶

双龙瓶

四方瓶

如意瓶

荷口双龙瓶

将军罐

双龙瓶

益寿瓶

象鼻活环瓶

直口双龙瓶

益寿瓶

戟耳瓶

双龙瓶

流光溢彩–钧瓷

玄纹登高瓶

花口长颈瓶

双羊尊

双连瓶

长颈瓶

象鼻活环瓶

三羊开泰

蟠龙瓶

如意瓶

龙耳瓶

花浇壶

双羊尊

绣墩

双龙活环瓶

四喜福禄瓶

异兽三足炉

双鱼瓶

龙耳瓶

钧窑始烧年代考

秦大树

钧窑瓷器是中国北方地区宋元时期最重要的瓷器产品之一。在其最兴盛的时期，北方广大地区的众多窑场普遍生产钧瓷。另外，钧窑生产一类陈设用瓷，有鼓钉洗、花盆、出戟尊等等，主要是仿古代礼器的器形，并在底部刻印有数字。这类器物器形特殊，制作精美，传统上被认为是宋代的产品，由于这类器物曾为清宫大量收藏，也一向被认为是官窑制品。

一

关于钧窑瓷器的烧制年代。中国古代的文献中，尤其是明代以后的文献中开始指其为宋窑。目前，人们认为最早的记录是吴中、吕震奉敕编：《宣德鼎彝谱》中所录宣德三年（1428 年）圣谕：其记宣德帝命礼部会同太常寺司礼监铸鼎彝，令“数目多寡，款式巨细，悉仿宣和博古图录及考古诸书，并内库所藏柴汝官哥均定各窑器皿款式典雅者，写图进呈，开冶鼓铸……”然而，在以后诸卷详释所选鼎彝名称时，并不见仿钧窑款式的。此书为后人伪托吕震名编，时代至

北京故宫博物院藏月白釉出戟尊

少在正德年间（1506 年～1521 年）以后。另外，万历年间有几本史书开始记述钧窑。有张应文所撰《清秘藏》，其卷上，论窑器条曰：“均州窑红若胭脂者为最，青若葱翠色、紫若墨色者次之，色纯而底有一、二数目字号者佳，其杂色者无足取。均州窑之下有龙泉窑……”其子张谦德在《瓶花谱》中说：“古无磁瓶，皆以铜为之，至唐始尚窑器，厥后有柴、汝、官、哥、定、龙泉、均州、章生、乌泥、宣、成等窑，而品类多

矣。尚古莫如铜器，窑则柴汝最贵，而世绝无之，官、哥、宣、定为当今第一珍品，而龙泉、均州、章生、乌泥、成化等瓶亦以次见重矣。”另一个重要文献为万历时高濂所著《遵生八笺》，其中《燕闲清赏笺》：“若均州窑，有砂红，葱翠青、俗谓莺哥绿，茄皮紫，红若胭脂，青若葱翠，紫若墨黑。三者色纯无少变露者为上品。底有一、二数目字号为记。猪肝色，火里红，青绿错杂若垂涎色，皆上三色之烧不足者，非别有此色样。”另外，万历时黄一正于《事物绀珠》中记：“均窑器大，稍具诸色，光彩太露。”总体看，明后期的文献多将钧窑列为古窑或名窑，比较含糊地指其为宋窑，因为明后期所指的古窑包含了从宋到元的不少窑口。

清朝前期的文献开始明确将钧窑记为宋窑。如《南窑笔记》在描述钧窑时曰：“北宋均州所造，多盆奁、水底、花盆器皿。颜色大红、玫瑰紫、骡肝、马肺、月白、红霞等色。……釉水葱茜肥厚，光彩夺目。”成书于清嘉庆年间的《景德镇陶录》卷六《镇仿古窑考》记：“均窑，亦宋初所烧，出钧台，钧台宋亦称钧州，即今河南之禹州也。土脉细，釉具五色，有兔丝纹……”以上二书均明确指钧窑产于北宋，同时指出了钧窑的产地。

北京故宫博物院藏葡萄紫釉三足洗

从晚清始，人们对钧窑大加推崇，甚至列为第一，如陈浏《陶雅》卷上记：“古窑之存于今世者，在宋曰均、曰汝、曰定、曰官、曰哥、曰龙泉、曰建……”民国以后，论者已将钧窑列为宋代名窑之列，如许之衡的《饮流斋说瓷》“概说第一”记：“吾华制瓷可分为三大时期，曰宋，曰明，曰清，宋最有名之窑有五，所谓柴汝官哥定是也，更有钧窑，亦甚可贵，其余各窑则统名之曰小窑。”阈于这些记载，长期以来中国的许多学者一直坚守钧窑宋代说，约在20世纪后半叶，人们将钧窑列入了宋代的“五大名窑”，其思路大体是，前人所说的“柴汝官哥定”五名窑，将五代的柴窑去除后，钧窑被补入。尽管日本学者在20世纪前半叶就提出了钧窑始于金代之说，50年代陈万里、关松房等先生也提出过钧窑始于金代的观点，但由于其仅依据钧州设立的时代在金代大定年间这一论据，因此并未能产生较长远的影响力。

20世纪60、70年代，在河南鲁山、禹县和郏县发现了唐代的花瓷窑址，由于这些黑瓷上的彩斑主要呈蓝灰色和灰白色，与后来的钧釉瓷颇有相似之处，因此被称为唐钧，认为是钧窑的源头，因此钧窑应始于晚唐时期，然而此观点并不为多数学者认同。2002年初，笔者在禹州市神垕镇调查古窑址，在于沟村大白堰窑址发现了唐花瓷和早期钧窑的地层叠压剖面，两地层间竟间隔近两米厚的自然土层，可见二者有相当长时间的间隔。从唐花瓷发展到早期钧窑的观点是不正确的。

1974年，河南省文物工作队对禹县钧台窑址进行了考古发掘。发掘者主要依据以往的观点和文献材料，并根据出土的一件瓷泥制作的“宣和元宝”钱范，指出钧窑始烧于宋初，兴盛于北宋末期。此后形成了“钧窑始于唐，盛于宋。北宋徽宗时期成为御用珍品，并在禹州市东北隅古钧台附近设置官窑……”，“靖康之变，宋室南迁，官钧窑停烧……到金元时代，钧瓷又有了新的发展……”这样的“经典”观点。《中国陶瓷史》一书在论及钧窑时明确指出：“钧窑在后世被视作宋代五大名窑之一，”该书以六大瓷系的方式概括宋代陶瓷手工业的生产状况，以河南禹州为中心的钧窑被列为一个重要的窑系。表明此书将钧窑定为宋窑并赋予重要的地位。也有学者坚持认为钧窑是宋代为主生产的，认为钧窑生产的鼓钉洗、花盆、出戟尊等陈设用瓷，是宋代的宫廷用品，并认为其是北宋末年徽宗朝修建“艮岳”、征发花石纲的产物。将这类陈设器与一般的钧釉器皿区分为所谓“钧官窑”和民窑。

然而，受文献影响不太大的西方学者，从20世纪50年代起就开始对钧窑，尤其是陈设类钧瓷的生产时代产生疑问，并根据这些陈设瓷的器形、厚重的胎体和较厚并有较强玻璃质感的釉，将其生产时期排定在元末到明初。美国华盛顿弗利尔美术馆和哈佛大学赛克勒美术馆是世界上收藏陈设类钧瓷较多的两座美术馆，笔者在检视他们的器物纪录时看到，20世纪前半叶他们无不遵照中国学者的观点，将这些器物定为宋代，但已不断地有学者对其提出时代可能稍晚的异议，到20世纪60、70年代，弗利尔美术馆就将所有的陈设类钧瓷的时代都从宋代改为元代，哈佛大学现在也将其定为元代。这一观点随着时间的推移，在国际上正被日益增加的学者所接受。

随着陶瓷考古与宋元考古的快速发展，越来越多的考古材料被呈献给研究者。然而，人们却发现可以证明钧窑始烧于宋代的纪年材料竟告阙如，使人们对钧窑始烧年代的探讨和争论日趋激烈。近年来，关于钧窑始烧年代讨论的汉文论述接踵而至。李民举对钧窑陈设瓷进行了考证，重点排比了文献资料，认为其时代为元，甚至明初。罗慧琪也对钧窑陈设瓷和钧台窑址的发掘资料进行整理排比，特别是对1974年发掘钧台窑址时清理的双火塘窑炉和发现的宣和元宝钱范的问题进行了详细的考证，将陈设瓷的时代排定为14世纪晚期，即元末明初。余佩瑾将钧瓷陈设类和器皿类器物作为两类器物分别进行排比，认为陈设瓷生产于14世纪前半叶，而器皿类器物则始烧于金代后期。刘涛则将钧窑统一作为一个概念广泛收集了全国的考古材料，将钧窑的始烧时间定在金代前期，盛于金后期，尤其是认真探讨了过去将陈设类钧瓷断为北宋的“铁证”~~“奉华”铭的问题，认为其为清代所刻。这些讨论都在某些方面有所阐发，厘清了以往在许多问题上的模糊认识，尽管关于钧窑始烧时代的结论见仁见智，但无疑有力地推动了钧窑的研究，同时也使钧窑成为中国陶瓷发展史中颇具争议的一个学术问题。

多年来的考古发现中并无可靠的证据证明钧釉瓷器始烧于宋代，目前所见最早的有明确纪年的考古料是金代的，而更多的则晚到元代。有学者指出，山西大同金大定三十年（1190年）阎德源墓出土的两件玉壶春瓶和一件香炉是出土于有明确纪年考古单位中最早的钧瓷，然而，刘涛在经过对实物的检视后认为玉壶春瓶实为翠蓝釉器，而非钧瓷，另一件香炉因未见实物而存疑。再往后的纪年材料就是大同元至元二年（1265年）冯道真墓中出土的11件钧瓷，这应是确定无疑的，对于此墓，早有学者认为墓中出土的瓷器应为金代的，此说大体可靠。早期纪年材料的缺乏，成为部分学者认为钧窑始于元代的主要依据。其实，一些年代相对确定的金代遗址中也曾出土过钧釉瓷器，如北京市大葆台金代后期遗址中出土过一件钧釉碗，此遗址的年代约从金明昌年间到贞三年（1215年）迁都开封，是金后期

北京故宫博物院藏玫瑰紫釉长方花盆

的遗址；吉林省德惠县后城子金代古城中出土一件钧瓷盘，此城为金代城址无疑。河北曲阳涧磁村发掘的“崇庆元年（1212年）”的M8中报告出土了钧窑瓷片，但因无照片、线图而未引起人们的重视。另外，河南洛阳邙山发现的一座壁画墓，出土了一件钧釉盖罐，发掘者定此墓的时代为北宋末期，而许多学者都认为其可晚到金代，甚至到13世纪的金末期。笔者也曾断此墓为北宋末，现在看来有失偏颇。此墓的仿木构建筑使用了大檐额（发掘者称为普柏枋），这是金代才出现，元代流行的制度，两个角柱未见北宋和金初流行的卷刹，但是，洛阳、焦作等地大定年间（1161年~1189年）以后的仿木构建筑常使用翼

形令和带曲的（或怪兽形）耍头，而此墓并不见；墓中出土的银瓶与成都彭州南宋窖藏出土的银梅瓶相同。金代大定以后铜禁甚严，日用的铜镜都要刻上官府的验记，此墓出土了4面铜镜，竟无一件上有官方验记；另外，墓中描绘的挂轴画装饰在山西侯马金代田氏墓地的墓葬中也有发现；最重要的是，此墓与山西屯留发现的一座带有金天会十三年题记的壁画墓从仿木结构、壁画题材和具体的绘画内容，如两环分开式剪刀等都十分相似。综上，邙山墓的时代应在金早中期，约在大定年间以前。上述材料证明，钧瓷在金代中期前后已经烧制，应是没有问题的。问题是，钧窑的始烧时间是否更早，具体可到何时？这是本文拟详细探讨的。2001年北京大学考古文博学院和河南省文物考古研究所联合对河南省禹州市神垕镇钧窑址进行了考古发掘。根据《嘉靖钧州志》的记载："窑，瓷窑在州西大刘山下，瓦窑在州西禁沟左右，"这是指出钧窑产地最早的文献材料。表明神垕镇西南部的窑场应是钧窑早期的中心窑场，应能代表钧窑创烧时期的生产情况。本次考古工作对神垕镇西南部大刘山下，沿白峪河旁分布的4处窑址进行了发掘。另外，还对这一地区的5处窑址进行了考古调查。其中在刘家门东区窑址发现了最早的地层，以DT3第⑧和DT3第⑨两层为代表。尽管早期的地层发现不多，但比较典型，出土物也较多。经过整理，我们将刘家门的遗物分为3期4段，共5个时期。这两个地层出土的器物定为刘家门窑发展的第一期前段。代表了钧窑始烧时期的面貌。通过地层中出土的纪年材料和与其他考古材料的对比，可以探知钧窑的始烧时代。现先较详细地介绍出土器物和特征，以揭示钧窑早期的生产概貌和产品特征。DT3位于横穿刘庄村中的一条道路上，面积4×6平方米。第⑧、⑨两个地层出土的器物代表了刘家门窑址产品最精美的时期。产品以青瓷器为主，其次是素胎器，钧瓷已出现，但数量较少，另有一些白瓷器，包括白地黑花器和很少量的黑釉及陶器。在这些器物中，青瓷、钧瓷属于一类，素胎器是钧瓷的半成品，因此器形基本一致；白釉和黑釉瓷则相对独立，器形与钧瓷有一定差别。

早期钧窑的器类比较丰富，有碗、盘、洗、盒、盆、注壶、罐、瓶、香炉、器盖、枕等。现按青釉、钧釉和素胎器一类；白釉、黑釉一类简介器物。

（一）青釉、钧釉、素胎器

1. 碗　介绍13件。

青釉碗　Ⅰ型1式。标本DT3⑨：3，口径21.8厘米，足径6.8厘米，高9.5厘米。尖唇，口稍敛，圆曲腹，圈足较高，稍外撇。白褐色胎，细而坚硬。青绿中稍泛一点黄，玻璃质感很强，布满小块开片，光亮匀净，施釉至足底，足心施釉，足底无釉处施一层棕褐色的护胎釉。

北京故宫博物院藏玫瑰紫釉海棠式花盆托

青瓷碗　Ⅲ型1式。标本DT3⑨：6，口径14.8厘米，足径4.3厘米，高8.6厘米。尖唇，口稍敛，深腹，腹壁斜曲，小圈足。胎质釉色略同上件，口部有酱色的边，施釉至足底，足心施釉。

青釉碗　ⅣA型1式。标本DT3⑨：10，口径23.4厘米，足径7.2厘米，高9.3厘米。尖唇，曲腹，上腹圆曲，下腹稍直，瓜棱腹，棱较宽，圈足较高，稍外撇。

青釉碗　Ⅵ型1式。标本DT3⑧：11，口径8.3厘米，足径3厘米，高4.1厘米。尖唇，圆曲腹，环行直足。翠绿色釉稍深，有均匀的开片，光润洁净，稍具乳浊感，裹足刮釉。

青釉碗　ⅧA型1式。标本DT3⑨：11，口径11厘米，足径6厘米，高5.8厘米。尖唇，直口，下腹圆曲，矮圈足较窄薄，内壁斜削。

青釉碗　ⅧB型1式。标本DT3⑧：4，口径11.2厘米，足径6厘米，高6.6厘米。尖唇，直口稍内敛，下腹圆曲，圈足窄薄纤细。

钧釉碗 ⅠA型1式。标本DT3⑨：63，口径21.4厘米，足径6.1厘米，高9.2厘米。尖唇，口稍敛，圆曲腹，小直圈足微撇。釉色灰青泛蓝，有灰蓝色小斑点，釉面较匀净，有小棕眼，施釉近足。

钧釉碗 ⅡB型1式。标本DT3⑨：4，口径21.厘米，足径6.6厘米，高10.1厘米。圆唇，敞口，腹壁斜曲，直圈足稍外撇。

钧釉碗 ⅤA型1式。标本DT3⑨：9，口径12.8厘米，足往4厘米，高5.9厘米。尖唇，侈口，内壁内曲，斜曲腹，小环足薄而直。裹足刮釉。

刘家门窑址出土钧釉海棠盘

钧釉碗 Ⅵ型1式。标本DT3⑧：20，口径8.7厘米，足径3.1厘米，高4.3厘米。圆唇，敛口，圆曲腹，小环形直足。内壁印花，底部为圆形宝相花，边部为缠枝花纹。

钧釉碗 Ⅶ型1式。标本DT3⑨：16，口径6.1厘米，足径2.7厘米，高3.8厘米。圆唇，口稍敛，圆曲腹，小圈足，内部斜削。

素胎碗 Ⅰ型。标本DT3⑨：116，口径22.8厘米，足径7.4厘米，高6.8厘米。圆唇，大敞口，浅腹，斜直壁稍鼓，直圈足。内壁印花，大叶牡丹纹。

素胎碗 Ⅳ型1式。标本DT3⑨：119，足径7.6厘米，残高3.2厘米。器形同青釉碗ⅣA型1式。内底印“马”字。

2. 盘 介绍12件。

青釉盘 ⅠA型，折沿菱口盘。标本DT3⑧：15，边径18.4厘米，足径11.8厘米，高2.8厘米。折沿上翘，边部竖折，门形菱口，斜曲腹稍鼓，极矮薄的大环形足。褐白色胎，较浅淡，即所谓香灰胎，细腻致密。釉呈翠绿色稍泛灰，有长条状开片，釉中密布小气泡，光亮润泽，釉薄处泛白，显出胎色。裹足支烧，外底粘连5个乳状支钉。

青釉盘 ⅠB型，折沿曲口盘。标本DT3⑨：121，边径14.5厘米，底径9.5厘米，高1.6厘米。平折沿，边部竖折或称有凸棱，花瓣形边，斜壁，浅腹，亦为花瓣形，裹足支烧。内壁印花，缠枝草叶纹。

青釉盘 ⅤA型1式，折沿盘。标本DT3⑨：29，边径17.8厘米，足径6.8厘米，高2.4厘米。平折沿，沿边竖折，曲腹，稍深，玉环形圈足。

青釉盘 ⅥA型1式，侈口小盘。标本DT3⑨：30，边径12.2厘米，足径4.8厘米，残高1.7厘米。尖唇，侈口，浅盘，足残。

钧釉盘 ⅠB型，平底曲口盘。标本DT3⑨：27，边径13.2厘米，底径8厘米，高1.9厘米。折沿略上翘，花形口，斜壁，内为花形腹，平底。裹足支烧。

钧釉盘 Ⅱ型，海棠盘。标本DT3⑨：77，长口径23.6厘米，短口径12.4厘米，高2.3厘米。四瓣海棠形，圆唇，平折沿，浅腹，斜直壁稍外鼓，大平底。内天青外红釉，内壁及外壁呈天青色泛紫，釉的流动性较强，积釉处泛白，口部和转折处等釉薄处呈深赭绿色，内底有粗短的“蚯蚓走泥纹”；外底部釉呈红紫色，微泛蓝。裹足支烧。

钧釉盘 ⅢD型，折沿盘。标本XT3③：15，边径20厘米，足径13.6厘米，高2.8厘米。平折沿，沿边竖折，浅曲腹，矮薄的大环形圈足。釉色青灰泛白，十分浅淡雅致，较光润，裹足支烧。钧釉盘 ⅣA型1式，曲腹盘。标本DT3⑨：125，口径17.6厘米，足径6.4厘米，高4.4厘米。圆唇，腹斜曲，薄而规整的环形足。裹足刮釉。

钧釉盘 ⅣB型1式，曲口盘。厘米DT3⑨：78，口径15厘米足径6.4厘米，高3.6厘米。尖唇，口部圆曲，下腹斜直，环形足。

钧釉盘 ⅧA型1式，折口小盘。标本DT3

⑨: 40，边径13.2厘米，足径5.2厘米，高2.3厘米。尖唇，折口，浅曲腹，玉环形足。裹足刮釉。

素胎盘　ⅠB型。标本DT3⑨: 120，边径19.4厘米，足径11厘米，高2.6厘米。器形同青釉盘ⅠA型。灰白色胎，细而坚硬，外壁刷有一层棕褐色护胎釉。内底印花，缠枝草叶纹。

素胎盘　ⅢA型1式。标本DT3⑨: 41，口径19.8厘米，足径8.6厘米，高3.6厘米。尖唇，圆曲腹，薄圈足稍高。

3. 盒　介绍2件。

钧釉盒　Ⅰ型。标本DT3⑧: 91，口径15.6厘米，足径7.8厘米，高6厘米。盒身子口，腹壁曲收，环形圈足窄而薄，失盖。釉呈淡雅的青蓝色，釉面极匀净细润，外壁转折处釉薄，呈褐棕色（肉红色），有少量浅隐的开片，偶有细小的棕眼；施釉至足根，足心有釉，不施釉处有一层深棕色的护胎釉。

钧釉盒　Ⅱ型。标本DT3⑨: 89，口径7.4厘米，残高3厘米。盒身子口，腹壁折收近平，失足。釉呈浅淡的青蓝色，有疏朗的开片，釉面匀净细润，偶有细小的棕眼。

4. 钧釉注壶

Ⅰ型。标本DT3⑨: 103，口径3.4厘米，足径5.3厘米，高10厘米。平沿内折成平顶，小口，梨形腹，做出六瓣瓜瓣形，玉环形圈足，失流、把。裹足刮釉。

5. 钧釉洗　介绍6件。

ⅠA型，平底圆洗。标本DT3⑨: 68，口径18.4厘米，底径10厘米，高5.5厘米。圆唇，较浅的曲腹，平底。裹足支烧。ⅠB型，平底圆洗。标本DT3⑨: 67，口径17.8厘米，底径8.8厘米，高6.9厘米。圆唇，直口稍外侈，圆曲腹，大平底。釉呈浅灰绿泛白色，光润匀净，裹足支烧，内壁布满赭红色的红彩，由于红彩未完全呈现出来，显得较暗淡，外壁有大块的长条状红彩斑，流畅自然。Ⅱ型，耳洗。标本DT3⑧: 21，口径16.4厘米，底径8厘米，高5.2厘米。圆唇，直口，圆曲腹，平底，一侧有一泥条制环行耳，如意头形沿。裹足支烧。Ⅲ型，莲瓣洗。标本DT3⑨: 69，口径17.8厘米，底径9.5厘米，高8.2厘米。圆唇，刻得很深的莲花瓣口，口稍敛，圆曲腹稍外鼓，瓜瓣腹，中深，平底。天青色釉，釉较薄，流动感较强，内底积釉较厚，略呈月白色，并有细小的棕眼。上部釉色有变化，口和内部突棱处釉最薄，呈赭绿色；外部鼓出部釉稍薄，略泛肉红色；满釉支烧。ⅣA型，圈足圆洗。标本DT3⑨: 48，口径27.6厘米，足径16.6厘米，高9.8厘米。薄唇口，圆曲腹，很矮薄的大环形足。内壁天青色釉，布满小块开片，十分光洁，釉从口部渐厚，釉色渐深，从褐绿、天青到较深的天青色；外壁施红色釉，正红色稍发紫，艳若玫瑰，光亮润泽；裹足支烧。ⅣB型1式，圈足圆洗。标本DT3⑨: 80，口径27.6厘米，足径16.6厘米，高9.8厘米。唇口，圆曲腹，腹中深，矮薄的环形足。垂釉严重，裹足刮釉，足底施棕黄色护胎釉。

6. 香炉　介绍4件。

青釉香炉　Ⅰ型1式。标本DT3⑨: 39，腹径11.6厘米，残高8厘米。失口，长颈，扁鼓腹，外底正中有很浅的圆形内凹，云头形小足。

刘家门窑址出土钧釉莲瓣洗（温碗）

青釉香炉　Ⅱ型1式，鼓腹香炉。标本DT3⑨: 36，腹径15.3厘米，残高9.2厘米。折沿上翘，颈中长，鼓腹，失底。

钧釉香炉　Ⅰ型1式，长颈香炉。标本DT3⑨: 136，沿边径10.6厘米，腹径10.6厘米，高10.5厘米。平折沿上翘，边部竖折，长颈稍外敞，扁腹圆鼓，三个云头形小足。

钧釉香炉　Ⅱ型1式，窄边香炉。标本DT3⑨: 38，沿边径9.7厘米，残高5.4厘米。窄沿上翘呈折侈，颈较短，圆鼓腹，失底。此香炉与香港关善明氏所藏的一件早期钧瓷红彩香炉相似，为我们提供了整器的形制。

7. 瓶　介绍2件。

钧釉瓶　ⅠA型，连座瓶。标本DT3⑨：98，座部残件。残高4.4厘米。圈足形插孔，曲面台形座，有柱状扉棱，肩部有一圈台棱。

钧釉瓶　ⅠB型1式，连座瓶。标本DT3⑧：37，座部残件。残高7厘米。圆肩，台座较高，有5条扉棱，扉棱肩部有压印纹饰，扉棱间有镂空纹饰。此残器与关善明氏所藏的一件早期钧瓷连座瓶相似，为整器的复原提供了依据。

8. 素胎罐　ⅠA型1式。标本DT3⑨：132，口径20厘米，残高9厘米。突唇，矮直领，失双耳，溜肩，鼓腹，失底。

刘家门窑址出土天青釉盒

9. 素胎熏盖　Ⅰ型。标本DT3⑧：40，口径9厘米，残高3.4厘米。子口，拱面较高，失上部出烟蹲兽。

10. 素胎灯　标本DT3⑨：132，足径11.2厘米，残高7厘米。较高的环形足，内部为一直管，中空，失上部。

（二）白釉、黑釉器

1. 碗　介绍2件。

白釉碗　ⅠA型1式。标本DT3⑨：150，足径6.7厘米，残高7厘米。失口，圆曲腹，直而高的圈足。胎色黄褐，略粗。釉色白中闪青黄，有细碎的浅隐开片，光洁。施釉至腹中部，内底有5枚支钉痕。

白釉碗　Ⅱ型。标本DT3⑧：37，口径9.9厘米，足径5.8厘米，高6.6厘米。圆唇，直口内敛，圆曲腹较深，矮环形足。白地黑花，白釉泛淡粉色，光洁，施釉近足。黑色彩，长条草叶纹。

2. 白釉盘　Ⅰ型1式。标本DT3⑨：153，口径8.4厘米，足径3.6厘米，高2.6厘米。厚唇，斜直腹，矮圈足。

3. 白釉器盖　Ⅰ型。标本DT3⑨：156，残，仅存器钮。残高1.6厘米。尖腹盖钮，上接小兽，已残。白地黑花，卵白釉，黑彩。

4. 黑釉小瓶　介绍2件。Ⅰ型1式。标本DT3⑨：157，高4厘米。侈口，长腹，平底。褐胎，较细。褐黑色釉，有棕眼，施半釉，通体施白化妆土。Ⅱ型1式。DT3⑧：61，残高2.9厘米。失口，折肩，短腹，圈足。

（三）窑具及作坊具

1. 匣钵　介绍2件。

Ⅰ型1式。标本DT3⑨：166，口径17.8厘米，高7厘米。漏斗形，腹较浅，漏斗部不明显，略呈拱形。黄棕色加砂匣钵胎，外壁涂有一层白色灰浆。Ⅱ型1式。标本DT3⑦：47，口径24.8厘米，高13.4厘米。上壁稍内倾，漏斗部呈规整的梯形。

2. 支圈　Ⅰ型，敞口，斜壁近平，腹较深，支台宽厚。标本DT3⑨：160，口径16厘米，高4.2厘米。标本DT3⑨：180，口径19.6厘米，高4厘米。黄白色粗瓷胎。

3. 垫环　标本DT3⑨：162，底径7.9厘米，高0.9厘米。上宽下窄的环，断面呈梯形，可见二枚支钉痕迹，是裹足支烧的支钉座，为较细的褐色瓷胎。

4. 火照　Ⅰ型。用器物残片做成梯形片，中间有一孔。标本DT3⑨：165，残高2.8厘米。浅褐胎，细腻。满施灰绿色钧釉。标本DT3⑨：164，残高3厘米。胎色灰白，细腻致密。

根据以上介绍的出土器物，可归纳出本段的特点。此期的产品以青瓷器为主，其次是素胎器、钧瓷，另有很少量的黑釉、白釉瓷器和陶器。根据对DT3⑧、⑨两层的统计，青釉瓷占50.4%，素胎坯件占30.8%，钧釉瓷占14.1%，白瓷占2.7%，黑釉器占1.3%。器类比较丰富，有碗、盘、洗、盒、盆、注壶、罐、瓶、香炉、熏炉、器盖、灯、枕等。主要生产小件器物，但制作精良、规整。碗盘的腹壁多呈优美的圆弧形曲线，比此期稍晚地层中出土的碗、盘的腹壁变成上部圆曲，下部斜直，尽管差别较细微，但变化是十分清晰的。圈足的大小比较正常，足壁较直，通常较薄且制作得十分规整。本期的一个重要特点是，部分器物如圆洗、耳洗、菱口折沿盘、花口盘、海棠盘等明显是仿金银铜等金属器的造型，与通常的大宗瓷器制品不甚相同。如钧釉海棠盘，辽代晚期的墓葬中常出土三彩海棠形长盘，但中部采用门形边，与钧窑的产品有所不同，纪年材料有辽大安五年（1089年）萧孝忠墓出土的三彩游鱼海棠盘。在内蒙古巴林右旗发现的辽末期的银器窖藏中出土的银长盘与钧窑海棠盘器形完全相同，可以认为，这种银盘就是瓷海棠盘的原形。同样，本期出土的钧釉IB型圆洗，与洛阳邙山金前期墓中出土的银盒相同；与陕西扶风法门寺塔出土的宋代六瓣银碗相似；钧釉IA型洗与河北宣化辽天庆六年（1116年）张世卿墓中出土的铜钵相同。钧釉IB型平底曲口盘，与四川成都彭州宋代窖藏出土的十曲银盘相同。北宋晚期在一些高水平的窑场中常生产这类仿金属器的瓷器，如汝窑的天青釉瓷中心烧造区和河北定窑涧磁村区域及耀州窑的某些产品，这些器物都是高档产品，有可能面向宫廷或达官贵人。这表明早期钧窑也与这些窑场一样，生产高水平的产品。

刘家门窑址出土钧釉圈足圆洗

这个时期青釉和钧釉器物的胎质有两种。一种较浅淡，呈白褐色、浅褐色或灰褐色，即通常所说的“香灰胎”，胎质细腻坚致，表现出备料、选料上的精工。这种器物在本期占多数，制作也较精工，通常施釉采用裹足刮釉或裹足支烧法。另一种则胎色稍深，呈灰褐色或褐色，胎质也略粗。这胎质的器物通常施釉不到底，表明是有意制作的较粗的器物。此期以后，胎质胎色逐渐变得稍粗并较深。素胎器和白釉器物由于是氧化火焰烧成，胎色常常呈黄白色、棕灰色或灰褐色，胎质较细但略显疏松。窑址发现的钧釉器物多为残次品或错烧的器物。正烧的器物较少，主要有两类，一类釉层较薄，釉的流动性多不强，釉色成较浅淡的青蓝色稍泛灰，淡雅匀净，部分器物布满小块的开片。此种以钧釉Ⅰ型盒为典型代表。另一种釉的色彩较强艳，呈天蓝色，釉层稍厚，釉的流动感和玻璃质感都较强，一件器物上釉色的变化也较大。此种以钧釉Ⅲ型洗为代表。总体上看，此段钧釉器的釉色相对晚期显得较匀净，但每器物上仍表现出釉色的差异，口部和器物转折部等釉薄处常常呈赭绿色，在器体部釉稍薄处则呈现出淡淡的粉红色。总体上显得十分雅致。这时期钧釉器上带红彩的极少见，少数器物上有大片的红彩，红色几乎布满器表，红色较淡，而且与天青釉极好地交融，流动自然，有如天空中的彩霞。这类红彩器与清前期文献《南窑笔记》中所记的“红霞”釉大体相符。这类器物以长葛石固窖藏中出土的一件菱口盘和北京、台北两故宫及英国大维德中国艺术基金会所藏的部分天青釉红彩钧瓷为代表。这种红彩到金代就变成了有意施加且斑块较小并较规整的红斑了。此期还发现了内施天青釉，外施红釉的器物，覆盖外壁的红釉颜色秀美娇妍，比传世的陈设类钧瓷外壁的紫红釉显得浅淡而艳丽。这种内青外红的器物大约与《南窑笔记》上所述的“大红”釉相符。不过，这种整体红色釉的器物更少见，除了本次发掘品外，日本静嘉堂文库美术馆所藏的一件洗是同类的釉，而静嘉堂的这件洗又与传世汝窑中常见的侈口圈足洗器形完全相同。这种红色釉的器物仅在最早的地层中出土，稍后就停止了生产。此期比较流行在一件器物上施两种色釉，如内施天青釉，外施红釉，或外施青绿色釉，内施赭褐色釉，这种现象很有时代特征。这时期的青釉器的釉色也有两种，以青中泛黄或淡翠绿色为主，通体布满大小不等的开片，十分鲜亮青翠，不同于临汝窑的橄榄绿色瓷。釉色纯净，透明性很高，玻璃质感较强，较橄榄绿而浅，似翠绿而深。正如《南窑笔记》所述"釉水葱茜肥厚，光彩夺目"，颇似明代《清秘藏》所述之"青若葱翠色"之描述。另一种数量较少，为青绿色，也有均匀的开片，但略带乳浊性，常施于胎质较粗深的器物上。特别是，青釉、钧釉的精品器物上常在足底等少量未施釉的部分，加施一层酱褐色的护胎釉，十分精美。

装烧工艺上也以此段为最精，大部分碗、盘类产品均施釉至足底，并在足心内施釉，成为此段的一个重要特征，部分器物采用裹足刮釉方法，还有部分产品采用了裹足支烧的方法，底部留下了支钉痕迹，不过，多数支钉痕较粗大，不如汝窑同期产品精美。从发现的窑具看，本段基本采用匣钵单烧法装烧，有各种不同形状的漏斗形匣钵，由于这时期器物的腹壁都较圆曲，匣钵的漏斗部也多较矮、较平。白釉器物的内底有支钉痕，使用叠烧法。在工艺上，早期钧窑向其他窑场学习了一些重要的技术。第一，学习了素烧后施厚釉的工艺。第二，学习了裹足支烧方法，如果不使用裹足支烧，多用裹足刮釉法，只有部分较粗的器物未施满釉。

这种方法在汝窑、定窑、磁州窑等窑场的一些精品器物上使用，无疑是一种烧制高档产品的方式。可见，钧窑的创烧是在一个相当高的起点上发展的。现在我们从几个方面来考证刘家门窑址最早地层的年代和钧窑尤其是钧瓷创始的时间。

刘家门窑址出土天青釉红斑罗汉碗

（一）刘家门窑址最早地层中的纪年材料。此段的纪年物有，DT3⑧层中出土一枚"元丰通宝"钱。表明此段的上限不会早于元丰年间（1078 年～1085 年）。而属于第一期后段的地层 DT3⑦层中出土多枚宋徽宗朝的铜钱，最晚的是"宣和通宝"（铸于 1119 年～1125 年）。说明第一期后段的时代应在北宋末期以后。这为第一期前段的时代大体界定了上下限。

（二）与经过考古发掘的古窑址资料的对比。河南省宝丰清凉寺窑址是汝窑遗址，2000 年发掘了该窑址第四区西北部，此区文化层不厚，遗存较单纯，是天青釉汝瓷或曰汝官瓷的专门烧造区，因此，时代范围较小，也很准确，约从宋神宗元丰年间到北宋末期。发掘出土的 D 型盆，与刘家门青釉 IA 型盘、钧釉 IIID 型盘的上部非常相似；B 型盏与刘家门钧釉 IVB 型 1 式洗器形相似，A 型盏与刘家门青釉ⅧA 型 1 式碗相似，尽管天青釉汝瓷烧造区的器物以高而外撇的圈足为特点，与钧窑早期产品有差别，但器物的整体器形仍较相似。有学者认为，边部竖折的平折沿是元代的特征，但实际上，这种宽平折沿在唐代的金银器和三彩器上已出现，并广泛使用，入宋以后，这类器物的再度兴盛应在北宋晚期，汝窑发现的盏托的边部就是这种做法，与刘家门窑折沿盘的边部相同，是仿金属器的器形。事实上，如果拉坯做出宽平沿，在边部做出竖折，才能使宽沿成为规整的圆形。另外，宝丰清凉寺窑址第二、三次发掘是在村边的民用瓷烧造区进行的，其中时代定为哲宗到北宋末的第三期地层中出土的豆绿釉六分凸线纹碗与钧釉 VA 型 1 式碗相同，特点是腹较曲，再晚时代的碗壁就变得较直了。1987 年发掘河北省磁县观台窑址，在被定为北宋徽宗朝到金前期的第二期后段的地层中出土了大量仿定瓷器，其中许多器物都与早期钧窑的器形相同，如 I 型、II 型钵，VIIA 型、X 型 2 式碗等，均可在早期钧窑找到对应的器形；刘家门出土的黑釉小瓶，在观台窑址也很常见，其流行的下限就在北宋末期。另外，还有一些器物与 1998 年发掘浙江越窑寺龙口窑址第 6 期出土的器物相似，如天青釉洗口沿部的做法与刘家门青釉 VA 型 1 式盘，钧釉 IIID 型盘十分相似，A 型盘底部与钧釉 IVB 型 1 式洗相同，寺龙口第 6 期主要生产天青釉瓷，时代为南宋早期，

被认为是在绍兴初年为官府烧祭器的窑，则其主要产品应是延袭北宋末京师附近生产的瓷器。这也是钧窑创烧时代的重要参考材料。1996 年北京大学考古文博学院发掘汝州市严和店窑址，在哲宗到北宋末的地层中出土的不少器物也与刘家门第一期前段的器物相同。陕西铜川耀州窑是以青瓷为主要产品的窑场，其产品特色、形制、装

刘家门窑址出土天青钧釉盏托

饰都与河南中西部地区诸窑场的面貌十分相似，两地窑业的联系很密切。耀州窑宋代的遗存分为三期，第三期的时代为元元年到北宋末（1086 年～1127 年），在耀州窑宋代第三期地层中出土的器物中有许多与钧窑早期器物相似，总体的相似性超过了磁州窑、定窑等窑口，也超过了天青釉汝瓷烧造区的产品，是早期钧瓷最重要的窑址对比材料。如耀州窑（以下简称耀）青瓷 K 型Ⅳ式、Q 型Ⅱ式碗分别与青釉ⅣA 型 1 式碗，素胎Ⅰ型碗相同；耀青瓷Ⅴ式盖碗与青釉ⅧA 型 1 式碗相同；耀青瓷 N 型、P 型碟与钧釉 IB 型盘，ⅢD 型盘的上部相同，只是耀州窑流行卧足，而钧窑使用平底或矮环足；耀 C 型青瓷盆则与钧釉ⅢD 型盘相同；耀青瓷 Jb 型Ⅱ式、K 型洗与钧釉 III 型莲瓣洗，钧釉Ⅱ型耳洗器形相同，只是耀州窑的是卧足，而钧窑的是平底；耀青瓷 Da 型Ⅰ式洗与钧釉ⅣA 型圈足圆洗十分相似；此外耀青瓷 C 型壶，G 型Ⅰ式盒与钧釉注壶和钧釉Ⅰ型盒相同；耀青瓷 A 型Ⅱ式鼎炉与钧釉Ⅰ型 1 式香炉相似。

（三）对比有可靠年代依据的考古材料。

如前所述，迄今并未发现有明确纪年的宋代钧瓷的考古材料，因此，只能与墓葬、窖藏中出土的其他窑口的器物对比。刘家门出土的钧釉注壶，形制较特殊，其他窑址中很少见，其与北宋元九年（1094 年）冯京夫妇墓出土的粉白釉注壶器形相似，有发展继承关系。在河北宣化发现的“大安二年（1093 年）”张匡正墓、张文藻墓、张世本墓和“天庆六年（1116 年）”张世卿墓中都出土一种黄釉注壶，与刘家门的钧釉注壶相似；这几座墓还同时出土一种黄釉折沿盆，器形与 VA 型 1 式青釉盘器形相似，这也是边部竖折的平折沿器物在北宋晚期流行的明证：张世卿墓和“天庆三年（1113 年）”张恭诱墓中出土中出土的泥质灰陶灯，与窑址所出素胎灯的底部残件相同。河南方城金汤寨发现的北宋“崇宁元年（1102 年）”范致祥墓中出土一件白地黑花碗，此碗的器形与Ⅰ型 1 式青釉碗相同，而黑彩绘画的图案和风格与 II 型白釉碗相似。河北磁县观台发现了一批北宋末的漏泽园墓，其中“宣和四年（1122 年）”李福山墓中出土一件仿定瓷碗，与刘家门 II 型白釉碗和 VIIIB 型 1 式青釉碗相似。安徽全椒西石北宋“元七年（1092 年）”张之纥墓中出土一件青白瓷洗，与 IA 型钧釉洗十分相似，只是采用了卧足。总之，北宋末期制瓷业的中心在今河南省中西部地区，这一区域的产品具有较精美优雅的形制和装饰风格，与当时具有贡御性质的窑场的产品有较多的相似性，如定窑、耀州窑和景德镇生产的青白瓷等。这也是阳翟生产的钧瓷与定、耀州等窑器物较相似的原因。

（四）考古发现的早期钧窑器物。

尽管迄今尚未发现北宋时期有可靠纪年的考古单位中出土钧瓷，但却有一批考古单位中出土了钧窑瓷器，与钧窑遗址最早地层中出土器物的形制、胎釉特征和装饰相同，值得注意。这些材料包括了河南中西部地区发现的一批窖藏和部分墓葬、遗址中出土的钧瓷。关键的问题是对这些考古材料的时代判断。

第一，窖藏文物。主要有河南方城县窖藏、登封窖藏、禹县白沙水库窖藏以及禹州市西关窖藏等，另外，汝州市汝瓷博物馆还藏有一批这种早期钧瓷，从保存状况看也应是窖藏出土。这些窖藏都出土了十几件或数十件成批的瓷器，且都出土具有早期面貌的钧瓷。尤其是方城发现的窖

藏，从出土的天青釉和青釉瓷器的器形和胎釉特征看，与刘家门窑早期地层出土的器物完全相同，应就是刘家门窑早期的产品。对于这批窖藏，一些学者将其断为金代。笔者以为，这个问题应从两个方面看。

1. 从我们发掘、整理的材料看，钧窑的生产继承性很强，我们将所有遗物分为五个时期，但有些器形自始至终变化不大，只能根据一些细微的变化来判断时代，正因为如此，人们常常用较晚期的器物与早期器物对比，也具有一定的相似性。但如果细致观察，并加入胎釉特征和工艺特征，是可以看出其差别的，有学者将这些窖藏器物与双城县兰棱镇金代窖藏对比，就出现了这样的问题；另外，长葛县石固也曾发现过一个窖藏，出土了三种6件钧瓷。这几件钧瓷与刘家门第二期地层中出土的器物相同，加之窖藏出土的六铁釜，此窖藏属金代后期无疑。然而，由于发掘者亦将此窖藏定为北宋，因而人们便将长葛窖藏与另几个窖藏一道讨论，否定了长葛窖藏属于宋代，似乎另几个窖藏也都成了金代的了。还有一个原因，长葛窖藏中出土了二种4件钧瓷洗，采用了裹足支烧和裹足刮釉工艺。这种工艺的确在北宋末期流行，但是，根据发掘资料，洗是一种很特别的器物，一直精工细作，直到元代后期才不使用裹足支烧法。因此，出现裹足支烧并不意味着其就是最早的器物，就是北宋的。

2. 这样多同时代的器物在一个并不大的范围内以窖藏的形式出土，是十分令人深思的。只有将其放入特定的历史时期来考察，才能发现其合理性。众所周知，北宋靖康年间女真族的侵宋战争，是强力的侵占过程，可说是势如破竹。初入中原繁华地区的女真军队，带有极强的掠夺性。在靖康之变中，金人将北宋宫廷中一切礼器、仪仗、器玩、图书、朝廷府库所积存之财货乃至东京城内官民上自王公贵胄，下至倡优之家的财宝，“钗钏铢两以上”尽行掠走；而且，在随后的一段时间内，对东京周围地区也极尽掳掠之能事。宋人李心传在《建炎以来系年要录》卷四记载，“（建炎元年夏四月）初敌纵兵四掠，东及沂密，西至曹濮兖郓，南至陈蔡汝颍，北至河朔，皆被其害。杀人如麻，臭闻数百里，淮泗之间亦荡然矣”。靖康二年（1127年）金军在破开封后，又在河南地区与宋勤王之师反复交战，每战都伴以大行掠夺。尤其是天会五年（1127年），宗翰（粘罕）率金军大破郑州、颍昌、汝州、邓州等地，一方面对当地大肆搜括财宝，另一方面还强迁这些地区之民往河北。《金史》卷七四《宗翰传》记：“（天会五年）宋董植以兵至郑州，郑州人复叛。宗翰使诸将击董植军，复取郑州。遂迁洛阳、襄阳、颖昌、汝、郑、均、

刘家门窑址出土钧釉香炉残件

房、唐、邓、陈、蔡之民于河北。”《大金国志》卷五载：“（天会六年）夏四月，银朱与其弟拔束兵二十万下宋邓州，帅臣危（范）致虚走，刘汲死之。南阳储峙甚多。至是悉为金有。需民间金帛，根括无遗。及刷汝、金、房、凡四州之民以归。”由此看来，各地发现的这些窖藏，很有可能是在靖康之变前后，金兵来犯或与宋军交战时所埋藏的。这批窖藏的时代不可能晚到金末时期。在金末，金军曾与蒙古军队大战于钧州三峰山。在此之前，没有什么大的事件可以让一个不大的区域出现如此众多的窖藏。也就是说，这些钧瓷器物的生产，应是在北宋末期。

有学者认为，钧瓷的创烧在金代前期。然而，金军对河南一带的破坏是很严重的，加之唐、邓、颖、蔡、泗等州，地处宋金交界，在金前期，宋金强烈对抗，宋、金、伪齐之间交战不断，这一带的军事活不断。金世宗继位，与宋签订“隆兴和议”后，宋金之间战事平静，才开始恢复这一带的生产。而其时所面临的正是土地荒芜，人烟稀少。《金史》卷四七《食货二》记：

“（大定二十七年）七月，谕旨尚书省曰：‘唐、邓、颖、蔡、泗等处，水陆膏腴之地，若验等级，量立岁租，宽其征纳之限，募民佃之，公私有益……。’八月，尚书省奏：‘河东地狭，稍凶荒则流亡相继。窃谓河南地广人稀，若令召集他路流民，则河东饥民减少，河南且无旷地兮。’上从所请。”《金史》卷九二《曹望之传》记曹望之在大定前期知西京时，上书论便宜事，曰：“陈、蔡、汝、颖之间土旷人稀，宜徙百姓以实其处，复数年之赋以安辑之。”可见直到大定时，这里都很荒凉，大定后采取了措施才恢复起来。

刘家门窑址出土内天青釉外红釉碗残片

众所周知，手工业的发展依赖于农业的兴盛，古今同此理。很难想像，像刘家门第一期前段那些拥有精美的造型和精良工艺的器物，会在靖康之变后这段荒败的日子创烧。第二，墓葬材料。目前有二三座较早的墓葬出土了钧窑瓷器。在北京市海淀区金山发现了一座土坑石椁墓，根据对这类墓葬研究总结的时代特点，排定此墓的时代为金初，墓主应为女真贵族。墓中出土了4件钧瓷，与刘家门窑早期钧窑的器形和特征相同，通过与其他考古材料对比，其时代应为北宋末期。则这批器物应是女真人掠自中原的，甚至有可能是掠自宋宫廷的遗物。关于这批材料，笔者已专文进行过详细的讨论。笔者认为，其对判断钧窑的始烧时代是有参考价值的。前已述及，洛阳邙山墓的年代应为金代的中前期，墓中出土一件钧瓷盖罐，同型器物在刘家门窑发掘中并未发现。如果此墓果为金前期的，这件钧瓷亦可能生产于北宋末。另一座墓葬是江苏吴县的一座残墓，墓中出土有银器、漆器等高档用品，还出土一件月白釉洗，似为一件钧窑器物，与刘家门早期地层出土的钧釉盆残件相似。此墓出土有“宋故宗姬赵氏之墓”的铭文砖和“政和通宝”钱，综合分析，此墓的时代有可能为北宋末期。则此材料亦为钧窑始烧时代的一个证据。

第三，遗址材料。河南鹿邑太清宫遗址，被认为是唐宋时期皇家祭祀老子之处。唐代已有相当的规模，宋真宗时重建，金元时续用。1997年和1998年对其进行了大规模的发掘，在洞霄宫唐宋基址地层中出土了一些钧窑瓷器，有盘、耳洗和连座瓶等，与刘家门早期地层的出土物相同。尽管遗址在金元沿用，根据碑记，太清宫的重修在金“明昌二年（1191年）”，因此，这批宋代地层出土的钧瓷，应有相当的可靠性。

（五）刘家门窑址早期产品工艺特征所反映的时代问题。钧窑创烧之初有三项工艺应引起我们的注意，即覆烧工艺、满釉支烧工艺和厚釉工艺，这些工艺特征都具有重要的断代意义。

1. 覆烧工艺。在刘家门最早的地层中出土了盘形支圈，这是覆烧用的窑具。由于出土的数量不多，在一些侈口小盘的沿下有无釉的现象，推测是用于少量白釉器的装烧或侈口小盘的挂烧。据研究，覆烧用的支圈有多种，这种盘形支圈是覆烧工艺成熟时期的工具，出现较晚，根据磁县观台窑发掘的情况，其出现于北宋末到金前期的第二期后段。覆烧工艺出现于北宋中后期，大体差肩于用煤烧瓷技术出现的时间，但传播很快，到北宋末期，在北方广大地区，南方的景德镇和四川等地都普遍使用。刘家门窑最早地层中出土支圈，与河南中西部地区窑场北宋晚期使用覆烧工艺的趋势是一致的。

2. 满釉支烧工艺。如前所述，这种工艺北宋后期在一些生产水平较高的窑场的精品器物上使用。其出现的时间大体在北宋神宗朝以后，流行于北宋末，以汝窑为代表；南宋时的南宋官窑和越窑都曾广泛使用。但这种工艺一直到元代仍然在一些仿古瓷和礼制性高档用品上使用。因此，这种工艺在钧窑的最早使用时间应与汝官窑的烧制期一致，但金元时一直续用。

3. 也是最重要的一项，即青瓷的厚釉工艺。这是北方地区制瓷业在北宋晚期的一项重要的技术创新。这项工艺要求先将器物素烧，然后多次施釉，再进行釉烧。据现有材料，可认定其是在汝窑首创，2000 年发掘天青釉汝瓷的中心烧造区，发掘者将此区的出土物分为三个阶段，在第三阶段的地层中开始大量出土素烧器物。由此可证，这种厚釉工艺的出现应在北宋徽宗朝时期（1100 年～1125 年）。在天青釉汝瓷生产区以外的窑址周边地区没有发现使用厚釉工艺的迹象，即在相应的地层中未见素烧坯件，表明这种工艺在当时可能还是保密的。刘家门钧窑在创烧的第一期前段就采用了这种工艺，应该是学自汝窑。如果这种工艺为官窑所用并有所保留而且钧窑学习了汝窑的这种工艺这两点都成立，则其暗示了早期钧窑的性质。在宝丰清凉寺汝窑遗址，天青釉汝瓷烧造区停烧以后，周围地区仍然继续生产，但在第四期金代的地层中并不见素烧器，直到属于元代的第五期才再次出现素烧器和钧瓷。说明汝窑使用厚釉工艺的时段很短。再次使用厚釉工艺是为了生产钧瓷，是受到钧窑的影响。有学者认为中国青瓷发展的线索为以浙江地区越窑为代表的早期南方青瓷影响了北方的耀州窑；耀州窑影响了汝窑，汝窑和北宋官窑产生了质的变化，即厚釉青瓷产生了；汝窑和北宋官窑的工艺传回南方，也引起了南方青瓷生产发生质变，南宋官窑和龙泉窑代表了南方对厚釉工艺的继承和发展。北方地区一直坚持厚釉生产工艺的窑场就是钧窑，但其最初应用厚釉工艺是受到了汝窑的影响，出现的时间应差肩于汝窑。

综上所述，通过从不同角度与各种不同材料的对比，我们可以较肯定地将刘家门窑第一期前段的时代定为北宋末期的徽、钦二宗时期（1101 年～1127 年），表明钧窑始烧于北宋末期。北宋末期，钧窑创烧，从创烧伊始，就具有很高的烧制水平。早期钧窑瓷器以不带任何装饰、水天一色的素面器物为多，表现出淡雅、悠远的色调。其釉色极近汝窑之色。禹州钧窑和宝丰汝窑地理位置接近，胎釉原料也十分相似，二者的许多烧成工艺相同，对胎釉的理化科技分析已证明了这点。通过两窑的断代，证明汝窑先于钧窑烧成天青色乳浊釉，钧窑随后仿制了这种釉。基于二者产品的相似性，以及文献中对汝窑的极度褒扬，陈万里先生在 20 世纪 50 年代提出了“钧瓷继汝窑而起”的观点。日本学者尾崎洵胜早年也提出过类似的观点。然而，我们现在已知道，钧窑与所谓“汝官窑”的烧造时间大体相同。而在宋金之际，钧窑所在之阳翟县或颍昌府与汝窑所在之汝州同被金军侵扰与战乱，应无太大差别，因此也不存在汝停钧继的理由。笔者最近通过研究认为，钧窑生产的天青釉瓷器在古代一直不为人们所提及，很可能长期被当作汝瓷。但是，钧窑在仿汝过程中发明了高温的铜红彩和铜红釉，是中国古陶瓷发展史上的重要贡献。另外，钧窑还有独特的青釉瓷，不同于临汝窑和耀州窑生产的青瓷器，而这些被称为“红若胭脂”，“青若葱翠”色的器物正是后世文献所津津乐道的。现在所见珍品，多为过去皇家藏品。通过发掘材料，我们

刘家门窑址出土青釉盘

现在可将这些大面积红彩钧瓷定为早期钧瓷，与带小块规整红斑的器物区分开来。但无论是所谓“红彩器”还是“红斑器”，都表明钧窑是在探索自身的装饰方法，开创自己的特征，而非亦步亦趋地效仿汝窑。

据此，我们认为，钧窑是北宋末期兴起的一个以生产高档瓷器为主的窑场，部分产品仿制汝窑，但自己生产的青釉、红釉瓷也极具特色。其在早期阶段有相当一段时间是与天青釉汝瓷的生产并行的。至于钧窑是否也是一处用于贡御的所谓官窑，尚有待进一步积累资料和深入研究。这里应特别指出的是，本文所论证的是刘家门窑址发掘出土的这类钧瓷器物，即有些学者所说的器皿类钧瓷。对于花盆、鼓钉洗、海棠盆、出戟尊

等所谓陈设类钧瓷的生产时间，笔者并不支持其为北宋末产品的观点。笔者以为，对这类器物的断代，还有待钧台窑址发掘资料的进一步整理、揭示。

（原载《华夏考古》2004年2期，作者秦大树系北京大学教授）

禹州刘家门窑发掘简报

（摘要）

刘家门瓷窑的时代是北宋晚期至元代，是禹州钧瓷原产地产品最精的古窑址之一。从北宋末年创烧伊始，就具有很高的烧制水平。烧成了淡雅匀净、典雅美观的天青釉钧瓷。青瓷的烧造水平也极高，釉色娇妍肥厚、澄澈明丽。部分器物仿当时的金银器造型，之后又出现了白釉和黑釉，并有三彩、红绿彩和纹胎产品出现。主要器型有碗、盘、瓶、罐、香炉、盆、枕等。其中带贴塑的花口莲座瓶、贴花大香炉、梅瓶和四系瓶等十分有特点。20世纪50年代，陶瓷专家陈万里、冯先铭、叶喆民、方国锦、杜迺松等先后实地考察。2001年9月至2002年1月，北京大学考古文博学院和河南省文物考古研究所联合组队对该遗址进行了发掘，证明刘家门窑址始烧于北宋末年，是禹州钧瓷原产地最精美的窑址之一。

刘家门窑址出土匣钵

刘家门瓷窑遗址根据其出土器物可分为三期：

第一期前段，时间为北宋末年

此段是刘家门窑址产品最精美的时期。产品以青瓷器为主，主要生产小件器物，但制作精良、规整，器物种类有碗、盘、洗、盆、注壶、罐、瓶、香炉、器盖、枕等。部分器物是仿金银器的造型，如圆洗、鋬耳洗、菱口折沿盘、海棠盘等。

另外，这时期钧釉瓷器上带红彩的极为少见，少数器物上有大件红彩，红色几乎布满器表，红色较淡，与天青釉极好地交融。这一时期器物的胎色较浅淡，呈白褐色、灰白色或灰褐色，即通常所说的“香灰胎”。青釉器釉色以青绿色为主，出现了内施天青釉，外施红釉的器物。

装烧工艺也以此段最精，大部分碗、盘类产品均施釉到足底，并在足心内施釉。部分器物采用裹足刮釉方法，还有部分产品采用裹足支烧的方法，支钉多较粗大。基本采用匣钵单烧法装烧。

这时期窑炉为土洞式长形分室窑炉，以倒流河北地一号窑炉为例：窑炉残长12.92米、宽2.26米。窑室为长方形，中间以一道土石砌建的矮墙将窑室隔为前、后室。在前、后室南壁各开了3个添火孔，其中后室尾部的1、2号添火孔尚保存拱顶。以1号添火孔为例，长1.2米、宽0.88米、高0.35米，在窑底和添火孔中发现大量草木灰，证明一号窑炉是以木柴为燃料，在窑壁上涂抹耐火泥，全部被烧结，局部被高温烧烤的流淌下来并呈瘤状，证明窑室内温度相当高。窑尾部是一圆形的大烟囱，以石砌小孔与窑室相连，烟囱口径1.1米，烟囱内壁烧结层厚达6厘米，证明烟囱内的温度很高，应是此窑唯一的排烟道。一号窑炉形制特殊，既不同于北方常见的馒头窑，也不同于南方流行的龙窑。经专家论证，认为其在热功上是合理的，应该是从前到后依次生火烧制，这样有利于充分利用热能，提高烧成温度，是北方的窑工们借鉴南方龙窑的成功经验，结合北方实际情况的一种尝试。

该时期的主要器物有以下几种：

1. 碗

青釉敞口碗。口径21.8厘米、足径6.8

厘米、高9．5厘米。尖唇，口稍敛，圆曲腹，圈足较高，稍外撇。白褐色胎，细而坚硬。很美丽的青釉，青绿中稍泛黄，玻璃质感强，布满小块开片，光亮匀净，施釉至底足，足心施釉，足底未施釉外施一层棕褐色的护胎釉。

青釉深腹碗。口径14．8厘米、足径4．4厘米、高8．6厘米。尖唇，口稍敛，深腹，腹壁斜曲，小圈足。灰褐色胎，细而致密，有少量杂质。釉色青绿稍泛黄，有稀朗的大开片，釉层较厚，可见密集的小气泡，十分莹润。口部有酱色的边，施釉至足底，足心施釉。

钧釉小碗。口径7．7厘米、足径2．9厘米、高4．3厘米。尖唇，直口稍敛，圆曲腹，薄环足，足内斜削。胎色灰白，较细密。釉色灰青泛白，稍生烧，釉较厚，匀净，半木光，施釉至足根，足心施釉。

刘家门窑址出土天青釉红斑罗汉碗

2．盘

青釉折沿菱口盘。口径18．4厘米、足径11．8厘米、高2．8厘米。折沿上翘，边部竖折，壶门形菱VI，斜曲腹稍鼓，极矮薄的大环形足。褐白色胎，较浅淡，即所谓香灰胎，细腻致密。釉呈翠绿色稍泛灰，有长条状开片，釉中密布小气泡，光亮润泽，釉薄处泛白，显出胎色。裹足支烧，外底粘连5个乳状支钉。

钧釉海棠盘（图一）。口长径23．6厘米、口短径12．4厘米、高2．3厘米。四瓣海棠形，圆唇，平折沿，浅腹，斜直壁稍外鼓，大平底。浅褐色胎，细腻坚致。内壁及外壁釉呈天青泛紫，釉的流动性较强，积釉处泛白，口部和转折处等釉薄处呈深赭绿色，内底有粗短的“蚯蚓走泥纹”。外底部釉呈紫红色，微泛蓝。裹足支烧，可见4枚支钉痕。

3．洗

钧釉莲瓣洗（图二）。口径17．8厘米、底径9．5厘米、高8．2厘米。圆唇，刻得很深的莲花瓣口，口稍敛，圆曲腹稍外鼓，瓜瓣腹，平底。浅褐色胎，细而坚致。天青色釉，釉较薄，流动感较强，内底积釉较厚，略呈月白色，并有细小的棕眼。上部釉色有变化，口和内部凸棱处釉最薄，呈赭绿色，外部鼓出部釉稍薄，略泛肉红色。满釉支烧，底部有5枚支钉。此器的底部还粘连有垫片，证明是在垫片上放置支钉支烧，因此支钉痕很大。

钧釉圈足圆洗。VI～27．6厘米、足径16．6厘米、高9．8厘米。薄唇口，圆曲腹，很矮薄的大环形足。胎色白褐，细密坚致。内壁天青色釉，布满小块开片，十分光洁，釉从口部渐厚，釉色渐深，从褐绿、天青到较深的天青色。外壁施红色釉、、正红色稍发紫，艳若玫瑰，光亮润泽。裹足支烧，可见1枚较大的支钉痕。

钧釉平底圆洗。口径17．8厘米、底径8．8厘米、高6．9厘米。圆唇，直口稍外侈，圆曲腹，大平底。浅褐色胎，细腻致密。釉呈浅灰绿泛白色，光润，内壁布满赭红色的红彩，由于红彩并未完全呈现出来，显得较暗淡，外壁有长条状红彩斑，流畅自然。裹足支烧，外底残留2枚支钉痕。

施釉攀耳洗。口径16．4厘米、底径8厘米、高5．2厘米。圆唇，直口，圆曲腹，平底一侧有一泥条制环形鋬耳，如意头形攀沿。浅灰褐色胎，细密坚致。灰青色釉稍厚，釉光内蕴，内壁有两道粗深的蚯蚓走泥纹，外壁有稀疏的小块开片。裹足支烧。

4．钧釉盒。口径15．6厘米、足径7．8厘米、高6厘米。盒身子口，上壁竖直，下壁斜收外鼓，环形圈足窄而薄，失盖。浅赭褐色胎，胎质细密。釉色呈淡雅的青蓝色，釉面极匀净细润，外壁转折处釉薄，呈褐棕色（肉红色），有少量浅隐的开片，偶有细小的棕眼，施釉至足根，足心有釉，不施釉处有一层深棕色的护胎釉。

5．钧釉注壶。口径3．4厘米、足径5．3厘米、高10厘米。平沿内折成平顶，小口，梨形腹，做出六瓣瓜瓣形，玉环形圈足，失流和把。胎呈砖红色，较粗。釉色青灰发白，生烧，木光。裹足刮釉。

6．钧釉香炉。沿边径10．6厘米、腹径10．6厘米、高10．5厘米。平折沿上翘，边部竖折，长颈稍外敞，扁腹圆鼓，三个云头形小足。胎色黄褐，较细。釉因生烧呈黄白色，无光泽，有剥釉。

7．窑具

支圈。口径16厘米、高4．2厘米。敞口，斜壁近平，腹较深，支台宽厚。很粗的棕褐色瓷胎。

垫环。底径7．9、高0．9厘米。上宽下窄的环，表面可见2枚安放支钉的痕迹，应是裹足支烧的支钉座。较细的褐色瓷胎。

匣钵。口径17．8厘米、高7厘米。内底较平，外呈漏斗形，腹较浅，漏斗部不明显，略呈拱形。黄棕色加砂匣钵胎，外壁涂有一层白色灰浆，内底粘有胶结物。

第一期后段，其时间应为金天会年间

此段质量呈现出衰落现象，器物的数量、种类有所减少，不再见海棠长盘和各种精美的钧釉圆洗；部分器物的圈足变得较宽厚；“葱翠青”色已不多见，较多见的是青绿稍泛黄色，较匀净温润。开始出现较强艳的釉色，大部分器物施釉至足，足心无釉。白釉器的釉色多呈直白色、施半釉。器物中有碗、盘、盆、水盂、香炉、罐、瓶等。装烧方法，采用匣钵单烧，一般不再用裹足支钉烧。

此期的器物有以下几种：

1．碗

钧釉瓜棱腹碗。EI～23.8厘米、足径7．2厘米、高8．8厘米。圆唇，敞口，腹斜曲稍外鼓，瓜棱腹，为壶门形瓜瓣，直环足较大且薄，稍高。浅灰色胎稍粗。釉呈蓝灰色泛紫，釉面光润匀净，釉面不平，有许多已密合的棕眼，口部呈灰绿色，施釉近足。

钧釉罗汉碗。口径11.8厘米、足径6厘米、高6厘米。圆唇，直口稍内敛，下腹圆曲，环足。胎色不匀，浅褐到砖红色，有少量杂质。釉色青灰，釉光内蕴，外壁有垂釉，施釉至足根，足心有釉。钧釉侈口碗。口径13．2厘米、足径4．8厘米、高6．6厘米。尖唇，侈口，口内壁内曲，曲腹，直圈足，内斜削。胎色灰褐，较细。釉色浅赭泛绿。生烧，釉面无光泽，施釉至足根，足心施釉。

2．盘

钧釉折沿盘。口径1 7.2厘米、足径6．4厘米、N 4．5厘米。折沿上翘，边部竖折，曲腹，环足，挖足过肩。较深的褐色胎，较粗。釉色灰黄泛青，釉面由于过烧普遍起泡，施釉近足。内底有长条状红斑，呈紫红色。

钧釉浅腹盘。口径18.6厘米、足径6厘米、高3．8厘米。尖圆唇，口部圆曲，腹部斜直，矮环足。胎色不匀，上部浅褐色，足为砖红色，较致密。淡青色釉泛白，布满细碎开片，较光润，施釉至足底，足心施釉。

3、钧釉水盂。口径5.4厘米、足径5．2厘米、高9．6厘米。尖唇，敛口，垂腹，规整的薄圈足。褐色胎，较细。钧釉，釉色因生烧而呈灰青泛白，无光泽，施釉至足跟。

刘家门窑址出土青釉三足香炉

4．窑具

钧釉片。用器物坯的残片制成，通常一面施

釉，一面刻出编号，用来试釉。标本1，高5. 7厘米。器物腹部残片打成不规则形，一面是棕黄色泛青灰的钧釉，有垂流，另一面光素。标本2，残高4厘米。半圆形薄片，一面是灰青发白的钧釉，另一面划刻“朱四”二字。

匣钵。口径24. 8厘米、高13. 4厘米。上壁稍内倾，漏斗部呈规整的梯形，内底有一碗底大的内凹，棕黄色粗砂匣钵胎。

第二期，时间应为金世宗大定元年（1160年）至金灭亡

此期白釉和黑釉器物的做量有所增加，还有少量的三彩器，器物种类有碗、盘、盆、水盂、香炉、罐、瓶等，又新增了盏托、高足杯等，出现了个体较大的香炉、洗、盆和梅瓶等，器物内底出现了印记。器形开始变得粗厚，胎釉质量有所下降，青釉多为常见的深绿色或黄绿色，较光亮，少量呈较浅淡的青绿色，较润泽。钧釉器数量有所增加，釉色多为天青色（天蓝、天青、灰蓝等）。紫红斑比较多见，烧制方法，仍采用裹足刮釉或裹足支烧，绝大部分施釉不到底。

刘家门窑址出土菱口（瓜棱）碗模

这一时期的窑炉是北方常见的马蹄形半倒焰馒头窑，其特殊处是后部使用半月形烟囱。以刘家门4号窑（LY4）为例：该窑炉由窑前工作面、火膛、窑床、烟室、护墙组成。残长4. 8米、残宽3. 81米、残高1. 65米，方向25。。

窑前工作面大部被破坏，残存部近长方形，残长0. 66米、残宽0. 63米。表面为一层耐火土烧结的灰白色硬结面，厚约0. 01 ~0. 02米，越接近窑处越厚，其下是生土经高温烧烤后形成的红烧土。

火膛 仅存底部，但基本保存了火膛的形状。椭圆形，东西长径2. 38米、南北短径1. 15米。表面是耐火泥烧结而成的灰白色硬结面，厚约0. 02 ~0. 05米，略呈锅底状。其下亦为生土烧成的红烧土，最厚处0. 24米。

窑床 破坏严重，仅存后部的一小部分，残长0. 26米、残宽2. 65米，实际宽度应为3. 05米、高（距火膛底部）0. 77米。表面是一层土和石英砂烧结成的灰白色硬结面，厚0. 25米。以下为较纯净的红烧土，厚达0. 4米。

窑室后壁已被破坏，仅存最底部的砌砖痕迹，是用耐火砖砌出烟火孔与烟室相通。可见烟火孔9个，分布较均匀，宽0. 08 ~0. 11米、长0. 15 ~0. 17米。

烟囱 保存较完整，为半月形一体的单室烟囱，长1. 1米、残宽2. 9米。烟室底部亦烧结，形成一层灰白色的硬面，厚0. 09 ~0. 23米。壁面仅后壁保存较好，残高0. 75米。

窑壁破坏严重，仅存烟室后壁，呈弧状，壁面残存长3. 65米、残高0. 75米、厚约0. 2米，从其断面看，是用耐火砖、残破匣钵及少量石块垒砌而成，表面涂一层厚约0. 02米的耐火泥。从残存情况看，底部三层以长方形砖块为主，比较规整，砖长0. 27米、宽约0. 16米。其上残存部分主要由筒状、漏斗状匣钵的口部、底部残片叠砌而成，排列规则，夹杂少量砖块、小石块。

后壁以外为护墙，仅存窑后部分。由大小不一、未加工的天然石块和匣钵残片、土块等堆成，距窑壁0. 12 -0. 18米、厚约0. 45米。

该时期主要器物有以下几种：

1. 碗

青釉菱口碗。121 ~21. 7厘米、足径7. 2厘米、高8. 6厘米。方唇，壶门行菱口及瓜瓣腹，腹斜曲，较高的环足，内底有一平面。浅赭褐色胎，细而坚致。青绿釉稍泛黄，釉厚处布满大小不等的开片，釉薄处泛白褐色。施釉至足根。内底印“朱家记”三字。

钧釉敞口碗。Ⅵ~21．3厘米、足径6．6厘米、高8．9厘米。圆唇，斜曲腹，小圈足稍外撇。灰褐胎，坚致。釉色青灰略泛黄，口沿呈棕褐色，内壁有长条状开片，釉面较光润，杂有褐色的小铁斑，施釉至底足。

钧釉罗汉碗。口径11．7厘米、足径5．8厘米、高6厘米。尖圆唇，上腹稍内倾，下腹圆折，直圈足。胎色灰褐，较粗。天青色釉，口部青黄色，有疏朗的开片，光洁。外部施釉至下腹，垂釉明显，内底有桃形涩心。内外壁均饰红斑，外壁有三大片，十分艳丽，内壁饰两片。

2．盘

钧釉曲口盘。口径16厘米、足径6．4厘米、高3．5厘米。尖唇，口部圆曲，腹斜曲，玉环形足。灰褐胎，细而坚致。釉色浅绿泛黄，釉层较厚，乳浊感强，施釉至下腹。

青釉曲腹盘（图三）。口径17．8厘米、足径6．8厘米、高9．5厘米。尖唇，口稍折，曲腹，环足，挖足过肩。褐色胎，稍粗。釉色青翠，布满开片，玻璃质感强，可透见胎中的杂质。施釉至足根，积釉明显。

青釉折沿盘。口径16．8厘米、足径6．4厘米、高3．9厘米。折沿上翘，边部竖折，斜曲腹，玉环形足。胎色棕褐，较细密。釉色随釉层的厚薄从湖绿色到浅绿色，玻璃质感强，光洁。施釉至下腹，有明显垂釉。

3．洗

钧釉深腹洗。口径20．2厘米、足径8．8厘米、高8．4厘米。薄小的突唇，腹较深，腹壁斜曲，大环形足。胎色褐灰，稍粗，坚硬。月白色釉，由于釉的流动性使釉面布满牛毛状丝缕，口部呈绿黄色，内底积有很厚的釉，呈美丽的蓝灰色，晶亮光润，施釉至底足，足心施釉。

素胎浅腹洗。口径26．6厘米、足径18．2厘米、高6．4厘米。薄唇口，浅腹、腹壁斜曲，薄而矮的大环形足，挖足很浅，足心挖一浅圆形凹圈。黄白胎，较细腻。器表有明显的修坯痕迹。

4．钧釉盏托。口径4．8厘米、足径3．4厘米、高3．3厘米。敛口曲腹的小杯托，沿边上翘，环足直而厚，内部通透。灰褐色胎，细而坚致。天青色釉，有疏朗的浅隐开片，匀净温润，裹足刮釉。

5．青釉香炉（图四）。口径9厘米、腹径9．7厘米、高8．5厘米。尖唇，折沿上翘，颈稍长，瘦腹，云头状小足。褐色胎，杂质较多。釉褐绿泛棕色，有较多开片，玻璃质感和透明性较强。

刘家门窑址出土钧釉敞口碗

6．钧釉盘。口径26．6厘米、足径12厘米、高7．2厘米。平折沿，沿面稍内曲，边部上折，圆曲腹，宽矮的环形足。黄灰胎，稍粗。釉色青灰泛黄，局部泛蓝，光洁，有许多小棕眼，施釉至足根。

7．钧釉罐。口径17．2厘米、腹径22．3厘米、高18．4厘米。圆突唇，矮直领内倾，片状双耳，腹圆鼓，宽厚的直圈足。棕色胎稍泛红，生烧。釉呈淡黄白色，有垂釉，施釉至足根，足心施釉。

8．窑具

小印花戳模。长9．4厘米、宽4．9厘米、高3．2厘米。主体是长方形瓷板，后接长方体的把，把上有一孔，印面为间隔有序的四朵团花。黄灰胎，稍粗而坚硬。

菱口碗模。口径23．8厘米、高12．8厘米。平顶，腹斜曲，底部做出子口，厚壁，壁面做出壶门形凹凸。黄褐色瓷胎。

碾轮。直径6．2厘米、厚3．1厘米。中厚边薄的纺轮形状，中间有大小两个孔。黄灰色粗瓷胎。

第三期前段，时间为元太宗七年

（1235年）至元成宗大德十一年（1307年）

此段白釉瓷器的生产十分兴旺，有碗、盘、罐、瓶等，白地黑花器大量出现，以内壁饰一粗两细的三道环纹和草叶、游鱼、诗文等纹样的碗最多，还有一些红绿彩器。黑瓷的数量也大大增加，主要器物有碗、盘、罐、瓶等，代表性器物有带双耳的小香炉，带贴花的大香炉和个体较大的直领罐、瓶等，器物变得胎体厚重，胎质粗糙，杂质多，天青釉的器物有所减少，月白色开始出现，釉层较厚且不匀，出现筒形匣钵。这一时期的窑炉仍使用北方的馒头窑系，但有大而深的火塘。以白峪河北发现的三号窑炉（HY3）为

刘家门窑址出土天青釉钧瓷大盘标本

例。HY3是一座土洞式窑炉，平面近方形，由窑前工作面、进风道、火塘、窑床和烟囱构成。总长3.72米、宽2.9米。窑的整体，包括窑前工作面都是在生土中挖建，为长形进风道，后接长方形火塘，火塘深0.56米，内发现大量柴灰和炭屑，证明仍以木柴为燃料。进风道与火塘部有厚7厘米的被烧结成青砖状的硬结面。窑床呈横长方形，通过3个排烟孔与后边的抹角长方形烟囱相连。青灰色的烧结面表明此窑主烧还原火焰。在北方地区已普遍采用煤为燃料的元代，钧窑仍以烧柴为主。

该期的器物有以下几种：

1. 碗

钧釉敞口碗。口径20厘米、足径5.6厘米、高9厘米。圆唇，敞口，上腹稍曲，下腹斜直，小圈足外撇，足心有脐底。赭白色胎，较细而坚硬。釉色天青，口沿部呈灰绿色，釉面布满棕眼，光亮。施釉近足，有明显的垂釉。

青釉侈口碗。口径12厘米、足径4.2厘米、高5.2.厘米。圆唇，侈口，曲腹，小环足稍高，足底粘连片状垫饼。褐灰色胎，较细。釉色青发黄棕，有开片，光润，透明性较强。施釉至足根。

白地黑花碗。口径15.9厘米、足径5.9厘米、高5.7厘米。尖圆唇，腹斜直，近足处圆曲，圈足宽厚，稍外撇。棕黄色胎，较粗。白黄色釉，半木光，外壁施釉至口沿下，下腹至足是褐棕色釉。内壁用黑褐彩绘画纹饰，口沿有黑边，下为草叶边饰，三环纹，底心用花叶构成十字团花纹。

2. 盘

青釉折口盘。口径12厘米、足径6.5厘米、高4.5厘米。口圆折，斜直腹稍深，环形足，挖足过肩。胎色不匀，较粗。釉色青黄，局部有细碎开片，透明性较强，半木光。施釉至下腹，内底有桃形露胎。

钧釉曲沿盘。口径11.8厘米、足径5.2厘米、高2.6厘米。尖唇，曲沿，浅盘，圈足稍高。褐灰到黄色胎，稍粗。釉色灰黄泛青，有“蚯蚓走泥纹”，光润，施釉近足。

素胎曲腹盘。口径15.1厘米、足径5.6厘米、高3.4厘米。圆唇，上腹圆曲，下腹斜直，矮小的玉环足。浅黄白胎，较细而疏松。

3. 钧釉洗。口径26.6厘米、足径16.5厘米、高6.6厘米。唇口，圆曲腹，宽矮的大环形圈足，足心粘连有放置了2枚支钉的垫环和2枚支钉痕。胎色赭褐，粗糙坚硬。釉色青灰泛白，内浅外深，釉较厚，有几缕较短的“蚯蚓走泥纹”，釉光内蕴，裹足支烧。

4. 钧釉钵。口径24厘米、残高12.8厘米。圆唇，敛口，深垂腹，失底。胎色深褐，较粗。釉色灰青，杂有深色的小铁斑，较光洁。外壁因烧成缘故在近口部有一条黄绿色的釉带。

5. 素胎香炉。口径17.6厘米、腹径20.4厘米、高21.8厘米。盘口，长颈，莲叶托“日”字形框的双立耳，圆鼓腹，三个云头状足。胎色砖红，稍粗，有肉眼可见的粗颗粒和杂质，颈部有小团花贴饰，腹部有如意头形开光的团花贴饰。

6. 白地黑花盆。口径24. 9厘米、底径15. 2厘米、高13. 2厘米。唇折卷成突唇，斜直壁稍外鼓，宽壁形底，隐圈足。白釉泛黄，有垂流现象，施两层釉，半木光。内壁有黑彩装饰，彩深处呈棕褐色，浅处呈棕黄色，饰四组散草纹。

7. 白地黑花罐（图五）。口径17厘米、腹径25. 2厘米、高19厘米。直领稍外侈，圆肩，鼓腹，下腹斜收，隐圈足。棕褐胎，稍粗。釉色白中泛黄，光亮。施釉到下腹部，内壁施黑褐色釉，口唇部刷黑釉。黑色彩，颈饰三道弦纹，肩部饰三组飞凤及火焰宝珠纹，腹饰三道弦纹及曲带纹。

8. 窑具

火照（图六）。用碗的底足部打制成圆形，足心钻孔而成，多数两面施釉。标本1，高1.7厘米。胎色褐灰，较细。通体施釉，足心为青灰色钧釉，莹润。底面为淡灰绿色釉，无光泽。标本2，高1. 9厘米。通体施青绿色釉。标本3，高2厘米。单面施钧釉，釉色灰白。标本4，高1. 7厘米。通体饰灰绿泛黄色的钧釉。

荡箍。外径14厘米、高2厘米。环形，断面呈三角燕尾形。深褐色胎，较粗。内侧施棕色青釉，光润。

脚钵。顶径6. 6NN、底径12. 8厘米、高3. 6厘米。剖面呈梯形，顶面较大，中间有孔，斜直壁，底斜削。褐色粗砂匣钵胎。外表涂一层棕红色护胎釉，半木光。

漏斗形匣钵。Ⅵ～Ⅹ25. 8厘米、高15. 1厘米。壁较高，稍内倾，漏斗部深且规整，呈梯形，内底有碗底大小的内凹。红褐色粗砂匣钵胎，外表有银灰色落砂。

深腹漏斗形匣钵。口径15. 6厘米、高10. 8厘米。深腹，壁稍曲，矮而平缓的漏斗底。棕褐色胎。外壁有灰白色均匀的灰浆。

第三期后段，时间为元武宗至大元年（1308年）至元末

本段白釉、黑釉器的数量减少，器形变得单调，主要器形是碗、盘类。钧釉器的釉层厚，流动性强，普遍有垂釉、积釉现象。装烧方法，采用筒形匣钵装烧法，不再见足心施釉和裹足支烧的器物。

此期的器物有以下几种：

1. 碗

钧釉敞口碗。口径20. 6厘米、足径6. 2厘米、高9. 3厘米。圆唇，敞口，腹斜曲稍鼓，直环足小且厚，并稍外撇。胎色褐灰，较细密。釉色蓝紫，口沿处为灰绿色，釉面密布小棕眼及小块开片，光洁明亮。外壁有垂釉，釉厚处呈紫蓝色，薄处为紫褐色。施釉近足。

钧釉曲腹碗。口径11. 4厘米、足径5厘米、高6厘米。圆唇，敛口，上腹圆曲，下腹斜收，小圈足外撇。浅褐色胎，较细。釉面青绿泛灰，开片明显，光润，施釉至下腹，内底有圆形露胎，边缘存1枚支钉。

钧釉侈口小碗。口径11. 2厘米、足径4. 2厘米、高4. 8厘米。圆唇，侈口，口下内曲，腹斜曲，宽矮的小圈足。胎色褐灰，细密。釉色浅赭色泛白，缩釉严重，乳光内蕴。内壁有较多的裂纹，施釉至下腹。

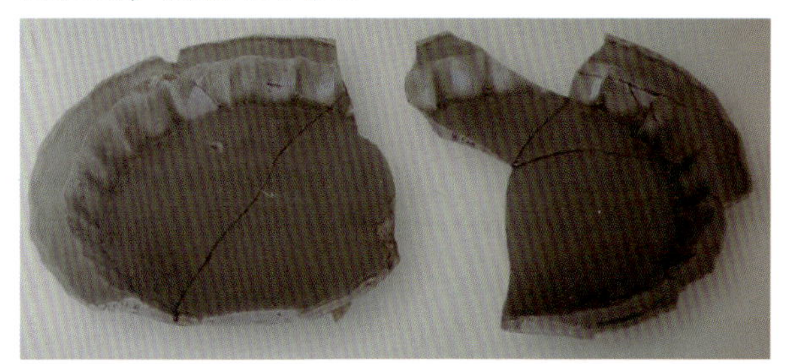

刘家门窑址出土青釉菱口花式盘标本

2、盘

青釉浅腹盘。口径16. 4厘米、足径6. 3厘米、高4. 1厘米。圆唇，斜直腹，环足，挖足过肩。胎色不匀，褐棕色胎，有较多的杂质。釉色褐绿，局部有小块开片，光亮。施釉至下腹，内底有桃形露胎。

青釉浅曲腹盘（图七）。口径15. 6厘米、足径6. 2厘米、高3. 8厘米。尖唇，曲口，浅曲腹，环足，挖足过肩。较深的褐色胎，夹杂黑色杂质。釉色深绿发黄，有长条状开片，玻璃质感和透明性强，光亮。施釉至下腹，内底有桃形涩心，中有铁彩书“待”字。

3. 钧釉注壶。残高8厘米。腹部残片，瓜棱腹，残存把根。胎色和胎质均不匀，褐色到棕褐色胎，细腻。釉色灰青泛棕，施釉较厚，光润。

4. 钧釉香炉。盘口，长颈，方形双立耳，鼓腹，云头形足，颈腹部有较多贴花装饰，均残甚。DTIGI：27，颈部残片，残高6. 8厘米。DT4HI：14，炉耳残件，残高4. 1厘米。DTI⑦：10，足部残片，残高4. 8厘米。DTI⑤：45，口部残片，残高6.5厘米。

5. 窑具残高6. 6厘米。DTI⑤：46，口耳部残片，残高6. 5厘米。

漏斗形匣钵。口径19. 6厘米、高11. 4厘米。口内斜，直腹较深，漏斗部与壁相连并较大，断面呈梯形，腰部微折。口部粘连有封口用的填料。粗砂匣钵胎，红褐色杂以黑色，外壁有灰白色灰浆。

刘家门窑址出土钧釉鸡心水盂

筒形匣钵。口径21.8厘米、高22. 2厘米。直筒形，外壁满是瓦纹，内壁下部出台，用以承托脚钵。棕褐色胎。

价值评定

1. 禹州刘家门钧窑遗址是宋至元时期钧窑烧制的重要区域之一，其分布范围广，烧制延续时间长，其生产色泽鲜丽的青釉、铜红釉、印花青瓷、白地黑花、釉下彩瓷等，以其独特的窑变工艺和雅致的乳浊状天青釉等为后世所喜爱，并被皇家所收藏。

2 禹州刘家门钧窑遗址文化层堆积厚，内涵丰富，主要器形有：碗、盘、洗、盆、注壶、罐、瓶、香炉、器盖、枕、水盂、盏托、高足杯等。而且北宋晚期到金早期还出现有圆洗、鋬洗耳、菱口折沿盘、海棠盘等仿金银器的造型器物。这些仿器的出现为以后钧瓷仿青铜器及其他器形开创了先河。

3. 钧瓷在艺术方面的成就是红釉的稳定烧成，神奇的窑变釉，在青瓷中突破了单色釉的格调，青如蓝天，晶莹润泽，月白如美玉，深红如熟的海棠，紫红如怒放的玫瑰，紫红相映如光润的玛瑙，凝厚深沉，含蓄耐看，改变了以往青瓷的那种一览无余的玻璃釉的质感。宋代钧瓷造型有强烈的仿古意味，尤其仿金银器及青铜作品更是做得严格认真，制作规整，古拙中见高雅，技艺惊人，在艺术手法上更是仿古创新，并注入时代的精华。

4. 钧瓷具有“天青”、“天蓝”、“月白”、“紫红”、“玫瑰紫”、“海棠红”等幽雅釉彩；似有意似无意，似有形似无形，妙趣横生，变化万千，有“钧瓷无重彩”之称。

禹州刘家门钧窑遗址，是反映宋（金）元时期钧瓷文化发展的重要历史遗存，蕴藏着极其丰富的历史信息和深厚的文化内涵。2003年国家将河南省禹州市神垕镇公布为“钧瓷原产地”。

北京大学中国考古学研究中心

河南省文物考古研究所

（注：文中“刘家门”即神垕镇刘庄村。）

钧瓷的灵魂是釉，不是复杂的造型

——清华大学教授叶喆民谈钧瓷

人物档案：叶喆民，1924年出生于北京一个书香世家，父亲叶麟趾先生是著名古陶瓷学者、现代陶瓷工业的重要创建者。上世纪70年代，叶喆民和陈万里、冯先铭等诸位先生一同走遍全国各地名窑进行探访，深入各地博物馆进行考察。1985年，叶先生首先指明河南宝丰清凉寺窑就是汝窑窑址的线索和论证，导致了1987年、1988年上海与河南文物工作者的继续发现和发掘，从而解决了陶瓷史上长期遗留的一大难题。

1978年，叶先生调入中央工艺美术学院。他撰写陶瓷论文百余篇，陶瓷文献整理注说、陶

瓷科技、考古以及书法领域的多部专著蜚声学界。叶先生的主要著作有《中国古陶瓷科学浅说》、《中国陶瓷史纲要》、《中国古陶瓷文献备考》、《寻瓷访古漫记（上篇）》（连载于《中国文物报·收藏鉴赏周刊》）、《汝窑聚珍》、《隋唐宋元陶瓷通论》等。近年来，叶先生又出版了《中国陶瓷史》一书。这部著作近50万字，图文并茂，堪称继中国硅酸盐学会编写的《中国陶瓷史》（文物出版社1982年首版，1997年重印）之后，又一部富于个性的重要著作。叶先生现受聘为故宫博物院客座研究员、首都师范大学美术学院特聘教授，并担任中国硅酸盐学会古陶瓷委员会顾问、中国古陶瓷学会顾问等职务。

叶喆民审读《中国钧窑研究与探索》书稿

《中国钧窑志》出版以后，许昌新闻界的领导嘱我把编纂过程中对钧瓷发展有指导意义的事情写出来。不假思索，印象中立刻出现了叶喆民、耿宝昌、张守智、秦大树等中国陶瓷大家的身影，文抒心声，落笔流水，时间恰好过去了一年。2010年12月17日，我到北京参加“全国地方志系统先进集体和先进工作者表彰大会”。会前，到北京大学考古文博学院拜访了秦大树教授，按照秦老师的安排，次日下午拜会仰慕已久的清华大学美术学院教授叶喆民先生。

虽与叶老未曾谋面，但对他与钧瓷的关系还是比较了解的：叶老1924年生，已是86岁的老人。1957年，北京故宫博物院冯先铭、叶喆民到禹县考察古钧窑址；1962年5月，冯先铭、叶喆民又到河南密县西关窑、登封曲河窑等调查古瓷窑址，其中在登封窑发现唐花瓷残片及宋、金、元时期钧瓷残片；1964年3月，冯先铭、叶喆民等先后到河南临汝、郏县、禹县作为期3周的古窑址调查。在禹县期间，河南省文物工作队李景昌、禹县文化馆曹子元陪同，对神垕镇西部和禹县北部扒村古窑址进行考察。20世纪80年代以后，叶喆民先后在北京大学、中央工艺美术学院、中央美术学院讲授“中国陶瓷史”等课程，陶瓷著作近10部，论文百余篇，是中国古陶瓷研究及陶瓷文化传播的巅峰人物之一。

秦老师是一个热情好客又很注意细节的人，他告诉我们，叶老是满族人，比较讲究礼节，你们去之前要先约好时间，不要打扰叶老中午休息，他知道我们在北京不熟悉，又安排他的学生、禹州籍的博士研究生徐华烽与我们同往。18日上午，表先大会结束后，回到住地简单用过午餐，便与徐华烽一同前往叶老的家。在北京的二环、三环上穿行了一个多小时后，我们来到了位于方庄的芳群园小区，华烽看了一下时间说：“我们再等一会儿吧，别打扰了叶老休息。”大约过了20多分钟，华烽拨通了叶老的电话，叶老已在家中等待我们的到访，下午3时许我们到了叶老家。以我们县城居民的眼光看，叶老的住所面积不算大，客厅里除去沙发椅子和一张桌子、一个小型博古架之外，几乎没有太多的空间。桌子上是书，博古架上是瓷器，给人印象最深的就是这两种东西。我们向叶老送上最近几年禹州史志办出版的《中国钧瓷年鉴》、明·嘉靖《钧州志》点注、清·顺治《禹州志》校注、清·道光《禹州志》校注等，还有我尚未出版的钧瓷专

叶喆民谈对当代钧窑的印象

著《中国钧窑研究与探索》书稿，华烽也向叶老送上他和李少颖合著的《瓷上水墨—中国扒村窑艺术》。叶老十分高兴，说："上个世纪50年代、60年代我都去过禹县，当时文管会的教之忠，文化馆的曹子元两位先生陪着我们，在神垕、扒村等古窑址进行了比较详细的田野调查。回京后，在当年《文物》杂志第八期发表了《河南省禹县古窑址调查记略》，对钧窑遗址进行了介绍，使全国陶瓷界对禹县钧窑有了一个初步的较

叶喆民讲述早年调查禹县钧窑址情况

为清晰的认识。"叶老对钧瓷有着深厚的感情，他拿起《中国钧瓷年鉴》（第1卷）仔细地翻阅起来，看到我们把2000年以后的钧窑历史详尽地进行了记述，他说道："你们做了一件很有意义的事情，编写钧瓷年鉴，既可以记述历史，又可以昭示未来，指导钧瓷产业的发展，这在全国各大瓷区没有先例，是宋代五大名窑中第一部专业年鉴，希望你们能把这项工作好好地开展下去，为子孙后代留下完整的行业资料，这也是你们对中国钧窑文化传承所作出的贡献。"我向叶老介绍说："我们不单编辑出版钧瓷年鉴，钧窑志的编写也在进行中。钧窑志从2006年开始启动，已经进行了四、五年了，预计到明年即可出版，到时候我把成书给您送来请您审阅。"说完，我又向叶老介绍了《中国钧窑研究与探索》书稿的主要内容，当叶老翻到"神垕真武庙祈雨感应之记"碑文时，认真地进行了询问，我说："在查阅资料时，曾见到神垕有'督瓷贡委官'及'耕渎陶冶者千有余家'的记载，但不知道其出处，也没有见到原碑或拓片。为此，我们与禹县原文物管理所所长教之忠等人一起专程到神垕，多方询问，终于在神垕镇祖师庙找到了这通碑，这篇碑文校点就是根据原碑拓片反复斟酌对比后整理的。碑文整理后，又与《禹州市志》的记载进行了互证：'明宪宗成化二十年，大饥，饥民相食。'与碑文记载的祈雨之事应有关联。另外，清·道光《禹州志·方伎》载：孙钊，字明之。祖父为医学典科，其父为太医院博士。碑文中孙钊即为钧州医学典科，所载应为同一人，督瓷贡委官当为可信之事。叶老听后表示认可。由于我提到了教之忠老师，叶老拿出了一本日文陶瓷杂志，指着书中的两张照片说："这是日本人到禹县考察古瓷窑址时的照片，这是禹县博物馆院内的怀帮会馆，这位即是教之忠先生。这一张照片是教之忠先生向外国友人介绍钧窑遗址，他帮助我们做了许多实实在在的事情，你们回去以后要代我向教先生问好。"我答道："我一定把您的问候给教老师带到！叶老师，这两张照片对我们研究钧窑的历史很重要，可不可以让我反拍一下？"得到叶老师的允许后，我把这两张照片拍了下来，可惜由于反光的原因，其中一张照片的效果不太好。

叶喆民展示自己收藏陶瓷资料

书的话题过后，叶老坐了下来，开始给我们讲起汝窑与钧窑来，他指着博古架上的两件汝瓷说道："这是临汝送来的现代汝瓷作品，与宋代汝瓷相比，还有比较大的差距。我这里也有你们禹州送来的现代钧瓷作品，与宋代钧瓷比较，也有许多地方需要改进。要烧好真正的钧瓷，就要研究、了解钧瓷的历史，要认识宋代的钧瓷特征，把宋钧烧造工艺传承下来，这项工作做好了，再开始创新的事情。现代钧瓷首先是传承，然后才是创新，传承和创新都是发展的基础。你们可以把我的观点带回禹州去，告诉钧窑企业，传统文化与现代钧瓷密不可分，只有把这两项有机地融合在一起，现代钧瓷业才能可持续发展。"我接着叶老的话题："叶老师，我查阅过大量的古代钧瓷文献，是否可以这样认为，明清时期的陶瓷专著中把宋代或是宋金时期的钧瓷产品称为钧窑，到元代以后，钧瓷的称谓消失了，改用元瓷代替，明清以后开始用仿钧、窑变釉来代指钧瓷，而清末民国时期烧制的产品称为新钧瓷，我的这种理解对吗？"叶老纠正道："真正的钧瓷就是在宋代，明清时期的仿钧也就是仿宋钧，这一点是对的，而元瓷包括的范围较广，既有你们称为之钧的产品，也有其他产品，到清代景德镇御窑厂的窑变釉瓷与宋代钧瓷相比就有比较大的区别了，它们各有自己的特征，你要善于区别，找出宋钧精髓的东西。"接着，叶老说起了对当代钧瓷造型抽象化、复杂化的看法："钧瓷的灵魂是釉，而不是各种复杂的造型，看看宋代的钧瓷，哪一件造型很复杂？哪一件有那么多的附饰件？人为地增加那么多的寓意，有多少人能看得懂？钧瓷造型一定要适合钧釉的特点，釉层自然流动才能表现活，釉厚才能润，'品味高雅，大家风范'，这才是体现钧瓷优越于其他瓷种的地方，活、润才是钧釉的魂，无论哪种钧瓷造型，都不能偏离或是丢掉钧瓷的灵魂，这就是我的观点。在我书房里有家传的宋代钧瓷片，天青、月白、紫红斑都有，你们可以看看！"华烽和我先后到叶老的书房里，在满是书籍的房间里，我们通过一条狭窄的走道，在叶老的书桌上看到了由钧瓷片镶嵌起来的木制挂屏，几乎全是带红斑的宋金瓷片，天青、天蓝、玫瑰红、海棠红、葡萄紫斑等各类釉色齐全。抬头望去，很有一种养眼的感觉，我忍不住抚摸了几片，玉质感特别强，温润似玉，油滑似宝石，宋钧的印象深深地刻在脑海里。回客厅后我很想把这些瓷片拍下来，想起了秦老师的嘱咐，遂打消了这个念头，把那短短两分钟的凝视变成了长久的记忆。

不知不觉中，时间过去了一个多小时，华烽提议说："咱们与先生合个影吧！"叶老高兴地坐在沙发上分别与我们合影留念。生怕再待下去会影响叶老的身体，我们向他辞行，相约明年钧窑志出版以后，再来向叶老汇报。

（原载《许昌晨报》2012 年 1 月 17 日）

钧窑日用瓷要重塑精润

——再访清华大学美术学院教授张守智

2012 年末，我到中国收藏家协会出差，期间，与清华大学美术学院教授张守智老师约好，请这位中国陶瓷大家为《中国钧窑茶具艺术》作序。以求为这部中国钧瓷史上第一部茶具专著画龙点睛。

张守智审读《中国钧窑茶具艺术》文稿

张守智老师是中国陶瓷工业协会首席专家，也是全国日用陶瓷的权威，为陶瓷著述做序慎之又慎。12 月 12 日，张老告诉我："如果你有时间来我家，我希望了解一下书稿内容，明天上午 9 点钟以前来。"由于我们住的地方离张老家较远，加上北京"首堵"的现状，13 日早上 6 点，我们一行便在黎明前的夜色中出发，经过两个多小时的行程，终于在上午 8 点半准时到达亚运村附近的小区，叩响了张老家的门铃。

数次与张老见面，加上全国陶瓷艺术创新与设计研修班的师生关系，我们没有更多的寒暄，就直接从《中国钧窑茶具艺术》书稿谈起。

钧窑日用瓷瓷要回归精细、莹润

张老对近几年钧瓷茶具的发展予以充分肯定，认为钧瓷壶在工艺上已可与其他窑口比美，加上钧瓷窑变的五彩釉色，已成为全国陶瓷茶具的主流品种之一。听到张老对钧瓷茶具的赞赏和肯定，我送上了带给张老师的礼物——一套钧音坊生产的仿宋釉手工茶具："这是钧窑艺人纯手工制作的钧瓷壶，请您鉴定一下，还有哪些不足和待改进的地方？"老师仔细审视并对口盖结合部认真察看，还翻过来看了底足："嗯，这把壶

张守智高度评价当代钧窑茶具

工艺精良，釉色纯正，口盖没有打磨，丝丝入扣，几乎没有空隙，可以看到钧壶工艺已经到了相当的水平。就当前钧瓷生产的现状来说，小窑口达到这样的水平，说明钧窑日用瓷发展很快，这是钧瓷产业化和艺术化结合的必然结果。"他稍微沉思了一下："说到不足，还是在胎和釉上，胎应该再薄一些，釉应该再厚一些，工艺再精细一些。陶瓷茶具大件很少，一定要突出精、巧、润的特点，既要有很强的实用功能，又具有强烈的艺术美感！"看到我们不解的神情，他接着说："一提到钧瓷，人们想到的都是粗犷、笨重，这只是元代钧瓷的特征，我们回过头看一下宋代的钧瓷，有很厚的胎吗？有很笨重的器型吗？早期的钧瓷是非常精细的，看一下神垕刘家门（刘庄）窑的发掘报告吧，北宋时期的钧瓷无论是日用器还是陈设瓷，崇尚的都是完美、精益求精的，满釉、支钉烧很常见，胎体也是精巧的，可以说追求精美表现在宋钧的各个方面。北宋以后的金元时期，钧瓷制作日渐粗犷，尤其是元代钧瓷，几乎成了粗厚的代名词。在这一点上，龙泉青瓷与钧瓷恰恰相反，宋代龙泉青瓷为厚胎厚釉，釉色多是黄绿、灰青、褐黄色。南宋时期，在北方诸窑停滞或荒废的情况下，龙泉窑迅速发展，一方面承袭了白胎青瓷技术，另一方面改进和创造了粉青、梅子青等光泽柔和，翠玉效果很强的著名青釉，同时制成了龙泉仿官的黑胎青釉产品。其黑胎青瓷的许多小型产品常常制成薄胎厚釉，有时烧成后的瓷胎厚度比釉还薄，有时薄到1毫米左右，色调的深沉给人以更加肥厚的感觉。后来，在白胎青瓷也使用了多次素烧和多次施釉技术，釉的厚度有时达到了1.5毫米，龙泉青瓷在南宋后期全面普及了厚釉工艺。当然，元明时期龙泉青瓷也走了下坡路。但是，当代龙泉人很好地传承了薄胎厚釉技术，现在的龙泉青瓷充分表现了精细的工艺和莹润的釉色。这一点很值得钧窑人借鉴。"谈到这里，张老稍有激动："如果有时间，你们可以去大钟寺和三里河看一下，那里展出的龙泉青瓷，圈足薄的象刀片一样，有的不到1毫米，釉厚的将近2毫米，几乎到了脱胎的程度，他们的釉上到了4～5遍，釉料细到400目以上，而普通的陶瓷釉料细度只有165～180目。这样烧制的茶具，一个杯子卖几百元，一把壶卖几千元甚至上万元，市场表现很好呀！我说的这些作品的制作者不是什么"国大师"，有些连"省大师"都不是，就是普通的青瓷艺人，他们代表的不是最高水平，而是龙泉青瓷的整体水平"。听到这里，我不禁问道："龙泉青瓷的釉料细到400目以上，那不是要滚釉吗？"张老没有被我的发问打断："我说的这些话，主要针对钧窑日用瓷，不管是茶具，还是餐具，都需要精巧、简约、典雅，你们要回过头来，认真研究一下过去，研究一下历史，宋代钧瓷的精髓是什么，需要传承的本质是什么？宋代钧瓷的薄胎工艺、素烧工艺、满釉支烧工艺，多次施釉工艺都要纳入你们的研究范畴，法古创新是钧窑的传统，你们在艺术瓷上做的很有成绩，在日用瓷上一定也会有新的创造。你刚才不是说钧釉原料

细到400目一定会滚釉吗？那你就去研究避免滚釉的方法，这个问题龙泉窑能解决，钧窑肯定也能解决。要通过工艺技术的进步，使钧瓷成为通过窑变天成的人造翠玉，人造宝石，赋予作品更高的艺术价值。我们的大师是业界的精英，要注重日用瓷实用性与艺术化的有机结合，大师要走高端，要卖作品，不要卖原料，要塑造钧瓷日用瓷高端品牌的形象。”

铜蓝釉是对钧釉的一次创新

看到张老稍有倦意，同行的天地人钧瓷坊坊主王发亮适时地递上一件柴烧炉钧，请张老师鉴赏。张老看的很仔细，从口沿、颈肩、腹一直看到圈足，这看边点评。我注意到，虽然张老说的很全面，但关注最多的还是钧釉：“釉色是钧瓷的一大优势，尤其是窑变釉，其他瓷种无法与你们相比。看，这件作品的呈色多么丰富，用五彩渗化已经不能形容她了，那就用七彩纷呈吧。炉钧釉本质上还是一种花釉。说起花釉，你们的唐钧或者叫唐代花瓷就是一种花釉，只是施釉手法不同。炉钧釉创烧于清雍正年间，盛行于雍正，乾隆二朝，因低温炉内烧成，仿宋钧釉而得名。《南窑笔记》上说；“炉均一种，乃炉中所烧，颜色流淌中有红点者为佳，青点次之”。釉厚而不透明。釉面开细小纹片，其结晶呈色多种，深浅不一，有红，兰，紫，绿，月白等色并熔于一体。在器物釉面上形成长短不一的垂流条纹，有的弯曲，有的垂直，还有的似山岚云气与斑点交混在一起，布满器身。如同五彩缤纷的孔雀尾羽一样，整齐美丽。釉中的红色红而不艳，红中泛紫，犹如刚成熟的高粱穗色。兰釉则如水波状，雍正年间的炉均釉基本上都保持这一特征。

清代仿钧窑炉钧釉有“素炉钧釉”与“浑炉钧釉”两种。素炉钧釉面呈蓝绿相间的麻点纹，在素坯上底喷以氧化铜着色的粉彩颜料，面喷以氧化钴着色的粉彩颜料。浑炉钧釉面呈红绿相间的麻点纹，其红釉以胶体金着色，800℃左右烧成。

清末民初，炉钧釉在北方兴起，经过近百年的发展，钧窑炉钧釉已经成熟，当代炉钧与景德镇炉钧釉相比有很大的不同，钧窑炉钧釉是按照禹州钧瓷的烧制工序而低温素烧，高温釉烧，把

张守智鉴赏当代柴烧钧瓷

炉钧的亮点放在了色彩变化上，缨歌绿、胭脂红、玫瑰紫、梅子青、宝石蓝等等许多十分珍贵的釉色都在当代钧炉釉上呈现出来，几乎把以铜为主呈色的窑变釉发挥到了极致，你们钧瓷人很了不起呀，你们不但继承了传统，而且创新发展了钧釉，这一点，禹州的孔家钧窑做的很好，今年在北京举办的一次展会上，孔家的作品很出彩，展示的釉色是以前没有见过的，这很值得研究呀！从景德镇炉均、北方钧窑炉钧到当代的钧窑铜蓝釉，是以铜为呈色元素的钧釉创新的主线。千百年来，人们都在关注以铜成色的红釉，把铜红釉作为钧釉的主要特征之一，而对于以铜成色的青蓝色关注较少。事实上，原来的禹县钧瓷二厂就生产了不少的铜蓝釉产品，只是烧成不易掌握，没有引起人们的重视而已。”说到这里，张老若有所思：“我们学过陶瓷的人都知道，铜在还原焰中呈黄色乃至红紫色，在氧化焰中呈绿色，在弱氧化焰中变为青绿色，在弱还原焰中呈青蓝色。但青绿和青蓝的烧成温度范围都很窄，非常不好把握。青绿色在其他瓷种比较普遍，青蓝就较少了，钧窑发展了这种釉色，为七彩钧釉增添了新的品种。你是搞地方志的，要认真研究它的科学原理及烧成控制方法，真实记载，有序的传承下去。还说你们这件作品吧，以前看过碳烧的炉钧，煤烧炉钧，液化气炉钧看的多一些，像你们这柴烧炉钧见的少，这也是一种尝试一种创新，在柴窑里烧炉钧，更有一种传统的韵味呀！”

要把最好的作品展现给公众

“今年北京办展，钧窑的一位大师来参展，

东西确实不错，全部手拉坯制作，窑变成色、意境也很好，但他把这样的作品摆上了一二十件，像地摊一样摆在展台上。你们禹州人参展大部分都是这种情况，今年7月，在国展中心举办的全国轻工产品展览会上也是如此，整个钧瓷展区就是几排长的展桌，东西摆的很多，但真正出彩的

张守智指导钧窑茶具的创新途径

不多。这种参展模式，与其他瓷区有很大的差距。我到这位大师的展位以后，立即指出了他展出方式的的缺陷，让他撤掉展桌，使用带玻璃罩的展柜，而且从一二十件作品中挑出最好的四、五件，展柜摆在入口最显眼的地方，把窑变效果最突出的一面面对观众。这样调整以后收到了良好的效果，北京的一位藏家看中了其中的一件作品，开始出价80万，大师问我：'卖不卖?'我说：'不卖'。藏家出价到100万，我还说不卖；最后，这位藏家出到110万，他又问我，我对他说：'不能卖，我们钧窑国大师最好的作品一定要卖一个高的价位，这不是一个人的问题，而是关系到整个钧窑高端作品的声誉。'从上面这个事例可以看出，钧窑人还没有学会包装自己。你们禹州有100多位国字号、省字号的大师，大部分还在等客上门。最近几年，虽然有的大师不断地走出去，也只是一部分，大部分还是在埋头做作品，对外边了解甚少，对于如何包装自己，包装自己的作品还缺乏基本的认识。你们要知道，卖产品和卖艺术品是两个概念，经销和营销有很大的不同，艺术品营销一定要把最好、最有魅力的一面展现给观众，最好的艺术品一定是稀少的，一件难求的；钧窑作品是最美好的窑变艺术品，你们国大师的作品，一定是要纯手工制作的，窑变呈色的，这样的钧瓷艺术品是艺术珍品，一定要走高端；高端作品要起到引导的作用、示范的作用。这件事情做好了，下面省大师的作品做中端市场就好做了，加上钧瓷艺人的低端市场，整个钧瓷行业就形成了立体结构，钧瓷的发展竞争才能逐步有序，钧瓷也就具有了可持续发展的能力，钧瓷的明天才会大有希望。"

转眼之间，近两个小时过去了。近10点半，张老师的手机响起，上午的第2拨客人——江苏宜兴的同行已到小区。已是80多岁高龄的张老以他具有国际水平的眼光，时刻关注着全国各大瓷区的动态，为各个瓷种把脉问诊，教化指导。与张老道别时，我们衷心地祝愿他老人家健康长寿，青春长在！

（原载《禹州大事月报》2012年12期）

钧乡漫步——追寻西吴镇

"西吴镇?"

看到这个地名，许多人都会感到陌生和茫然。但关注钧窑考古的陶瓷人或是古钧瓷爱好者都会眼前一亮："这个逝去的瓷镇，又有什么新发现吗?"的确，2005年钧瓷文化节，一件带底铭的钧瓷残器使沉寂千年的古瓷镇进入人们的视野，禹州磨街成为古代钧瓷生产重镇之一。

磨街古窑址

壬辰仲秋，禹州市磨街乡的一位钧友打来电话，说是在磨街钧窑遗址发现一座钧瓷窑炉，请《钧瓷年鉴》编辑部的朋友过去看一看。我对磨街窑址并不陌生，几乎每年都要跑几趟。为钧瓷第一次去磨街却是为"西吴镇"的缘故。2000

带窑粘的钧瓷碗残件

年冬季，禹州钧瓷学者苗锡锦先生在磨街乡尚沟村古钧窑遗址发现了底部有铭文的钧瓷残器，但具体文字不详。之后，与原禹县文管所所长教之忠先生多方研究，采取各种方法予以解读。两位先生年纪大了，野外颠簸多有不便。我当时正在为《禹州市志》（1985－2000）征集资料，顺便对神垕、磨街、鸠山等地的古瓷窑址进行了田野调查，收获颇丰。

磨街是距禹州城区最远的乡镇之一，约有一个多小时的车程，因是煤炭产区，过往载重车辆较多，路况也不太好，汽车在凹凸不平的山路上颠簸，车速也不快，有时间对磨街窑址的概况予以回想：2005 年 11 月，中国古陶瓷学会在禹州钧窑学术研讨会上以“对钧瓷恢复以来重要事件的回顾”为题公布了这件带铭文的钧瓷残器，具体的器型不能确定，应是一件梅瓶残底吧，铭文是：“钧州西吴镇周家造至元七年”。至元七年是元世宗的年号，元代钧瓷已经形成钧窑系，而钧州是金大定二十四年以后到明万历三年间禹州地区行政区域名，所以元代禹州辖区盛产钧瓷是不争的事实。西吴镇在禹州的什么地方？金元时期钧瓷生产的状况如何？却是需要研究的课题。我首先从地方志查起：民国《禹县志》记载，唐宋时期的阳翟县以下实行乡、里建置，即县以下设乡，乡下设里；元朝撤乡设都，实行都里制；明代废都存里，全县设 60 里；到清康熙年间合并为 10 里，里下辖集镇，每里下设 10 甲，形成“10 里百甲”的行政规划。从管辖上看，宋元时期的镇是镇集的意思，与现代行政区划“乡镇”中“镇”的概念是不同的。宋代阳翟县下有西吴里建置；元代，有磨窝里，当是境内有磨窝山的缘故；清康熙十二年，呈放射状的“十里百甲”区划中“义让里”十甲辖磨山街、孙庄、侯沟、仝庄、常沟等地，应是当代磨街乡辖区内磨街、孙庄、尚沟一带。清代的常沟与现代的尚沟有无相承关系尚无资料记载，但就地域来看，尚沟村与神垕仅隔一山，距离最近，按我国行政区域依山水划界的传统，宋代的西吴里所辖区域应是现代磨街乡的辖区。解析清朝十里百甲体制，西吴镇应是磨街、鸠山等山区乡的全部或含其周边乡镇局部。事实上，现代的磨街乡大部分建置村都有古瓷窑遗址，可以推断，金元时期的西吴镇应是钧州重要的陶瓷产区。

磨街村钧窑址地貌

西吴镇老桥边的老者

上午近 11 时，我们来到了磨街，穿过熙熙攘攘的市集，擦肩或贾或农的山民，汽车沿乡间小柏油路南下，将近坡底时，前方已无法行车，只有农民的三轮车可以通行。我带好摄影器材，与同伴一起步行到沟底。仔细观察，沟底与通往禹州的公路之间高差在 50－80 米之间，宋元时期，陶瓷手工业属重工业之一，其原料的运进与产品的运出应有比较便利的通道，即使是当时穿越能力较强的“马帮”运输，也不应该从这么深的谷底再爬上山脊，从这一点看，当时的交通网络与现在的县乡公路构成应有较大的不同。沟底到窑址还有500米左右的路程，在这段距离内，隐约可以看出这片被人遗忘的的地方当年的繁华：一条小河曲折蜿蜒向南伸展，河中涓涓细流还有些许原生态，路旁的一口水井还在供谷底的

西吴镇石拱桥

居民使用，井口旁一挂凸显磨痕的锃光的辘轳向人们吐露着她的沧桑，井底一泓碧透的泉水以清纯的双手撑开路人的眼帘，使人久久不愿离去。窑址东边一级台地上遗存着几处看似庙宇的残垣断壁，那间较高的屋顶还插着一杆象征神圣的黄旗。一位老者告诉我们，那残破的房屋是以前的窑神庙，面积在300平方米左右，在破四旧的年代，已毁坍贻尽；小道的右边，一座石拱桥东西向横亘路边，从桥的方向可以看出，当时的道路与现代的小道是垂直的，石拱桥两边的通道已经看不出痕迹了。那位老者还告诉我们，像这样的石桥前面还有2座，不过已经深埋在地下了，这三座桥连在一起叫三眼桥，是这一带最有名的的老桥了。我对此有许多疑问：“在这么偏远的地方，又是在深沟里，怎么会连续修了三座石桥呢？这地方以前叫什么名字？”我多么希望从老者的口中说出“西吴镇”或是“磨窝里”呀！但我失望了，老人对这里的古地名一无所知，只知道现在叫磨街。想来也是，中原地区在历史上就是兵家必争之地，改朝换代，战火不断，居民数量是呈峰谷状的。元末明初，中原几成无人区，遗骸遍地，田地荒芜，朝廷开始大规模从山西向河南移民；到清顺治初年，全禹州仅有1400多居住民。所以，中原各县现居人口大多数是移民。况且，清康熙年间这里叫磨山街也是在民国《禹县志》上记载的，距今也有三四百年了，一位偏远山区的老农又怎么对地方文化或是地名变迁了解这么多呢。

再向南走，小河旁边的三级台地上，就是古瓷窑址所在了，几百年的地质变迁，当时窑场的大小已无法估算。根据现有的地面遗存，有田野调查价值的面积约有500平方米，中心区域约有200平方米，其中最有价值的是挖掘出土的一座残破窑炉。当然，这是盗挖，不是科学的考古发掘，我很清楚，由于相关资料的缺失，我们调查的数据几乎没有科学价值。但我们能够做到的也仅限于此，记录已经发生过的，为后人的研究提供尽可能多的资料。窑炉容积不大，窑顶已缺失，窑门和炉灰坑共用，炉灰坑中有柴灰，没有发现煤渣；窑门西向，宽度约0.5米，左右均为半圆形；东侧有一稍高的平台，长度约1.5米，宽度约0.33米；窑壁烧结程度不高，许是年代久远吧，东侧窑壁上看不出烧结的硫琉状物质，炉坑的北面有一石质的墙基，具体作用无法推断；窑炉的西面约3米处有一盗洞，深度在5米以下，洞口散落有细碎的废弃的瓷片，根据瓷片的釉色和瓷胎厚度，结合洞口遗留的较大的素胎

窑址台地上的遗存

碗、盘的底部，大致可以推断为宋金元时代的灰坑；我正在测量洞口的直径，同行的伙伴突然“哎”的一声，手指向洞口的断面。他把上面的覆土轻轻剥去，说了一句至今也未回忆出来的什

么话，随而观之，竟然这么简单，那片精美的天蓝釉紫红斑瓷片就进入了他的眼帘，展现于他的面前。那是深藏土中不曾褪色的美人儿，她接受土的恩泽，得到土的呵护，吮吸了千年土的精华，花开有情，花落无意、无声、无痕。也许，她从几米深的地下来到洞口，就是为了等待我们的到来。“有缘千年来相会”，这就是考古的魅力所在。在西北向稍远的地方，有一口挖出的石壁井，深度约在6米开外，在河边挖一口这麽深的井做什么用途不得而知。我们不是专业的考古发掘人员，没有勇气也没有能力在没有绳梯的帮助下下到井底或是洞底一探究竟，只能在盗掘现场收集地表遗存。在窑址周边的石堰上发现有较厚的琉璃状烧结物，至于玄纹漏斗状匣钵则比较常见，偶尔也可见到筒状匣钵。幸运的是在周边还捡到了几块与钧台窑发掘图片上类似的釉药，这类遗存在收藏界还有争议，有的学者认为是古代冶铁的废渣，也有人说是20世纪50年代大炼钢铁的半成品，这里的发现可以对上述观点予以澄清，同时也可为钧台窑发掘的釉药提供佐证。沿着这条线索进一步研究，可以发现古代制釉与现代制釉在工艺上的不同。

对窑址的几处发现一一拍照以后，我们沿山间小径爬到山顶，观察窑址古代的地理环境。放眼望去，沟壑峁梁，起伏丘岗，高山险路，河谷湿地，绵延曲折，直到视野的尽头。远离了城市的喧嚣，人的思维也回归自然：从人类诞生算起，到现在已走过近三百万年漫长的时间，其中几度到了近乎灭绝的境地。从垂死挣扎，到满眼人烟，再从哀鸿遍地，又到旌旗高悬，甚至灰飞湮灭，最终星火燎原。人类文明就像一粒充满活力的种子，不管遭遇多大的挫折和打击，只要肥沃的土地还在，一得到雨水的滋润，就能生根、开花、结果。从火赐人间，到陶瓷的发明，这是人类历史上的两大里程碑。火照亮人类前行，陶瓷催生人类文明，而瓷器则是中国古代雄踞人类文明之巅的标志。远山与近水相连，现代文明与传统工艺交织。眼前这片古瓷窑址，不正是禹州古代文明的载体和缩影吗？回望千年，可以想见这连绵的山地森林茂密，植被丰厚，为陶瓷工业提供了丰富的燃料资源；我们脚下即是黄矸、五花土、高白土，陶土储量随山体的延伸而增长，恐不能以万吨计；再看谷底的石拱桥，规模与大小堪与神垕驺虞桥比肩，古代河水的流量应是十分丰沛的。燃料、水源、陶土、陶工——这样的环境和资源，足以支持一定规模的陶瓷生产。因此，虽无权威的资料记载，我们也可以根据上述遗存作出判断：磨街乡，应该就是北宋阳翟县西吴里建置下的西吴镇，穿越千年的又一个陶瓷古镇呈现在人们面前。（作者系中国艺术家协会会员，河南省陶瓷艺术大师）

禹县钧瓷工艺美术二厂
钧瓷赴京展观情况汇报

王春秀

为了加强宣传，扩大影响，发展旅游事业，使钧瓷这一古的文化艺术更好地为四个现代化建设服务，在上级领导的亲怀和大力支持下，我厂在国庆节期间和中国美术馆在北京合办了钧瓷展览。展出从一九八三年九月二十九日预展到十月十六日闭馆，历时十八天。地点在中国美术馆一楼西南角厅，面积406平方米。展览具有学术性，展厅布置共分四个部分。第一部分是古钧窑遗址分布图和古窑遗址照片；第二部分是唐、宋、元、明、清历代钧瓷片标本；第三部分是现代钧瓷生产工艺流程照片和主要原料标本；第四部分是我厂近来发挥传统工艺与创新相结合所生产的钧瓷展品300件，彩瓷展品200件和少量的釉面砖壁画。展览，以我们的独特艺术风格和精美的珍品受到首都人民的热烈欢迎；观众整日络绎不绝，观众达七万多人次。新闻单位争相采访，报纸、广播、电视台连续作了17次报道。各界知名人士观后当场挥毫题字、作画80多幅，其声势之大、影响之广，效果之好出乎意料，取得了园满的成功，达到了预期目的。

展览从总的情况看，有以下几个特点：

一、展前的准备工作充分。自今年三月份确定钧瓷准备在京展览后，我们在全厂进行了充分的动员，采取了一系列措施，在确保正常生产的同时，把精力集中在展览的准备工作上，全厂职工目标明确，信心十足，大家决心宁愿掉下几斤肉，也要拿出能代表我们艺术水平的最好产品向首都人民汇报，为了解决时间紧，任务重的问题，同志们出主意，想办法，解放思想，挖掘潜力，经过反复试验，大胆改过去长期采用6 立方米小窑为 12 立方米大窑烧制钧瓷。每窑装货量由过去的100 多件增加到 300 多件，并增加了责任心。合格率明显提高，烧出了不少过去很难见到的好产品。展品包装前。在厂里进行了预展，特请美术馆的领导来厂给予检查指导，并请省、地、县的领导来厂作了审查鉴定，根据各方面的建议作了充实调整，使展品在质量和数量上都达到了较高的要求。由于厂常委的正确领导，职工的积极努力，我厂在生产不受影响的情况下，仅6 个月的时间，保证了展品的按时完成，这是办好赴京展览的最根本和最好的基础。

二、各级领导亲切关怀，有关单位大力支持，为我们办好展览提供了有利条件，增强了信心。作为我们一个县办厂子，要在首都举办如此规模之大和要求很高的展览，其困难是不难想象的。但是，不管遇到什么难题，在领导和有关单位的关怀和支持下，都得到克服。在展前准备和预展期间，轻工部和部美术公司，省、地、县、镇及各主管部门的领导多次亲临指导，帮助我们解决问题。县委、县政府的领导还多次到厂和展厅帮助克服实际困难，轻工部委龙付部长、部美术公司林经理、王经理和在北京开会的罗付省长、省二轻厅赵厅长、王厅长、许昌地区美术公司李经理等抽时间到展厅看望大家，并鼓励我们要办好这次展览。由于各级领导的亲切关怀和大力支持，中国美术馆给予各方面的方便和帮助，在京展览得以精彩园满结束。

三、丰富多彩的展品，受到首都人民的欢迎。我们将全厂职工精心浇灌的古老艺术新花奉献给首都人民，使他们饱赏了眼福。当他们看到造型精美多姿和钧瓷经“窑变”自然形成五光十色，千变万化的丰富多彩及神异图案后，有的赞不绝口，有的连连点头。两位老人边看边谈，“哎呀”！我们国家还有这么好的艺术，真棒”。另一位说：“这么好的东西过去还没有见过太可惜了”。《经济日报》一位记者看了展览后说：“你们生产出这么好的产品，这不仅是你们的骄傲，也是我们国家的骄傲，看后真是一次美的享受”。在三十七件珍品柜前，经常有成群的人在争着观看，不断有人拍手称绝，“真美”、“真棒”赞叹之声连连皆是。故宫博物院古陶瓷研究室主任冯先铭先生在展前亲临美术馆作了审查并讲了我国陶瓷发展史，肯定了钧瓷所占有的重要地位后说：“看了展览，我是比较满意的，过去我看过两次钧瓷展览，都没有这次好，这次在继承传统特点和创新方面都有很大进步，有的“窑变”效果我过去都没有见到过，看后我是满意的”。展出期间，北京市委书记焦若愚、海军司令员刘华清、炮兵司令员黄新廷、政委莫文华以及董寿平、郁风、姚雪垠、侯一民等著名人士参观了展览。中国人民的老朋友路易、艾黎老人也兴致勃勃地参观了展览。各界知名人士观后当场挥毫题词画留念。中国书协付秘书长刘艺题字“国之瑰宝”。中国著名画家、北京画院付院长尹瘦石题词“古彩斑烂”。中国书协常理事、著名书法家刘炳森当场书写“久阳紫翠忽成岚”的条幅，回家后又抄书唐诗一首送到展厅。著名年轻书法家李铎题字“画中游”，随后在家又题字“艺术之光”。著名书画家董寿平先生题词“九秋风露钧窑开，万紫千红夺得来”。全国六届人大代表，著名雕塑家，中国美术馆馆长刘开渠参观后题词“继承古法构思巧，火调彩釉意境新”。著名作家姚雪垠高兴地参观了展览，给一个钧瓷挂盘取名为“寒鸦归林”，并为这一挂盘配诗一首，“出窑一幅元人画，落叶寒林返幕鸦，晚霭微茫潭影静，残阳一抹淡流露”。称这一“窑变”自然形成的图案如元代名画“寒鸦归林图”之绝妙，描写出了秋去冬来，日近傍晚，四周寂静，一群乌鸦返归林窠的情景。中央美院付院长、著名画家侯一民参观后，连声称妙，当场题字“火艺之冠”。回到家里，自己专门刻制有神”画章一枚，专程赶到展厅加盖在“火艺之冠”字幅上角，并风趣地说明这些展品精美绝妙，不只是人工巧设，而是“有神”相助的结果。这次展览，各界知名人士共题词、作画 80 多幅，有的不了解情况的人，乍一看还以为是在

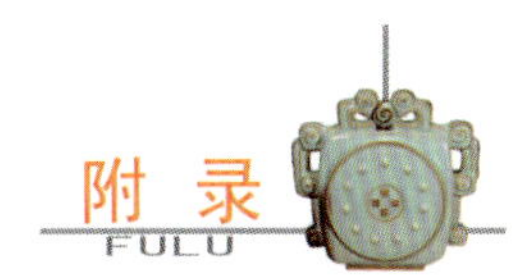

举办书法展览。美术馆的领导看后说："你们这次展览真是独出新格，在这里办展览还没有见过这么多名人当场题词的，你们这次是双丰收啊"。钧瓷展览在首都产生了一定影响，观众平均每天达到4000多人次，有不少钧瓷爱好者几次到展厅参观。每天闭馆时，人们还恋恋不舍，多次摧促，还不愿离开。这资展览原定十月十四闭馆。后来，美术馆根据群众要求，才又建议我们延期2天，到十月十六日结束。

四、新闻界引起了轰动，各报纸连续报道。各家记者争相采访报道，有时会出现三、四家新闻单位记者同时到厅座谈了解情况，弄得接待人中应接不暇。围绕展览，报纸、杂志、广播、电视台共作17文章，对展览作了预告。《豫苑》杂志一九八三年第五期在中州瑰宝专栏发表题为"美出理想之表"的文章，对钧瓷和赴京展览情况作了介绍和预告。九月二十七日，《北京晚报》发表了题为"国庆节前夕美术馆举办钧瓷珍品国庆节前后在京展出"的消息，对展览作了较详细的介绍。九月三十日，《北京日报》发表了题为"钧瓷在就展出"的报道。十月一日，《光明日报》发表了题为"我国钧瓷生产技术获新突破"的文章，介绍了我厂近几年的钧瓷生产发展和展览情况。十月五日，《中国日报》用英文对展览情况作了文字和图片报道（主要是对国际）。十月八月，新华社记者采访我厂展览的文章在《河南日报》报的重要位置予以发表，毽题目是"禹县钧瓷展品受到首都观众的热烈欢迎"。十月十一日，《工人日报》发表了题为"重放异彩的钧瓷"的文章，对钧瓷和展览作了图片和文字介绍。十月十二日，《北京晚报》又以"钧瓷"为题，作了第二次报道。十月十三日，《中国日报》对国际上作了第二次详细的文字和图片报道。十月十九日，《人民日报》发表了题为"入窑一色，出窑万彩"的文章，用文字和图片介绍了我厂近几年发展钧瓷生产取得的成绩。十月二十日，《河南日报》发表了钧瓷在京展出期间，群众争相选购的新闻图片。九月三十日，中央人民广播电台在新闻节目里作了新闻广播。十月五日，中国国际广播电台在《文化生活》节目里以"富有神韵的钧瓷"为题，对国际上作了长达十分钟的详细广播介绍。十月八日，河南广播电台对展览情况进行了广播。《北京电视台》在十月八日新闻节目里播放了展览简况。还有《中央电视台》于十月十日对展览情况作了细致的录相，确定最近在《文化生活》节目里播放。各新闻单位的连续报道，更进一步加深了这次展览的影响，起到了很大的宣传作用，其声势之大完全出乎意料。在京展出期间，有的外地客人直接到厂里购货，并拿着报道展览情况的报纸说："就是这个把我们引来的"。

五、纪念品销售供不应求，不少商业单位要求订货。因为这次展览是以展为主，厂、馆双方确定只能带少部分纪念品销售，我们的销品以质量好，价格合理受到北京人民的欢迎。正式展出的第一天（9月30日）中午前，所带彩釉活环瓶销品被抢购一空。许多人因没买到纪念品而连声抱怨。平时有许多人经常向我们打听什么时候进货，表示货到时提前到馆选购。随后，我们又连续从厂里两次发货，仍然满足不了要求。由于柜台前人多拥挤，美术馆内部人员因买不到纪念品而要求我们在下班时间专门对他们供应销售两次。第三批货物因许昌车站快件订运未能发到，有几个单位预订的产品一直到闭馆也没交付。北京电机总厂要求购买梅花餐具，因当时无货，他们当即提出让我们给厂里写信，随即派车到厂购买梅花餐具600套生部分美术品。这次展览，我们仅少量的纪念品就销售21800元，当时签订合同18000元。与中国工艺品展销处、燕京艺术瓷厂、百花商店建立了关系，并设为销厨窗。还有不少单位提出随后亲自到厂订货。

六、听取了各界人士的反映和建议，对我们搞好今后工作具有很重要的参考价值。从展览情况看，我们提打了胜仗，取得了辉煌的胜利。但是，各界人士除充分肯定好的一面之外，也向我们提出了善意的批评和宝贵的意见，归纳起来主要有几点：①、产品包装太差；②、产品缺厂名或商标；③、产品生产的工艺比较粗糟，如产品足部色泽不一；④、坚持两条腿走路，一方面专门搞仿古，越古越好，以适应外商要求；另一方面要搞创新，为现实生活服务，满足国内市场需要；⑤、产品要对路生产，不但要搞低档，还要搞些高档货；⑥、钧瓷过去宣传不够，今后要扩大宣传，要打到国外去。以上这些问题都是我们应该引起高度重视和努力解决的。通过这次展览，不但起到了加强宣传，扩大影响的作用，重重要的是帮助我们开阔了视野，掌握了市场信息，看到了市场隐藏的潜力。我们决心用掌握的第一手资料，安排指导生产，采取具体措施，促进各项工作的全面发展，努力生产出品种多、质量高、价格低的产品为国家多做贡献。

一九八三年十月

（原载〈禹州大事月报〉2012 年 9 期）

再现宋钧神韵　续写钧瓷辉煌

——大宋官窑复烧北宋钧官窑瓷器鉴定会侧记

北宋，是中国文化史上一个空前繁荣的朝代。五大名瓷之一的钧瓷，便是这种文化繁荣的杰出代表之一。

令人遗憾的是，伴随着北宋的结束，钧瓷这一文化奇葩在历史长河中历经沉浮，远离了人们的视线。

叶佩兰主持鉴定会并公布鉴定结果

近年来，随着社会经济的发展，经过有识之士的努力，钧瓷迎来了又一个大发展、大繁荣的时代。在这一背景下，大宋官窑公司成功复烧北宋钧官窑瓷器，无疑具有深刻的象征意义。

【一】

11 月 17 日下午，禹州市钧官窑博物馆二楼会议室，近百名与会人员见证了当代钧瓷发展史上又一个具有深远意义的事件——大宋官窑成功复烧北宋钧官窑瓷器。

会场上方，陈列着一排钧瓷产品：《月白釉出戟尊》、《玫瑰紫釉葵花式花盆》、《天蓝釉仰盅花盆》……

这些，均是流传至今的北宋钧官窑典型器型。作为北宋文化的载体，其形象通过一张张邮票，通过一本本教科书，为人熟知。但这些作品传承至今，寥若晨星，且散布于世界各地，人们难得一见。如今，它们就在大家眼前，触手可及。不同的是，器物身上新鲜的光泽，完全没有了历史刻下的痕迹。

“大宋官窑长期以弘扬北宋钧官窑传统文化为己任，以传承与创新为立业之本，坚持艺术传承、艺术创新，创作出许多经典作品。其作品多次被选做国家重要外交活动礼品。大宋官窑经过多年研究、试制，成功复烧北宋钧官窑瓷器。这些复烧作品的制作工艺，严格传承北宋钧官窑瓷器的工艺特色，达到了很高的水准。为了对这一重要成果进行科学的评鉴和专业指导，我们与钧官窑博物馆共同举办此次鉴定会。”活动的主办方——《收藏》杂志社社长杨敏点明了这次活动的主题。

杨敏说：“这是一次具有深远意义的会议，将带给人们许多重要的启迪。只有坚持保护为主、抢救第一、合理利用、传承发展的方针，保护和传承中国名窑丰富多彩的非物质文物遗产，才能把历史的辉煌变成文化的传世品，才能使陶瓷产业成为名窑产区乃至国家改革开放的新名片。”

【二】

鉴定会专家组由故宫博物院研究员叶佩兰领衔，汇集了来自全国各地的文博、考古、工艺等专业的名家大师。

此前，专家组驱车前往神垕古镇，实地观摩了大宋官窑的开窑仪式，对于当代钧瓷的工艺水准已经有了深切的感受。

在叶佩兰的主持下，与会专家各抒己见，畅

所欲言。

中国文物交流中心研究馆研究员、中国收藏家协会会长罗伯健先生说：“我第一次看到这么多仿制出的北宋钧官窑瓷器，很震撼，很高兴。瓷器是中华民族的国粹。钧瓷在其中有独特而重要的地位，但传世作品人们难得一见。传承、保护、弘扬的责任历史性地落在我们这一代人身上。大宋官窑此次复烧的作品，基本体现了北宋钧官窑瓷器的器型、釉色等各个方面的特色，保留、重现了北宋钧瓷的神韵。”

故宫博物院研究员冯小琦说：“我平时很注重搜集北宋钧官窑与历代仿制品的资料。在我们这个会场，两壁悬挂的是北宋钧官窑作品与此次复烧作品的对照图。只有定睛观看，才能分辨出它们的不同。大家知道，在瓷器复烧过程中，线条是最难把握的，经过炉火的锻炼，会有所改变，难以把握。不得不说，此次复烧的作品是很成功的，有宋代的风格，也体现出一些现代的特征。”

“此次复烧，种类多，质量高，成系列，既形似，又神似，可以说是当代钧瓷最高水平与宋代钧瓷最高水平的对话。”在讨论中，与会专家异口同声地说。

叶佩兰在总结发言中说，此次大宋官窑仿制的作品，超越了历史上已有的仿制北宋钧官窑瓷器的水平。仿宋钧作品自宋代以来一直存在，特别是清代的一些作品达到了很高的水准。但这些仿制品，大多是在釉色上模仿。此次大宋官窑公司仿制的作品，与北宋钧官窑作品从形制到釉色上基本一致，体现了很高的水准。

16 时许，与会专家在一份鉴定意见上一一郑重地鉴下了姓名。鉴定意见上写道：

大宋官窑公司严格按照北宋钧官窑瓷器的胎质、器型、釉色、工艺等进行的精心复烧仿制，体现了北宋钧官窑的特点，再现了北宋钧官窑作品的神韵风采，展示了大宋官窑公司的瓷器制作与烧制技艺。

经专家组鉴定，其作品用料考究，造型准确，工艺精湛，代表了当代钧窑瓷器仿制的水平，是国家非物质文化遗产传承、弘扬的重要成果。

【三】

当日上午，与会专家在神垕大宋官窑生产基地，参加了别开生面的开窑仪式。

仪式热烈而不失雅致。窑工们身着宽袍大袖的古式服装，郑重地进行上香、开窑、鉴别的程序。现场，高悬的四面大鼓时或发出令人振奋的声响，与古琴的旋律形成独特的应和。随着一件件产品被拿上展示台，人们纷纷拥上前，拿起尚有余热的作品仔细审视，用相机记录着一件件钧瓷的神采。

讶异，赞叹。奇妙的窑变效果，展示了造化的鬼斧神工，使人们大开眼界。现场，一件瓷盘中，窑变图案居然是一片叶子的形象，让一生把玩无数传世珍品的叶佩兰女士爱不释手。

惋惜，流连。一件件有些瑕疵的器物，被毫不留情地剔除，在一个题有“钧魂”二字的池子里被摔成碎片。陕西考古研究院研究员禚振西女士一再请求工作人员为她留下一件本要销毁的瓷器。她说：“只有一点点不足，还是值得收存的。我要带回家乡，作为传家宝留给子孙。”

振奋，开怀。在 100 多件出窑产品中，人们选出了 11 件合格的产品。又经过认真的评选，最终评出了一件，被命名为“窑魁”。

大宋官窑复烧北宋钧官窑瓷器鉴定会现场

“人们至少没有完全掌握控制窑变的技术。”多次参与钧瓷发掘与研究的河南省文物考古研究所所长孙新民深知复烧北宋钧官窑瓷器的难度，“考古发掘中，大量的钧瓷残片，也说明钧瓷烧制的不易。”

禹州钧官窑址博物馆馆长张金伟全程参与了

此次北宋钧官窑瓷器的复烧。他说，此次复烧成功，可以说是天时、地利、人和的结果。天时，是只有在钧瓷发展繁荣的今天，才能够复制宋代钧瓷的辉煌。地利，就是说这次复烧的地点，就在宋钧官窑遗址的附近。人和，是充分动员了一切有利的因素。为了此次复烧成功，钧官窑博物馆特地从省文物考古研究所借调了一批 1974 年在禹州出土的钧官窑器物。工作人员得以零距离研究、把握北宋钧官窑的工艺特色，从而保证此次复烧的质量，再现宋钧神韵。

当天上午，在热烈的掌声中，河南省非物质文化遗产保护传承基地揭牌仪式也在大宋官窑举行。

钧瓷是中华文明的瑰宝，也是神垕人民的骄傲。参与复烧研制的钧瓷专家李应周说：“对于这份文化遗产，我们能够做的，是守望，是传承，是发展。我们应该保护好祖宗留下来的这份家业，认真地传续下去，并且在传续中有所创新，体现出时代风貌。”

【四】

在鉴定会现场，记者又一次见到了大宋官窑董事长苗峰伟先生。他静静地坐在会场的一角，倾听着与会专家的讲评。

记者拿起手边的一本图册，请教复烧器物与原作的区别。

“钧瓷窑变千变万化，同样条件下烧制的作品，也不可能完全一致。我们的复烧不等同于完全的复制，力求完美地再现宋代钧瓷的神韵，又能体现当今钧瓷制作工艺的最高水准。”苗峰伟说，“此次复烧成功，是当代钧瓷，也是大宋官窑又一个重要的起点。”

记者与苗峰伟最初的谋面，是在博鳌亚洲论坛 2003 年年会现场。当年，33 岁的他，使钧瓷第一次成批量地作为国礼，登上了风云际会的国际舞台。

时任博鳌亚洲论坛理事长的龙永图先生曾这样说：“我们之所以选择钧瓷作为国礼赠送给各国领导人，不仅因它是具有 1000 多年历史的中国名瓷，更重要的是它厚重的历史文化底蕴和丰富的窑变神韵，在某种意义上传达了在这个复杂多变的多极化国际环境中，古老的中国所坚持的那种厚重质朴和与时俱进的精神。这与博鳌亚洲论坛要向世界传达的信息不谋而合。”

厚重质朴，与时俱进。秉持着这一精神，苗峰伟在复兴钧瓷的道路上越走越远，越走越坚定。

此后的时光，带给苗峰伟和他的大宋官窑接连不断的精彩。一件件概念钧瓷的推出，一件件国礼的亮相，为当代钧瓷的发展注入了不竭的动力。大宋官窑的产品创制理念、企业管理制度、市场营销模式，深刻地影响了钧瓷行业的发展。一大批以振兴钧瓷为己任的企业家和研究者，一起推动了钧瓷产业的复苏与发展，开创了钧瓷自宋代以来的又一个黄金时代。

“此次复烧北宋钧官窑瓷器，充分体现了当代钧瓷人对钧瓷艺术的传承，使钧瓷艺术走向了新的高峰。”省工艺美术大师张怀强作为专家组评委之一，在鉴定会上用诗意的语言，表达了他对钧瓷艺术的热爱：“中国——CHINA——瓷器。中国是瓷的故乡，滥觞于禹州的钧瓷，今天的复兴冥冥中演绎了凤凰浴火、绚丽重生的现实神话。这只引吭高歌的火凤凰，将续唱美丽的艺术，美丽的中国。”

（原载 2012 年 11 月 19 日 许昌网）

索　引

说明：

一、本索引把年鉴所刊登的类目、分类、条目、表格采用主题分析的方法，按汉语拼音（同音字按声调）顺序排序。

二、索引名称后的阿拉伯数字表示内容所在页码。

F

G

H

K

L

M

P

Q

R

S

Z

编纂始末

《中国钧瓷年鉴》（2011、2012）的编纂工作于2012年初开始进行。禹州市政府办公室于2012年1月印发《关于认真做好<中国钧瓷年鉴>第三卷征稿编辑工作的通知》，对钧瓷年鉴的编纂宗旨、取材范围、编目框架、撰写要求提出了明确标准及规范，要求政府有关部门、神垕镇、鸿畅镇、钧台街道办事处等单位保证供稿质量和进度。同时，要求乡镇政府对辖区内的钧瓷企业供稿工作予以安排，征稿工作于2012年1月开始至12月底基本结束。

由于本卷是2011年与2012年合卷，全书的征稿与编辑工作同步进行。2012年初，编委会成立编纂班子，由市史志办主任孙彦春任主编，市陶瓷局副局长孙俊杰、史志办副主任科员许新禹、山东大学历史文化学院研究生董亚任副主编。其中，主编孙彦春同志负责全书框架结构的设计、文体文风的统一，副主编孙俊杰负责相关钧瓷企业的协调工作；副主编许新禹负责全书资料的收集、分类工作；副主编董亚负责初稿的编辑与一校工作。孙彦春同时负责全书图片资料的征集和文字资料的二校工作。

2012年4月初，基本完成《中国钧瓷年鉴》2011年征稿任务，5月底完成了初稿的编辑工作。6月初，孙彦春、董亚赴郑州印刷厂对初稿进行排版，形成2011年第一稿，随后进行了修改、校对。6月中旬，完成《中国钧瓷年鉴》（2011）征求意见稿，经过征求各方意见，6月底，由孙彦春、董亚对征求意见稿再次进行修改，并于7月初完成了《中国钧瓷年鉴》（2011）送审稿。

2013年1月，《中国钧瓷年鉴》2012年征稿开始进行。经过三个月的紧张工作，基本完成2012年钧瓷资料征稿任务。5月底，完成《中国钧瓷年鉴》（2012）第一稿，修改校对后形成征求意见稿，征求有关部门及厂家的意见后，编辑部对有关内容进行了调整。

6月，孙彦春、董亚到郑州彩印排版公司对全稿进行合排并邀请河南省地方史志办公室、河南美术出版社的年鉴及专业美术编辑进行专业年鉴审核及图片美术编辑工作，6月底，形成了完整的《中国钧瓷年鉴》（2011、2012）送审稿，分送中国收藏家协会陶瓷收藏委员会、中国陶瓷工业协会艺术陶瓷委员会、中国工艺美术协会秘书处，河南省地方史志办公室市县工作处、河南省陶瓷玻璃行业管理协会、河南省工艺美术行业协会、河南省收藏家协会陶瓷收藏委员会及中国钧瓷年鉴编委会各成员单位评审。认为:《中国钧瓷年鉴》第三卷结构严谨、体例完备、资料性强,是一部基本合格的专业年鉴书稿,同意报有关出版部门三审三校后公开出版。

7月初,禹州市地方史志编纂委员会向市政府上报《关于出版<中国钧瓷年鉴>(2011、2012)的请示》。经禹州市人民政府同意,《中国钧瓷年鉴》(第3卷)通过招标程序公开出版发行。

《中国钧瓷年鉴》(2011、2012)在编辑过程中,得到了各级领导及社会各界人士的大力支持与配合,国家及河南省陶瓷、工艺美术、收藏等各机构和禹州市委、市人大、市政府、市政协领导十分重视年鉴编辑工作,从各方面给予帮助和支持。各撰稿单位积极踊跃供稿,不仅进度加快,稿件质量也有了明显提高,保证了年鉴出版任务的顺利完成。

《中国钧瓷年鉴》(第3卷)全面、客观反映了中国钧瓷界2011、2012两年间钧瓷行业生产、造型、营销、文化、管理等方面的客观现状,富有行业特点和地方特色,是了解钧瓷、宣传禹州、展示禹州的重要地情信息资料。

书中纰漏错误之处,敬请读者批评指正。

编者

2013年9月

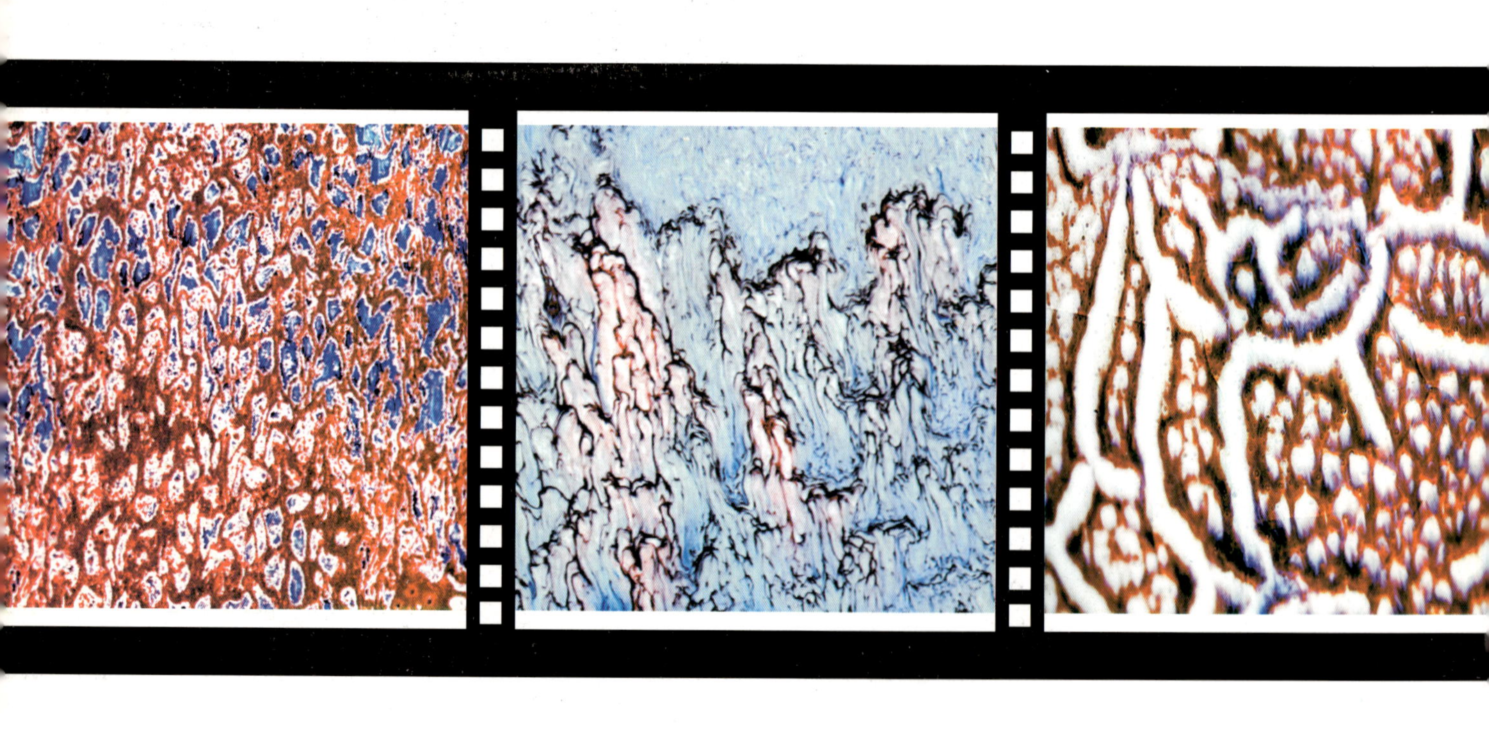